예비 및 현직 교사를 위한

# 교육평가의 이해

박일수

JN435329

창지사

# 머리말

교육은 학생의 성장 잠재력을 개발하는 것을 목적으로 한다. 학생의 성장 수준을 확인하고, 그에 따른 적절한 조치를 하려면 이에 대한 평가가 필수적으로 수반된다. 이러한 점에서 볼 때, 교육평가의 일차적 관심은 학생평가에 있다. 학생평가는 학생의 능력을 간접적으로 추론하는 행위이다. 학생의 현재 능력 상태를 정확히 진단하고, 현재 상황을 적절하게 추론할 때, 학생의 성장 잠재력이 최대한 발현될 수 있다. 이처럼 학생의 능력을 타당성있고 신뢰할 수 있도록 추론하는 것이 중요하며, 평가결과를 해석할 때에는 학생의 능력을 제대로 추론하고 있는지를 신중하게 검토할 필요가 있다.

학생평가의 결과는 학생의 측면에서 볼 때, 학생의 현재 수준을 확인하고 적절한 피드백을 제공함으로써 성장 가능성을 최대한 향상하는 데 활용된다. 학생평가는 이러한 역할뿐만 아니라 상급 학교 진학 및 취업을 위한 자료로 활용되기도 한다. 한편, 학생평가의 결과는 학생뿐만 아니라, 수업, 교육과정, 교사, 학교, 교육청, 국가 등과 같이 교육의 제 측면에 영향을 끼치게 된다. 학생평가의 결과는 교수-학습 방법의 개선, 교육과정의 개선 및 개정, 교사의 전문성 함양을 위한 연수 방향과 내용에 영향을 끼친다. 그리고 학생평가의 결과는 단위 학교의 특성을 고려한 학교교육계획 수립, 관내 학생들의 성장 지원을 위한 교육청의 교육정책 수립, 국가의 중·장기적인 교육 로드맵을 수립하는 데 활용된다. 이처럼 학생평가의 결과는 교육의 제 측면에 영향을 미치고 있다.

한편, 교육평가는 학생평가뿐만 아니라 학생의 성장 잠재력에 영향을 미치는 제반 요인, 수업, 교사, 교육과정, 프로그램, 교육기관 등을 대상으로 이루어진다. 학생평가가 학생에 대한 평가라고 한다면, 학생평가 이외의 교육평가는 학생에게 영향을 미치는 제반 환경 요인에 대한 평가에 해당된다. 교육평가는 평가의 목적, 대상, 결과 활용의 관점에서 학생평가, 교사평가, 수업평가, 프로그램평가, 교육기관평가 등과 같이 다양하게 유형화된다.

이 책의 구성과 내용은 여타 교육평가 책과 유사하지만, 예비 교사와 현직 교사의 평가전문성 및 평가역량 신장에 초점을 두고 구성하였다. 이 책은 교육평가의 기초 및 기본 지식에 해당하는 교육평가의 개관, 교육평가의 핵심 활동인 학생평가, 학생의 학습활동을 제공하는 프로그램에 대한 프로그램평가를 중심으로 구성하였다.

제1부에서는 예비 교사 및 현직 교사의 교육평가에 대한 기초 및 기본 지식과 관련된 내용을 제시하였다. 미래사회의 변화에 따른 교육평가의 방향, 교육평가의 개념과 특징 및 유형에 대하여 살펴보았다. 제1장 미래사회 변화와 교육평가에서는 미래사회의 변화와 교육을 살펴보고, 이러한 미래사회 변화에 따른 교육평가의 방향과 발전 과제를 살펴보았다. 제2장 교육평가 개관에서는 교육평가의 개념, 유사 용어와의 관계, 검사관과 교육평가, 교육관과 교육평가, 교육평가의 영역 등을 살펴보았다. 제3장 교육평가의 종류에서는 교육평가의 다양한 유형을 살펴보고, 이 중에서 교수-학습 진행 과정, 자료수집 방법, 해석 기준에 따른 교육평가의 다양한 유형에 대하여 살펴보았다.

제2부에서는 교육평가의 본질적이고 핵심에 해당하는 학생평가에 대하여 살펴보았다. 학생평가는 예비 및 현직 교사가 학생평가에 대한 전문성과 역량을 신장하는 방향으로 구성하였다. 제4장 인지적 행동 특성의 평가에서는 인지적 교육목표 분류학과 신교육목표 분류학을 살펴보고, 인지적 행동 특성의 평가 문항 제작 절차와 인지적 행동 특성 평가와 관련한 교사의 전문성을 살펴보았다. 제5장 정의적 행동 특성의 평가에서는 정의적 행동 특성 평가의 의의와 한계, 정의적 행동 특성, 정의적 영역 교육목표 분류학, 정의적 행동 특성의 평가방법에 대하여 살펴보았다. 제6장 심동적 행동 특성의 평가에서는 운동 기능, 심동적 영역 교육목표 분류학, 실기평가, 루브릭에 대하여 살펴보았다. 제7장 지필평가에서는 지필평가의 유형, 지필평가 문항 제작의 원리, 선택형 문항의 유형, 서답형 문항의 유형을 살펴보았다. 제8장 수행평가에서는 수행평가의 개념, 필요성 및 특징, 방법, 절차 등을 살펴보았다. 제9장 과정중심평가에서는 과정중심평가의 도입 배경, 개념 및 특징, 절차, 백워드 설계 모형에 기반한 과정중심평가 등을 살펴보았다. 제10장 평가도구의 양호도에서는 타당도, 신뢰도, 객관도, 실용도에 대하여 살펴보았다. 제11장 문항분석 및 점수 보고에서는 고전검사이론과 문항반응이론에 따른 문항분석, 점수 표시 방법, 학생성적의 통보에 대하여 살펴보았다.

제3부에서는 학교 및 교육기관에서 이루어지는 교육과정을 포함한 프로그램평가에 대하여 살펴보았다. 프로그램평가는 다양한 평가모형을 활용하여 프로그램의 효과성을 확인하고 프로그램의 질을 개선하는 데 목적이 있다. 제12장 프로그램평가 모형에서는 목표중심 평가모형, 의사결정중심 평가모형, 소비자중심 평가

모형, 전문가중심 평가모형, 참여자중심 평가모형을 살펴보았다. 제13장 프로그램평가의 실제에서는 프로그램평가 준거체제, 목적, 설계, 분석 및 해석 등을 제시하였다.

최근 학교생활기록부 작성에 대한 관심과 중요성이 부각됨에 따라, 학교생활기록부 관련 규정을 부록으로 제시하였다. 부록에는 학교생활기록부 서식, 학교생활기록부 작성 및 관리 지침, 교과학습발달상황의 평가 및 관리 등을 제시하였다.

집필 과정에서 기존의 교육평가 서적과 중복성을 최대한 피하려고 하였으나, 그러지 못한 부분이 있는 점은 저자로서 아쉬움이 남는다. 이 책이 교육평가의 형성적 기능을 회복하고, 학생의 성장과 발달을 추구하는 성장지향평가에 조금이나마 기여할 수 있기를 희망한다. 책이 나올 수 있도록 출판을 허락해 주신 창지사 김기섭 사장님과 출판사 관계자께도 감사를 드린다.

2022년 2월 일락산을 바라보며
저자 박일수

# 차례

# 제2부 학생평가

# 제3부 프로그램평가

# 제1부

## 교육평가의 이해

제01장 미래사회의 변화와 교육평가

제02장 교육평가 개관

제03장 교육평가의 종류

# 1 미래사회의 변화와 교육평가

## 1. 미래사회의 변화

### 1) 제4차 산업혁명의 특징

제4차 산업혁명의 시대로 지칭되는 미래사회는 스마트 시대, 글로벌 시대, 도시화, 고령화, 전문화, 지식정보화 등의 다양한 모습으로 전망된다. 4차 산업혁명이라는 용어는 2010년 독일이 발표한 '하이테크 전략 2020'의 하나인 '인더스트리 4.0'에서 '제조업과 정보통신의 융합'을 뜻하는 의미로 사용되었다. 2016년 스위스 다보스에서 열린 세계경제포럼(World Economic Forum; 이하 WEF)에서 포럼 창립자인 슈밥(K. Schwab)이 '4차 산업혁명의 이해(Mastering the Fourth Industrial Revolution)'라는 의제를 발표하였고, 이를 계기로 전 세계적으로 산업혁명에 대한 관심이 증가하고, 이와 관련한 논의가 활발하게 이루어졌다(연기영, 2019: 72).

'산업혁명'이라는 용어가 '기술혁신과 그에 수반하여 일어난 사회·경제 구조의 변혁'이라고 한다면, 4차 산업혁명은 인공지능과 빅데이터, 사물인터넷(Internet of Things), 모바일 등과 같은 지능정보기술의 발달로 인한 사회 구조 전반에 걸친 변혁에 해당된다. 1차 산업혁명이 증기기관 발명으로 인한 기계화를 가져왔다면, 2차 산업혁명은 전기를 이용하여 대량생산을 본격화하게 하였다. 3차 산업혁명이 컴퓨터·인터넷의 발달로 인한 정보화를 추구하였다면, 4차 산업혁명은 AI, Big Data, ICT 기술에 의한 지능화를 추구한다(국가평생교육진흥원, 2016; 연기영, 2019; 이경호, 2020).

Schwab(2016)은 4차 산업혁명의 본질적인 특성으로 초연결성(Hyper-Connected), 초지능화(Hyper-Intelligent), 융합화(Fusion)를 제시하였다. Schwab(2016)은 사물인터넷, 클라우드 등 정보통신기술(ICT)이 인간과 인간, 사물과 사물, 인간과 사물을 연결하고, 사회는 빅데이터와 인공지능의 활용을 통하여 지능화되며, 3차 산업혁명 시대에 발달한 디지털 산업이 물리학, 생물학과 결합하여 기술적으로 융합되면서 과거와는 비교되지 않을 만큼의 빠른 속도(Velocity), 광범위한 영역과 깊이(Breadth & Depth), 그리고 시스템 영향력(Systems Impact)을 동반한 패러다임적 변화를 가져올 것으로 예측하였다.

4차 산업혁명은 핵심기술들에 의해서 이루어진다. 슈밥은 미래사회 변화를 선도하는 핵심기술을 물리학 기술, 디지털 기술, 생물학 기술 등으로 구분하여 제시하였다. 첫째, 물리학 기술에는 무인운송수단, 3D 프린팅, 첨단 로봇 공학, 신소재 등이 포함된다. 둘째, 디지털 기술에는 사물인터넷, 블록체인 등이 포함된다. 셋째, 생물학 기술에는 유전자 가위, 바이오프린팅 등이 포함된다(Schwab, 2016, 번역본: 36-50). 놀리지웍스 재단(Knowledgeworks Foundation)에서는 인간 수명 연장 기술, 상호연결 기술, 방대한 데이터 기술, 증강 인간 기술 등을 핵심기술로 제시하였다. 세계미래학회에서는 가상 교육 기술, 스마트 로봇 기술, 대체 에너지 기술, 바이오 인식 시스템 기술 등을 핵심기술로 제시하였다. 맥킨지 글로벌 연구소(www.mckinsey.com)에서는 차세대 유전체학 기술, 모바일 인터넷 기술, 자율 주행 기술, 클라우드 기술, 에너지 저장 기술 등을 핵심기술로 제시하였다(Fadel, Bialik, & Trilling, 2015, 번역본: 38). 이상에서 살펴본 4차 산업혁명시대의 미래 핵심기술을 종합하면, 대체로 로봇과 인공지능, 정보와 네트워크, 바이오 생명공학 등의 3가지 분야로 유형화된다(정탁준, 2019: 5).

### 2) 제4차 산업혁명에 따른 미래사회 구조의 변화

4차 산업혁명은 미래사회를 '기술-산업 구조', '고용 구조', '직무 역량'의 3가지 측면에서 변화시킬 가능성이 있다(권준화, 2016). 첫째, '기술-산업 구조' 측면에서

4차 산업혁명은 산업 간의 경계, 인간과 사물 간의 경계가 사라지는 '대융합'을 통해 산업 구조를 변화시키고, 새로운 사업모델을 창출할 것으로 기대된다. 이것은 4차 산업혁명 시대의 핵심기술인 인공지능(AI)과 ICBM(IoT, Cloud Computing, Big data, Mobile)의 결합에 따른 '초연결성(Hyper-Connected)'과 '초지능화(Hyper-Intelligent)'를 통해 가속화될 전망이다. 둘째, 새로운 산업 구조의 생태계 구축이 필연적으로 수반되는 '고용 구조' 측면에서 4차 산업혁명은 일자리 지형과 일하는 방식 등과 같은 차원에서 미래사회 고용 구조의 변화를 가져올 전망이다. 요컨대 단순·반복 업무는 자동화되고, 위험노동 등 기피 직업군 업무가 자동화됨에 따라 노동수요의 감소가 예상되며, 고부가가치를 중시하는 일자리 업무로 재편되고, 자동화가 어려운 창의·감성 업무에 대한 가치 상승 등이 전망된다(김봄이, 박선규, 이종수, 2017). 셋째, '직무 역량' 측면에서 고용 인력의 핵심 직무역량에 대한 변화가 예상된다. 이에 따라, 사회정서학습기술이 중요해질 것이다(World Economic Forum, 2016; 임철일, 2019: 257-258).

한편, 4차 산업혁명은 다음과 같은 문제점이 발생할 가능성이 있다(Schwab, 2016, 번역본: 31-98; 허수미, 2020: 93-94). 첫째, 4차 산업혁명 시대의 기술혁신이 생산성의 향상으로 이어지지 않을 수 있으며, 이로 인해 저성장 시대가 도래할 가능성이 있다. 둘째, 과학기술의 혁신이 자동화를 촉진하면서 노동시장의 양극화가 심화될 수 있다. 셋째, 불안정한 고용 상황이 발생하게 됨에 따라, 노동 권리나 단체 교섭권이 없는 노동계층이 출현하고, 이에 대한 정규직과의 갈등이 심화될 수 있으며, 직업·노동·삶의 목적에 대한 관념의 변화가 예상된다. 넷째, 전자정부 확대는 비국가 세력, 네트워크로 국가 권력을 이동시킴으로써, 개인정보 유출, 사생활 침해 등과 같은 인권문제를 초래할 수 있다. 다섯째, 초연결사회의 불평등 문제가 증가하게 되면, 사회불안이 심화되고, 이것은 국가 안보에 위협을 줄 수도 있다. 여섯째, 사회 전반에서 승자독식 체제가 심화되면서 민주주의에 대한 위협이 증가할 수 있다. 일곱째, 기술과 산업, 사회변동에 따라 개인의 행동양식뿐만 아니라 정체성의 혼란이 야기될 수 있다. 기술 환경이 인간의 삶 속에 큰 영향을 끼치면서 인간과 기계, 인간과 인간의 관계성이 변화하고 인간 본질에 대한 의문이 제기될 수 있다. 이러한 우려는 우리 사회에서 일부 현실화되고 있다. 예를 들어, 4차 산업혁명의 대표적 시스템인 알고리즘과 로봇이 노동을 대체함으로써 노동에 분배되던 부(富)가 로봇과 알고리즘을 소유한 자본에 재분배되어 부의 분배가 더욱 불평등해지고 있다. 안정적인 노동 시장은 전문 기술을 가진 자들에게만 의미 있는 곳이 되고 있으며, 디지털 플랫폼이 독과점적 지위와 영향력을 행사하면서 소상공인 자영업자의 생계를 위협하고 있다. 이러한 불평등 현상은 4차 산업혁명의 구조적 특성에서 기인하기 때문에 점점 심화될 것으로 예측되고 있다. 이러한 불평등의 심화는 단순히 경제 영역에만 머무르지 않고 정치·문화·사회 전반의 심각한 문제로 전개될 전망이다(박영석, 2017; 박영준, 2019; 오장근, 2019; 윤상균, 2020; 이재승, 2019).

## 2. 미래사회와 교육

### 1) 제4차 산업혁명 시대에 따른 학교교육의 방향

류방란 외(2018)는 『제4차 산업혁명 시대의 교육: 학교의 미래』에서 4차 산업혁명의 변화에 따른 미래 학교교육의 방향을 제시하였다. 류방란 외(2018)의 연구에서는 '학생', '교사', '교육내용', '학교의 역할'과 '기술에 대한 대응'이라는 관점에서 미래 학교교육의 방향을 설정하였다. 이들은 미래 학교교육의 방향에 대하여 다음과 같은 핵심질문을 제기하였다. 첫째, 학생의 역할 및 정체성과 관련하여, '4차 산업혁명으로 인한 불확실성 시대에 학생은 어떤 자세로 배움에 임해야 할 것인가?'라는 핵심질문을 하였다. 둘째, 교사의 역할 및 전문성과 관련하여, '4차 산업혁명으로 인한 디지털 학습 환경에서 교사에게 요구되는 전문성은 어떻게 달라질 것인가?'라는 핵심질문을 하였다. 셋째, 교육내용과 관련하여, '4차 산업혁명으로 인공지능이 인간의 지력을 대체할 수도 있는 시대에 학교는 무엇을 가르쳐야 하는가?'라는 핵심질문을 하였다. 넷째, 학교의 역할과 관련하여, '4차 산업혁명 시대 디지털의 발달로 인한 초연결적 학습 생태계 속에서 학교는 어떤 역할을 담당하게 될 것인가?'라는 핵심질문을 하였다. 다섯째, 기술에 대한 대응과 관련하여, '학교교육은 변화하는 기술에 어떻게 대응할 것인가?'라는 핵심질문을 하였다. 이러한 핵심질문과 관련하여, 미래 학교교육은 Mode 1(근대 학교교육 유지), Mode 2(개인 중심, 자유경쟁 강조), Mode 3(시민공동체 중심, 공공성 강화)으로 구분할 수 있다(류방란 외, 2018: 172-200). 미래 학교교육의 세 갈래 방향은 〈표 1-1〉과 같다.

〈표 1-1〉 **미래 학교교육의 세 갈래 방향** (류방란 외, 2018: 200-201)

| | Mode 1 | Mode 2 | Mode 3 |
|---|---|---|---|
| 특징 | • 근대 학교교육 체제의 전형<br>• 관료화된 학교교육 틀 유지<br>• 혁신적인 변화보다는 점진적이고 지엽적인 개선 추구 | • 사회적 효율성 추구<br>• 자유 경쟁 원리의 적용<br>• 학교교육의 전면적 혁신 추구 | • 분권적 공공성 실현 추구<br>• 시민 공동체 주도의 학교교육 혁신 추구 |
| 학생 | • 미성숙한 존재<br>• 타율적 관리 대상<br>• 교육과정 개발 과정에서 배제<br>• 근면 성실한 국민<br>• 지적 수월성 추구 | • 창의성 등 실행 역량을 갖춘 개인<br>• 학습 주체로서의 학생: 학생 '주도성' 강조<br>• 자신의 적성과 진로에 따른 '맞춤형 교육과정 설계자'<br>• 학습의 소비자이자 선택과 책임의 주체<br>• 스마트한 능동적 개인<br>• 융합적 창의성 추구 | • '사회적 대화' 참여자로서의 학생<br>• 공동체의 선에 기여하는 책임을 지닌 시민<br>• 스마트한 공참여적 시민<br>• 사회적 창의성 추구 |
| 교사 | • 공교육 제도 내 지식교육의 권위자<br>• 학생 학업성취도 평가 및 성적 관리자 | • 학습자 중심 학습을 위한 '촉진자' | • 앎의 과정과 실천을 이끄는 '지혜'를 갖춘 전문가 |
| 교육 내용 | • 학문으로부터 파생된 교과<br>• 교과중심 교육과정 | • '교과지식'습득, '이론 지식'을 넘어 '수행 능력' 역량 강조<br>• '분과'를 넘어 '융합'적 설계 방식으로의 전환 | • 수행 능력을 넘어 '자질과 성향' 강조<br>• 사회적 대화를 통한 실천 역량 강조 |

| | Mode 1 | Mode 2 | Mode 3 |
|---|---|---|---|
| 학교 | • 독점적 정규 학습 기관: 고립된 형태<br>• 관료적 학습 조직: 선형적, 위계적 구조 | • 학습네트워크 중 하나: 교육기관의 '구심점' 역할 약화<br>• 탈관료적 유동적 수평적 구조 | • 유연하고 수평적이며 개방적인 사회적 학습 센터<br>• 학습생태계의 '핵심'으로서의 학교: '관계를 통한 앎'으로 차별화된 배움터 |
| 에듀테크 | • 기존 체제 유지 분절적 도입 | • 효율성, 경쟁력 강화<br>• 개방적 수용<br>• 네트워크성 강화 | • 공동체 가치 지향적 수용<br>• 네트워크성 강화 |

한편, 이영희 외(2018)는 미래사회의 변화에 따라 학교교육의 모습을 다음과 같이 제시하였다. 첫째, 저출산, 고령화에 따른 인구구조의 변화는 개별 학생의 잠재력 개발을 최대한 지원하는 시스템으로 학교교육을 전환시킬 것이다. 둘째, 빅데이터 기반 지식정보화 사회의 학교교육은 학습자 중심의 개인 맞춤형 교육체제를 출현시킬 것이다. 셋째, 미래의 불확실성, 예측 불가능성, 급속한 사회변화의 학교교육은 유연하고 변화에 민감하고 변화를 촉진하고 선도하는 역할을 수행할 것이다. 넷째, 제4차 산업혁명의 새로운 사회 및 경제 구조에 따른 소득 양극화가 심화됨에 따라, 소외계층 학생을 위한 교육복지체제의 구축과 이에 대한 국민적 공감대 형성이 중요해질 것이다. 다섯째, 인공지능의 상용화와 학생 돌봄 기능의 강화는 학교교육과 교사의 역할을 변화시킬 것이다. 미래사회의 급속한 변화는 단편적인 지식과 기능 전달 중심의 학교교육에서 벗어나 개인의 역량 함양을 강조하는 방향으로 전환되고 있다. 이와같이, 미래교육의 핵심 화두는 개개인의 역량을 길러주는 데 있다(이영희 외, 2018: 128-129).

## 2) 세계경제포럼(2015)의 21세기 핵심기술

세계경제포럼(World Economic Forum; WEF)에서는 2015년 『교육의 신 세기적 비전: 닫혀있던 기술의 잠재력 풀기(New vision for education: Unlocking the potential of technology)(WEF, 2015)』를 발간하였다. 이 보고서에는 21세기 혁신, 경쟁력, 성장

을 이끄는 핵심요소로 사람을 강조하고, 새로운 미래 핵심역량 모델을 제시하였다. WEF(2015)에서 발표한 21세기 핵심기술은 [그림 1-1]과 같다.

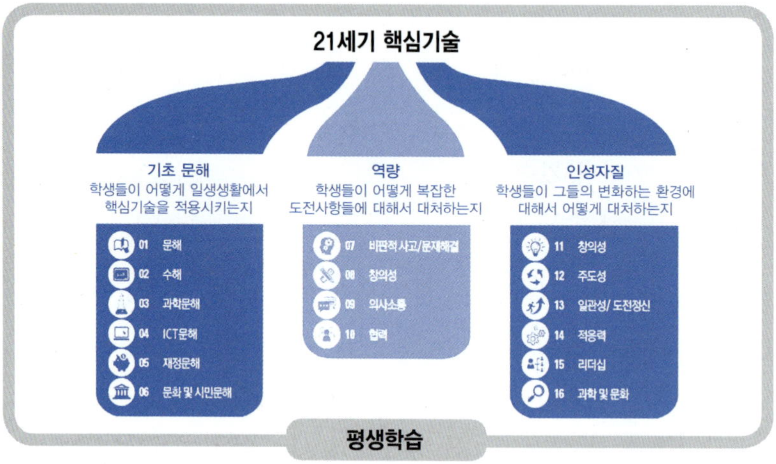


[그림 1-1] 세계경제포럼의 21세기 핵심기술 (World Economic Forum, 2015: 3)

[그림 1-1]에서 볼 수 있듯이, WEF(2015)에서는 21세기 평생학습사회에 요구되는 핵심기술로써 기초 문해, 역량, 인성자질의 3가지 영역을 제시하였다. 첫 번째 영역은 '기초 문해(Foundational skills)'이다. 이것은 문해·수해·과학문해·ICT 문해·재정문해·문화 및 시민문해를 포함한다. 문해란 개인이 살아가는 일상생활에 핵심기술을 적용하는 모든 방법들을 통칭하는 개념이다. 두 번째 영역은 '역량(Competencies)'이다. 역량은 복잡한 문제에 접근하는 방법을 의미한다. 여기에는 기능(skill)에 해당되는 비판적 사고/문제해결·창의성·의사소통·협력이 포함된다. 세 번째 영역은 '인성자질(Character Qualities)'이다. 인성자질은 변화하는 환경에 대처하는 기술을 의미한다. 여기에는 창의성·주도성·일관성/도전정신·적응력·리더십·과학 및 문화 역량이 포함된다.

## 3) 세계경제포럼(2016)의 사회정서학습기술

WEF(2016)에서는 『새로운 교육의 비전: 기술을 통한 사회정서학습역량의 촉진(New Vision for Education: Fostering Social and Emotional Learning through Technology)(WEF, 2016)』을 발간하였다. 이 보고서는 '21세기 16가지 핵심기술(2015)'과 '2020년 기업근로자가 갖추어야 하는 가장 중요한 10가지 기술(2016)'을 종합하여, 이들 26가지 기술을 사회정서학습기술(Social and Emotional Learning Skills; SEL)로 명명하였다. 4차 산업혁명이 진행될수록 이 기술이 점점 더 중요해질 것으로 예측하였다. WEF(2016)에서 발표한 사회정서학습기술은 [그림 1-2]와 같다.

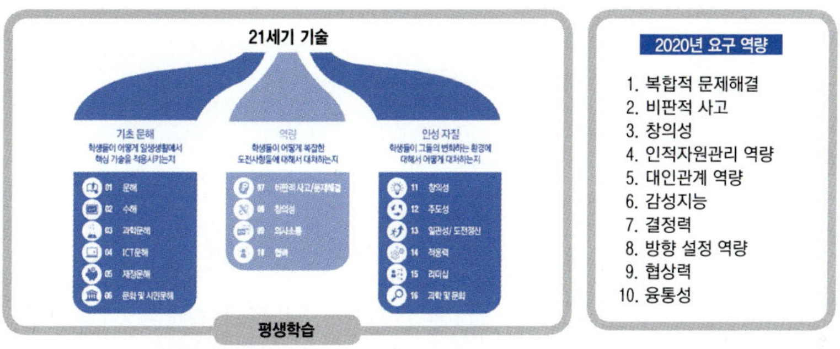


[그림 1-2] 세계경제포럼(2016)의 사회정서학습기술

## 4) 세계경제포럼(2016, 2020)의 직업요구 역량

4차 산업혁명 시대의 대두와 더불어 WEF가 제시한 여러 인재상 중에서도 특히 주목할 만한 것은 WEF(2016, 2020)에서 발간한 『일자리의 미래(The Job: Work and Its Future In A Time of Radical Change)(WEF, 2016, 2020)』의 보고서이다. 세계경제포럼에서는 '2020년 기업근로자가 갖추어야 하는 직업요구 역량 상위 10개(WEF, 2016)'와 '2025년 기업근로자가 갖추어야 하는 직업요구 역량 상위 10개(WEF, 2020)'를 발표하였다. WEF(2016, 2020)에서 발표한 직업요구 역량 상위 10개를 살펴보면 〈표 1-2〉와 같다.

〈표 1-2〉 직업요구 역량 상위 10개 (World Economic Forum, 2016, 2020)

| 2015 직업요구 역량 Top 10 | 2020 직업요구 역량 Top 10 | 2025 직업요구 역량 Top 10 |
|---|---|---|
| 1. 복합적 문제해결 (Complex Problem Solving) | 1. 복합적 문제해결 (Complex Problem Solving) | 1. 분석적 사고와 혁신 (Analytical Thinking and Innovation) |
| 2. 대인관계 역량 (Coordinating with Others) | 2. 비판적 사고 (Critical Thinking) | 2. 적극적 학습 및 학습 전략 (Active Learning and Learning Strategies) |
| 3. 인적자원관리 역량 (People Management) | 3. 창의성(Creativity) | 3. 복합적 문제해결 (Complex Problem Solving) |
| 4. 비판적 사고 (Critical Thinking) | 4. 인적자원관리 역량 (People Management) | 4. 비판적 사고와 분석 (Critical Thinking and Analysis) |
| 5. 협상력(Negotiation) | 5. 대인관계 역량 (Coordinating with Others) | 5. 창의성, 독창성, 주도권 (Creativity, Originality and Initiative) |
| 6. 품질 관리 역량 (Quality Control) | 6. 감성지능 (Emotional Intelligence) | 6. 지도성과 사회적 영향력 (Leadership and Social Influence) |
| 7. 방향 설정 역량 (Service Orientation) | 7. 결정력 (Judgement and Decision Making) | 7. 기술 사용, 모니터링 및 제어 (Technology/Use, Monitoring and Control) |
| 8. 결정력 (Judgement and Decision Making) | 8. 방향 설정 역량 (Service Orientation) | 8. 기술 설계와 프로그래밍 (Technology/Design and Programming) |
| 9. 경청 역량 (Active Listening) | 9. 협상력(Negotiation) | 9. 탄력성, 스트레스 내성과 융통성 (Resilience, Stress Tolerance and Flexibility) |
| 10. 창의성(Creativity) | 10. 융통성(Cognitive Flexibility) | 10. 추론, 문제해결과 아이디어 (Reasoning Problem Solving and Ideation) |

## 5) DeSeCo 프로젝트의 핵심역량과 OECD Education 2030의 변혁적 역량

미래사회에 요구되는 역량이 길러지기 위해서는 교육과정과 수업, 그리고 평가가 역량기반교육의 관점에서 이루어져야 한다. 역량기반교육은 이론과 실제를 전문적으로 연결할 수 있도록 교육내용을 재구성하여 학습자들이 역량을 함양할 수 있는 경험을 제공할 때 가능하다(민춘기, 2019).

역량기반교육(competence-based education)의 핵심 아이디어는 OECD의 DeSeCo 프로젝트와 OECD Education 2030 프로젝트에 기반하고 있다. DeSeCo 프로젝트는 역량기반교육의 출발점이 되었으며 지금까지도 세계 각국의 역량기반교육의 이론적, 개념적 틀을 제공하고 있다. OECD Education 2030 프로젝트에서는 DeSeCo 프로젝트에서 제시한 핵심역량을 심화 및 발전시키고, 변혁적 역량을 제시하였다. DeSeCo 프로젝트의 핵심역량과 OECD Education 2030 프로젝트의 변혁적 역량을 비교하면 [그림 1-3]과 같다.

| 구분 | 'DeSeCo' 프로젝트 | 'OECD Education 2030' 프로젝트 |
|---|---|---|
| 역량의 목표 | ▪ 개인과 사회의 '성공(sucess)' | ▪ 개인과 사회의 '웰빙(well-being)' |
| 역량의 정의 | ▪ 특정 맥락의 복잡한 요구를 지식과 인지적·실천적 기능뿐만 아니라 태도·감정·가치·동기 등과 같은 사회적·행동적 요소를 동원시킴으로써 성공적으로 충족시키는 능력 | ▪ 복잡한 요구를 충족시키기 위해 지식, 기능, 태도와 가치를 동원하는 능력<br>• 지식: 학문적, 간학문적, 인식론적, 절차적<br>• 기능: 인지적·메타인지적, 사회적·정서적, 신체적·실천적<br>• 태도와 가치: 개인적, 지역적, 사회적, 글로벌적 |

| 구분 | 'DeSeCo' 프로젝트 | 'OECD Education 2030' 프로젝트 |
|---|---|---|
| 역량의 특징 | ■ '핵심(key)' 역량<br>• 경제적 활동에 중요한 역할을 하고, 개인적이고 사적 유익을 야기할 수 있는 것<br>• 특정 분야만이 아니라 삶의 광범위한 맥락에 걸쳐 적용될 수 있는 것으로써, 모든 개인에게 중요한 것 | ■ '변혁적(transformative)' 역량<br>• 학생들이 삶의 모든 영역에서 적극적으로 참여하면서 보다 나은 방향으로 영향을 미치려는 책임 의식<br>• 학생들이 혁신적이고 책임감 있으며 의식적인 사람이 되는 데 필요한 것 |
| 역량의 범주 | • 여러 도구들을 상호작용적으로 사용하기<br>• 이질적인 집단에서 상호작용하기<br>• 자율적으로 행동하기 | • 새로운 가치 창출하기<br>• 긴장과 딜레마 조정하기<br>• 책임감 갖기 |
| 역량의 핵심 | ■ 성찰(reflectiveness) | ■ 학생 행위주체성(student agency) |

[그림 1-3] DeSeCo 프로젝트의 핵심역량과 Education 2030 프로젝트의 변혁적 역량 비교
(한국교육개발원, 2019: 6)

## 6) OECD Education 2030의 학습나침반

OECD Education 2030에서는 학생의 행위주체성을 형성하기 위한 방향으로써, OECD Education 2030 학습나침반을 [그림 1-4]와 같이 제시하였다. 학습나침반은 학생들이 정해진 지침이나 교사의 지시를 받는 대신, 익숙하지 않은 상황에서 스스로 탐색하고, 의미 있으면서도 책임질 수 있는 방법으로 방향을 찾아가며 공부해야 한다는 의미가 담겨있다.

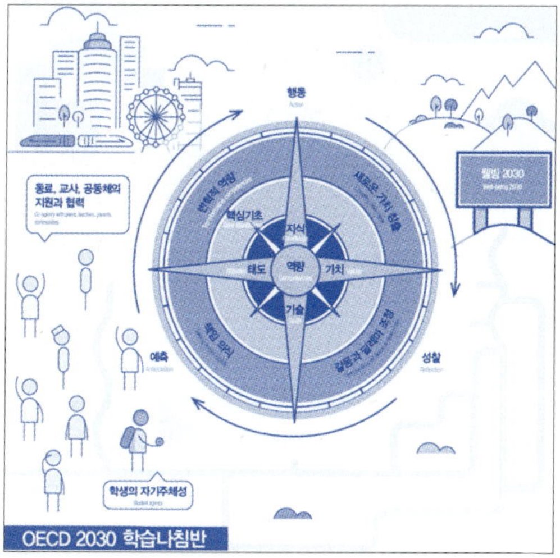


[그림 1-4] OECD Education 2030의 학습나침반 (최수진, 2020: 3)

OECD Education 2030의 학습나침반은 〈표 1-3〉과 같이, 학생 행위주체성(Student Agency), 핵심 기초(Core Foundations), 변혁적 역량(Transformative Competencies), 지식(Knowledge), 기술(Skills), 태도와 가치(Attitudes and Values), 예상-행동-성찰 주기(Anticipation-Action-Reflection Cycle)와 같이 7가지 요소로 구성된다(이지연, 전병훈, 2020: 418-421).

〈표 1-3〉 OECD Education 2030의 학습나침반의 구성요소 (이지연, 전병훈, 2020: 418-419)

| 구성요소 | 내용 |
|---|---|
| 학생 행위주체성<br>(Student Agency) | 학생 행위주체성이란 학생들이 자신의 삶과 주변 세계에 긍정적인 영향을 미칠 수 있는 의지와 능력뿐만 아니라 목표를 세우고, 성찰하고, 변화를 일으키기 위해 책임감 있게 행동할 수 있는 능력을 갖추고 있다는 믿음을 의미함. |
| 핵심 기초<br>(Core Foundations) | 핵심 기초는 전체 교육과정을 심도 있게 학습하기 위한 전제조건인 기본 조건과 기능, 지식, 태도와 가치를 의미함. 핵심 기초는 인지적 기초, 건강 기초, 사회적·정서적 기초로 구성됨. |

| 구성요소 | 내용 |
|---|---|
| 변혁적 역량 (Transformative Competencies) | 변혁적 역량은 학생들이 사회를 변화시키고 더 나은 삶을 위한 미래를 형성하는 데 필요한 지식, 기능, 태도와 가치의 유형을 의미함. 변혁적 역량은 새로운 가치 창출, 갈등과 딜레마 조정, 책임 의식으로 구성됨. |
| 지식 (Knowledge) | 지식은 확립된 사실, 개념, 아이디어, 이론과 함께 특정 업무를 수행한 경험을 바탕으로 한 실질적인 이해를 의미함. 지식은 학문적, 간학문적, 인식론적, 절차적 지식으로 구성됨. |
| 기능(Skill) | 기능은 과정을 수행하고 자신의 지식을 책임감 있는 방법으로 사용하여 목표를 달성할 수 있는 능력을 의미함. 기능에는 인지적·메타인지적, 사회적·정서적, 신체적·실천적 기능으로 구성됨. |
| 태도와 가치 (Attitudes and Values) | 태도와 가치는 개인, 사회, 환경의 웰빙에 이르는 길에서 자신의 선택, 판단, 행위와 행동에 영향을 미치는 원칙과 신념을 의미함. 태도와 가치는 개인적, 지역적, 사회적, 글로벌적 태도와 가치로 구성됨. |
| 예상-행동-성찰 주기 (Anticipation-Action - Reflection Cycle) | 예상-행동-성찰 주기(역량개발 사이클)는 학습자가 지속적으로 사고(thinking)를 개선하고 계획적이고 책임감 있게 행동하며, 시간이 지남에 따라 집단의 웰빙에 기여하는 장기적 목표를 향해 나아가는 반복적인 학습과정을 의미함. |

첫 번째, 학생 행위주체성이란 목표를 설정하고, 반영하여, 변화를 만들기 위해 책임감 있게 행동할 수 있는 능력으로 정의된다. 학생 행위주체성의 개념은 학생들이 자신의 삶과 주변 세계에 긍정적으로 영향을 미칠 수 있는 능력과 의지를 갖추고 있다는 원칙에 근거하고 있다. 학생들이 자신의 학습에서 주체성이 있을 때, 학습에 대한 동기부여가 향상되고, 학습목표를 더 잘 정의하며, 평생 사용할 수 있는 기능인 '학습하는 방법'을 학습할 가능성이 더 크다. 협력적 행위주체성(Co-agency)은 학생들이 공동의 목표를 향해 나아가는 데 도움을 주는 부모, 교사, 지역사회 및 타인과의 쌍방향적이고 상호 지원하는 관계라고 할 수 있다.

두 번째, 핵심 기초는 학생 행위주체성과 변혁적 역량 개발을 위한 기초를 제공하며, 전체 교육과정을 심도 있게 학습하기 위한 전제조건인 기본조건과 기능, 지식, 태도와 가치로 정의한다. OECD Education 2030 프로젝트의 이해당사자들은 문해력과 수리력을 포함하는 인지적 기초(cognitive foundations), 신체적·정신적 건강, 웰빙을 포함하는 건강 기초(health foundations), 도덕 및 윤리, 디지털 문해력, 데이터 문해력을 포함하는 사회적·정서적 기초(social and emotional foundations)를 강조한다.

세 번째, 변혁적 역량은 학생들이 사회를 변화시키고 더 나은 삶을 위한 미래를 형성하는 데 필요한 지식, 기능, 태도와 가치의 유형이다. 변혁적 역량에는 새로운 가치 창출(creating new value), 갈등과 딜레마 조정(reconciling tensions and dilemmas), 책임 의식(taking responsibility)이 있다. 새로운 가치 창출은 더 나은 삶을 만들기 위해 혁신하는 것을 의미하며, 새로운 일자리와 사업, 서비스를 창출하고 새로운 지식, 통찰력, 아이디어, 기술, 전략과 해결방안을 개발하고, 이를 오래된 문제와 새로운 문제 모두에 적용하는 것을 의미한다. 갈등과 딜레마 조정은 모순되거나 양립할 수 없는 생각, 논리, 입장 간의 상호연결과 상호관계를 고려하고, 장·단기적 관점에서 행동의 결과를 고려하는 것을 의미한다. 책임 의식은 개인적, 윤리적, 사회적 목표를 고려하여 자신의 행동을 반성하고 평가하는 능력과 연결되어 있다.

네 번째, 지식은 확립된 사실, 개념, 아이디어, 이론뿐만 아니라 특정 업무를 수행한 경험을 바탕으로 한 실질적인 이해를 포함한다. OECD Education 2030 프로젝트에서는 지식을 학문적(disciplinary) 지식, 간학문적(interdisciplinary) 지식, 인식론적(epistemic) 지식, 절차적(procedural) 지식으로 구분한다. 학문적 지식은 이해의 필수적인 기초이며, 수학과 언어와 같이 과목별 개념과 세부 내용을 포함한다. 간학문적 지식은 한 학문이나 과목의 개념과 내용을 다른 학문/과목의 개념과 내용과 연관시키는 것이며, 주제학습을 통해 관련 과목을 결합하거나 새로운 과목을 만들어 내고, 프로젝트기반 학습을 지원함으로써 교육과정 통합에 기여한다. 인식론적 지식은 전문가(practitioner)같이 생각하고 행동하는 방법을 아는 것으로 학습의 관련성과 목표를 보여주고 더 깊이 이해할 수 있게 돕는다. 절차적 지식은 일이 수행되는 방법과 구조화된 과정(process)을 통해 일하고 학습하는 방법을 이해하는 것으로 다양한 상황에서 복잡한 문제를 해결하는 데 유용하다.

다섯 번째, 기능은 과정을 수행하고 자신의 지식을 책임감 있는 방법으로 사용하여 목표를 달성할 수 있는 능력(ability)과 수용력(capacity)을 의미한다. OECD Education 2030에서는 기능을 인지적·메타인지적 기능(cognitive and metacognitive skills), 사회적·정서적 기능(social and emotional skills), 신체적·실천적 기능(physical and practical skills)과 같이 세 가지 유형으로 구분하였다. 인지적·메타인지적 기능에는 비판적 사고, 창의적 사고, 학습에 관한 학습, 자기 조절 등으로 구성된다. 사회적·정서적 기능에는 공감, 자기효능감, 책임감, 협력 등으로 구성된다. 신체적·실천적 기능에는 물리적 도구, 기계, 악기, 스포츠와 같이 손을 쓰는 기능, 음식을 하고 옷을 입고 청결을 유지하는 생활 기능, 근력과 체력을 동원하는 능력, 재료, 도구, 장비를 사용하고 조작하는 능력 등으로 구성된다.

여섯 번째, 태도와 가치는 개인, 사회, 환경의 웰빙에 이르는 길에서 자신의 선택, 판단, 행위와 행동에 영향을 미치는 원칙과 신념을 의미한다. 가치는 사생활과 공적인 삶의 모든 영역에서 의사결정을 할 때 사람들이 중요하다고 믿는 것을 뒷받침하는 지침·원칙(guiding principles)을 의미하며, 태도는 가치와 신념에 기초하여 긍정적이거나 부정적으로 반응하려는 기질에 해당되며, 특정 맥락과 상황에 따라 다르게 나타날 수 있다.

일곱 번째, 예상-행동-성찰 주기는 학습자가 지속적으로 사고(thinking)를 개선하고 계획적이고 책임감 있게 행동하며, 시간이 지남에 따라 집단의 웰빙에 기여하는 장기적 목표를 향해 나아가는 반복적인 학습과정을 의미한다. 예상 단계에서 학습자는 자신의 능력을 발휘하여 행동의 장단기 결과를 예측하고, 자신의 의도와 타인의 의도를 이해하며, 자신과 타인의 관점을 확장시킨다. 행동 단계에서 학습자는 특정 목표를 향해 수행함으로써, 웰빙에 기여한다. 성찰 단계에서 학습자는 사고를 개선하고 이해를 심화시키고, 미래 행동을 공유 가치와 일치시키며, 변화하는 조건에 성공적으로 적응하는 능력을 향상시킨다(이지연, 전병훈, 2020: 417-421).

# 3. 미래사회 변화에 따른 평가의 방향

## 1) 교육평가 패러다임의 변화

지식기반 사회는 변동성과 불확실성을 특징으로 한다. 이에 따라 미래교육은 미래사회에 행복한 삶을 영위할 수 있는 핵심역량의 함양을 강조하고 있다. 핵심역량은 21세기의 불확실한 상황에 효과적으로 대처하거나 지식을 통합형 창조적으로 활용할 때 형성될 수 있다(김난옥, 손원숙, 2019: 174).

세계 각국에서는 미래사회의 변화에 따라 교육과정, 교수-학습, 평가 등과 같은 교육 전반에 걸쳐 변화를 시도해왔다. 이 중에서 평가는 학습의 질을 결정짓는 중요한 요소로서, 세계 각국은 학생의 성장과 발달을 측정할 수 있는 평가체제를 구축하기 위하여 노력하고 있다(김난옥, 손원숙, 2019: 174). 이와 같이, 미래사회에 요구되는 인재상의 변화, 지식과 역량의 범주 확대, 그리고 발달한 첨단 과학기술의 학교교육에의 적용 등과 같은 사회와 교육환경의 변화는 교육평가의 패러다임을 변화시키고 있다. 예를 들어, 학생평가는 상대평가에서 절대평가체제로, 객관식 선다형 평가 중심에서 서술형 평가 및 수행평가체제로, 총괄평가에서 형성평가체제로 전환되고 있다. 이것은 평가의 방향이 개별 학생의 성장을 지원하고 촉진하는 데 초점을 두고 있다는 것을 의미한다(박혜영, 이명애, 이명진, 2019: 148). 교육평가 패러다임의 변화는 〈표 1-4〉와 같다.

〈표 1-4〉 교육평가 패러다임의 변화

| 구분 | 종래의 평가 | 새로운 평가방식 |
|---|---|---|
| 평가체제 | • 상대평가<br>• 양적 평가 | • 절대평가<br>• 질적 평가 |
| 평가목적 | • 선발·분류·배치<br>• 한 줄 세우기 | • 지도·조언·개선<br>• 여러 줄 세우기 |
| 평가내용 | • 학습의 결과 중시<br>• 학문적 지능의 구성요소 | • 학습의 결과 및 과정 중시<br>• 실천적 지능의 구성요소 |
| 평가방법 | • 선택형 문항을 사용한 지필평가 중심<br>• 일회적 평가<br>• 객관성·일관성·공정성 강조 | • 다양한 평가방법 고려<br>• 지속적·종합적 평가<br>• 전문성·타당성·적합성 강조 |
| 평가시기 | • 학습활동이 종료되는 시점<br>• 교수-학습과 평가 분리 | • 학습활동의 모든 과정<br>• 교수-학습과 평가 통합 |
| 교사역할 | • 지식의 전달자 | • 학습의 안내자·촉진자 |
| 학생역할 | • 수동적인 학습자<br>• 지식의 재생산자 | • 능동적인 학습자<br>• 지식의 창조자 |
| 교수-학습 | • 교사 중심<br>• 인지적 영역 중심<br>• 암기 위주<br>• 기본 학습능력 강조 | • 학생 중심<br>• 인지적·정의적 영역 모두 강조<br>• 탐구 위주<br>• 창의성 등 고등사고기능 강조 |

### 2) 개별 학생의 성장 및 지원을 촉진하는 평가

교육평가 패러다임이 변화됨에 따라, 개별 학생의 성장 및 지원을 촉진하기 위하여, 학생 중심 평가, 학습을 돕는 평가, 학습을 위한 평가가 강조되었다. Armour-Thomas와 Gordon(2013)은 학습자의 과제 수행을 평가하고 평가결과를 학습자의 수행에 대한 강점과 약점에 대한 피드백으로 활용하는 학습 중심 평가(Learning centered assessment)와 학습을 돕는 평가(Learning assisted assessment)를 제시하였다. '학습 중심 평가'에서는 학생이 학습한 과제에 대한 평가를 통하여 학생들의 학습 여부의 판단을 중시한다. '학습을 돕는 평가'에서는 학생들의 학습 과정과 학습결과에 대한 피드백을 제공함으로써 학생들의 학습을 지원한다. '학습을 위한 평가(Assessment For Learning, AFL)'는 수업과 평가를 연계하고 평가의 형성적 기능을 강조한다(박혜영, 이명애, 이명진, 2019: 151). 2015 개정 교육과정에서 강조하고 있는 과정중심평가, 수행평가의 내실화, 서술형 및 논술형 평가의 확대 등은 학생의 성장 및 지원을 촉진하는 평가 전략에 해당된다.

### 3) 상황기반 및 맥락기반 평가

지식기반 사회에서는 지식의 관리자 및 생산자로서 학습자의 행위주체성이 강조된다. 학생의 행위주체성은 교사, 학부모, 지역사회와의 지속적인 협력을 통하여 개발된다. 학생의 행위주체성이 학습자가 처한 특정 맥락에서 개발된다면, 학생평가도 이러한 상황을 반영하여 실시되어야 한다. 상황기반 평가(situated evaluation)와 맥락기반 평가(contextualized evaluations)에서는 공통적으로 학습과 평가가 학생의 특성과 환경 등을 고려하여 다르게 실시되고 적용되어야 한다는 것을 강조한다. 즉, 학생평가는 학습 영역에 관한 중요한 개념과 관계들을 파악하고 학생의 이해력 도달 여부의 판단 증거를 제공하는 방향으로 실시된다(Dixon-Román & Gergen, 2013; 박혜영, 이명애, 이명진, 2019: 151에서 재인용).

### 4) 21세기 핵심역량 향상을 위한 평가

Price, Pierson과 Light(2011)는 21세기 핵심역량(21st century learning environment)을 향상시킬 수 있는 평가 전략으로 루브릭, 수행기반 평가, 포트폴리오, 자기평가, 동료평가, 학생반응시스템(Student Response System; SRS) 등의 6가지를 제시하였다(이상하, 2020: 80-84).

첫째, 루브릭은 학생들의 과제 수행에 대한 기대치와 수행의 질을 설명하는 일련의 준거로 구성된 채점기준표이다. 이것은 학생들의 수행 수준을 평가하고, 과제 수행에 대한 기대치를 제공하는 역할을 한다. 루브릭은 교수-학습 강화 도구 및 자기 교정적 체제로 활용될 수 있다. 교사가 루브릭에 근거하여 학생에게 맞춤형 피드백을 제공하면, 루브릭은 교수-학습을 강화할 수 있다. 또한, 루브릭은 학생들이 자신의 수행을 스스로 모니터링하고 평가할 수 있는 자기 교정적 체제로 활용할 수 있다.

둘째, 수행기반 평가는 프로젝트 평가 또는 참평가와 관련이 있다. 이것은 학생들이 알고 있는 지식과 그 지식을 실생활 상황에 적용할 수 있는지를 측정하는 총괄평가에 해당된다. 수행기반 평가는 학생들에게 자신이 습득한 지식을 종합하고 교실상황을 벗어나 친숙하지 않은 상황에 그 지식을 적용하는 기회를 제공한다.

셋째, 포트폴리오는 장시간에 걸쳐 수집된 학생 작품 모음을 의미하며, 주로 총괄평가로 사용된다. 포트폴리오 평가의 가장 중요한 특징은 시간적 여유를 갖고 학생들의 노력, 발달, 성취를 꾸준히 관찰할 수 있다는 것이다. 포트폴리오는 단순히 지식을 측정하기보다는 그 지식을 적용하는 능력을 측정하는 데 목적이 있다. 포트폴리오가 평가도구로서 가진 강점들 중에 하나는 교실수업과 평가가 자연스럽게 통합된다는 것이다.

넷째, 자기평가는 학습 기준에 따라 자신의 장점과 단점을 파악하는 데 사용된다. 자기평가는 과제 수행 개선과 발전 정보를 제공하는 형성평가로 사용된다. 자기평가는 학생의 자발적 피드백 및 학습활동을 반성하는 데 유용한 정보를 제공한다.

다섯째, 동료평가는 타인 작품과 활동에 대한 질과 가치를 평가하는 것을 의미한다. 동료평가는 타인의 학습활동에 대한 피드백을 제공함으로써 자신의 학습 향상에 기여하는 형성평가로 사용된다. 동료평가는 교사평가와 병행하여 사용하는 것이 적절하다.

여섯째, 학생반응시스템(Student Response System; SRS)은 다양한 공학 기반의 형성평가 도구를 활용하여, 교실에서 학생의 자료를 즉각적으로 수집하는 시스템을 의미한다. SRS에서는 교사가 교실수업이 진행되는 동안 실시간으로 학생들의 학습정보를 분석하여 교수-학습 전략을 수정하여 적용할 수 있기 때문에 학습을 극대화하는 데 기여한다. SRS는 시험, 에세이 또는 프로젝트 결과를 즉각적으로 수집하고 제공함으로써, 모든 학생을 위한 학생 맞춤형 교육내용과 수업방법을 제공할 수 있다는 장점이 있다.

## 5) 과학기술을 활용한 평가

4차 산업혁명에 따른 과학기술의 발달은 학생평가에 활용될 가능성이 있다. 과학기술을 활용한 평가란 과학기술이 역량평가에 효과적이고 긴밀하게 응용되는가에 초점을 맞춘 것으로써, 과학기술을 강조하는 학습 맥락에서 정보와 기술을 전략적으로 사용하여 복잡한 학문적·실제적 문제를 해결하는 것을 의미한다(Scardamalia et al., 2012). 첨단 과학기술은 학업 준비도, 학습 진도, 기술 습득 및 학생의 성취를 측정하는 데 적용될 수 있다.

학생들의 학습활동을 통해 축적된 데이터를 활용하는 빅데이터 분석 기법(데이터마이닝)과 학습분석학(learning analytics) 기법은 교수-학습을 설계하고, 학생을 평가하고 점검하는 데 도움을 준다. 첫째, 학습분석학에서는 교수-학습 목표와 교육과정 목표를 설정하고 특정한 학습목표를 달성하도록 지원하기 위해 다양한 수준에서 수집된 자료를 분석하여 활용한다. 학습분석학은 교수자가 개별 학습자의 교육 경험을 거의 실시간으로 분석하여, 맞춤형 교육을 제공할 수 있도록 도와준다(Chung, 2013). 둘째, 증거중심설계(Evidence Centered Design)는 학생들의 성취를 뒷받침하는 증거 수집 및 제시, 평가방법 등에 대한 논증 절차로써, 이것은 검사의 설계, 개발, 시행의 전 과정에 걸쳐 적용되는 하나의 포괄적인 체계 및 원리로 작용한다(Misley, Steinberg, & Almond, 2003).

이처럼 인공지능과 빅데이터는 학생과 학생의 학습과정에 대한 다층적이고 광범위한 데이터를 수집·활용하여 학습참여정도, 이해도, 결손 정도를 파악하게 해준다(박혜영, 이명애, 이명진, 2019: 152-153). 또한 과학기술을 활용한 평가는 학업 성취 이외에 학습동기, 적성과 흥미에 따른 진로 결정의 참고자료 마련 등 학습과 미래 생활에 걸쳐 폭넓은 정보를 제공한다.

가상현실(Virtual Reality)과 증강현실(Augmented Reality) 등을 활용한 서술형 평가는 실제와 유사한 상황에서 학생의 다양한 역량을 평가할 뿐만 아니라, 채점의 신속성과 일관성을 향상할 수 있다. 미래 과학기술은 개별 학생의 학습 성장(learning progress)을 점검하고 평가하는 데 효과적으로 활용될 수 있다(박혜영, 이명애, 이명진, 2019: 148)

## 4. 교육평가의 발전 과제

미래사회의 변화에 따라 교육평가는 학습과정과 성장을 지원하는 평가, 개인 맞춤형 평가, 과학기술을 활용한 평가가 이루어질 가능성이 있다. 미래사회 변화에 따른 교육평가의 발전 과제를 제시하면 다음과 같다.

첫째, 미래 교육평가 비전을 실행하기 위해서는 학부모, 학생, 교사 등 교육주체들의 이해와 인식 변화가 선행되어야 한다. 미래사회의 변화에 따라 핵심역량과 고차원적 사고력이 강조됨에도 불구하고, 객관식, 선다형 문항을 통하여 단편적인 사실에 대한 지식을 암기하는 평가 관행이 여전히 존재하고 있다. 미래사회의 변화에 따라, 새로운 평가방법에 대해 학생과 학부모가 그 취지와 방향을 정확히 이해할 수 있는 안내와 지원이 필요하다(박혜영, 이명애, 이명진, 2019: 166).

둘째, 학습자의 성장을 지향하는 초-중-고 연계 평가체제가 구축될 필요가 있다. 학습자의 성장과 발달의 연속성의 관점에서 학교급별로 분절되지 않고 상호 연계될 필요가 있다. 현행 NEIS 체제에서는 학교급이 바뀌면 이전의 성장 기록을 볼 수 없게 된다. 학생의 성장과 발달을 추적하고 관리할 수 있는 방향으로 NEIS 체제가 개편될 필요가 있다. 이러한 평가체제는 학생의 진로탐색과 진로교육에도 긍정적인 기여를 할 수 있다(박혜영, 이명애, 이명진, 2019: 167)

셋째, 교육평가의 질적 개선을 위한 교사의 평가전문성 신장을 위한 다각적인 지원이 필요하다. 국가 및 시·도 교육청에서는 수준별 연수 프로그램을 개발하여 교사의 평가전문성을 체계적으로 신장시킬 수 있도록 지원해야 한다. 개별 학습자의 요구나 필요를 파악하고 적절한 피드백 제공을 통해 학습자 성장과 발달을 지원할 수 있는 수업-평가 실행을 위한 개별 교사의 지속적 학습과 성장을 위한 교사 학습공동체가 학교 안팎에서 운영될 수 있는 지원이 필요하다. 교사들의 자발적 연구 활동과 대학-현장 연계 연구가 활성화될 필요가 있다(박혜영, 이명애, 이명진, 2019: 167).

넷째, 단위 학교에서 평가의 형성적 기능을 달성할 수 있는 지원이 요구된다. 수업과 평가의 일체화 및 과정중심평가는 평가의 형성적 기능에 해당된다. 평가 목적은 평가대상이나 상황에 따라 다양해지며, 평가목적에 따라 평가의 성격, 평가의 시행 및 채점방법, 결과 활용 등이 결정되게 되며, 평가목적에 부합하도록 시행되고 활용될 때 학습에 도움이 될 수 있다(Istance & Dumont, 2010). 특히 평가의 계획 과정부터 평가의 형성적 활용 방안을 구체적으로 수립해야 한다. 왜냐하면, 학생평가의 결과에 따라 어떠한 피드백을 제공할지 사전에 계획하면, 학생의 성장과 발달이라는 평가의 형성적 기능이 달성될 수 있기 때문이다. 평가는 평가대상이 갖고 있는 모든 자료를 종합적으로 수집하여 평가할 수 있도록 다양한 평가방법을 활용하고, 연속적인 평가를 통해 대상의 변화 및 발달을 점검할 수 있어야 한다(김난옥, 손원숙, 2019: 191).

다섯째, 교사의 평가효능감을 향상시킬 수 있는 지원이 필요하다(김난옥, 손원숙, 2019: 191). 교사대상의 평가연수는 평가의 최신 동향을 학습하고, 이들의 평가 전문성 및 평가효능감을 향상시키는 데 기여한다. 교사연수에서는 학생평가에서 활용할 수 있는 다양한 평가방법을 이해하고, 평가 문항을 제작, 실행, 활용하는 경험을 제공할 필요가 있다. 또한, 교사의 평가효능감을 향상시키기 위하여 기본적인 평가 문항, 평가 기록 양식, 결과 기록 및 요약을 위한 교육공학적 테크놀로지 제공 등에 관한 정부 차원의 지원이 필요하다.

여섯째, 교사의 평가권 보장이 필요하다(강태훈, 류성창, 2017: 273). 교사의 평가권이 보장되면, 중간고사와 기말고사 위주의 학년별 평가에서 벗어나 교사가 자신이 직접 가르친 학생들을 평가하는 학급(교사)별 평가를 실시할 수 있다. 교사는 직접 가르친 학생 개인에 대하여 가장 잘 알고 있기 때문에, 교사의 평가권 보장은 개인화 및 개별화 학습 지원의 전제조건이 된다.

일곱째, 교사가 교육에 전념할 수 있는 근무 여건이 확보되어야 한다. 교사가 타당도와 신뢰도가 높은 질적 평가, 절대평가 또는 형성평가를 실시하려면, 교육에만 전념할 수 있는 근무 여건이 확보되어야 한다(강태훈, 류성창, 2017: 274). 교사가 수업과 평가에 집중할 수 있는 환경이 마련되면, 개별 학생의 성장 및 발달 지원을 위한 평가가 실시될 수 있을 것이다.

마지막으로 대학 입학 시험 제도의 개선이 요구된다(강태훈, 류성창, 2017: 273-274). 단편적인 사실의 암기 중심의 선다형 평가에서 벗어나 고차원적 사고력 및 학생의 역량을 평가할 수 있는 방향으로 대학 입시 시험 제도가 개선될 필요가 있다. 미래사회에 요구되는 핵심역량을 평가할 수 있는 방향으로 대학 입학 시험 제도가 개선될 필요가 있다.

## ❖ 탐구과제

◆ 4차 산업혁명 시대의 최첨단 과학기술이 교육평가에 활용되는 구체적인 사례를 상상하시오.

◆ 미래사회에 요구되는 핵심역량은 어떻게 평가할 수 있을지 토의하시오.

◆ 인공지능과 빅데이터와 같은 과학기술이 학생평가를 어떻게 변화시킬지 토의하시오.

◆ (예비) 교사의 평가전문성 또는 평가효능감을 향상시킬 수 있는 방안에 대하여 토의하시오.

◆ "빅데이터 기반 인공지능이 교사의 학생평가를 대체해야 한다."라는 의견에 대하여 찬반토론하시오.

# 2 교육평가 개관

## 1. 교육평가의 개념

### 1) 교육평가에 대한 다양한 관점

평가의 사전적 의미는 '어떤 대상의 가치를 판단하는 것'이다. 평가는 특정 대상의 가치를 판단하여 의사결정에 도움을 주는 활동이다. 평가의 가장 본질적인 속성은 가치 판단이다. 평가자가 평가과정에서 자료를 수집하지만 그것은 가치 판단을 위한 기초 자료로 활용하기 위한 것이다. 이처럼 가치 판단은 평가를 측정이나 연구와 같은 활동과 구분해 주는 본질적인 특성이다.

평가는 가치지향적인 활동이지만 측정이나 연구는 가치중립적인 활동이라는 점에서 뚜렷이 구별된다. 측정은 수치를 부여하는 과정으로서, 가치 판단을 배제하거나 최소화한다. 연구는 현상을 기술하거나 변수 간의 관계를 검증하여 일반화할 수 있는 지식을 산출하기 위한 가치중립적인 활동이다(권대훈, 2016: 12-13). 이러한 것을 볼 때 교육평가는 교육대상에 대한 가치를 부여하는 활동이라고 할 수 있다.

교육평가는 학자들의 관점에 따라서 다양하게 정의된다. Nevo(1983)는 교육평가에 대한 정의를 다음과 같이 4가지 형태로 유형화하였다. 첫째, 교육평가는 교육목표 도달도의 확인 과정으로 정의할 수 있다. Tyler(1949)는 교육평가를 '교육목표 달성 여부의 판단 과정'으로 정의하였다. 둘째, 교육평가는 의사결정을 위한 정보 제공 활동으로 정의할 수 있다(Alkin, 1969; Cronbach, 1963; Stufflebeam, 1973). Stufflebeam(1973)은 교육평가를 '의사결정 대안을 판단하기 위한 유용한 정보를 기술(묘사), 수집, 제공하는 과정'으로 정의하였다. 셋째, 교육평가는 가치와 장점을 판단하는 과정으로 정의할 수 있다(Eisner, 1979; Houes, 1980; Scriven, 1967). Scriven(1991)은 평가를 '어떤 것의 가치, 장점을 판단하는 과정 또는 그 과정의 결과'로 정의하였다. 넷째, 교육평가는 기술과 판단이 결합된 활동으로 정의할 수 있다(Guba & Lincoln, 1981; Stake, 1967). Nevo(1983: 124)는 교육평가에 대한 다양한 관점을 비교한 후에, '교육대상에 대한 체계적인 기술과 가치와 판단 과정'으로 교육평가를 정의하였다. Wanzer(2021)는 교육평가를 가치 판단 행위로 규정하고, '장점과 가치, 효율성과 효과성, 목표 도달 충족 여부 등을 판단하는 행위'로 정의하였다.

교육평가에 대한 다양한 관점을 살펴보면, 대체적으로 판단, 기준, 정보 제공, 의사결정, 기술 등의 용어가 사용되고 있다. 이러한 용어에 기초하여 교육평가를 정의하면 다음과 같다. 교육평가란 교육대상을 기술하기 위한 정보를 수집하고, 이에 기초하여 기준에 따라 가치를 판단하거나 의사결정을 위한 정보 제공 활동으로 정의할 수 있다.

### 2) 교육평가의 명제

황정규(1998)는 교육평가의 명제를 '인간을 규정하는 것이 아니라 인간 이해를 위한 것'이라고 전제하고, 교육평가의 명제를 다음과 같이 제시하였다.

첫째, 인간은 현실성보다는 가능성이 크고, 주어진 조건보다 개발할 수 있는 잠재 가능성이 무한하다. 따라서, 유전적 관점에서 교육평가를 실시하게 되면 교육평가는 제한적일 수 밖에 없어 평가를 제대로 실시할 수 없다.

둘째, 평가자는 교육평가의 자료와 대상, 그리고 시간이 무한하다는 신념이 있어야 한다. 이것은 교육평가의 대상과 자료는 무한하는 것을 의미한다. 어떠한 행위, 대상, 자료도 교육평가의 대상이 된다. 학생이 남겨 놓은 그림 한 장, 낙서 한 줄도 인간 이해의 자료가 될 수 있다는 가능성을 열어두어야 한다.

셋째, 교육평가는 계속적이고 종합적인 과정이다. 계속성(continuity)이란 특정한 장면이나 시간에서만 평가하는 것이 아니고, 수업할 때, 숙제를 제출할 때, 대화를 나눌 때마다 평가의 기능이 발휘되어야 한다는 것을 의미한다. 종합성(comprehensiveness)이란 전인으로서의 교육목적을 달성하기 위하여, 평가의 과정에서 학업성적뿐만 아니라, 인성, 태도, 자아개념 등을 고려해야 한다는 것을 의미한다. 즉 평가대상이 가지는 모든 자료를 종합적으로 수집해서 평가해야 한다. 지필평가뿐만 아니라 관찰, 면접, 수행평가 등 다양한 평가방법을 동원하여 평가를 실시해야 한다.

넷째, 교육평가의 명제는 개인차를 측정하고 변별하는 것이 아니라, 개인차의 발생 요인을 통제하고 변인을 투입해서 개인차를 좁혀가려는 데에 두어야 한다. 즉 교육평가는 교육의 대상이 각자의 재능과 잠재력을 최대로 개발하고 발휘할 수 있도록 지원해야 한다.

그러므로 교육평가는 '교육프로그램에 관한 의사결정을 하기 위하여 학습자의 행동변화 및 학습과정에 관한 정보를 수집하고 이용하여 교육적 의사결정을 내리는 데 도움을 주거나, 또는 의사결정을 하는 과정, 바로 그 자체'라고 할 수 있다.

### 3) 교육평가의 기능

교육평가의 기능을 바라보는 시각은 다양하다. 김석우(2015)는 학교교육활동과 관련된 교육평가의 기능을 6가지로 구분하여 제시하였다(김석우, 2015: 28-29).

첫째, 교육평가는 학습자의 학업성취도를 평가하는 역할을 한다. 교육이 목표지향적 활동이라면 교육에 의해 목표가 어느 정도 달성되고 있는지는 학생의 학업성취도를 확인하는 데서 가능해진다. 목표의 성취란 교육과정에서 제시한 목표와 성취기준이 학생의 행동으로 실현되는 상황을 의미한다. 따라서 교육평가의 중요한 기능은 교육목표 달성도에 관한 증거와 정보를 수집하는 것이다.

둘째, 교육평가는 학습자 개인의 학습방법을 개선하는 데 도움을 주며, 학습결과에 대한 피드백을 제공함으로써 학습을 촉진하는 기능을 한다. 교육평가는 시험점수에 따라서 학생을 판정하기 보다는 원인을 분석하고, 적절한 지원을 하는 것이 중요하다. 학습결과에 대한 피드백을 제공함으로써 자신의 강점과 약점을 파악하고 학습실패의 원인을 진단하여 치료하고 개선함으로써 새로운 학습동기가 유발될 수 있다.

셋째, 교육평가는 학습자의 진로지도를 위한 정보를 제공하는 기능을 한다. 학교 현장에서 진로지도를 하려면 학습자의 학업능력, 정서, 흥미, 성격 그리고 학생 주변 환경에 대한 광범위하고 정확한 이해가 필수적이다. 이러한 평가 자료는 학습자를 이해하는 계기가 되며, 진로지도 및 생활지도의 기초 자료로 활용될 수 있다. 또한 이것은 학습자 개인에게 자기 적성에 대한 이해를 돕는 기회를 제공한다.

넷째, 교육평가는 교수-학습 방법을 개선하고 수업의 질을 향상시키는 기능을 한다. 만약, 학생평가의 결과가 낮다면, 교사는 학습목표 도달도가 낮은 이유, 학습자 간의 학력 격차가 큰 이유, 학습자의 학습 준비도가 낮은 이유 등을 확인하기 위하여 다양한 자료와 정보를 수집하게 된다. 이러한 자료의 분석은 수업의 질을 향상시키는 자료로 활용될 수 있다.

다섯째, 교육평가는 교육프로그램의 교육적 효과를 평가하는 기능을 한다. 교육평가의 중요한 영역 중의 하나는 교육활동의 결과를 분석하고 그 결과를 확인하여 프로그램의 교육적 효과를 판단하는 것이다.

여섯째, 교육평가는 교육의 제반 문제를 이해하고 교육정책을 수립하는 데 도움을 주는 기능을 한다. 예를 들어, 전국 학업성취도 평가 및 국제 간 학력 비교 연구는 학생들이 반드시 습득해야 하는 기본 능력 수준을 확인할 수 있다. 이러한 학업성취도 결과는 교육과정 개선, 수업 혁신 등과 같은 교육정책의 방향을 수립하는 데 영향을 끼친다.

## 4) 교육평가의 특징

교육평가는 학생평가와 측정에 의하여 발달하였다. 타일러(R. W. Tyler)가 평가와 측정을 구분한 이래로, 교육평가는 교수와 학습의 통합된 부분으로서 학생평가로 인식되었다. 이에 따라 학생의 학업성취도 측정을 교육평가로 인식하는 경향이 강하다. 이러한 경향성은 학교와 대학 등의 교육기관 인증 평가의 필요성이 대두됨에 따라서 학생평가 중심의 교육평가에 변화가 생기게 되었다. 교육기관 인증 평가와 교육과정평가에 대한 관심이 증가함에 따라, 프로그램평가 이론이 발달하게 되었다(Kellaghan, Stufflebeam, & Wingate, 2003: 2).

교육평가는 다른 학문 분야의 평가와 다음과 같은 점에서 구별되는 특징이 있다(Kellaghan, Stufflebeam, & Wingate, 2003: 3). 첫째, 교육평가의 근간은 검사와 학생평가라고 할 수 있다. 의료와 보건 분야에서는 프로그램평가가 중시되는 반면에 교육평가에서는 학생평가가 핵심이 된다. 교육분야에서도 프로그램평가와 교육과정평가가 이루어지고 있으나, 여전히 교육평가는 학생평가라는 인식이 강하다. 둘째, 교육평가에서 공공 참여, 평가대상, 이해당사자의 관심과 참여가 중요해지고 있다. 왜냐하면 경영, 산업, 건강, 복지 등의 분야와 다르게 교육은 사회 모든 구성원들에게 영향을 주고받기 때문이다. 교육은 공공재의 성격이 강해서, 사회적 파급력 또한 크다. 따라서, 다양한 이해당사자의 참여와 요구가 교육평가에 반영된다. 셋째, 교사는 평가자, 평가대상, 평가 이해당사자로서 중요한 역할을 한다. 특히 교사는 학생평가에 핵심적인 위치에 있다. 따라서 교사는 교육평가 전문가로서의 역량을 함양하고, 교실에서 학생평가 역량을 발휘해야 한다.

## 2. 검사, 측정, 총평, 평가와의 관계

검사, 측정, 총평, 평가는 서로 다른 의미가 있다. 외국 문헌에서는 이들 용어를 구분하여 사용하지만, 우리나라에서는 이들 용어를 구분하지 않고 평가라는 단어로 통칭하여 사용하는 경향이 있다. 이것은 일반 대중뿐만 아니라 교사에게 평가에 대한 그릇된 시각을 형성하게 하는 원인이 되기도 한다. 예를 들어, 평가하면, 시험 또는 시험점수라고 생각한다. 이러한 인식은 선다형 중심의 지필평가뿐만 아니라 서술 및 논술형을 중시하는 수행평가 또는 과정중심평가에서도 발견된다. 이러한 현상은 교육평가에서 수치화, 즉 측정을 강조하는 부작용을 초래하기도 한다. 이러한 문제는 검사, 측정, 총평, 평가에 대한 개념을 명확하게 이해할 때 다소나마 해결될 수 있을 것이다.

### 1) 검사(test)

측정대상은 직접 측정이 가능한 대상과 직접 측정이 불가능하여 간접 측정을 해야 하는 대상으로 구분한다. 인간에 내재된 잠재적 속성은 직접 측정이 불가능하다. 검사는 간접 측정을 위해 사용되는 도구이다. 즉 검사는 개인의 지식, 기술, 태도 및 가치관 등을 평가하는 데 사용되는 측정 도구를 의미한다. 검사는 심리적 특성을 측정하기 위한 도구 또는 체계적 절차라고 할 수 있다. 검사는 측정 도구이므로 측정이나 총평보다 의미가 좁다. 검사를 사용하지 않고 측정할 수 있으나, 검사를 실시할 때에는 반드시 측정이 이루어진다. 예를 들어, 교사가 학생의 수업태도 점수를 관찰을 통하여 점수를 부여한다면, 검사도구를 사용하지 않고 측정을 할 수 있다. 이와같이, 검사는 측정이나 총평의 과정에서 도구로 사용된다(권대훈, 2016: 14).

검사는 인간의 잠재적 특성을 측정하는 도구로서, 인간의 잠재적 특성은 인지적 행동 특성, 정의적 행동 특성, 심동적 행동 특성으로 구분할 수 있다. 인지적 행동 특성 검사에는 지능검사, 학업적성검사, 학업성취도 검사 등이 있다. 정의적 행동 특성 검사에는 성격검사, 흥미검사, 직업적성 검사 등이 있다. 심동적 행동 특성 검사에는 무용 실기, 과학 실험 능력 등을 측정하는 수행검사가 있다.

검사의 기능은 교수적 기능(instruction function), 행정적 기능(administrative function), 상담적 기능(guidance function)의 3가지가 있다(Findley, 1963). 첫째, 검사는 교수적 기능을 한다. 검사는 교사들에게 교과목표를 확인시켜 주며, 학생과 교사들에게는 피드백을 제공한다. 검사는 학생의 학습동기를 유발하고, 시험 예고는 학생에게 복습을 유도한다. 검사는 학습자의 잘못된 인지구조나 학습태도를 수정하는 기능을 한다. 둘째, 검사는 행정적 기능을 한다. 검사는 교육프로그램, 학교 또는 교사평가를 위하여 학생들을 분류하고 배치하는 데 사용된다. 검사는 대학 입학, 자격증을 부여하는 데 사용되고, 학교와 학교 구조의 질을 통제하는 데 사용된다. 셋째, 검사는 상담적 기능을 한다. 검사는 피험자의 정의적 행동특성을 진단하고 치료하는 데 사용된다. 예를 들어, 적성검사, 흥미검사는 피험자의 문제점을 발견하는 데 사용된다(성태제, 2005: 89-90).

## 2) 측정(measurement)

측정은 사물의 성질을 구체화하기 위하여 수를 부여하는 절차이다. 측정이란 규칙에 의하여 사물이나 사건에 수를 할당하는 행위이다(Stevens, 1946). 측정은 가능한 측정 결과를 수량화하려고 시도한다. 측정은 사물이나 사람의 속성을 수량화할 때 언어적 표현에 따르는 모호성과 막연성을 배제할 수 있고, 판단에 따른 실수의 근원을 감소시킬 수 있다.

교사가 어떤 학생의 수학 교과의 성취수준 도달 여부를 판정하기 위해서는 수학 성적을 수량화해야 한다. 수학 점수를 수량화하는 것은 측정에 해당되며, 성취수준 도달 여부를 판단하는 것이 평가이다. 측정은 학생의 수행에 대한 가치 판단을 하기 위하여, 수량화하는 것을 의미한다. 교사는 학생의 수행 능력을 결정하기 위해서는 학생의 개별 점수를 정량적으로 측정해야 한다. 측정은 원점수와 정규분포곡선으로 구성되며, 평균점수, 백분위점수, 평균, 표준점수 등으로 표시된다. 측정과 평가는 〈표 2-1〉와 같이 구분된다(Prakash, 2016: 3-4).

〈표 2-1〉 측정과 평가 (Prakash, 2016)

| | 측정 | 평가 |
|---|---|---|
| 목적 | 수량화 | 교육체제 개선 |
| 강조점 | 학생의 특정 능력을 확인하는 기술 중시 | 학생 행동변화의 인과관계를 파악하는 과정중시 |
| 결과 제시 | 숫자, 점수, 평균, 백분율 제시 | 사전에 설정된 학습목표 도달도 확인 |
| 주안점 | 학생 점수 향상 여부 확인 | 학생의 질적 발전과 행동변화 검증 |
| 범위 | 특정 단원 | 전체 단원 |

측정은 길이, 무게 등과 같이 직접 측정이 가능한 '직접 측정'과 지능, 성격, 흥미, 태도, 학업성취도 등과 같이 인간 내면에 있는 잠재적 특성을 측정하는 '간접 측정'으로 구분할 수 있다. 측정은 수량화가 목적이므로 도구를 활용하게 된다. 간접 측정은 검사지, 관찰, 면접 등을 통하여 이루어진다.

측정의 오차를 줄이기 위해서는 측정 절차를 수립해야 한다. 측정은 측정대상 선정, 측정 행위 또는 속성의 구체화, 측정단위에 수를 할당하는 기본 규칙의 3단계에 따라서 이루어진다. 예를 들어, 몸무게를 잰다고 할 때, 측정대상은 몸무게, 속성은 무게, 측정단위는 kg이다.

사물이나 사람의 특성을 측정할 때에는 측정단위를 설정하는 것이 중요하다. 측정단위는 척도(scale)라고 하며, 명명척도, 서열척도, 동간척도, 비율척도로 구분한다. 첫째, 명명척도(nominal scale)는 사물을 구분하거나 분류하기 위하여 사용되는 척도이다. 이것은 사물 하나의 이름에 특정 숫자를 부여하는 일대일 대응의 특징을 가지고 있다. 명명척도의 사례는 성별, 선수번호, 색깔 등이다. 둘째, 서열척도(ordinal scale)는 사물이나 사람의 상대적 서열을 표시하기 위하여 쓰이는 척도이다. 서열척도는 서열 간의 간격이 같지 않으므로 측정단위 간격에 동간성이 유지되지 않는다. 예를 들어 1등과 2등의 점수 차이와 5등과 6등의 점수 차이를 비교할 때 등급의 차이는 1등급이지만, 점수의 차이는 같지 않다. 서열척도의 사례는 석차, 키순서 등이다. 셋째, 동간척도(interval scale)는 임의영점과 가상적 단위를 지니고 있다. 동일한 측정단위 간격에 동일한 수적 차이를 부여하기 때문에 동간성을 가지며 따라서 덧셈 법칙이 적용된다. 그러나 곱셈 법칙은 적용되지 않는다. 성적 50점을 받은 학생이 성적 25점을 받은 학생보다 능력이 두 배가 되지 않는다. 동간척도의 사례는 온도와 시험점수 등이다. 넷째, 비율척도(ratio scale)는 절대영점과 가상적 단위를 지니고 있으며 동일한 간격에 동일한 수적 차이를 부여하는 척도이다. 길이 20cm는 10cm의 두 배가 된다. 비율척도의 사례는 무게, 길이 등이 있다. 명명척도, 서열척도, 등간척도, 비율척도의 차이점은 〈표 2-2〉와 같다.

〈표 2-2〉 명명척도, 서열척도, 등간척도, 비율척도와의 차이점

| 척도의 유형 | 목록 · 범주 | 서열(순서) | 거리(등간격) | 절대영점 | 사칙연산 | 대표값 |
|---|---|---|---|---|---|---|
| 명명척도 | ○ | × | × | × | × | 최빈값 |
| 서열척도 | ○ | ○ | × | × | × | 중앙값 |
| 등간척도 | ○ | ○ | ○ | × | +, − | 산술평균 |
| 비율척도 | ○ | ○ | ○ | ○ | +, −, ×, ÷ | 기하평균, 조화평균 |

### 3) 총평(assessment)

총평은 학생이 할 수 있는 것, 얼마나 발전하였는지에 대하여 양적 및 질적 자료를 종합적으로 수집하는 과정을 의미한다. 총평에서는 자료수집을 위한 측정과정이 수반된다. 총평은 학생의 학습과제에 대한 자료를 수집, 해석, 기록, 활용하는 과정을 거친다. 총평에서는 평가대상의 여러 정보를 수집하고 종합하여 평가하기 때문에 다양한 정보를 수집하는 것이 중요하다. 총평에서는 지필검사뿐만 아니라 관찰, 구술, 적성검사, 검사지, 질문지, 관찰 등과 같은 다양한 방법이 활용된다. 총평은 학생의 발전도를 기술하는 데 활용된다. 그러나 왜 이러한 현상이 나타났는지에 대한 설명과 피드백은 제공하지 않는다. 총평과 평가는 〈표 2-3〉과 같이 구분된다(Apple & Krumsieg, 1998).

〈표 2-3〉 총평과 평가 (Apple & Krumsieg, 1998)

| | 총평 | 평가 |
|---|---|---|
| 정의 | 수행 개선을 위한 자료수집, 검토, 사용하는 과정 | 기준과 증거에 기초하여 판단하는 과정 |
| 성격 | 개선에 초점이 있으므로 진단적임 | 점수 부여가 목적이므로 판단적임 |
| 목적 | 미래 수행 개선 및 수행에 대한 피드백 제공 | 목표 달성 여부 판단 |
| 기능 | 품질 향상을 위한 형성적 기능 | 품질 판단을 위한 총괄적 기능 |
| 피드백 | 관찰에 기초하여 장점과 단점 제시 | 설정된 성취기준의 질에 따른 피드백 |
| 평가자와 피평가자와의 관계 | 반성적/내부에서 기준 설정 | 처방적/외부에서 기준 설정 |
| 기준 설정 | 공동 설정/협력적 | 평가자 설정/경쟁적 |
| 기준과 측정 수정 | 융통적 | 고정적 |
| 방향 | 과정중심 | 결과중심 |
| 측정 기준 | 절대기준 | 상대기준 |

## 4) 평가(evaluation)

평가는 총평에 대한 가치 판단이라고 할 수 있다. 일반적으로 평가는 가치(value)의 개념이 포함된다. 평가에서는 가치, 적절성, 적합성, 타당성 등과 같은 질에 대한 기준을 요구한다. 이처럼 평가는 가치 판단 행위라고 할 수 있다. 따라서 평가는 측정과 총평에 가치 판단이 추가된 것이라 할 수 있다. 교육평가에서는 교육에 대한 효과성, 효율성, 적절성 등과 같은 기준에 기초하여 교육대상에 대한 장점과 가치를 판단한다. 총평은 학생평가에서 주로 사용되지만, 평가는 교육과정평가, 프로그램평가, 학교평가, 교사평가 등과 같이 교육 시스템 전반에 걸쳐 사용된다.

이상에서 살펴본 검사, 측정, 총평, 평가의 차이를 다음의 예시로 정리하면 다음과 같다. 국어 교과 내신 성적을 산출할 때, 중간고사(30점), 기말고사(30점), 수행평가1(20점), 수행평가2(20점), 총 100점으로 학생의 최종 성적을 부여한다고 가정하자. 학생의 내신성적은 지필평가와 수행평가를 종합하여 결정된다. 교사는 중간고사와 기말고사에서는 학업성취도 검사를 실시하였고, 수행평가에서는 관찰법과 토론법을 사용하였다. 여기서, 중간고사와 기말고사는 학생들의 학업성취도를 추론하는 데 사용한 검사도구이다. 한편, 중간고사, 기말고사, 관찰법, 토론법 각각에서 산출한 점수는 측정이 된다. 교사는 학생의 국어과 학업성취도를 정확히 추론하기 위하여 4번의 자료를 종합적으로 수집하였는데, 이것은 총평에 해당된다. 교사가 4가지 시험을 종합하여 이 학생의 최종 등급(grading)을 B(우수)라고 판정하였다면, 이것이 평가에 해당된다. 엄밀한 의미에서 수행평가(과정중심평가)는 학생의 성취 여부를 종합적인 자료에 기초하여 이들의 장점과 단점을 판단하는 자료를 수집하고, 이에 대한 피드백 제공을 강조한다는 점에서 총평에 해당한다. 따라서 학생평가는 총평의 관점에서 실행하는 것이 타당하다.

## 3. 검사관과 교육평가

검사(test)는 학습자에게 어떤 변화가 일어났는지, 또 일어났다면 어느 정도인지를 결정하기 위한 증거를 체계적으로 수집하는 과정(Bloom, 1970)으로 정의된다. 우리는 하나 이상의 인간특성을 체계적인 표집을 통해 검사하고 그 결과를 분류하거나 기술하여 표현하는 과정에서 서로 상이한 세 가지 검사관을 경험하게 된다. 이 세 가지 검사관은 세계관, 인간관, 수집된 자료의 특성에 있어서 대조적인 모습을 나타내는데, 이러한 모습에 따라 검사관은 측정관, 평가관, 총평관으로 구분된다(Bloom, 1970: 25-49; 박도순, 홍후조, 2006: 297).

### 1) 측정관

측정관에서는 이 세계에 있는 모든 실재는 안정성(stability)이 있다고 가정한다. 또한 이 세상에 존재하는 모든 것은 양으로 존재하며, 그것은 잴 수 있다고 가정한다. 존재하는 것을 완전히 안다는 것은 그것의 양과 질을 모두 안다는 것을 의미한다. 실재는 인간의 인식과 독립된 객관적 형태로 존재한다. 따라서 인간의 행동 특성도 고정적이고 불변적인 것으로 가정한다. 똑같은 특성은 시간과 장소에 관계없이 측정될 수 있다. 측정관에서는 신뢰도와 객관도를 강조하고, 표집 오차에 관심을 갖는다. 측정관에서는 공인타당도와 예측타당도를 중시한다. 측정관에서는 측정이 이루어지는 환경변인을 무시한다. 왜냐하면 환경변인이 측정의 오차변인으로 작용하기 때문이다. 측정관에서는 환경의 영향을 통제한다. 측정관에 의해 얻어진 결과는 분류, 예측, 실험에 활용된다. 측정관의 장점은 능률성에 있다. 어떤 준거와 정보를 가장 쉽고 간결하게 경제적으로 수집하는 것이 측정관의 주요 목적이다(박도순, 홍후조, 2006: 298-299).

### 2) 평가관

평가관에서는 인간의 행동 특성은 안정성이 없고 언제나 변화한다는 것을 강조한다. 평가관에서는 교육목표에 근거한 행동의 변화를 중시한다. 평가관에서는 인간행동의 변화의 정도를 확인하기 위하여 최소한 두 시점에서의 검사를 요구한다. 즉 사전검사와 사후검사를 요구한다. 이러한 변화는 자연적인 성숙에 의한 변화가 아니라 교사가 수업이나 교육과정을 통해 구체적으로 의도한 학생들의 변화를 의미한다. 평가관에서는 수업, 교실, 학교 등과 같은 환경이 변화를 초래하게 하는 주체로 가정한다. 평가관에서는 학생의 행동변화에 관심을 두면서도 교육과정의 효과, 교사의 효과, 프로그램의 효과, 교수방법의 효과 등과 같이 행동변화를 초래하게 하는 모든 환경변인의 평가도 매우 중요하게 생각한다. 개인의 변화보다 집단의 변화에 더 관심을 갖고, 개인보다 집단에 대한 증거를 수집하는 데 더 많은 관심을 갖는다.

평가관에서의 핵심질문은 교육목표에서의 구체적인 행동변화를 유발시키는 학습경험을 어떻게 확인하며, 교육적으로 의미 있는 변화를 유발하는 교육적 환경을 파악하는 데 있다. 이에 따라 평가관에서는 내용타당도가 강조된다. 따라서 평가관에서는 평가되어야 할 특성이나 목표가 적절하게 정의되어야 하고, 이러한 목표의 특성을 검사가 얼마나 잘 대표해서 측정하고 있느냐가 중요하다. 평가관에서는 구체적인 학습목표의 달성에 관한 증거를 수집하는 데 관심이 있다. 평가관에서는 학생들의 작품, 학생들의 수행 과정과 행동 등 모든 것이 평가의 대상이 된다. 평가관에서는 양적인 것과 질적인 것을 모두 포함하여 평가를 한다. 평가관에서는 교사, 학교, 교육과정에 따라 목표가 달라짐을 인정하기 때문에, 특수한 상황에 맞는 적절한 평가절차가 마련되어야 한다. 평가관에 의해 얻어진 결과는 평점, 자격수여, 배치, 진급 등을 위한 개인의 분류, 판단, 교수방법 및 교육프로그램 등의 의사결정을 위해 활용된다(박도순, 홍후조: 2006, 299-301).

### 3) 총평관

총평관은 환경과 개인의 상호작용에 깊은 관심을 갖는다. 총평관은 준거상황과 개인이 생활하고 학습하며 작업하는 환경을 분석하는 데에서 출발한다. 총평관에서는 학습이 강요하는 심리적 압력과 요구하는 역할이 무엇인지를 결정해야 하며, 그 사이에 존재하는 위계적 질서, 일관성 및 갈등을 분석하여 결정하는 일이 중요한 목적이 된다.

총평관에서 개인에 대한 정보를 수집하는 방법은 다양한 양적, 질적 형태가 될 수 있다. 총평관에서는 다양한 방법으로 증거를 수집하기 때문에 개인의 행동 특성에 비추어 보다 상이한 증거 사이에 어떤 합치성(congruence)이 있는지를 면밀하게 검토하는 일이 중요하다. 총평관에서는 개인에 대한 증거와 환경에 대한 증거 사이에 존재할 것으로 상정되는 가능한 관계를 분석함으로써, 둘 사이에 있을 수 있는 상호작용이 무엇인지를 결정하려고 한다. 이처럼 개인과 환경 간의 상호작용에서 다양한 증거를 통합하기 위해서는 개인과 영향을 미치는 환경을 일정한 모형으로 창안한다. 개인과 환경에 관한 상이한 증거 사이의 합치도를 판정하는 것, 개인과 환경의 상호작용 분석은 실제 관찰할 수 없는 개념적 특성이지만 경험적으로 증명할 수 있는 심리적 변인으로서 구인에 의존한다. 따라서 총평관에서는 구인타당도를 중시한다. 총평관에서의 측정 결과는 선발을 위한 예측, 실험과 분류에 자주 활용한다. 총평관에서는 환경의 특성, 준거상황의 특성에 관한 분석을 강조한다. 총평관에서는 개인과 환경의 모든 측면에서 증거를 탐색하는 데 있다. 이러한 노력은 인간행동의 변화를 심층적으로 이해하는 데 기여하였다(박도순, 홍후조, 2006: 301-302).

세 가지 검사관은 상호 배타적인 것이 아니라 상호보완적인 관계를 가지고 있다. 즉 어떤 검사관에서 만들어진 검사라도 다른 검사관의 목적에 적절하게 활용할 수 있다. 측정관은 주어진 정보의 증거를 얻는 데 가장 효율적이고, 평가관은 환경의 영향에 의한 인간 개선에 필요한 정보를 얻는 데 가장 효율적이며, 총평관은 환경과 상호작용하는 인간행동의 변화 현상을 이해하는 데 가장 바람직하다(박도순, 홍후조, 2006: 304). 세가지 검사관과 교육평가와의 관계는 〈표 2-4〉와 같다.

〈표 2-4〉 검사관과 교육평가와의 관계 (박도순, 홍후조, 2006: 303)

| | 측정관 | 평가관 | 총평관 |
|---|---|---|---|
| 환경을 보는 시각 | • 불변성<br>• 오차변인<br>• 통제 및 영향의 최소화 | • 변화가능성<br>• 행동변화의 자원<br>• 환경변인 활용 | • 변화가능성<br>• 학습자 변화의 변인<br>• 환경-학습자의 상호작용 |
| 인간행동 특성을 보는 시각 | • 항구성, 불변<br>• 정적 특성 | • 가변성<br>• 변화 | • 환경과 상호작용을 통한 가변성<br>• 환경과 개인의 역동적 관계에서 변화하는 특성 |
| 검사 강조점 | • 규준지향<br>• 양적 기술<br>• 간접 증거<br>• 객관도, 신뢰도 | • 준거지향<br>• 양적, 질적 기술<br>• 직접 증거<br>• 내용타당도 | • 준거지향<br>• 질적 기술<br>• 직접, 간접 증거<br>• 구인타당도 |
| 증거 수집 방법 | • 지필검사(표준화)<br>• 객관적(양적) | • 변화 증거 모든 방법<br>• 주관 및 객관(양적/질적) | • 상황에 따른 변화의 증거를 확인할 수 있는 모든 방법<br>• 주관(질적) |
| 검사결과의 활용 | • 예측, 분류, 자격부여, 실험<br>• 진단 무관심 | • 예측, 자격부여, 프로그램 효과 판정<br>• 교육목표 달성도 진단 | • 예측, 자격부여, 분류, 실험, 선발<br>• 준거상황이나 역할에 비추어 진단 |

## 4. 교육관과 교육평가

교육평가는 교육에 대한 가치 판단 행위이다. 가치 판단을 위해서는 판단의 기준을 무엇에 두느냐에 따라서 평가의 유형과 방법이 달라진다. 이러한 점에서 볼 때 교육관은 교육평가와 밀접한 관련을 가진다. 교육관을 평가의 방향과 방법에 영향을 주는 검사관과 대응시키면, 선발적 교육관, 발달적 교육관, 인본주의 교육관으로 대응시킬 수 있다(박도순, 홍후조, 2006: 291).

### 1) 선발적 교육관

선발적 교육관은 교육을 통하여 달성하고자 하는 교육목적이나 일정한 교육수준에 도달할 수 있는 사람은 어떤 교육방법을 적용하더라도 다수 중 일부이거나 소수에 지나지 않는다는 신념을 가지고 있는 교육관이다. 선발적 교육관에서는 수업을 제대로 따라올 수 있는 학습자는 학급 전체의 일부에 지나지 않고, 중간 정도의 학습자는 그럭저럭 따라올 것이며, 일부 학습자는 아무리 열심히 가르치고 공부를 해도 제대로 따라올 수 없다는 가정을 한다. 따라서 개별 학생의 능력과 특성에 적합한 교수-학습 방법을 고려하지 않는다. 왜냐하면 선발적 교육관에서는 학습자가 소유한 능력과 특성에 의해서 목표 도달 가능성 여부가 결정된다고 가정하기 때문이다. 선발적 교육관에서는 학습자의 일정 능력 수준을 중시하기 때문에, 교육의 성패에 대한 일차적인 책임은 학습자에게 있다고 가정한다. 선발적 교육관에서는 지적 능력이 교육목표 달성에 매우 밀접한 관계를 가지고 있다고 가정한다. 이 교육관에서는 지능을 비롯한 학습자의 특성과 교육목표 달성도의 관계에 관심을 가지며, 이와의 관계가 높게 나타나는 것을 당연한 것으로 간주한다.

선발적 교육관에서의 검사관은 소수의 우수자를 선발하는 평가에 초점을 맞춘다. 따라서 규준지향평가(상대평가)가 중시된다. 또한 이러한 검사관에서는 일정한 교육 후에 어느 학습자가 보다 더 많은 교육성취를 성취하였는지의 측면에서 개인차 변별에 더 많은 초점을 맞추고 있다. 선발적 교육관에서는 각 학습자가 갖고 있는 특성을 명확히 파악하는 것이 중요하다. 선발적 교육관은 검사관의 측정관과 밀접한 관련이 있다. 왜냐하면 측정관에서는 학습자가 갖고 있는 고유한 특성을 효율적으로 파악하고, 이러한 고유특성의 불편성을 가정하여 증거를 수집하기 때문이다(박도순, 홍후조, 2006: 292-293).

### 2) 발달적 교육관

발달적 교육관은 모든 학습자에게 각각 적절한 교수-학습 방법을 제공할 수 있다면, 누구나 의도한 교육목표에 도달할 수 있다는 신념을 가진 교육관이다. 이 교육관에서는 교육을 통한 인간행동의 변화 가능성에 긍정적인 입장을 갖는다. 모든 사람에게 적절한 학습 기회를 제공하면, 모든 학습자가 교육목표를 달성할 수 있다고 가정한다. 발달적 교육관에서는 개별 학습자에게 적절한 교수-학습 방법을 사용함으로써 가능한 모든 학습자가 한 시간의 수업목표나 한 단원의 수업목표를 달성하고, 적절한 교수-학습 방법을 제시하는 데 최대한 노력을 경주하게 된다. 발달적 교육관에서는 교육에 대한 일차적인 책임은 교사에게 있다고 가정한다. 왜냐하면 모든 학습자가 교육 받을 능력이 있음에도 불구하고 그러한 능력을 발휘하지 못하는 것은 적절한 교수-학습 방법을 적용받지 못했기 때문이다. 발달적 교육관에서는 누구나 일정한 교육을 받을 수 있는 지적 능력이 있다고 가정한다. 따라서 지적 능력과 학업성취도와의 관계가 높다면, 교육이 실패한 것으로 간주한다.

발달적 교육관에서의 검사관은 교육목표 달성에 핵심적인 역할을 하는 교육방법의 평가에 초점을 두고 있다. 즉 교육방법의 적절성 여부를 파악하는 것이 검사의 중요한 역할이다. 이러한 검사관에서는 교수-학습 방법의 적절성 여부에 초점이 있기 때문에 교수-학습 방법과 관련한 다양한 변인에 관심을 갖는다. 이 교육관과 밀접한 관련이 있는 검사관은 평가관이다. 왜냐하면 평가관에서는 교수-학습 방법의 타당성을 가장 효율적으로 파악할 수 있으며, 이러한 가변적인 증거 수집을 중시하기 때문이다(박도순, 홍후조, 2006: 293-294).

### 3) 인본주의적 교육관

인본주의적 교육관에서는 교육을 인성적 성장, 통합, 자율성, 자아개념, 학습태도를 형성해 가는 자아실현의 과정으로 전제하고, 인간의 본성과 욕구에 부합시킴으로써 스스로 배우는 자아실현의 가능성을 개발하는 것에 목표를 두고 있다. 인본주의 교육관에서는 모든 교육이 학습자가 원하고, 희망하고, 바라는 것에 의해 이루어져야 한다는 신념을 가지고 있다. 이 교육관에서는 학습자의 자율적이고 적극적인 학습 참여가 전제되기 때문에, 타율적이고 수동적인 교육은 비인간적인 교육으로 간주된다.

인본주의적 교육관에서의 검사관은 '전인적' 관점에 초점을 맞춘다. 인간행동 특성을 부분적으로 바라보기 보다는 전체적으로 이해하려는 총평관과 깊은 관련이 있다. 총평관에서는 인간행동 특성을 전체적으로 이해하기 위하여 관련 자료를 종합적으로 수집한다. 학습자를 이해하고 학습자에게 도움을 주는 방향으로 검사가 진행되어야 한다(박도순, 홍후조, 2006: 295-296).

〈표 2-5〉 교육관과 교육평가 (박도순, 홍후조, 2006: 296)

| | 선발적 교육관 | 발달적 교육관 | 인본주의적 교육관 |
|---|---|---|---|
| 기본 가정 | • 특정 능력이 있는 학습자만 교육을 받을 수 있다. | • 누구나 교육을 받을 능력을 가지고 있다. | • 누구나 교육을 받을 능력을 가지고 있다. |
| 교육의 책임 | • 학습자 | • 교사 | • 학습자 및 교사 |
| 평가대상 | • 학습자의 개별 특성 | • 교수방법 | • 전인적 특성 |
| 평가유형 | • 규준지향평가 | • 준거지향평가 | • 준거지향평가 |

## 5. 교육평가의 영역

교육평가는 학생평가, 측정, 검사, 프로그램평가, 교원 인사 평가, 학교 인증평가, 교육과정평가 등을 포함하는 광범위한 활동이다. 교육평가는 교육시스템의 모든 수준에서 실시된다. 예를 들어, 교사 수준의 학생평가, 학교 수준의 학교 자체 평가, 교원인사평가, 교육과정평가, 프로그램평가, 지역 수준의 단위 학교 평가, 교직원 인사 평가, 시도교육청 평가, 교육프로그램 평가, 국가 수준의 학업성취도 평가, 기관 평가, 국제 비교 평가 등은 교육시스템 전반에서 나타나는 교육평가 행위라고 할 수 있다(Kellaghan, Stufflebeam, & Wingate, 2003: 1). 교육평가의 영역은 학생평가, 교사평가, 교육과정평가, 수업평가, 프로그램평가, 학교평가 등으로 유형화될 수 있다.

### 1) 학생평가

학생평가는 학생 개인과 관련된 다양한 정보를 수집하여 학생 개인에 관련된 의사결정을 하는 행위로 정의할 수 있다. 교육이 인간행동의 계획적인 변화라고 할 때, 교육이 효과적이었는지 파악하기 위하여 학생들의 진전 정도, 즉 학업성취도를 평가하는 것은 핵심적인 과제라고 할 수 있다. 따라서 과거에 학생평가는 교육평가와 동의어로 사용될 만큼 교육평가 영역에서 오랫동안 연구되어 왔으며(황정규, 1998), 현재에도 타당성과 신뢰성 있게 학생들을 평가하기 위하여 꾸준하게 연구가 진행되고 있다.

학생평가는 평가하려는 행동 특성에 따라 인지적 행동 특성 평가, 정의적 행동 특성 평가, 심동적 행동 특성의 평가로 구분할 수 있다. 인지적 행동 특성 평가는 지식, 사고 과정, 인지능력에 대한 평가를 가리킨다. 정의적 행동 특성 평가는 흥미, 태도, 동기, 가치관과 같은 정의적 행동 특성에 대한 평가를 말한다. 심동적 행동 특성 평가는 운동 기능이나 신체조작능력에 대한 평가를 가리킨다. 실험장치를 조작하는 기능, 악기를 연주하는 기능, 외국어를 말하는 기능을 대상으로 하는 평가가 심동적 심동적 행동 특성 평가에 해당된다(권대훈, 2016: 22).

### 2) 교사평가

교사평가는 교육의 책무성 차원과 전문성 신장 차원의 두 가지 관점에서 실시된다(Duke & Stiggins, 1986). 교육의 책무성 관점에서, 교사평가는 교사의 직무수행 능력의 정도에 관한 판단을 강조한다. 한편, 전문성 신장 관점에서, 교사평가는 교사의 직무 수행 능력 신장에 도움을 주는 정보의 수집 활동을 강조한다. 즉, 교사평가는 인사 행정상 여러 가지 결정을 내리기 위한 정보를 제공하는 총괄적인 기능으로서의 행정 목적과 교수-학습의 향상을 목적으로 하는 형성적인 기능으로서의 장학 목적으로 정의할 수 있다. 따라서 교사평가의 목적은 승진, 전보, 포상 등 인사 행정의 용도와 교수-학습 및 학급 경영 등 개인의 전문성 신장의 용도 및 그리고 절충적 의미에서의 학교 효율성 제고와 사회적 위상을 정립하는 용도로 사용된다(김희규, 2004).

### 3) 교육과정평가

교육과정평가는 특정 교육과정의 장점, 가치, 중요성에 관하여 체계적으로 기술하고 판단하는 행위이다. 체제적 관점에 의하면 교육과정은 계획된 교육과정(문서), 전개된 교육과정(수업), 실현된 교육과정(학습결과)으로 정의된다. 이러한 정의에 따르면 교육과정평가는 교육과정 문서와 학생들의 교육경험을 포함한 교육과정에 대한 종합적인 의사결정을 하기 위하여, 교육과정의 계획, 실천, 성과로서의 교육과정과 관련된 자료를 수집하여 이들 단계의 교육과정의 가치와 질을 판단하는 행위에 해당된다(권낙원, 박일수, 2008: 230).

### 4) 수업평가

수업평가는 교수-학습 개선을 위한 증거를 수집하여 의사결정하는 행위라고 할 수 있다. 박완희(1992)는 수업평가를 수업의 효율성 또는 그 효과를 증대시키기 위하여 일정한 평가 자료와 평가방법에 기초하여, 기준에 따라 다양한 수업 활동을 검토하는 의사결정적인 가치 판단 행위라고 하였다. 즉 수업평가는 교수-학습 과정에서 표출되는 구체적인 수업활동을 평가하는 것으로, 구체적인 수업 상황에서의 수업의 질, 교사의 수업 행동, 수업이 제공하는 학습자의 학습경험에 근거하여 다각적으로 평가하는 것을 의미한다(권낙원, 박일수, 2008: 226).

### 5) 프로그램평가

프로그램평가는 프로그램에 대한 가치 판단을 하는 행위이다. 프로그램은 "어떤 문제를 해결하기 위하여 설계된 일련의 계획과 활동" 또는 "어떤 목적을 달성하기 위해 체계적으로 계획된 장기적인 활동"으로 정의된다. 사회 각 분야에서 다양한 프로그램이 운영되고 있다. 교육 분야에서는 방과 후 학교교육 프로그램, 다문화교육 프로그램, 영재교육 프로그램 등과 같이 다양한 프로그램이 운영되고 있다. 기업체나 사회단체에서도 직무능력 향상 프로그램, 사물놀이 프로그램, 일자리 창출 프로그램 등 다양한 프로그램을 운영하고 있다. 프로그램평가는 이러한 프로그램의 가치, 질, 유용성을 판단하기 위해 체계적으로 자료를 수집하는 과정이다. 프로그램평가는 프로그램과 관련된 제반 요소 중에서 프로그램의 의도, 내용, 참여자, 운영을 평가의 주 대상으로 설정하여 프로그램의 가치를 판단하고, 성과를 판정하며, 프로그램의 목표, 내용, 활동, 투입에 관한 정보를 제공하는 활동이라고 할 수 있다(김석우, 2015: 93-94).

### 6) 교육기관평가

기관평가(institutional evaluation)에서는 기관이 과업을 추진하는 체제를 포함해 종합적인 체제 역량과 조직문화, 풍토, 구성원의 역할 구조의 타당성, 적합성 등을 종합적으로 판단한다. 기관평가는 조직이나 기관을 하나의 평가단위로 보고 가치를 부여하는 활동이다. 교육기관은 교육에 관련된 모든 사업을 영위할 목적으로 인적·물적 시설과 장비를 갖추고 이를 계속적으로 관리·운영하는 기관이라고 할 수 있다. 교육기관에는 유치원, 초·중등학교, 대학교, 교육행정기관 등이 포함된다. 교육기관평가는 교육을 담당하는 기관을 대상으로 하는 평가이다. 교육기관평가는 교육기관의 종합적인 능력을 평가하는 것이라고 할 수 있다(김석우, 2015: 82).

## ❖ 탐구과제

◆ 교육평가의 관점은 목표 도달도, 의사결정을 위한 자료수집, 가치 판단 등과 같이 유형화할 수 있다. 자신이 지지하는 입장을 밝히고, 근거를 들어가며 토의하시오.

◆ 우리나라 교육현장에서 이루어지고 있는 학생평가를 검사, 측정, 총평, 평가의 관점에서 구분하고, 이들 관점에 기초하여 우리나라 학생평가의 문제점과 개선 방안에 대하여 토의하시오.

◆ 측정관, 평가관, 총평관이 학생의 성장 및 발달에 어떠한 긍정적인 효과와 부정적인 효과를 야기할 수 있는지에 대하여 토의하시오.

◆ 선발적 교육관, 발달적 교육관, 인본주의 교육관의 관점에서, 자신이 경험한 평가의 사례를 공유하시오.

◆ 교육평가의 영역이 다양한 층위로 분류됨에도 불구하고, 학생평가가 교육평가에서 중요한 위치를 차지하고 있는 이유에 대하여 토의하시오.

# 3 교육평가의 종류

## 1. 교육평가의 유형

교육평가에서는 다양한 유형의 검사와 평가를 통하여 자료를 수집하고 해석하여 교육대상에 대한 가치 판단을 하게 된다. 교육평가는 평가와 검사의 특성에 따라서 다양한 유형으로 분류될 수 있다. 권대훈(2016)은 평가와 검사의 유형을 〈표 3-1〉과 같이 제시하였다. 이 기준에 따르면, 대학수학능력평가는 객관식 평가, 규준지향평가, 총괄평가, 표준화 검사, 인지적 검사, 언어성 검사 등으로 분류된다.

〈표 3-1〉 평가 또는 검사의 유형 (권대훈, 2016)

| 기준 | 검사형태 | 설명 |
|---|---|---|
| 자료 형태 | 양적 평가 | 평가결과의 수량화 초점 |
| | 질적 평가 | 평가결과의 언어적 기술에 초점 |
| 채점기준 | 객관식 평가 | 채점과정에 채점자의 주관이 개입될 소지가 없음 |
| | 주관식 평가 | 채점과정에 채점자의 주관이 개입될 소지가 있음 |
| 문항 형식 | 선택형 평가 | 문항에 반응할 때 재인 과정을 요구하는 검사 |
| | 서답형 평가 | 문항에 반응할 때 회상 과정을 요구하는 검사 |
| 점수해석 | 규준지향평가 | 상대적인 기준에 비추어 점수 해석 |
| | 준거지향평가 | 구체적인 영역이나 목표에 비추어 점수 해석 |
| | 성장지향평가 | 과거보다 진보한 정도를 기준으로 점수 해석 |
| | 능력지향평가 | 능력 수준에 비추어 점수 해석 |

| 기준 | 검사형태 | 설명 |
|---|---|---|
| 평가기능 | 정치평가 | 선수기능의 습득 여부, 수업목표 도달도 확인을 통한 적절한 수업 배치 |
| | 진단평가 | 학습실패의 원인 규명 |
| | 형성평가 | 교수–학습 개선 및 학습 촉진을 위한 정보 수집 및 제공 |
| | 총괄평가 | 수업 종료 후 성적 평가 및 수업의 효과성 평가 |
| 시험형태 | 지필평가 | 표준화된 객관식 위주의 평가 |
| | 수행평가 | 전통적인 지필평가 대안으로서, 학생의 수행 중심의 평가 |
| 과정-결과 | 과정평가 | 학습의 과정 평가 |
| | 결과평가 | 학습의 결과 과정 |
| 회수 | 일회성 평가 | 특정 시기에 한 번의 평가로 학생의 성취 여부 결정 |
| | 스크랩북 평가 | 여러번에 걸쳐 다양한 평가방법을 종합하여 학생의 성취 여부 결정 |
| 측정 구인 | 최대수행검사 | 능력의 상한계 측정 |
| | 전형적 수행검사 | 전형적이고 대표적인 행동 특성 측정 |
| 표준화 | 표준화 검사 | 제작절차, 내용, 실시조건, 채점 및 해석과정이 엄밀하게 규정 |
| | 비표준화 검사 | 교사가 출제한 시험 또는 비공식적으로 제작한 설문지 |
| 행동 | 인지적 검사 | 지식이나 인지 과정 측정(지능검사, 적성검사, 학력검사 등) |
| | 정의적 검사 | 개인의 전형적인 느낌이나 감정 측정(태도 검사, 가치관 검사, 흥미검사) |
| | 심동적 검사 | 신체적인 동작이나 기능 측정 |
| 표현양식 | 언어성 검사 | 문항의 진술과 표현을 문자로 구성 |
| | 비언어성 검사 | 문장을 기호, 도형, 그림 등으로 구성한 검사 |
| | 동작성 검사 | 기계나 공구를 직접 조작하도록 요구하는 검사 |
| 실시인원 | 개인용 검사 | 한 사람의 검사자가 한 번에 한 명을 상대로 실시 |
| | 집단용 검사 | 한 사람의 검사자가 한 번에 여러 명의 학생들을 동시에 일률적으로 실시하는 검사 |
| 시간제한 | 속도검사 | 매우 쉬운 과제를 제시한 다음 시간을 엄격하게 제한한 상태에서 수행속도 측정 |
| | 역량검사 | 곤란도 수준이 매우 다양한 과제를 제시한 후 시간 제한을 두지 않은 상태에서 어느 수준까지 과제를 해결할 수 있는가를 재는 검사 |
| 응답형식 | 구술검사 | 평가자의 구두 질문에 대해 응답자가 말로 대답하는 일종의 면접고사 |
| | 지필검사 | 평가자가 말이나 글로 물으면 응답자는 글로 써서 대답하는 검사 |
| | 실시고사 | 동작이나 기능을 실제로 어느 정도 실행할 수 있는가를 재는 검사 |

## 2. 교수-학습 진행 과정에 따른 분류

교육평가는 교수-학습 진행 과정에 따라 진단평가, 형성평가, 총괄평가로 구분한다. 이것은 글레이저(R. Glaser)의 수업모형(Basic Teaching Model)과 밀접한 관련이 있다. Glaser(1962)는 수업목표 설정(Instructional objectives), 출발점 행동 진단(Entering behavior), 수업(Instructional procedures), 평가(Performance assessment)의 4가지를 수업모형의 요소로 제시하고, [그림 3-1]과 같은 절차적 모형을 구안하였다.

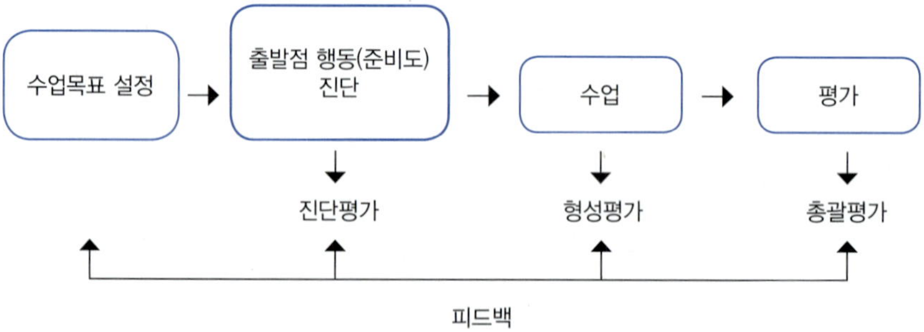


[그림 3-1] 교수-학습 진행 과정에 따른 평가 유형 (Glaser, 1962)

### 1) 진단평가(diagnostic assessments)

진단평가는 학습이 시작되기 전에 학생이 소유하고 있는 특성을 체계적으로 관찰, 측정하여 진단하는 평가로서 사전학습 정도, 흥미, 동기, 지능 등을 분석한다(성태제, 2005: 59). 진단평가의 목적은 적절한 수업전략을 투입하는 데 있다. 교사는 학습목표의 선수 요건이 되는 학생의 출발점 행동을 확인하고, 관련 기능의 소유 여부를 파악한다. 교사는 단원목표 및 교과목표와 관련된 배경 지식과 기능을 확인하고, 적절한 교수-학습 방법이나 대안을 제공하기 위해 학생의 특성을 파악한다. 교사는 진단평가 결과에 기초하여, 학습자를 분류, 배치하기도 한다. 이것은 능력이 비슷한 학생들로 학습집단을 편성하여, 이들에게 적절한 교수-학습 방법을 투입하여 학습의 극대화를 추구하는 데 활용된다.

진단평가에서 평가되는 요인은 크게 지적 출발점 행동과 정의적 출발점 행동으로 구분한다. 지적 출발점 행동이란 개인이 습득한 지적인 능력으로서, 학습을 위한 기본 기능을 의미한다. 여기에는 문장 이해력, 의사소통능력, 논리적 사고 능력, 요약 능력 등이 해당한다. 교사는 정의적 출발점 행동 특성으로서 학습자 동기, 흥미, 성격, 태도 등을 파악하는 것이 필요하다. 교사는 정의적 출발점 행동 특성을 측정할 때, 가정환경, 친구관계 등을 함께 고려해야 한다(성태제, 2005: 61-62).

## 2) 형성평가(formative assessments)

교사는 수업이 진행되고 있는 상황에서 수업목표의 달성 여부를 수시로 점검하거나 확인한다. 형성평가는 학생 및 교사에게 피드백을 제공함으로써 학생의 학습 촉진 및 교사의 수업을 개선하기 위한 목적으로 실시한다. 형성평가에서는 수업목표 달성 여부를 수시로 점검하기 때문에, 준거지향평가를 사용한다. 형성평가는 자주 실시하고, 즉각적인 피드백을 제공하되, 최종 성적에 형성평가 결과를 반영하지 않는 것이 좋다(권대훈, 2016: 260-261). 교사가 형성평가 도구를 제작할 때에는 다음을 고려해야 한다. 첫째, 교사는 단원 학습과 관련하여 핵심적이고 필수적인 내용요소와 기능을 이원목적분류표에 모두 포함시킨다. 둘째, 교사는 다양한 문항 형식을 활용하여 여러 가지 수준의 정신능력을 평가한다. 셋째, 교사는 학생의 교육목표 달성 여부를 확인하기 위하여 최저 기준에 충족하는 수준으로 난이도를 설정한다.

형성평가의 기능은 다음과 같다. 첫째, 형성평가는 학습속도의 개별화를 추구한다. 형성평가는 개인별 학습능력에 맞추어 개인 학습을 진행할 수 있도록 도와주는 기능이 있다. 둘째, 형성평가는 피드백을 제공한다. 피드백은 교사들에게 수업방법이나 수업절차를 개선하는 정보를 제공한다. 이것은 궁극적으로 학생의 학습효과를 극대화시킨다. 교사는 형성평가 결과를 학생에게 제공하여, 자신의 장점과 문제점을 알도록 해야 한다. 셋째, 형성평가는 학생의 학습 곤란을 진단하고 교정하는 기능을 한다. 교사는 형성평가를 통하여, 학습의 성공과 실패 원인을 찾을 수 있어야 한다. 넷째, 형성평가는 학습동기를 유발하는 기능을 한다. 형성평가의 결과는 학생들의 학습의욕과 학습동기를 유발하는 데 효과적이다(성태제, 2005: 63).

### 3) 총괄평가(summative assessments)

총괄평가는 일련의 활동이나 프로그램이 종료되었을 때 그 효과와 적합성을 최종적으로 판단하는 평가이다. 일정 기간의 수업이 끝난 후 수업의 효과를 판단하기 위해 실시되는 시험은 총괄평가에 해당된다. 총괄평가의 예시에는 단원평가, 중간고사, 기말고사 등이 있다. 총괄평가는 규준지향평가와 준거지향평가가 모두 사용될 수 있다. 만약 교사가 학생의 성취도를 서열에 따라 비교하여 판단한다면 규준지향평가를 사용하고, 최저 기준 통과 여부를 확인한다면 준거지향평가를 사용해야 한다(권대훈, 2016: 261).

총괄평가의 기능은 다음과 같다. 첫째, 총괄평가는 학생의 성적을 판정한다. 둘째, 총괄평가는 특정 분야에 대한 자격이나 면허를 부여하는 기능을 한다. 셋째, 총괄평가는 학생의 미래 성취도를 예측하는 근거를 제시한다. 넷째, 총괄평가는 집단 간의 성취도를 상호 비교할 수 있는 자료를 제공하는 역할을 한다. 다섯째, 총괄평가는 수업의 효과성을 판단하는 역할을 한다. 여섯째, 총괄평가는 프로그램평가 시행 및 지속 여부를 결정하는 기능을 한다(권대훈, 2016: 261).

이상에서 살펴본 진단평가, 형성평가, 총괄평가를 비교하면 〈표 3-2〉와 같다. 교사는 교수-학습 과정에 따라 적절한 평가방법을 활용하여 수업의 효과를 극대화시킬 필요가 있다.

〈표 3-2〉 진단평가, 형성평가, 총괄평가의 비교 (성태제, 2005: 66)

| 유형 | 진단평가 | 형성평가 | 총괄평가 |
|---|---|---|---|
| 시기 | • 수업 전 | • 수업 중 수시 | • 수업 후 |
| 목적 | • 적절한 교수-학습 방법 투입 | • 교수-학습 진행의 적절성<br>• 교수법 개선 | • 교육목표 달성도 확인<br>• 교육프로그램 선택 결정<br>• 책무성 |
| 평가방법 | • 형식적, 비형식 평가 | • 형식적, 비형식 평가 | • 형식적 평가 |
| 평가주체 | • 교사, 교육내용 전문가 | • 교사 | • 교육내용 전문가, 평가 전문가 |
| 평가 문항 | • 준거지향평가 | • 준거지향평가 | • 준거지향 또는 규준지향 평가 |
| 기능 | • 지속적인 학습장애 원인 및 교정 | • 피드백 제공, 학습 촉진, 교수-학습 방법 개선 | • 성적평정, 자격부여, 수업효과 확인 |
| 측정 내용 | • 학습장애와 관련된 표본 내용 | • 수업목표 | • 수업목표 표본 |
| 난이도 | • 쉬움 | • 목표에 따라 다름 | • 다양한 수준 |

## 3. 자료수집 방법에 따른 분류

교육평가는 양적 자료 또는 질적 자료를 수집하여 실시할 수 있고, 이 두 가지 자료를 종합적으로 수집하여 실시할 수도 있다. 이러한 점을 볼 때, 교육평가는 양적 자료를 사용하느냐 질적 자료를 사용하느냐에 따라서 양적 평가와 질적 평가로 구분한다. 평가 단계에서 논의되는 양적 평가와 질적 평가에 대한 문제는 〈표 3-3〉과 같다.

〈표 3-3〉 평가 단계에서 논의되는 양적 평가와 질적 평가에 대한 문제
(Centers for Disease Control and Prevention, 2011: 174)

| 단계 | 양적 평가 | 질적 평가 |
|---|---|---|
| 계획 | • 일반적인 문제는 무엇인가? | • 이해당사자들의 가치는 무엇인가?<br>• 참여자의 기대와 목표는 무엇인가? |
| 실행 | • 몇 사람이 참여하고 있는가?<br>• 수행 과정에서 어떠한 것이 변화하고 있는가?<br>• 어떤 자원이 얼마나 사용되었는가? | • 참여자들은 어떠한 변화를 경험하고 있는가?<br>• 프로그램이 타인과의 관계 형성 및 감정을 어떻게 변화시키고 있는가?<br>• 프로그램이 문화적으로 맥락적으로 얼마나 타당한가? |
| 결과 | • 삶의 질에 변화가 있는가?<br>• 생물학적, 건강학적 측정에 변화가 있는가?<br>• 프로그램에 참여한 사람과 참여하지 않은 사람들 간에 차이가 있는가? | • 문화가 어떻게 바뀌었는가?<br>• 참여자의 경험을 나타내는 주제는 무엇인가?<br>• 변화를 설명하는 은유는 무엇인가?<br>• 참여자의 개인적 이야기는 무엇인가?<br>• 예상하지 못한 이점은 무엇인가? |

## 1) 양적 평가(quantitative evaluation)

양적 평가에서는 '몇 개?', '누가 관여했는가?', '결과는 어떻게 되었는가?', '얼마나 비용이 들었는가?'와 관련된 질문에 답하기 위한 평가방법이다. 양적 평가는 경험적·실증적 탐구의 전통을 따르는 입장이다. 양적 평가에서는 평가대상을 어떤 형태로든지 수량화하고, 이렇게 수량화한 자료를 가지고 통계적 기법을 이용하여 기술하고 분석한다. 평가대상이 수나 양으로 측정되기 위해서는 평가대상이 객관적 객체로 존재해야 한다. 즉 평가자는 관찰에 의해 외현적으로 드러나지 않거나, 실증적으로 제시할 수 없는 것들은 평가대상에서 제외하거나, 이를 객관적으로 검증할 수 있도록 측정한다. 학교 시험에서 출제하는 다수의 평가 문제가 가르친 내용 범위 내에서만 출제하는 것은 통제된 조건 속에서 학습결과를 확인하기 위한 것이다. 양적 평가에서는 여러 가지 형태의 객관식 문항이 개발되며, 평가결과는 수량화되어 제시되는 경향이 있다. 양적 평가에서는 개인의 독특한 특수상황을 이해하기보다는 보편적이고 일반적인 내용을 평가의 내용으로 하며, 일

반적인 것에 대한 반응을 중심으로 평가가 이루어진다. 그리고 평가결과는 객관성과 엄밀성을 유지하기 위하여 수량화하여 제시한다.

양적 평가에서는 조사, 설문지, 사전검사 및 사후검사, 관찰, 문서, 데이터베이스, 임상 자료 등을 수집한다. 조사는 평가자 또는 면접관이 직접 대면 또는 전화, 우편, 온라인 등으로 실시한다. 양적 평가에서는 기초적인 기술 통계부터 복잡한 통계분석까지 다양한 통계적 방법을 사용한다. 양적 평가에서는 참여자 수, 프로그램 이수 인원 등을 측정한다. 프로그램 실시 이전과 이후에 수집한 양적 평가 자료는 프로그램의 결과와 효과성을 판단하는 자료로 사용된다.

양적 평가의 특징은 다음과 같다. 첫째, 양적 평가에서는 수량적인 자료에 의존하고 신뢰도를 강조한다. 양적 평가에서는 관찰 가능하고 측정 가능한 행동에만 관심이 있으므로 눈에 보이는 확실한 행동만을 여러 가지 도구(설문지, 검사도구, 평정척도)로 재어 정확한 숫자로 산출한다. 양적 평가에서는 측정을 통한 수량화를 강조하기 때문에 측정의 신뢰도에 관심이 있다. 둘째, 양적 평가에서는 객관성을 강조한다. 양적 평가에서는 의견보다는 사실을, 직관보다는 논리를, 인상보다는 확증에 기초하여 주관성을 배제하고 객관성을 확보하려고 노력한다. 셋째, 양적 평가에서는 법칙발견을 위한 노력으로 일반성을 강조한다. 일반화를 목표로 하는 입장에서 더 큰 표집, 더 많은 연구 사례, 연구대상과의 일정한 거리 유지, 자료의 수량화 등을 강조한다. 넷째, 양적 평가는 연역적인 경향을 나타낸다. 평가자는 자료수집 전에 특정한 이론적 틀에 근거하여 연역적으로 유도한 평가체제를 가지고 양적 평가에 임한다. 양적 평가는 사전에 가설을 설정해 놓은 다음, 가설 검증에 필요한 실증적 자료를 수집해서 통계적으로 가설을 검증하는 연역법의 논리와 유사하다. 다섯째, 양적 평가에서는 과정보다는 결과에 관심이 있다. 양적 평가에서 투입된 교육프로그램이나 환경조건이 정적인 상태를 유지한다고 가정한다.

이상에서 살펴본 양적 평가의 장점은 일반화 가능성, 분석 용이성, 일관성 및 정밀성 등이다. 그러나 양적 평가는 설문 조사의 응답률 저하, 자료수집의 어려움, 측정의 양호도 등에 문제가 발생할 수 있다. 양적 평가는 프로그램 맥락과 관련된 이해를 제공하지 않기 때문에, 복잡한 문제나 상호작용을 설명하지 못하는 단점이 있다(Holland & Campbell, 2005; Garbarino & Holland, 2009).

## 2) 질적 평가(qualitative evaluation)

질적 평가는 '부가가치가 어떠한가?', '책임자는 누구인가?', '언제 무슨 일이 있었는가?' 등과 관련된 질문에 답하기 위한 평가방법이다. 질적 평가에서는 현상적·해석적 탐구의 전통을 중시한다. 질적 평가는 평가와 관련된 이해당사자들의 상호주관적 이해에 기반하여 교육현상 그 자체를 기술한다. 평가자는 평가자의 경험을 통해 교육현상을 사실적으로 기술하고 해석함으로써, 현장에 기반하여 언어로 서술한다. 질적 평가는 현상이나 상황을 전체로서 이해할 수 있게 한다는 점에서 전체적인 관점을 갖는다.

질적 평가는 직접관찰, 참여관찰, 개별 면담, 집단 면담, 사례 연구 등을 통하여 자료를 수집한다. 질적 자료는 조사, 비교 및 대조, 패턴 해석 등의 과정을 통하여 분석된다. 질적 자료는 주제 구별, 코딩, 군집화 등의 과정을 통하여 이론을 구축하기도 한다(Patton, 2002). 관찰은 평가자가 실제로 어떤 일이 일어나고 있는지를 볼 수 있기 때문에, 사회적 맥락과 의미, 행동을 설명하는 데 유용하다(Ericsson & Simon, 1993). 면담은 개인 혼자 또는 여러 사람과 함께 수행될 수 있으며 복잡한 문제를 탐구하는 데 유용하다. 면담은 자연적인 상황과 통제적인 상황에서 모두 실시될 수 있다(Krueger & Caesy, 2000; Morgan, 1997).

질적 평가의 특징은 다음과 같다. 첫째, 질적 평가에서는 기술적인 자료에 의존하며 타당도를 강조한다. 평가자가 평가하려는 상황에 어떤 조작을 가하려고 시도하지 않고 있는 그대로를 평가하는 자연적 상황을 탐구한다. 질적 평가에서는 수량화보다 인간의 행동을 있는 그대로 기술적으로 제시하는 데 관심이 있으며, 복잡하고 미묘한 특성을 지닌 인간의 행동을 단순한 숫자의 형태로 나타낸다는 것에 문제가 있다고 본다. 질적 평가에서는 의미와 이해에 관심이 있으므로 타당도가 관심이 대상이 된다. 둘째, 질적 평가에서는 주관성의 장점을 최대한 활용하고자 하고자 한다. 질적 평가에서는 필연적으로 가치 판단이 개입되는 평가활동에서 주관성의 작용을 막을 수 없으므로 다수가 공감할 수 있는 상호주관성과 상호주관적 이해를 강조한다. 셋째, 질적 평가에서는 이해증진을 위한 노력으로 특수성을 강조한다. 질적 평가에서는 각 프로그램이나 평가대상자가 지니고 있는 독특성과 개인차를 중시한다. 넷째, 질적 평가는 기본적으로 귀납적인 경향성을 나타낸다. 평가자는 평가하려는 상황에 대해 사전에 어떤 기대를 갖지 않고 그 상황에서 의미를 찾아내려는 시도를 한다. 평가자는 개방적 태도를 가지고 평가에 도움이 될 만한 자료를 수집한다. 질적 평가는 관찰된 개별적 사실에서 구체적인 개별 사례를 분석, 종합하면서 중요한 변인을 찾아내고, 변인 사이의 관계를 밝히는 귀납법의 논리와 유사하다. 다섯째, 질적 평가에서는 결과뿐만 아니라 그 결과에 도달하기까지의 과정에도 관심이 있다. 질적 평가에서는 투입된 프로그램이나 환경을 동적인 상태로 간주한다. 따라서 질적 평가에서는 평가자 개인의 지각 여부에 따라서 동일한 환경조건이지만 그 의미가 달라질 수 있다.

이상에서 살펴본 질적 평가의 장점은 교육대상에 대한 전체적이고 종합적인 평가가 가능하다는 점이다. 질적 평가는 복잡한 문제를 설명하기 위한 상황별 자료를 제공함으로써, 양적 자료를 보완하는 역할을 한다. 그러나 질적 평가는 일반화 결여, 자료수집의 시간과 비용, 자료 분석과 해석이 어렵고 복잡하다는 단점이 있다(Patton, 2002).

이상에서 살펴본 양적 평가와 질적 평가를 비교하면 〈표 3-4〉와 같다.

〈표 3-4〉 양적 평가와 질적 평가의 비교

| 구분 | 양적 평가 | 질적 평가 |
|---|---|---|
| 탐구방법 | 경험적, 실증적 탐구 | 현상적, 해석학적 탐구 |
| 신뢰도와 타당도 | 신뢰도 | 타당도 |
| 주관과 객관 | 객관성 강조 | 상호주관성과 상호주관적 이해 강조 |
| 평가목적 | 일반성 강조 | 특수성 강조 |
| 논리 | 연역법 | 귀납법 |
| 결과분석 | 통계분석 | 해석적 분석 |
| 부분과 전체 | 구성요소 분석에 노력 | 통합된 전체 이해 강조 |
| 과정과 결과 | 결과중심 | 과정중심 |
| 자료수집 방법 | 실험적 방법, 질문지 등의 검사도구 | 심층면담, 참여관찰 |

## 4. 해석 기준에 따른 분류

검사에서 얻은 점수는 아무 의미가 없기 때문에 원점수(raw score)라고 한다. 원점수가 의미를 가지려면 적절한 기준에 비추어 해석해야 한다. 원점수를 해석하거나 해석 기준의 성질에 따라 규준지향평가, 준거지향평가, 능력지향평가, 성장지향평가로 구분한다.

### 1) 규준지향평가(norm-referenced evaluation)

규준지향평가는 개인이 얻은 점수나 측정치를 비교집단의 규준에 비추어 상대적 위치나 서열에 비추어 해석하는 평가이다. 규준지향평가에서는 개인의 점수를 규준집단의 점수와 비교하여 상대적으로 해석한다. 규준은 점수를 상대적으로 해석할 수 있게 하는 잣대이다. 규준집단의 전형적인 수행을 나타내는 규준은 규준집단의 점수분포에서 계산된 통계치로 표시된다. 가장 흔히 사용되는 규준은 평균이다. 점수를 규준에 비추어 해석한다는 것은 규준집단에서 상대적 위치와 서열을 결정한다는 것을 의미한다. 규준지향평가의 가장 전형적인 특징은 원점수가 같더라도 규준에 따라 평가결과가 달라진다는 것이다. 시험점수가 80점이라고 할 때 평균이 85점이면 성적이 낮다고 해석하지만, 평균이 60점이라면 성적이 높다고 해석한다. 철수가 3세에 1,200개의 어휘를 구사한다면 언어능력이 뛰어나다고 해석하지만, 15세라면 언어능력이 심각하게 결손되어 있다고 해석한다(권대훈, 2016: 243).

규준은 집단의 범위에 따라 전국규준, 지역규준으로 구분하고, 규준집단의 성질에 따라 연령규준, 학년규준, 성별규준으로 구분한다. 규준은 대표성, 적합성, 최신성, 가비교성의 4가지 요건을 충족해야 한다(권대훈, 2016: 243). 첫째, 대표성이란 규준집단이 모집단의 특성이 적절하게 반영된 것을 의미한다. 표본은 커야 하고 무작위로 추출되어야 한다. 둘째, 적합성이란 점수를 비교하려는 규준집단이 비교집단으로 적절해야 한다는 것을 의미한다. 초등학교 2학년 학생 점수를 5학년 학생의 점수와 비교하는 것은 의미가 없다. 셋째, 최신성은 규준이 최근에 작성된 것이어야 한다. 키와 몸무게의 규준이 대표적이다. 넷째, 가비교성이란 두 가지 이상의 검사에서 얻은 점수를 비교하는 규준집단의 동질성을 의미한다. 만약, 어떤 학생이 두 검사에서 얻은 점수를 비교하기 위한 규준집단이 전혀 다를 경우, 어떤 학생이 검사 A에서 얻은 점수의 백분위가 80이고, 검사 B에서 얻은 점수의 백분위가 50이라는 정보는 아무런 의미가 없다.

규준지향평가의 결과는 5단계 상대평가, 백분위, 표준점수, 학년규준점수, 연령규준점수 등으로 표시한다(권대훈, 2016: 244). 첫째, 5단계 상대평가는 전체 집단을 10%, 20%, 40%, 20%, 10%로 나눈 다음 각각 A, B, C, D, F로 성적을 평가하는 방식이다. 둘째, 백분위는 전체 집단에서 특정 점수 이하의 점수를 받은 사례들이 차지하는 비율을 의미한다. 원점수 80점이 70백분위라면, 80점 이하의 학생이 70%라는 것을 의미한다. 셋째, 표준점수란 정규분포에서 원점수와 평균의 차이를 표준편차 단위로 환산한 것으로서, Z점수, T점수, 스테나인 점수 등이 있다. 넷째, 학년규준점수는 원점수가 몇 년 몇 개월의 평균 수준과 같은지를 나타내는 점수이다. 예를 들어, 학년규준점수 3.5는 3학년 6개월의 평균 수준과 같다는 것을 의미한다. 다섯째, 연령규준점수는 원점수가 어느 연령집단의 평균과 같은지를 나타내는 점수이다. 정신연령이 대표적인 연령규준점수이다. 정신연령이 7세라는 것은 7세 아동집단의 평균과 같다는 것을 의미한다. 연령규준점수는 몇 세, 몇 개월로 표시한다.

이상에서 살펴본 규준지향평가의 장점은 개인의 상대적 위치를 파악하여 우열을 가리기 쉽고 경쟁을 통한 학습동기를 유발할 수 있다는 것이다. 한편, 규준지향평가는 다음과 같은 단점이 있다. 첫째, 무엇을 얼마만큼 아느냐에 중점을 두지 않기 때문에 무엇을 가르치고 배워야 하는가에 대한 시사와 기준이 모호하다. 둘째, 개인 또는 집단의 성취를 기초로 상대적 서열을 중시하기 때문에 교수-학습이론에 부적절하다. 셋째, 경쟁심의 조장으로 협동심을 상실할 수 있다. 넷째, 암기 위주의 교육을 조장할 우려가 있다. 다섯째, 이해력, 분석력, 창의력, 탐구정신이 결여된다. 여섯째, 서열주의식 사고가 팽배해진다. 일곱째, 검사불안, 이기심, 명예 등으로 인해 정의적 행동 특성에 부정적 영향을 미친다.

### 2) 준거지향평가(criterion-referenced evaluation)

준거지향평가는 준거에 비추어 학습자들이 무엇을 얼마만큼 알고 있느냐에 관심을 두는 평가이다. 준거지향평가에서 가장 중요한 요소는 과제의 영역과 준거이다. 영역은 교육내용으로서 평가내용이며, 준거는 교육목표 도달 여부를 판단하는 최저 기준이다. 준거지향평가는 영역지향평가와 목표지향평가를 포함하는 개념이다. 영역지향평가는 구체적인 지식, 기능, 행동에 대한 성취수준을 판단하기 위한 평가이다. 영역은 한 개의 수업목표에 해당된다. 목표지향평가에서는 수업목표 도달 여부에 비추어 점수를 해석한다. 목표지향평가에서는 점수를 해석할 때, 수업목표가 한 개일 경우에는 목표 도달 여부(도달-미도달)에 비추어 해석한다. 반면, 수업목표가 두 가지 이상이라면, 도달한 목표의 백분율에 비추어 해석하거나 목표별 도달 여부를 기준으로 해석한다(권대훈, 2016: 245).

준거지향평가의 결과를 보고하는 방식은 정답률, 도달-미도달, 5단계 절대평가, 지식 또는 기능을 서술하는 방식으로 구분된다(권대훈, 2016: 246-247). 첫째,

정답률은 출제된 문항 중 정답을 한 문항들의 백분율로 표시한다. 둘째, 도달-미도달은 분할점수를 기준으로 하여 도달-미도달로 분류하는 방식이다. 셋째, 5단계 절대평가에서는 표준에 근거하여 점수를 일반적으로 5개 범주로 분류하는 방식이다. 정답률이 90% 이상이면 A, 80-89%이면 B, 70-79%이면 C, 60-69%이면 D, 60% 미만이면 F를 주는 방식이다. 넷째, 지식이나 수행할 수 있는 기능을 구체적으로 서술한다.

이상에서 살펴본 준거지향평가의 장점은 다음과 같다. 첫째, 학생이 무엇을 알고 무엇을 모르는가 하는 직접적인 정보를 제공한다. 둘째, 교육목표와 교육과정 개선에 기여한다. 셋째, 학생의 학습효과를 증진시킨다. 넷째, 학생의 탐구정신과 협동정신을 함양하는 데 기여한다. 다섯째, 지적인 계급, 서열 의식보다는 지적인 성취를 유발한다. 여섯째, 학생의 정신 건강에 좋다. 그러나 경쟁을 통한 외적 학습동기 유발이 부족하다는 단점이 있다.

### 3) 능력지향평가(ability-referenced evaluation)

능력지향평가는 점수를 학생의 능력 수준에 비추어 해석하는 방식이다. 능력지향평가에서는 학생이 지닌 능력에 비추어 얼마나 최선을 다하였느냐에 초점을 두고 평가한다. 능력지향평가에서는 개인의 능력 정도와 수행 결과를 비교한다. 능력지향평가에서는 '학생이 지니고 있는 능력을 최대한 발휘한 것인가?'와 '충분하게 시간이 제공되면 더 잘할 수 있었는가?'에 대하여 관심을 갖는다(Oosterhof, 2001). 능력지향평가에서는 각 학생의 능력과 노력에 의하여 평가되는 특징을 가진다(성태제, 2005: 76). 같은 점수라고 하더라도 능력이 낮은 학생이 능력이 높은 학생보다 더 높은 성적을 받게 된다. 능력지향평가는 개인을 위주로 개별적 실시한다는 장점이 있다. 그러나 특정 기능과 관련된 능력의 정확한 측정치에 의존하기 때문에 해당 능력이 제한되어 학습자의 수행을 해석하게 되는 한계를 가진다(성태제, 2005: 76).

### 4) 성장지향평가(growth-referenced evaluation)

성장지향평가는 교육과정을 통하여 얼마나 성장하였느냐에 관심을 두는 평가이다. 최종 성취수준에 대한 관심보다는 초기 능력 수준에 비하여 얼마만큼 능력의 향상을 보였느냐를 강조하는 평가이다. 즉 사전 능력 수준과 관찰 시점에 측정된 능력 수준 간의 차이에 관심을 둔다. 학생의 현재 성취수준이 과거의 성취수준보다 더 높으면 좋은 성적으로 평가한다. 성장지향평가는 학생이 과거에 비해 어느 정도 성공했고 진보했는가를 파악하고자 할 때 유용하다. 성장지향평가는 학생들에게 학업 증진의 기회 부여와 개인차를 강조하는 특징을 가지고 있다(권대훈, 2016: 247). 성장지향평가 결과가 타당하기 위해서는 다음의 세 가지 조건이 충족되어야 한다. 첫째, 사전에 측정한 점수가 신뢰성이 있어야 한다. 둘째, 현재 측정한 측정치가 신뢰성 있어야 한다. 셋째, 사전 측정치와 현재의 측정치의 상관이 낮아야 한다(성태제, 2005: 77).

능력지향평가와 성장지향평가를 실시하기 위해서는 학생이 지니고 있는 능력에 관한 정확한 정보가 제공되어야 하며, 학생이 소유한 능력의 정도, 능력의 변화 등을 측정하는 도구의 타당도와 신뢰도를 고려해야 한다. 교사가 학생 개개인에 관심을 갖고 능력을 파악할 수 있도록 교사당 학생 수를 줄이는 정책이 병행되어야 한다.

이상에서 살펴본, 규준지향평가, 준거지향평가, 능력지향평가, 성장지향평가를 비교하면 〈표 3-5〉와 같다.

〈표 3-5〉 규준지향평가, 준거지향평가, 능력지향평가, 성장지향평가의 비교 (성태제, 2005: 78)

| | 규준지향평가 | 준거지향평가 | 능력지향평가 | 성장지향평가 |
|---|---|---|---|---|
| 강조점 | 상대적 서열 | 특정영역의 성취 | 최대능력 발휘 | 능력의 변화 |
| 교육신념 | 개인차 인정 | 완전학습 | 개별학습 | 개별학습 |
| 비교대상 | 개인과 개인 | 준거와 수행 | 수행정도와 소유능력 | 성장, 능력의 정도 |
| 개인차 | 극대화 | 극대화 미고려 | 미고려 | 미고려 |
| 활용 | 분류, 선별, 배치,<br>행정적 기능 강조 | 자격부여<br>교수적 기능 강조 | 최대 능력 발휘<br>교수적 기능 강조 | 학습 향상<br>교수적 기능 강조 |

### ❖ 탐구과제

◆ 수행평가 또는 과정중심평가에 대한 오해와 오개념이 상당수 존재한다. 교육평가 유형은 이러한 오개념을 해결하는 데 기여할 수 있다. 수행평가와 과정중심평가를 교육평가의 유형에 따라 분류해보고, 이들 분류기준에 따른 수행평가와 과정중심평가의 차이점에 대하여 토의하시오.

◆ 교수-학습 과정에 따라 평가의 기능과 역할은 차이가 있다. 한 단원을 선정하고, 해당 단원과 관련한 진단평가, 형성평가, 총괄평가 문항을 개발하시오.

◆ 양적 평가와 질적 평가를 객관적으로 하기 위해서는 자료수집 도구가 중요하다. 학생들의 수업태도를 평가한다고 할 때, 양적 평가도구(문항)와 질적 평가도구(문항)를 개발하시오.

◆ 원점수는 해석 기준에 따라서 다양하게 해석된다. 어떠한 상황에서 이들 해석 기준(준거지향, 규준지향, 성장지향, 능력지향)에 따라서 원점수를 해석하는 것이 적절한지에 대하여 토의하시오.

# 제2부

## 학생평가

# 4 인지적 행동 특성의 평가

## 1. 인지적 영역의 교육목표 분류학

### 1) 인지적 영역의 교육목표 분류학

인지적 영역은 기억, 사고, 문제해결, 창의력과 같은 사고 과정을 포함한다. 인지적 영역의 교육목표 분류학은 인지 과정의 복잡성의 원칙에 기초하여, [그림 4-1]과 같이 위계적으로 구성된다(Bloom et al., 1956). 복잡성의 원칙이란 인지적 행동을 지식에서 평가의 순서에 따라 위계를 이루도록 조직하는 원칙이다. 위계를 이룬다는 것은 상위수준의 목표가 하위수준의 목표를 모두 포함하는 동시에 하위수준의 목표에 의존한다는 것을 의미한다. 예를 들어, 평가는 지식·이해·적용·분석·종합의 선행조건이라고 가정하고 있다.

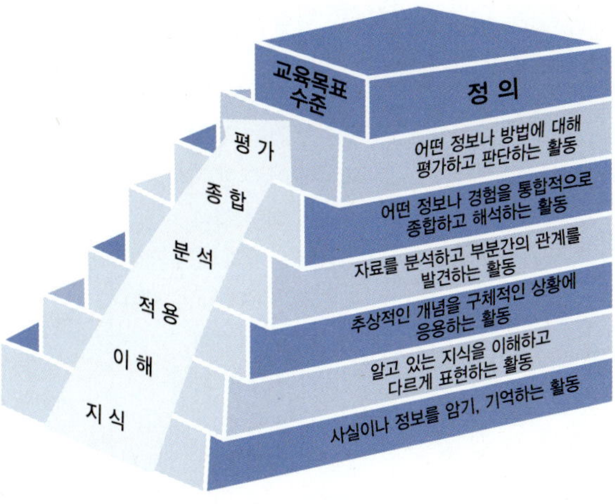


[그림 4-1] 인지적 영역의 교육목표 분류학

## 2) 인지적 영역의 교육목표 분류학의 구조

인지적 영역의 교육목표 분류학은 지식, 이해, 적용, 분석, 종합, 평가의 6가지 범주로 구성된다. 첫째, 지식이란 이미 배운 내용(사실, 개념, 원리, 방법, 유형, 구조, 이론) 등을 기억(재인 및 회상)하는 능력이다. 둘째, 이해란 자료나 내용의 의미를 파악하는 능력으로서, 단순히 자료를 기억하는 수준을 넘어 자료가 치환되어도 의미를 파악하고 해석하고 추론하는 능력이다. 셋째, 적용이란 과거에 학습한 자료와 내용(개념, 규칙, 원리, 이론, 기술, 방법) 등을 구체적인 또는 새로운 장면에서 활용할 수 있는 능력을 의미한다. 넷째, 분석이란 주어진 자료를 구성요소나 부분으로 분해하고, 부분간의 관계와 그것이 조직되어 있는 방법을 발견하는 능력을 의미한다. 다섯째, 종합이란 비교적 새롭게 독창적인 형태, 원리, 관계, 구조 등을 만들기 위해 여러 가지 요소나 부분을 전체로서 하나가 되도록 결합하는 능력이다. 여섯째, 평가란 어떤 특정한 목적과 준거를 기준으로 아이디어, 작품, 해결책, 방법, 자료 등의 가치를 판단하는 능력을 의미한다. 인지적 영역의 목표 분류학의 구조는 〈표 4-1〉과 같다.

〈표 4-1〉 인지적 영역 목표 분류학의 구조 (Bloom et al., 1956)

| 하위영역 | 설명 | 하위유형 | 일반목표 예시 |
|---|---|---|---|
| 1. 지식 (knowledge) | • 이미 배운 내용(사실, 개념, 원리, 방법, 유형, 구조, 이론) 등을 기억(재인 및 회상)하는 능력 | • 특수한 것에 대한 지식<br>• 용어에 대한 지식<br>• 특수한 사실에 대한 지식<br>• 특수한 것을 다루는 방법과 수단에 대한 지식<br>• 합의에 대한 지식<br>• 경향과 순서에 대한 지식<br>• 분류와 유목에 대한 지식<br>• 준거에 대한 지식<br>• 방법론에 대한 지식<br>• 보편적인 것과 추상적인 것에 대한 지식<br>• 원리와 일반화된 내용에 대한 지식<br>• 이론과 구조에 대한 지식 | • 용어 정의<br>• 구체적 사실 기억<br>• 방법과 절차 기술<br>• 원리 기술<br>• 구두점 사용규칙 열거하기<br>• 세포의 대사법칙 기술하기 |

| 하위영역 | 설명 | 하위유형 | 일반목표 예시 |
|---|---|---|---|
| 2. 이해 (prehension) | • 자료나 내용의 의미를 파악하는 능력<br>• 단순히 자료를 기억하는 수준을 넘어 자료가 치환되어도 의미를 파악하고 해석하고 추론하는 능력 | • 번역<br>• 해석<br>• 추론 | • 사실과 원리 이해<br>• 언어적 자료 해석<br>• 그래프 해석<br>• 언어적 자료의 공식 표현<br>• 추상적 법칙 설명<br>• 자료에서 경향성 예측 |
| 3. 적용 (application) | • 과거에 학습한 자료와 내용(개념, 규칙, 원리, 이론, 기술, 방법) 등을 구체적인 또는 새로운 장면에서 활용할 수 있는 능력 | | • 문법에 맞게 문장 작성하기<br>• 지각변동의 법칙에 따라 해안의 형성 과정 설명하기<br>• 관성의 법칙을 실생활 문제에 적용하기<br>• 도표나 그래프 작성하기 |
| 4. 분석 (analysis) | • 주어진 자료를 구성요소나 부분으로 분해하고, 부분간의 관계와 그것이 조직되어 있는 방법을 발견하는 능력 | • 요소분석<br>• 관계분석<br>• 조직원리분석 | • 사실과 추론을 구분하기<br>• 작품의 조직적 구조를 분석하기<br>• 원인과 결과를 찾아내기<br>• 작품을 보고 작가의 관점, 사고방식, 감성 추리하기 |
| 5. 종합 (synthesis) | • 비교적 새롭게 독창적인 형태, 원리, 관계, 구조 등을 만들기 위해 여러 가지 요소나 부분을 전체로서 하나가 되도록 결합하는 능력 | • 독특한 의사전달 창안<br>• 계획 또는 목표의 창안<br>• 추상적 관계 도출 | • 조직적인 논설문 작성하기<br>• 독창적인 소설이나 시 쓰기<br>• 가설 설정하기<br>• 실험계획 수립하기<br>• 분류체계 구성하기 |
| 6. 평가 (evaluation) | • 어떤 특정한 목적과 준거를 기준으로 아이디어, 작품, 해결책, 방법, 자료 등의 가치를 판단하는 능력 | • 내적 증거에 의한 판단<br>• 외적 증거에 의한 판단 | • 자료의 논리적 일관성 판단하기<br>• 내적 준거에 따라 작품의 가치를 판단하기<br>• 외적 준거에 따라 작품의 가치를 판단하기 |

# 2. 신교육목표 분류학

## 1) 신교육목표 분류학의 구조

신교육목표 분류학의 구조는 지식과 인지 과정의 두 차원으로 이루어진다. 지식차원은 '사실적 지식, 개념적 지식, 절차적 지식, 메타인지적 지식'의 4가지 유형으로 분류된다. 인지 과정 차원은 '기억하다, 이해하다, 적용하다, 분석하다, 평가하다, 창안하다'의 6가지 인지 과정 차원으로 분류된다. 신교육목표 분류학의 구조는 [그림 4-2]와 같다.

| 인지 과정 차원 / 지식차원 | 기억하다 | 이해하다 | 적용하다 | 분석하다 | 평가하다 | 창안하다 |
|---|---|---|---|---|---|---|
| 사실적 지식 | 나열하다 | 요약하다 | 유형화하다 | 순서화하다 | 순위를 매기다 | 결합하다 |
| 개념적 지식 | 기술하다 | 해석하다 | 실험하다 | 설명하다 | 평가하다 | 계획하다 |
| 절차적 지식 | 표를 만들다 | 예측하다 | 계산하다 | 구별하다 | 결론내리다 | 구성하다 |
| 메타인지적 지식 | 적절하게 활용하다 | 실행하다 | 구성하다 | 달성하다 | 행동하다 | 실현하다 |

[그림 4-2] 신교육목표 분류학의 구조

## 2) 신교육목표 분류학의 지식차원

신교육목표 분류학에서는 지식차원을 추가함으로써, 교육목표 분류학을 이차원적인 구조로 형성하였다. 지식차원은 사실적 지식, 개념적 지식, 절차적 지식, 메타인지적 지식의 4가지 유목으로 구성된다. 첫째, 사실적 지식이란 교과 및 그 외 관련된 문제를 해결하기 위해 반드시 숙지해야 할 기본적인 요소에 대한 지식을 의미한다. 둘째, 개념적 지식이란 구성요소들이 통합적인 기능을 하게 하는 기본 요소들 사이의 상호관계에 대한 지식을 의미한다. 셋째, 절차적 지식이란 어떤 것을 수행하는 방법, 과학적 탐구방법, 기능·기술을 활용하기 위한 방법, 준거, 알고리즘, 기법에 대한 지식을 의미한다. 넷째, 메타인지적 지식은 일반적 인지 전반에 관한 지식 및 인식에 관한 지식, 자신의 인지에 관한 지식을 의미한다. 이러한 유목의 위계는 구체적인 것부터 추상적인 것까지의 연속선상에 놓이는 것으로 간주된다(Krathwohl, 2002). 신교육목표 분류학의 지식차원은 〈표 4-2〉와 같다.

〈표 4-2〉 신교육목표 분류학의 지식차원 (Krathwohl, 2002)

| 주요유형 | 설명 | 하위유형 | 예시 |
|---|---|---|---|
| 사실적 지식 | • 교과 및 그 외 관련된 문제를 해결하기 위해 반드시 숙지해야 할 기본적 요소 | • 전문용어에 대한 지식 | • 전문용어, 음악부호 |
| | | • 구체적 사실과 요소에 대한 지식 | • 주요자원, 신뢰성 있는 정보원 |
| 개념적 지식 | • 구성요소들이 통합적인 기능을 하게 하는 기본 요소들 사이의 상호관계 | • 분류와 유목에 대한 지식 | • 지질학 연대, 기업소유 형태 |
| | | • 원리와 일반화에 대한 지식 | • 피타고라스의 정리, 수요와 공급의 법칙 |
| | | • 이론, 모형, 구조에 대한 지식 | • 진화론, 의회조직 |
| 절차적 지식 | • 어떤 것을 수행하는 방법, 과학적 탐구방법, 기능, 기술을 활용하기 위한 방법, 준거, 알고리즘, 기법 | • 교과에 특수한 기능과 알고리즘에 대한 지식 | • 수채화를 그리는 기능<br>• 정수 나눗셈 알고리즘 |
| | | • 교과에 특수한 기법과 방법에 대한 지식 | • 면접기법, 과학적 방법 |
| | | • 적절한 절차의 사용 시점을 결정하기 위한 준거에 대한 지식 | • 뉴턴의 제2법칙이 포함된 절차의 적용 시점을 결정하기 위한 준거<br>• 사업비용 추정방법의 실현가능성을 판단하기 위한 준거 |

| 주요유형 | 설명 | 하위유형 | 예시 |
|---|---|---|---|
| 메타인지적 지식 | • 일반적 인지 전반에 관한 지식 및 인식에 관한 지식, 자신의 인지에 관한 지식 | • 전략적 지식 | • 교재 단원의 구조를 파악하기 위한 수단으로서 개요를 작성하는 지식, 발견법 활용에 대한 지식 |
| | | • 인지과제에 대한 지식 | • 특정 교사가 실시하는 시험 유형에 대한 지식, 과제의 인지적 요구에 대한 지식 |
| | | • 자기지식 | • 논문을 비판하는 것은 개인적 강점이지만 논문을 작성하는 것은 개인의 약점이라는 지식, 자신의 지식수준에 대한 인식 |

### 3) 신교육목표 분류학의 인지 과정 차원

신교육목표 분류학의 인지 과정 차원은 기존의 교육목표 분류학의 변화된 체계인 6가지 유목, 즉 '기억하다, 이해하다, 적용하다, 분석하다, 평가하다, 창안하다'로 구성된다. 첫째, 기억하다는 장기기억으로부터 관련된 지식을 인출하는 것을 의미한다. 둘째, 이해한다는 구두, 문자, 그래픽을 포함한 수업메시지로부터 의미를 구성하며 자신이 알고 있는 지식과 새로 습득한 지식을 관련짓는 것을 의미한다. 셋째, 적용한다는 절차를 이용하여 특정 상황에 대한 문제를 해결하는 것을 의미한다. 넷째, 분석한다는 자료를 구성 부분으로 나누고, 그 부분들 간의 관계 및 부분과 전체의 구조가 어떻게 되어 있는가를 결정하는 것을 의미한다. 다섯째, 평가한다는 준거나 기준에 따라 판단하는 것을 의미한다. 여섯째, 창안하다는 요소들을 일관성 있거나 기능적인 전체로 형성하기 위해 재조직하는 것을 의미한다. 신교육목표 분류학의 인지 과정 차원은 〈표 4-3〉과 같다.

〈표 4-3〉 신교육목표 분류학의 인지 과정 차원 (Krathwohl, 2002)

| 주요유목 | 설명 | 하위유형 | 관련된 용어와 예시 |
|---|---|---|---|
| 기억하다 | • 장기기억으로부터 관련된 지식을 인출한다 | • 재인하기 | • 확인하기: 제시된 자료와 일치하는 지식을 장기기억 속에 넣기<br>• 예시: 미국사의 주요 사건들의 날짜를 재인한다. |
| | | • 회상하기 | • 인출하기: 장기기억으로부터 관련된 지식을 인출하기<br>• 예시: 미국사의 주요사건의 날짜를 회상한다. |
| 이해한다 | • 구두, 문자, 그래픽을 포함한 수업메시지로부터 의미를 구성하며 자신이 알고 있는 지식과 새로 습득한 지식을 관련짓는다. | • 해석하기 | • 명료화하기, 바꾸어쓰기, 표현하기, 번역하기: 하나의 표현 형태를 다른 표현 형태로 바꾸기<br>• 예시: 주요 연설문이나 서류를 바꿔 쓴다. |
| | | • 예증하기 | • 예를 들기, 실증하기. 개념이나 원리의 구체적인 예나 범례 찾기<br>• 예시: 다양한 미술양식의 예를 든다. |
| | | • 분류하기 | • 유목화하기, 포섭하기<br>• 예시: 사물이 특정 유목에 속한다는 것을 결정한다. |
| | | • 요약하기 | • 추상하기, 일반화하기: 일반적 주제나 요점 요약하기<br>• 예시: 비디오테이프에 나타난 사상들에 대한 짧은 요약문을 쓴다. |
| | | • 추론하기 | • 결론짓기, 외삽하기, 내삽하기, 예측하기: 제시된 정보로부터 논리적인 결론을 도출하기<br>• 예시: 외국어 학습에서 여러 사례로부터 문법적 원리를 추론한다. |
| | | • 비교하기 | • 대조하기, 도식화하기, 결합하기<br>• 두 개의 아이디어, 대상들 간의 일치점을 탐색하기<br>• 예시: 역사적 사건들을 현재 상황과 비교한다. |
| | | • 설명하기 | • 모델구성하기<br>• 인과관계 체제 모델 구성하기<br>• 예시: 프랑스 18세기 주요사건들의 원인을 설명한다. |

| 주요유목 | 설명 | 하위유형 | 관련된 용어와 예시 |
|---|---|---|---|
| 적용하다 | • 절차를 이용하여 특정 상황에 대한 문제를 해결한다. | • 집행하기 | • 시행하기<br>• 어떤 절차를 유사한 과제에 적용하기<br>• 예시: 하나의 정수를 다른 정수로 나눈다. |
| | | • 실행하기 | • 사용하기<br>• 어떤 절차를 친숙하지 못한 과제에 적용하기<br>• 예시: 뉴턴의 제2법칙을 적절한 상황에 활용한다. |
| 분석하다 | • 자료를 구성부분으로 나누고, 그 부분들 간의 관계 및 부분과 전체의 구조가 어떻게 되어 있는가를 결정한다. | • 구별하기 | • 변별하기, 식별하기, 초점화하기, 선정하기<br>• 제시된 자료를 관련된 부분과 관련되지 않는 부분으로, 중요한 부분과 중요하지 않은 부분으로 구분하기<br>• 예시: 수학 문장제 문제에서 관련된 수와 관련되지 않은 수를 구분한다. |
| | | • 조직하기 | • 발견하기, 정합성 찾기, 통합하기, 윤곽그리기, 해부하기, 구조화하기: 요소들이 구조 내에서 어떻게 기능하는가를 결정하기<br>• 예시: 역사적으로 기술된 증거들을 특정한 역사적인 해설에 대한 찬반의 증거로서 구조화한다. |
| | | • 귀속하기 | • 해체하기: 제시된 자료를 기반으로 하고 있는 관점, 편견, 가치, 혹은 의도를 결정하기<br>• 예시: 저자의 정치적인 관점에 따라 그의 관점을 결정한다. |

| 주요유목 | 설명 | 하위유형 | 관련된 용어와 예시 |
|---|---|---|---|
| 평가하다 | • 준거나 기준에 따라 판단한다. | • 점검하기 | • 조정하기, 탐지하기, 모니터하기, 검사하기: 과정이나 산출물 내부의 오류나 모순을 탐지하기<br>• 과정이나 산출물의 내적 일관성 여부를 결정하기<br>• 절차가 실행될 때 그 효과성을 탐지하기<br>• 예시: 과학자들의 결론이 관찰된 데이터로부터 도출되었는지 여부를 결정한다. |
| | | • 비판하기 | • 판단하기: 어떤 결과와 외적 기준 간의 불일치 여부를 탐지하기, 어떤 결과가 외적 일관성을 가졌는지의 여부를 결정하기, 특정 문제에 대한 절차의 적절성을 탐지하기<br>• 예시: 두 가지 방법 중 어느 것이 주어진 문제를 해결하는 최상의 방법인지 판단한다. |
| 창안하다 | • 요소들을 일관성 있거나 기능적인 전체로 형성하기 위해 재조직하는 것이다. | • 생성하기 | • 가설 세우기: 준거에 기반을 둔 대안적인 가설을 제안하기<br>• 예시: 관찰된 현상을 설명하기 위해 가설을 설정한다. |
| | | • 계획하기 | • 설계하기: 어떤 과제를 성취하기 위한 절차를 고안하기<br>• 예시: 특정한 역사적 토픽에 관한 연구보고서를 계획한다. |
| | | • 산출하기 | • 구성하기: 어떤 절차를 만들어 내기<br>• 예시: 어떤 특정한 목적을 위한 거주지를 건설한다. |

### 4) 교육목표 분류학과 신교육목표 분류학의 차이점

교육목표 분류학은 기존의 교육목표 분류학에 비하여 구조, 용어, 위계의 3가지 측면에서 변화가 있었다. 교육목표 분류학과 신교육목표 분류학의 관계는 [그림 4-3]과 같다.

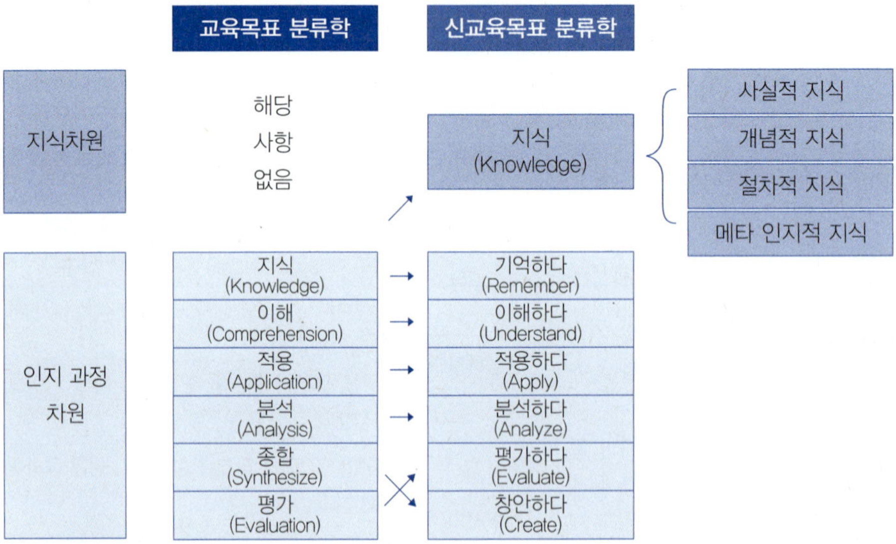


[그림 4-3] 교육목표 분류학과 신교육목표 분류학과의 관계 (Anderson et al, 2001: 347).

첫째, 신교육목표 분류학은 구조에 있어서 변화가 있었다. [그림 4-3]에서 볼 수 있듯이, 교육목표 분류학에는 '지식' 유목이 명사와 동사 측면을 모두 포괄하고 있었다. 명사 측면은 '지식'의 확장된 하위 유목에 명시되었으며, 학생들이 지식을 기억하고 인식하도록 기대된다는 점에서, '지식' 유목은 동사 측면을 내포하고 있었다. '지식' 유목은 이중적인 의미와 특성을 지님에도 불구하고 하나의 유목으로 분류되는 변칙적인 구조로 되어 있었다. 개정된 신교육목표 분류학에서는 '지식' 유목을 명사와 동사 측면으로 분리하여 이차원적인 구조로 재구조화함으로써 일관성이 부족하고 변칙적인 기존의 분류체계를 개정하였다(Krathwohl, 2002: 213). 명사 측면은 '지식차원'에 대한 기초를 제공하고, 동사 측면은 '인지 과정 차원'을 제공한다.

둘째, 신교육목표 분류학은 용어의 사용에 있어서 변화가 있었다. 여기에는 6가지의 인지 과정 유목을 명사에서 동사로 변경한 것을 포함한다. 인지는 능동적인 사고 과정이기 때문에 기존의 분류학에서처럼 명사로 분류하는 것은 타당하지 않는다. 신교육목표 분류학에서는 인지 과정을 동사로 이루어진 6가지 하위유목으로 대체하고, 일부 하위 유목은 재구조화하였다. 또한, 기존의 분류학에서 '이해(comprehension)'와 '종합(synthesis)'이 '이해하다(understanding)'와 '창안하다(create)'의 용어로 각각 대체되었다.

셋째, 신교육분류학은 위계적 서열에 있어서 변화가 있었다. 기존의 '종합'과 '평가'의 위계적 서열이 바뀌었다. 신교육목표 분류학에서는 '창안하다'('종합'의 대체)가 '평가하다'('평가'의 대체)보다 복잡성의 위계가 더 높은 것으로 재조직되었다. 창의적 사고가 비판적 사고보다 복잡한 수준의 인지 과정이라고 가정하였다.

지금까지 살펴본 교육목표 분류학과 신교육목표 분류학을 비교하면 〈표 4-4〉와 같다.

〈표 4-4〉 교육목표 분류학과 신교육목표 분류학의 비교

| 구분 | 교육목표 분류학(Bloom et al., 1956) | 신교육목표 분류학(Anderson et al., 2001) |
|---|---|---|
| 강조점 | • 평가 강조 | • 교육과정, 수업, 평가의 일치도 계획 강조 |
| | • 고등교육 강조 | • 모든 학년 수준에서 사용(초등과 중등교육 강조) |
| | • 검사문항 제작 강조 | • 평가과제(수행과제, 검사문항) 제작 강조 |
| | • 6가지 주유목 강조 | • 지식의 하위유형과 인지 과정 강조 |
| 용어 | • 지식 유목은 모두 명사 | • 지식차원의 명사와 어울리는 동사를 인지 과정 차원의 유목으로 사용 |
| | • 지식의 하위범주 경시<br>• 지식의 하위범주 복잡하고 어려움 | • 지식의 하위 유목 명칭 수정 및 재조직<br>• 메타인지 도입 |
| | • 이해, 적용, 분석, 종합, 평가의 하위유목은 명사형으로 진술 | • 명사를 동사로 대치<br>• 주유목의 동사 명칭과 구분하기 위하여 '인지 과정'으로 용어 수정 |
| | • 이해와 종합의 목표 사용 | • 이해(comprehension)를 이해하다(understanding)로 수정<br>• 종합(synthesis) 대신 창안하다(create) 도입 |
| 구조 | • 지식유목 내에 명사와 동사적 요소가 함께 제시 | • 지식을 명사와 동사차원으로 구분<br>• 명사측면은 '지식'을 계속 유지하고, 동사측면은 '기억하다(remember)' 유목으로 변화 |
| | • 일차원적 구조(내용과 행동) | • 이차원적 구조(지식 + 내용) |
| | • 6개의 주유목은 누가적 위계성을 지님 | • 인지 과정 차원의 6가지 범주는 복잡성의 순서에 따라 배열 |
| | • 평가를 종합보다 상위의 목표로 봄 | • 종합은 '창안하다'로 수정하고, 평가와 자리를 바꾸어 가장 복잡한 유목으로 설정 |

# 3. 인지적 행동 특성의 평가 문항 제작 절차

인지적 행동 특성의 평가 문항 제작의 절차는 평가의 개념이나 범위, 방법에 따라 달라지지만, 일반적으로 교육목표 분석 및 진술, 성취기준 확인 및 평가기준 설정, 평가목표 설정, 평가장면 선정, 검사문항 형태 결정, 검사문항 작성의 6단계로 이루어진다. 인지적 행동 특성 영역의 평가 문항 제작의 절차는 〈표 4-5〉와 같다.

〈표 4-5〉 인지적 행동 특성 영역의 평가 문항 제작 절차

| 단계 | 주요 과업 |
|---|---|
| 1. 교육목표 분석 및 진술 | • 교육목표를 이원목적분류표에 나열 및 제시 |
| 2. 성취기준 확인 및 평가기준 설정 | • 교육과정 성취기준 확인 및 평가기준 설정 |
| 3. 평가목표 설정 | • 평가목표 및 평가내용 선정 |
| 4. 평가장면 선정 | • 학생의 학습 증거를 수집할 수 있는 평가장면 설정 |
| 5. 검사문항 형태 결정 | • 검사문항 유형 결정 |
| 6. 검사문항 작성 | • 문항카드 작성 및 문항 제작 |

## 1) 교육목표 분석 및 진술

평가의 기준은 학습목표 또는 학습자의 변화를 유도하는 행동목표에 있다. 따라서 인지적 행동 특성에 대한 평가도구를 제작하기 위해서는 교육목표를 분석하는 과정이 선행되어야 한다. 학습목표와 교육내용은 과제분석 또는 내용분석을 통하여 이루어진다. 학생이 배워야 할 학습단위와 학습단위와의 관계가 결정되면, 학생들이 습득해야 하는 능력 또는 심리적 속성을 추출한다. 교육목표 분류학은 심리적 속성을 분석하는 데 유용하다.

교육목표 이원분류표는 교육목표의 체계적인 분류와 명료화에 기여한다. 교육목표 이원분류표는 교육목표의 내용과 행동을 표로 집약하여 제시한다. 이것은 각 문항이 어떤 내용을 측정하는지를 밝히는 내용요소와 그 내용을 어느 정신능

력 수준까지 측정할 것인지를 밝히는 행동요소로 구성된 표이다. 〈표 4-6〉에서 볼 수 있듯이, 교육목표 이원분류표에는 출제할 전체 문항 수, 내용 영역별 문항 표집 계획 및 비중, 그리고 행동영역별 문항 표집 계획 및 비중 등이 구체적으로 제시된다.

〈표 4-6〉 교육목표 이원분류표 예시

| 행동영역 / 내용영역 | 계산 | 이해 | 추론 | | 문제해결 | | 합계 | 비율 |
|---|---|---|---|---|---|---|---|---|
| | | | 귀납,유추, 추측 | 증명 | 내적 관련성 | 외적 관련성 | | |
| 집합과 명제 | – | 2 | – | – | 1 | 1 | 4 | 20 |
| 실수와 복소수 | 1 | 2 | 1 | – | – | – | 4 | 20 |
| 다항식 | 1 | – | 1 | – | 2 | – | 4 | 20 |
| 유리식, 무리식 | 1 | – | – | – | 2 | – | 3 | 15 |
| 방정식, 부등식 | – | 1 | – | 1 | 1 | 2 | 5 | 25 |
| 합계 | 3 | 5 | 2 | 1 | 6 | 3 | 20 | – |
| 비율(%) | 15 | 25 | 10 | 5 | 30 | 15 | – | 100 |

교육목표 이원분류표를 작성할 때에는 다음에 유의한다. 첫째, 모든 수업목표를 나열한다. 둘째, 모든 수업내용을 단원별 또는 내용별로 분류한다. 셋째, 교육목표 이원분류표의 열에는 수업목표를 제시하고, 행에는 수업내용을 제시하여, 표를 만든다. 넷째, 각 칸에는 내용과 목표의 중요도에 따라 상대적 비율이나 문항수를 넣는다. 위의 〈표 4-6〉에서는 중요도에 따라서 최종 문항수를 산정하였다. 중요도는 평가 문항 제작뿐만 아니라 실제 수업시간 또는 학습활동 배분에도 활용될 수 있다.

## 2) 성취기준 확인 및 평가기준 설정

성취기준이란 각 교과별 교수-학습 활동에서 실질적인 기준 역할을 하는 것으로서, 국가 교육과정에 제시되어 있다. 성취기준은 학생들이 성취해야 할 능력 또는 특성의 형태로 진술된다. 교사는 성취기준에 근거하여 평가기준을 설정한다. 평가기준을 설정하는 것은 교육과정의 목표와 내용을 구체적으로 한정하고, 거기에 포함된 의미를 학생들이 달성해야 할 능력과 특성의 형태로 진술하여 교사와 학생들에게 그들이 무엇을 가르치고 무엇을 배워야 하는지, 그리고 그에 따른 평가내용과 영역을 명료하게 제시하기 위해서 필요하다. 평가기준은 교육과정에서 제시한 학습내용과 수행과제를 분명하게 설정함으로써, 교수-학습 및 평가의 질적 향상을 이루는 방향으로 개발되어야 한다.

## 3) 평가목표 설정

교육목표를 분석하고 진술한 후에 평가목표와 평가내용을 확인하거나 선정하는 것은 평가도구 작성의 최초 단계이기도 하지만, 수업의 준비 단계이기도 하다. 평가목표를 확인하거나 선정하는 것은 평가에서 가장 중요한 과정이다. 학생평가의 목적과 기능에 따라 평가도구 제작에 차이가 발생한다. 예를 들어, 학생들의 인지적 학습 결함을 발견하기 위해 평가도구를 제작한다면, 학습단위와 관련된 모든 선수학습 요소를 발견 및 확인하여야 한다. 반면, 수업 개선에 대한 정보 수집을 위한 평가도구를 제작한다면, 모든 세부 학습단위의 목표를 확인하여 평가목표를 설정해야 한다.

## 4) 평가장면의 선정

평가장면이란 행동의 성취 증거가 나타날 수 있는 장면을 의미한다. 평가장면의 선정 기준은 다음과 같다. 첫째, 평가장면은 적절성(relevance)을 반영해야 한다. 교육목표와 교육내용이 의도하는 구체적인 행동과 내용이 문항에 반영되기 위해서는 평가장면이 올바르게 선택되어야 한다. 둘째, 평가장면은 복잡성(complexity)을 반영해야 한다. 복잡한 정신과정을 요구하는 학습목표를 평가한다면, 평가장면도 그와 같은 정신과정을 자극할 수 있는 정도의 복잡도를 가져야 한다. 셋째, 평가장면은 추상성(abstractness)을 반영해야 한다. 구체적 현실을 평가할 수 있는 평가장면이 강조되어 단편적인 지식의 평가에 그치거나 현실성 없이 지나치게 추상적이어서도 안된다. 넷째, 평가장면은 참신성(novelty)을 반영해야 한다. 평가장면은 학생에게 새로운 경험을 주는 평가장면이 되어야 하지만, 지나치게 생소하지 않도록 유의해야 한다. 다섯째, 평가장면은 구조화(structure)를 반영해야 한다. 평가장면이 지나치게 구조화되어 표현력, 창의력 등을 측정하기 어렵거나, 평가장면이 전혀 구조화되지 않아 불명료한 문항이 제작되어서는 안된다. 여섯째, 평가장면은 동기(motivation)를 유발해야 한다. 평가장면은 학생의 창의적 특성 개발에 영향을 주므로 가능한 동기유발-흥미-자아개념의 형성에 도움이 되도록 해야 한다. 일곱째, 평가장면은 실제성(reality)을 반영해야 한다. 평가장면은 학생들이 경험하거나 앞으로 경험하게 될 상황을 적절하게 제시해야 한다. 실제 세계와 연계된 평가장면은 학생들이 앞으로 실제 세계에서 문제해결에 필요한 지식과 능력을 신장시키는데 기여한다. 여덟째, 평가장면은 대표성(representativeness)을 반영해야 한다. 평가장면은 내용영역이나 목표영역을 잘 대표하고 있어야 한다.

### 5) 검사문항 형태 결정

평가장면이 선정되면 그 장면에서 어떤 형태의 검사문항을 사용할 것인지를 결정해야 한다. 검사문항의 형태는 다양하다. 검사문항은 주관형 검사, 객관형 검사, 수행평가형, 질문지, 태도 검사, 사회성 측정 검사 등으로 구분할 수 있다. 평가대상과 평가장면이 결정되면 교사들이 상호협의를 거쳐 평가계획서를 작성하는 것이 좋다. 평가계획서를 사전에 작성하면 교사가 평가활동을 체계적으로 진행할 수 있을 뿐만 아니라, 교사의 수업 및 평가활동을 개선하는 기초 자료로 활용될 수 있다.

## 6) 검사문항의 작성

이 단계는 평가목표에 따라 구체적인 문항을 제작하는 단계이다. 검사의 실제 상황을 구체화하여 문항카드를 작성하면 편리하다. 문항카드는 제작된 문항의 내용 및 특성 등을 기록한 용지로서 문항을 보관하고 문항에 대한 정보를 제시한 기록지이다. 문항카드에는 교과목, 교과내용, 측정내용 그리고 측정의 지적 기능 수준 등이 기록된다. 평가자는 검사의 목적, 검사에 필요한 자료와 도구, 검사 절차, 채점방법 등을 문항카드에 작성한다. 문항카드의 예시는 〈표 4-7〉과 같다.

〈표 4-7〉 문항카드의 예시

| 과목명 | 과학 | 제작일시 | 2020. 9. 20. |
|---|---|---|---|
| 평가목표<br>(출제 이유) | 신체기관이 하는 일을 알 수 있다. | | |
| 출제내용 | 신체 기관이 하는 일 | | |
| 문항유형 | 선다형 | | |
| 문제 | 다음은 몸을 움직이기 위해 각 기관이 하는 일을 설명한 것이다. 적절하지 않은 것은?( )<br>① 소화 기관은 음식물을 소화시켜 영양소를 흡수한다.<br>② 호흡기관은 영양소와 산소를 이용하여 몸을 움직인다.<br>③ 배설기관은 혈액에 있는 노폐물을 걸러 오줌으로 배설한다<br>④ 감각기관은 주변의 자극을 받아들인다. | | |
| 출제근거 | 교육부(2019), 교사용 지도서 과학 6-2, ㈜비상교육, p.227 | | |
| 정답 | ② | | |
| 해설 | 호흡기관은 우리 몸에 필요한 산소를 제공하고 이산화탄소를 몸 밖으로 내보낸다. 영양소와 산소를 이용하여 몸을 움직이는 것은 운동기관이다. | | |

## 4. 인지적 행동 특성의 평가와 교사의 전문성

### 1) 인지적 행동 특성 평가 문항 제작과 평가전문성

검사도구의 질은 검사를 제작하는 교사의 능력에 비례한다. 교사가 좋은 검사 문항을 제작하는 데 필요한 능력은 다음과 같다(성태제, 2004: 59-60).

첫째, 교사는 교육목표와 교육내용, 그리고 교육과정에 대한 충분한 이해가 필요하다. 교사는 검사를 통하여, 학생이 무엇을 알아야 하고, 무엇을 잘못 알고 있는지를 파악할 수 있다. 따라서 교사는 검사도구가 가르친 내용과 교육과정의 중요한 내용을 포함하고 있는지의 여부를 확인해야 한다. 둘째, 교사는 교수-학습이론과 인지심리학에 대한 이해가 필요하다. 왜냐하면, 검사는 교수-학습 이론과 인지심리학에 영향을 받기 때문이다. 검사는 학습의 진단, 학교학습을 위한 실제와 개선에 적절한 정보를 제공할 수 있다. 셋째, 교사는 문항작성법을 숙지해야 한다. 교사는 문항의 다양한 유형을 이해하고, 문항유형의 특징, 장단점을 파악하며, 문항제작 방법을 이해해야 한다. 교사는 평가목적에 부합하는 평가유형을 선택하여 문항을 제작해야 한다. 넷째, 교사는 검사이론을 이해해야 한다. 교사는 출제한 문항이 좋은 문항인지 나쁜 문항인지 평가할 수 있어야 한다. 교사는 고전검사이론과 문항반응이론을 이해할 필요가 있다. 교사는 문항난이도, 변별도, 문항추측도, 타당도, 신뢰도의 개념 등을 이해해야 한다. 다섯째, 교사는 성별, 인종, 직업, 사회계층 등에 대한 편견이 없어야 한다. 교사가 특정 인종에 대한 우월의식, 성별에 따른 고정관념, 직업에 대한 편견 등이 있다면, 은연중에 특정 집단에 익숙한 문제를 제작하거나 편파적인 언어를 사용하여 문항을 제작하게 된다.

### 2) 검사문항 제작 기술의 필요성

검사문항은 교육의 방향을 결정한다. 왜냐하면 교육내용과 교육방법이 검사문항에 영향을 받을 수 있기 때문이다. 교사는 교육적 의사결정을 하거나 학생들에게 적절한 피드백을 제공하기 위하여 검사를 제작하고 활용하게 된다. 교사는 좋은 문항을 만들려는 노력과 문항 제작에 대한 체계적인 훈련이 필요하다(박도순, 2000: 7-8).

교사가 검사문항 제작에 대한 기술을 갖추어야 하는 이유는 다음과 같다(Nitko, 1983: 118; 박도순, 2000: 8-9에서 재인용). 첫째, 검사문항 제작은 수업 후에 학생들이 습득해야 할 또는 수행해야 할 행동 특성을 명확히 정의할 수 있게 도와준다. 즉 학습목표를 조작적으로 정의할 수 있도록 도와준다. 둘째, 검사문항 제작에 대한 기술은 수업이나 교육과정 설계 및 개발과 같은 다른 측면에 도움을 준다. 교사는 검사문항을 제작하는 과정에서 학습목표에 제시된 행동을 명확히 기술하는 능력, 행동이 일어나는 상황을 제시하는 능력, 행동을 이끌어 내는 능력, 관찰 능력 등을 습득하게 된다. 이러한 능력은 교육과정설계와 수업설계에서도 필요한 능력이다. 셋째, 검사 개발에 필요한 지식과 기술은 검사도구의 질을 평가하는 데 도움을 준다. 교사가 검사 개발에 대한 지식과 기술을 갖춘다면 기존의 개발된 검사를 평가할 수 있으며, 재조직하거나 수정하여 사용할 수 있다. 넷째, 검사 개발에 대한 지식은 검사의 한계, 검사의 남용과 오용에 대한 안목을 갖게 한다. 교사는 검사결과를 적절히 사용하게 된다.

### 3) 인지적 행동 특성 평가와 교사 전문성

인간의 잠재적인 속성(traits)은 일반적으로 검사를 사용하여 측정하고, 검사는 문항으로 구성되어 있으므로 양질의 문항을 효과적으로 만들 수 있는 이론과 기술이 요구된다. 교사가 학생의 인지적 행동 특성을 평가하는 데 요구되는 능력은 다음과 같다(Phye, 1997; 박도순, 2000: 10-11).

첫째, 교사들은 교수 결정을 할 수 있도록 적절한 평가방법을 선택할 수 있는 능력이 있어야 한다. 평가방법은 다양하게 개발되어야 하며, 내용에 따라, 교육과정에 따라, 평가 목표에 따라 다른 평가방법이 적용되어야 한다.

둘째, 교사들은 평가도구를 개발할 수 있는 능력이 있어야 한다. 교사들은 교실에서 사용할 수 있는 다양한 평가도구를 개발할 수 있어야 한다. 평가도구를 개발한다는 것은 정확하고 공정하며, 타당한 도구를 제작할 수 있다는 것을 의미한다.

셋째, 교사들은 상업적으로 제작한 평가도구와 교사가 제작한 평가도구에 의해서 나온 결과를 채점하고 해석할 수 있는 능력이 있어야 한다. 잘 만들어진 도구도 적절히 활용되고 해석되지 않으면 오용되거나 남용되어 해악이 될 수도 있다.

넷째, 교사들은 수업계획서, 교육과정 개발, 그리고 학교 개선을 위한 의사결정을 할 때 평가결과를 활용할 수 있어야 한다. 교사는 다른 사람들의 삶에 영향을 미치는 의사결정을 빈번하게 하게 된다. 교사는 인지적 행동 특성을 평가할 때, 사적인 감정이나 임의적인 판단을 하기 보다는 공적인 자료를 활용하여 평가를 해야 한다.

다섯째, 교사들은 학생평가에 사용할 타당한 등급체제를 개발할 수 있는 능력이 있어야 한다. 학생들의 과제, 프로젝트, 학습활동, 퀴즈, 수행작품 등을 평정할 수 있는 공정하고, 합리적이며 타당한 등급체제를 개발할 수 있어야 한다. 교사들은 성적을 학생 처벌의 수단으로 사용하는 것과 같은 잘못된 등급체제 사용을 피해야 한다.

여섯째, 교사들은 평가결과를 학생, 학부모, 그리고 이와 관련된 이해당사자들에게 설명하고 이해시킬 수 있는 능력이 있어야 한다. 이것은 평가결과의 해석과도 밀접한 관련이 있다. 평가결과를 학생의 사회 경제적 배경, 문화적 배경 등을 적절히 고려하여 적절히 해석하고 학생들의 발달을 위해 안내 역할을 할 수 있도록 학생이나 학부모에게 설명하는 것은 매우 중요하다. 교사들은 평가결과를 사용하여 학생에 대한 의사결정을 할 때 측정의 오차에 대한 이해를 할 뿐만 아니라 학생이나 학부모, 교육 관련 이해당사자들에게 적절히 설명할 수 있어야 한다. 또한 교사들은 다른 여러 가지 평가방법들의 한계와 문제점을 설명할 수 있어야 한다.

일곱째, 교사들은 비도덕적인, 불법적인, 부적절한 평가방법을 인지하고 적절한 평가정보를 활용할 수 있는 능력이 있어야 한다. 교사들은 평가도구가 학생의 권리를 침해할 수 있다는 것을 인식해야 한다. 교사는 수업효과성을 측정할 때, 학생의 성적을 활용하는데, 이 과정에서 오류가 발생할 수 있다는 것을 인식해야 한다. 또한 교사는 평가에 영향을 미치는 법률이나 사례에 대하여 인지해야 한다.

## ❖ 탐구과제

- 인지적 영역의 교육목표 분류학과 신교육목표 분류학의 공통점과 차이점에 대하여 토의하시오.
- 인지적 행동 특성의 평가 문항 제작와 관련된 평가전문성은 무엇이며, 평가 전문성을 함양할 수 있는 방안에 대하여 토의하시오.
- 교과와 단원을 선정하고, 단원의 목표를 모두 나열하시오. 해당되는 목표가 신교육목표 분류학의 어디에 위치하는지 표시하시오.

(해당 되는 목표만 진술할 것)

| 과목명 | | | | | | |
|---|---|---|---|---|---|---|
| 단원명 | | | | | | |
| 인지 과정 차원 / 지식차원 | 기억하다 | 이해하다 | 적용하다 | 분석하다 | 평가하다 | 창안하다 |
| 사실적 지식 | | | | | | |
| 개념적 지식 | | | | | | |
| 절차적 지식 | | | | | | |
| 메타인지적 지식 | | | | | | |

〈단원목표〉

◆ 인지적 행동 특성의 평가 문항 제작 절차에 따라 문항카드를 작성하시오.

| 과목명 | | 제작일시 | |
|---|---|---|---|
| 평가목표<br>(출제이유) | | | |
| 출제내용 | | | |
| 문항유형 | | | |
| 문제 | | | |
| 출제근거 | | | |
| 정답 | | | |
| 해설 | | | |

# 5 정의적 행동 특성의 평가

## 1. 정의적 행동 특성 평가의 의의와 한계

### 1) 정의적 행동 특성 평가의 중요성

학생평가에서 정의적 행동 특성 평가에 관심을 가져야 한다. 학생평가에서 정의적 행동 특성 평가의 중요성을 살펴보면 다음과 같다.

첫째, 학교교육은 전인교육을 추구한다. 그러므로 학업성과의 측면에서 정의적 행동 특성을 길러주어야 한다. 학습성과로서의 정의적 행동 특성은 이것이 전인교육의 한 영역으로서 의도적인 학교교육을 통해 반드시 교육되고, 달성되어야 하는 목표를 의미한다. 학교교육에서 가장 중요한 정의적 학습 성과에는 가치관, 태도, 자아개념이다(Anderson, 1981). 학교에서는 학생의 정의적 행동 특성과 관련된 목표의 달성 여부를 확인하고, 학생의 정의적 행동 특성의 형성 및 성장 여부를 평가할 필요가 있다(황정규, 1998).

둘째, 정의적 행동 특성은 학습활동을 지원하는 수단으로 작용한다. 학교학습 장면에서 학습자가 열의와 흥미를 가지고 학습과제에 참여하게 되면 학습의 효과성이 높아진다(Marsh, 1990). 정의적 행동 특성은 학생의 지적 성취의 성공과 실패를 결정하는 중요한 요소이기 때문에, 정의적 행동 특성 평가에 관심을 가져야 한다(정미숙, 1991).

셋째, 정의적 행동 특성 평가는 사회 구성원으로서 참여하게 하며, 직업기술을 준비시키며, 현재와 미래의 동기를 최대화시키며, 낙제나 유급을 방지하는 효과가 있다. 정의적 행동 특성에 대한 평가는 교육과정, 교과서, 수업 등을 개선을 위한 의사결정에 활용된다(황정규, 1998).

## 2) 정의적 행동 특성 평가의 목적

교사는 학생의 정의적 행동 특성을 평가하게 된다. 교사가 정의적 행동 특성을 평가하는 목적은 다음과 같다(Ormrod, 1999; Popham, 2003).

첫째, 정의적 행동 특성은 학생의 미래 행동을 예측하는 데 매우 강력한 변인이다. 교사는 학생들이 학교에서 성공하고 졸업 후 사회에서 성공하기를 바란다. 수업이 지루하거나 능력이 부족해서 수학을 싫어하는 학생을 생각해보자. 이 학생은 혼자서 수학 문제를 풀지 못하면 회피하게 될 가능성이 높다. 교사는 이에 대하여 긍정적인 태도를 형성시켜야 하며, 학생이 가지고 있는 부정적인 태도를 바꾸기 위해 교육적으로 개입해야 할 의무가 있다.

둘째, 교육의 중요한 목적 중의 하나는 정의적 행동 특성을 발달시키는 것이다. 교사는 학업성취도와 같은 인지적 영역뿐만 아니라 학생의 태도, 흥미, 가치 등과 같은 정의적 행동 특성의 발달에 노력을 기울여야 한다. 교사는 학년 초와 학년 말에 학생의 정의적 행동 특성을 평가함으로써 이러한 평가활동이 교육의 질을 높이는 데 얼마나 중요한지를 다시 한번 생각할 수 있고, 가장 중요하다고 믿는 정의적 행동 특성에 대해 보다 많은 관심을 가지고 수업에 임할 수 있다.

셋째, 정의적 행동 특성에 대한 평가도구를 제작하고 검토함으로써 교사는 특정한 정의적 행동 특성에 관한 목표의 핵심을 분명하게 파악할 수 있다. 교사는 학생의 정의적 행동 특성을 평가함으로써, 정의적 목표를 명료화하고, 정의적 성과를 증진할 수 있는 방안을 모색하게 된다.

넷째, 학생의 정의적 행동 특성에 관한 정보는 교사가 매일매일의 수업에서 효과적으로 가르치려고 할 때 도움이 된다. 교사가 정의적 행동 특성 평가를 통하여 학생이 학습내용에 대해 지루해하고 흥미를 보이지 않는다는 것을 알게 되면, 이후에 수업에서 이 문제를 해결하는 방안을 마련할 것이다.

다섯째, 정의적 행동 특성은 학습과 밀접한 관계가 있다(Ormrod, 1999). 학생이 학습활동에 흥미를 갖고 참여하게 되면 문제해결력이 향상된다. 학생이 정서적으로 안정되고 편안함을 가지면 학습에 보다 적극적으로 참여하게 되고, 주의집중,

기억, 회상, 전이하는 데 긍정적인 영향을 끼친다. 교실의 긍정적인 분위기는 학생 참여를 촉진한다. 정의적 행동 특성에 대한 학생평가는 이들의 긍정적인 정의적 행동 특성을 형성하고 유지하는 데 활용된다.

### 3) 정의적 행동 특성 평가의 어려움

정의적 행동 특성이 중요함에도 불구하고, 정의적 행동 특성에 대하여 체계적인 평가가 이루어지지 않는 경향이 있다. 정의적 행동 특성 평가가 실시되지 않는 이유는 다음과 같다(김호권 외, 1978; 중앙교육평가원, 1987; 황정규, 1998; Ormrod, 1999).

첫째, 정의적 행동 특성과 관련된 개념 정의의 문제가 있다. 정의적 행동 특성은 추론에 의하여 설정된다. 따라서 태도, 가치, 흥미를 정의하기는 쉽지 않다. 왜냐하면 겉으로 드러난 행동을 가지고 그것을 개념화하기에는 모호한 점이 있기 때문이다.

둘째, 학년이 증가할수록 학교는 교과를 중심으로 운영된다. 교과에서는 인지적 행동 특성을 주로 평가하고, 정의적 행동 특성에 대한 평가는 후순위가 된다.

셋째, 정의적 행동 특성의 평가에 대한 신뢰도가 낮다. 교사가 원하는 답에 응답하거나 순간적이고 일시적인 분위기에 영향을 받으며, 이들 특성을 인식하는 과정에서 교사의 편의가 발생한다.

넷째, 교육의 책임성 문제이다. 정의적 행동 특성에 대한 책임은 학교에 있지 않고, 사회와 가정이 공유할 책임으로 인식되고 있다. 따라서 학교가 이를 회피해도 그 책임을 전적으로 물을 수 없다는 인식이 있다.

다섯째, 교육기간의 문제이다. 정의적 행동 특성이 단기간의 학교학습을 통해 변화될 수 없다는 인식이 있다. 학교교육에서 지적 성취를 이루기에도 벅차다는 이유로 정의적 행동 특성에 대한 교육과 평가가 이루어지지 않는다.

여섯째, 수업시간에 교과 내용 이외에 태도, 가치관, 신념 등을 가르치면 안된다는 사회적 인식이 있다. 정의적 행동 특성은 가치 판단 문제와 개입되기 때문에, 교사의 판단에 의하여 그 가치가 학습자에게 주입, 교화, 세뇌될 수 있기 때문이다. 따라서 논쟁의 여지가 없는 태도, 흥미, 가치 등에 대한 정의적 행동 특성을 평가해야 한다. 논쟁의 여지가 없는 정의적 행동 특성은 〈표 5-1〉과 같다.

〈표 5-1〉 논쟁의 여지가 없는 정의적 행동 특성

| 정의적 특성 | 예시 |
|---|---|
| 태도 | 학습태도, 자아개념, 다문화 태도 |
| 흥미 | 교과 흥미, 시사 문제 흥미, 봉사 활동 흥미 |
| 가치 | 정직, 성실, 정의 |

## 2. 정의적 행동 특성

### 1) 정의적 행동 특성의 개념

정의적 행동 특성(affective characteristics)은 개인의 동기, 흥미, 태도, 자아개념, 가치관, 성격 등을 총칭하는 것으로 인지적 행동 특성과 달리 일정한 대상에 대한 감정적 색조를 나타내는 호-불호, 접근-회피, 수용-거부의 관계를 설명하는 추상적 개념이다(Krathwohl, Bloom & Masia, 1964). 정의적 행동 특성이란 인간이 지니고 있는 전형적인 감정이나 정서를 나타내는 특성 또는 특질이라고 할 수 있다(Anderson, 1981).

인간의 사고나 행동이 어떤 정의적 행동 특성으로 분류되기 위해서는 다음과 같은 5가지 요소를 반영해야 한다(Anderson, 1981). 첫째, 정의적 행동 특성은 그 행동이나 사고가 감정이나 정서를 내포한다. 이것은 직접 관찰할 수 없으므로 개인의 행동을 통해 추리된다. 둘째, 정의적 행동 특성은 전형성을 갖는다. 정의적 행동 특성은 일관성과 안전성을 지니고 있어야 한다. 정의적 행동 특성은 일시적으로 생기는 정의적 반응과 구별되며, 일반적으로 느끼는 것을 측정한다. 셋째, 정의적 행동 특성은 강도가 있다. 강도는 감정의 세기와 정도를 의미한다. 예를 들어 '사랑의 감정'은 '좋아함의 감정' 보다 더 강한 감정이다. 또한 사람에 따라서 지니고 있는 감정의 세기도 다르다. 넷째, 정의적 행동 특성은 방향성을 지녀야 한다. 방향성이란 감정의 정적 방향과 부정 방향을 의미한다. 이것은 어떤 감정의 '좋음'과 '나쁨'을 표현한다. 다섯째, 정의적 행동 특성은 감정이 향하는 목표물, 활동 또는 아이디어 등과 같이 대상이 있다. 예를 들어, 불안의 대상은 사람, 사회적 상황, 수업, 특정 교과 등이 있다(Anderson, 1981).

이처럼, 정의적 행동 특성은 환경 내에 있는 구체적인 대상, 사물, 사람, 추상적인 이념 등과의 관계를 나타낸다. 따라서 정의적 행동 특성은 환경의 자극과 그에 대한 해석을 통해서 습득된다.

### 2) 정의적 행동 특성의 분류

정의적 행동 특성은 비인지적 심리 특성으로서, 학자에 따라 구체적인 기준과 개념 분류 방식에 있어서 차이가 있다. Brown(1987)은 정의적 행동 특성을 인성적 요인과 사회 문화적 요인으로 분류하였다. 인성적 요인에는 자아존중감, 동기, 자아 방어, 모험 감수, 불안감, 감정 이입, 외향성 등이 있으며, 사회 문화적 요인에는 태도, 사회적 거리감 등이 있다. McMillan(2004)은 정의적 행동 특성에 대한 정의에 기초하여, 정의적 행동 특성과 관련된 요인으로 태도, 가치, 동기, 학업적 자아개념, 사회적 관계, 학급 환경 등을 제시하였다. Anderson(1981)은 학교학습과 관련된 정의적 행동 특성으로 태도(attitude), 흥미(interest), 가치(values), 선호(preferences), 학업적 자기존중(academic self-esteem), 통제의 소재(locus of control) 및 불안(anxiety)을 제시하였다. 이 책에서는 Anderson(1981)이 분류한 정의적 행동 특성에 대하여 살펴보았다.

#### (1) 태도(attitude)

태도란 주어진 한 대상에 대해 호의적 또는 비호의적으로 일관성 있게 반응하는 학습된 경향성을 의미한다. 태도는 적당한 정도의 강도를 지닌다. 호의성의 정도는 태도의 강도를 표시한다. 태도의 표적 대상은 하나의 대상이고, 호의적 또는 비호의적인 방향성을 갖는다. 태도는 특정 대상을 향해 형성되는 전형적인 감정이다. 태도가 학습된다는 것은 특별한 표적에 대해 감정을 나타내는 것을 학습한다는 것을 의미한다. 따라서 태도가 학습되면 그 대상이 존재할 때마다 동일한 감정을 일관되게 표출한다.

### (2) 흥미(interest)

흥미란 개인으로 하여금 주의 또는 획득을 위하여 어떠한 대상, 이해, 활동, 목표 또는 기술을 추구하려는 충동으로서, 이것은 경험을 통해 획득된 조직적 기질과 성향을 의미한다. 흥미는 어떤 대상에 대하여 특별히 주의하려고 하는 감정과 경향이다. 따라서 흥미의 표적은 특정한 대상 특히 어떤 활동을 향하며, 방향성은 흥미가 있거나 흥미가 없는 것으로 정해진다. 흥미의 강도는 높고 낮음으로 표현된다. 흥미는 학습된 것으로서, 학습을 통해 조직된다. 흥미는 태도보다 높은 강도를 갖는다.

### (3) 가치(values)

가치란 바람직한 것의 개념, 실제로 바람직한 것이 아니라 바람직해야 하는 것으로 행동의 선택에 영향을 미친다. 즉, 가치란 바람직해야 하는 것, 중요하거나 소중한 것, 그리고 어떤 행위나 존재의 표준이 개인적으로 또는 사회적으로 받아들여질 수 있는 것 등과 관련된 신념이라고 할 수 있다. 태도와 흥미는 가치에 의해 영향을 받는다. 가치는 높은 강도를 나타내며, 방향은 옳고 그름, 중요도, 수용도의 한쪽으로 나타난다. 가치의 표적은 행동, 활동, 태도 등과 같이 다양하다. 가치는 일단 형성되면 영구히 지속되어, 생활의 전반에 영향을 미친다. 가치는 학습되지만, 비교적 변하지 않는다. 가치는 태도나 흥미보다 잘 변하지 않고 변화시키기도 어렵다.

### (4) 선호(preferences)

선호는 어떤 대상물, 활동 또는 아이디어를 다른 대상물 또는 아이디어에 반(反)하여 받아들이려는 기질이다. 선호는 여러 대상 중에서 특정의 것을 선택하려는 경향성이다. 선호는 흥미, 태도 또는 가치 중에서 각각 어떤 것에 우선권을 부여할 때 영향을 미친다. 선호는 여러 다양한 수준의 강도를 지니고 있으나 '받아들이려는' 용어에서 볼 수 있듯이, 낮은 정도의 강도를 가진 감정이라고 할 수 있다.

### (5) 학업적 자기존중(academic self-esteem)

학업적 자기존중은 학업 상황에서 자기 자신을 대상으로 자기 자신에 대해서 스스로 가지고 있는 지각을 의미한다. 자기 자신에 대한 지각은 평가적 지각(나는 좋은 학생이다)과 사실적 지각(나는 나눗셈을 할 수 있다)으로 구분될 수 있다. 학업적 자기존중의 표적은 자기 자신의 학문적인 것이며, 방향성은 정적 방향과 부적 방향을 갖는다. 강도는 실제 어떤 사람이 지니고 있는 다른 여러 가지 지각과 신념 그리고 자기 자신에 대한 지각과의 관계에 따라 달라지며, 강도의 범위는 낮은 강도에서 높은 강도에 이르는 폭넓은 범위를 가지고 있다. 학업적 자기존중은 학습되는 것으로써 학습의 많은 부분이 타인에 의한 자아의 평가로부터 발생한다.

### (6) 통제의 소재(locus of control)

통제의 소재는 어떤 개인이 자신의 행동이나 그 행동의 결과에 대한 책임을 받아들이는 정도이다. 이것은 실제적으로 자신의 행동에 대해 책임을 지거나 거부하는 일종의 선호라고 할 수 있다. 표적은 개인의 행동 또는 활동이며, 방향은 외적인 방향과 내적인 방향으로 구성된다. 강도는 추정하기가 어렵다.

### (7) 불안(anxiety)

불안이란 자신의 안전에 대해 어떠한 실제적인 위협 또는 상상적인 위협을 느낄 때 생기는 긴장된 경험이다. 표적은 자신의 안전에 대한 실제 또는 상상적인 위협이다. 방향은 안정과 긴장의 어느 하나를 갖는다. 강도는 다른 정의적 행동 특성보다 매우 높다.

이상에서 살펴본, 정의적 행동 특성을 표적, 방향, 밀도의 측면에서 비교하면 〈표 5-2〉와 같다.

〈표 5-2〉 정의적 행동 특성의 표적, 방향, 밀도 비교

| 정의적 행동 특성 | 평균 강도 | 방향 | 표적 | 진술문 (예) |
|---|---|---|---|---|
| 태도 | 중간 | 호의–비호의 | 대상, 활동, 아이디어 | 나는 선생님을 좋아한다. |
| 흥미 | 높음 | 관심–무관심 | 대상, 활동, 아이디어 | 나는 커서 선생님이 되고 싶다. |
| 가치 | 높음 | 중요성–비중요성 | 대상, 활동, 아이디어 | 교사는 권위가 있어야 한다. |
| 선호 | 낮음 | 호–불호 | 대상, 활동, 아이디어 | 나는 영어를 선택하였다. |
| 학문적 자기존중 | 중상 | 적극적–소극적 | 학문적 자아 속의 자신감 | 나는 공부를 잘 할 수 있다. |
| 통제의 소재 | 낮음 | 내적–외적 | 한 행동 뒤에 뒤따르는 행동 또는 활동 | 공부를 못하는 이유는 나 때문이다. |
| 불안 | 매우 낮음 | 긴장–이완 | 위협으로 지각되는 대상, 활동, 아이디어 | 나는 교사 옆에만 가도 신경이 쓰인다. |

## 3. 정의적 영역의 교육목표 분류학

### 1) 정의적 행동 특성과 정의적 영역

정의적 행동 특성과 정의적 영역은 서로 구분 없이 혼용하여 사용되고 있지만 동일한 개념이 아니다. 두 개념의 가장 큰 특징은 위계의 여부이다.

정의적 행동 특성(affective characteristics)은 학생들이 지니고 있거나 표출한 심리학적 개념의 단어로 표현된다. 즉, 정의적 행동 특성은 태도, 흥미, 가치, 귀인 등과 같은 심리학적 용어로 표현된다. 정의적 행동 특성에는 인지적, 정의적, 심동적 요소가 그 안에 포함되어 있다. 정의적 행동 특성은 위계 없이 나열된 정의적 행동 특성을 의미한다.

정의적 영역(affective domain)은 일정한 위계를 지닌 정의(情意) 발달 개념이다. 정의적 영역은 지적 영역과 심동적 영역들과 경계를 짓는 구성개념으로 존재한다. 이것은 내면화의 깊이 정도에 따라 범주화된다. 정의적 영역은 교육목표 분류학 이론으로 제시되었다. 정의적 영역의 교육목표 분류학은 감수, 반응, 가치화, 조직화, 인격화로 제시되었다.

### 2) 정의적 영역의 교육목표 분류학 개발 배경

Krathwohl, Bloom과 Masia(1964)는 정의적 영역의 교육목표 분류학의 필요성을 제기하였다. 이들은 지적 행동이 적절한 학습경험을 제공하면 발달할 수 있듯이, 정의적 영역도 적절한 학습경험이 제공되면 발달할 수 있다고 가정하였다. 그리고 정의적 영역에 대한 평가를 위해서는 정의적 영역에 대한 교육목표 분류학이 필요하다는 것을 주장하였다. 이들은 정의적 영역에서 통상적으로 사용되는 흥미, 감상, 태도, 가치, 적응 등의 용어가 다양하고 폭넓은 의미로 사용되고 있기 때문에, 정의적 영역을 체계적으로 평가하는 데 한계가 있다고 주장하였다. 이들은 정의적 영역을 표현하는 이들 용어들의 의미를 개별적으로 분석하여, 정의적 영역이 내포하고 서열화할 수 있는 여러 가지 특징을 이해하고 분석하여, '내면화'

의 관점에서 정의적 영역에 대한 교육목표 분류학을 제시하였다. 정의적 행동 특성과 정의적 영역의 교육목표 분류학의 관계는 [그림 5-1]과 같다.

<table>
<tr><th></th><th colspan="2">구분</th><th colspan="5">정의적 특성</th></tr>
<tr><td rowspan="13">정의적 교육 목표</td><td rowspan="3">1. 감수</td><td>1) 감지</td><td rowspan="8">흥미</td><td></td><td></td><td></td><td></td></tr>
<tr><td>2) 자진 감수</td><td></td><td></td><td></td><td></td></tr>
<tr><td>3) 주의집중</td><td rowspan="6">감상</td><td></td><td></td><td></td></tr>
<tr><td rowspan="3">2. 반응</td><td>1) 묵종 반응</td><td></td><td></td><td></td></tr>
<tr><td>2) 자진반응</td><td rowspan="6">태도</td><td rowspan="6">가치</td><td rowspan="9">적응</td></tr>
<tr><td>3) 만족</td></tr>
<tr><td rowspan="3">3. 가치화</td><td>1) 가치수용</td></tr>
<tr><td>2) 가치채택</td></tr>
<tr><td>3) 확신</td><td></td><td></td></tr>
<tr><td rowspan="2">4. 조직화</td><td>1) 가치 개념화</td><td></td><td></td></tr>
<tr><td>2) 가치체계 조직</td><td></td><td></td><td></td><td></td></tr>
<tr><td rowspan="2">5. 인격화</td><td>1) 일반화된 행동태세</td><td></td><td></td><td></td><td></td></tr>
<tr><td>2) 인격화</td><td></td><td></td><td></td><td></td></tr>
</table>

[그림 5-1] 정의적 행동 특성과 정의적 영역의 교육목표 분류학과의 관계
(Krathwohl, Bloom & Masia, 1964: 37)

### 3) 정의적 영역의 교육목표 분류학

Krathwohl, Bloom과 Masia(1964)는 정의적 영역의 교육목표 분류학의 항목을 감수(receiving), 반응(response), 가치화(valuing), 조직화(organization), 인격화(characterization by a value complex)의 5대 영역으로 구분하고, 각 영역마다 2~3개의 하위유목을 제시하였다.

첫째, 감수는 어떤 자극이나 활동을 기꺼이 받아들이고 자발적으로 주의를 기울이는 것과 같은 민감성을 의미한다. 둘째, 반응은 어떤 자극 또는 활동에 적극적으로 참여하고 자발적으로 반응하며 그러한 참여와 반응에서 만족감을 얻는 행

동을 말한다. 셋째, 가치화는 특정한 대상, 활동 또는 종류의 가치를 비교하고 연관시켜 통합하는 것을 뜻한다. 넷째, 조직화는 가치와의 상호관계로 결정되고 그 체계 안에서 가치의 계층 단계를 설정한다. 다섯째, 인격화는 개인의 행동 및 생활의 기준이 되며, 가치관으로써 지속적이고 일관성 있으며 또한 그것이 그 사람의 행동을 예측할 수 있을 정도로 확고하게 그의 인격의 일부로 내면화된 정도를 의미한다(박도순 외, 2007: 272). 정의적 영역의 교육목표 분류학은 〈표 5-3〉과 같다.

〈표 5-3〉 정의적 영역의 교육목표 분류학 (Krathwohl, Bloom & Masia, 1964)

| 구분 | 설명(동사) | 하위유형 | 예시 |
|---|---|---|---|
| 감수 | 어떤 현상이나 사실, 자극 등을 받아들이는 최초의 행동 수준.<br><br>긍정적이든 부정적이든 행동의 내면화가 일어나려면 우선 그 사실을 받아들여야 함.<br><br>듣기, 알아차리기, 인식하기, 주의하기, 민감하기, 관대함 보이기. | 감지 (awareness) | • 학교 주변의 사물을 관찰한다.<br>• 다른 사람의 감정을 알아차린다. |
| | | 자진감수 (willingness to receive) | • 교사의 주장을 일단 받아들인다.<br>• 학생들의 서로 다른 감정을 인정한다. |
| | | 주의집중 (controlled or selected attention) | • 교사의 주의에 정신을 집중시켜 듣는다.<br>• 소개받는 어떤 사실을 주의해서 듣는다. |
| 반응 | 어떤 현상을 단순히 주의하는 정도를 넘어서 적극적으로 반응하는 단계.<br><br>대답하기, 응하기, 따라하기, 인정하기, 복종하기, 만족하기. | 묵종반응 (acquiescence in responding) | • 주어진 사실에 묵묵히 따라간다.<br>• 건강규칙이나 교통규칙을 묵묵히 지킨다. |
| | | 자진 반응 (willingness to respond) | • 각종 오락이나 취미활동을 자의로 한다.<br>• 자진해서 주의환경에 대한 새로운 지식을 추구한다. |
| | | 만족 (satisfaction in response) | • 고전음악을 즐겨 듣는다.<br>• 건강규칙을 지키는 데 만족감을 느낀다. |

| 구분 | 설명(동사) | 하위유형 | 예시 |
|---|---|---|---|
| 가치화 | 어떤 현상의 가치를 지각하고 그와 관련되는 일관된 행동을 하는 수준<br><br>받아들이기, 도달하기, 가정하기, 지지하기, 참여하기, 계속하기, 경험하기, 헌신하기 | 가치수용 (acceptance of a value) | • 건강규칙은 최적의 건강상태를 유지하게 한다는 사실을 받아들인다.<br>• 민주적인 생활에서 평등의 가치를 받아들인다. |
| | | 가치채택 (preference for a value) | • 헌법개정을 위한 집단행동을 선도한다.<br>• 중요한 문제에 관해 신문사에 투고한다. |
| | | 확신 (commitment) | • 자기가 하는 일의 정당성과 확신을 갖고 행동한다.<br>• 민주주의의 기본이념을 신봉한다. |
| 조직화 | 여러 가치를 한 체계로 조직하고, 여러 가치들 간의 상호관계를 밝히면 나아가서 전체를 꿰뚫는 가치체계 정립.<br><br>조직하기, 선택하기, 판단하기, 결정하기, 동일시하기, 계획을 세우기, 대안을 비교 검토하기 | 가치의 개념화 (conceptualization of a value) | • 자기가 주장하는 것의 개념을 설정한다.<br>• 신념의 기초가 되는 기본과정을 발견하여 구체화한다. |
| | | 가치체계의 조직 (organization of a value system) | • 사회복지정책을 소수인 보다 공익의 기준에 설정한다.<br>• 자신의 신체적 장애를 극복하고 현실적으로 적응한다. |
| 인격화 | 여러 가치들의 조직화를 넘어서 이들을 생활철학이나 세계관으로 정립.<br><br>믿다, 연습하다, 계속하다, 수행하다, 자신의 행동의 일부가 되다. | 일반화된 행동태세 (generalized set) | • 문제를 객관적 원칙에 의해서 해결하여 나가는 습관을 형성한다.<br>• 자아를 실현하는 일관된 행동을 취한다. |
| | | 인격화 (characterization) | • 일관된 인생철학을 형성한다.<br>• 모든 행동이 자신의 인격의 전부로 나타난다. |

# 4. 정의적 행동 특성의 평가방법

## 1) 정의적 행동 특성의 자료수집 방법

교실에서 정의적 행동 특성을 평가하는 데 유용한 방법으로는 교사 관찰, 학생의 자기보고식 평가와 동료평가 3가지가 있다. 정의적 행동 특성이 직접적으로 관찰되지 않기 때문에 행동으로부터 추론하거나 자신과 다른 사람들의 말을 통해서 추론하게 된다(McMillan, 2004: 274-275).

### (1) 교사 관찰

관찰법은 정의적 행동 특성을 측정하는 가장 오래된 측정방법이다. 관찰은 질문지를 통해 양적으로 알게 된 학생의 정의적 행동 특성을 보다 심도 있고 면밀하게 이해할 수 있다는 장점이 있다. 교사는 학생들의 반응, 수업 태도, 토의나 토론 과정, 문제해결과정 등을 관찰함으로써, 학생들의 정의적 행동 특성을 파악할 수 있다.

관찰법을 사용할 때에는 다음에 주의해야 한다. 첫째, 관찰은 계획적으로 이루어져야 한다. 둘째, 평가자의 주관이 개입되지 않은 객관적인 관찰을 해야 한다. 셋째, 교사는 관찰 상황을 고려하여 학생들의 변화 추이를 관찰한다. 넷째, 교사는 편견이나 고정관념이 없어야 한다. 다섯째, 교사는 사전에 구체화한 관찰 행동 목록에 기초하여 자료를 기록한다. 관찰법은 질문지법, 평정법에 의해서는 발견할 수 없는 학생의 행동변화에 관한 자료를 얻을 수 있다는 장점이 있다. 또한, 관찰법은 자기보고로 인한 허위 반응이나 응답의 중립화 경향을 어느 정도 예방할 수 있다. 그러나 관찰법은 수집한 자료의 수량화에 대한 제한이 있으며, 주관적 판단이 개입될 수 있다는 문제가 있다.

교사는 학생의 정의적 행동 특성을 타당성 있고 신뢰성 있게 추론하기 위해서는 체계적인 관찰을 해야 한다. 교사는 관찰해야 하는 정의적 행동 특성을 사전에 규정하고, 평가목적에 부합하는 관찰방법(비구조화된 관찰, 구조화된 관찰)을 적용하여, 학생의 정의적 행동 특성을 평가한다.

관찰은 다음과 같은 절차에 따라서 진행된다(McMillan, 2004: 275-278). 먼저, 교사는 관찰 대상이 되는 정의적 행동 특성을 정의하고, 이와 관련된 행동 목록을 나열한 후에, 이들 행동을 긍정과 부정으로 구분한다. 예를 들어, 교사가 학생의 학습태도를 관찰한다고 가정하자. 교사는 학습태도와 관련된 행동을 떠올리고, 이들 행동을 〈표 5-4〉와 같은 긍정적인 행동과 부정적인 행동으로 구분한다.

〈표 5-4〉 학습태도에 관한 긍정적인 행동과 부정적인 행동

| 긍정적인 행동 | 부정적인 행동 |
|---|---|
| 수업에 거의 빠지지 않음 | 결석을 자주함 |
| 지각을 거의 하지 않음 | 자주 늦음 |
| 질문이 많음 | 질문이 거의 없음 |
| 다른 친구와 협력함 | 다른 친구와 협력하지 않음 |
| 감독하지 않아도 자기주도적으로 활동함 | 감독이 필요함 |
| 특별활동에 참여함 | 특별활동에 거의 참여하지 않음 |
| 불평이 거의 없음 | 불평이 많음 |

〈표 5-4〉의 목록은 학습태도 관찰에 관한 체크리스트 또는 리커르트 척도 개발의 기초 자료로 활용된다. 긍정과 부정의 방향성은 동료 교사와의 브레인스토밍을 통하여 설정하는 것이 적절하다. 긍정적인 행동은 접근 행동이며, 부정적인 행동은 회피 행동이다. 접근 행동은 직접적이고, 빈번하며, 접촉을 유발하는 행동이다. 회피 행동은 이와 반대되는 행동으로 간접적이고, 빈번하지 않으며, 접촉을 유발하지 않는 행동이다. 직접, 빈도, 접촉(directness, frequency, intense contact)의 3가지 차원은 학습태도를 긍정과 부정으로 구분하는 데 사용된다.

다음으로, 교사는 공식적이고 구조화된 관찰을 할 것인지, 비공식적이고 비구조화된 관찰을 할 것인지를 결정해야 한다. 비구조화된 관찰은 체크리스트와 평정척도와 같은 도구가 사용되지 않는다. 교사는 관찰 대상을 있는 그대로 자연스럽게 기록한다. 그러나 비구조화된 관찰을 할 때에는 다음에 유의해야 한다. 첫째, 교사는 관찰해야 하는 정의적 행동 특성을 알고 있어야 한다. 둘째, 교사는 최

소한의 관찰 지침을 설정하고, 정의적 행동 특성에 해당하는 예시를 준비해야 한다. 셋째, 교사는 관찰 시간, 날짜, 장소들을 계획한다. 넷째, 관찰 결과에 대한 해석은 기술과 구분하여 기록한다. 다섯째, 교사는 한 번의 관찰이 아니라, 여러 번의 관찰을 통하여, 학생의 정의적 행동 특성에 대한 결론을 도출한다. 비구조화된 관찰은 구조화된 관찰보다 자연적이다. 사전에 설정한 행동이 나타나지 않아도 문제가 되지 않으며, 사전에 정의하지 않는 행동을 포함시켜도 문제가 되지 않는다. 그러나 목표 행동을 관찰하는 데 많은 시간이 걸린다.

구조화된 관찰은 비구조화된 관찰에 비하여 준비 시간이 많이 필요하고, 관찰 결과를 기록하는 방식에 있어 차이가 있다. 교사는 체크리스트 또는 평정척도를 사용하여 관찰행동을 기록한다. 체크리스트는 관찰 대상 행동의 존재 유무를 표시하는 방법이다. 반면, 평정척도는 피험자가 대상을 어떠한 유목이나 숫자의 연속선 위에 분류하는 측정 도구로써 행동의 빈도, 정도 또는 수준을 기록한다. 읽기 태도에 대한 체크리스트는 〈표 5-5〉, 읽기 태도에 대한 평정척도는 〈표 5-6〉과 같다. 교사는 행동 특성과 관찰 시간을 고려하여, 체크리스트를 사용할지 평정척도를 사용할지 결정한다. 평정척도는 관찰 시간이 충분할 때 사용하는 경향이 있다.

〈표 5-5〉 읽기 태도에 대한 관찰 도구(체크리스트)

| 이름: (  ) 날짜(  ): 시간: (  ) | |
|---|---|
| 행동 | 빈도수 |
| 1. 책상 위에 놓여있는 책을 본다. | |
| 2. 책상 위에 놓여있는 책을 잡는다. | |
| 3. 책을 읽는다. | |
| 4. 읽은 책에 대하여 말한다. | |
| 5. 독서가 싫다고 표현한다. | |
| 6. 다른 사람에게 책을 읽지 말라고 한다. | |
| 7. 책을 볼 때 얼굴을 찌푸린다. | |

〈표 5-6〉 읽기 태도에 대한 관찰 도구(평정척도)

| 이름: ( ) 날짜( ): 시간: ( ) | | | | | |
|---|---|---|---|---|---|
| 행동 | 항상 | 자주 | 가끔 | 거의 | 전혀 |
| 1. 책상 위에 놓여있는 책을 본다. | | | | | |
| 2. 책상 위에 놓여있는 책을 잡는다. | | | | | |
| 3. 책을 읽는다. | | | | | |
| 4. 읽은 책에 대하여 말한다. | | | | | |
| 5. 독서가 싫다고 표현한다. | | | | | |
| 6. 다른 사람에게 책을 읽지 말라고 한다. | | | | | |
| 7. 책을 볼 때 얼굴을 찌푸린다. | | | | | |

평정척도는 정의적 행동 특성에 대한 하위 행동 목록을 종합하며 루브릭 형태로 개발되기도 한다. 〈표 5-7〉의 평정척도는 참여도에 대한 평정척도이다. 이 평정척도는 타인과의 정보 공유, 경청 등과 같은 개별 평정요소의 빈도를 종합하여 루브릭으로 구성한 것이다.

〈표 5-7〉 참여도에 대한 총체적 평정척도(총체적 루브릭)

| 기준 | 점수 |
|---|---|
| 수업 시간에 주의집중 해서 듣는다. 정보를 공유하려고 한다. 다른 사람의 말을 항상 듣는다. 다른 사람의 관점을 고려한다. 빠르게 참여하고 참여가 유지된다. 적극적으로 참여한다. 다른 사람의 참여를 유도하는 적극적인 참여자이다. | 5 |
| 수업 시간에 듣는다. 대체로 정보를 공유하고 다른 사람의 말을 듣는다. 과제를 제 시간에 시작해야 하지만 참여한다. 적극적인 참여자이다. | 4 |
| 수업 시간에 듣지만 떠든다. 정보를 공유하고 다른 사람의 말을 가끔 듣는다. 과제를 시작해야 하며, 지속적으로 유지해야 한다. 다른 사람의 단서를 활용하여 문제를 해결한다. 다른 사람의 관점을 고려하지 않는다. 대체로 수동적으로 참여한다. | 3 |
| 수업 시간에 떠들거나 장난을 친다. 과제를 시작해야 하며 지속적으로 유지해야 한다. 정보를 공유하지 않는다. 다른 사람의 말을 잘 듣지 않는다. 다른 사람의 관점을 고려하지 않는다. 매우 수동적으로 참여한다. | 2 |
| 지속적으로 과제에 집중하지 않고 활동에 참여하지 않는다. 시작하지 않는다. 다른 사람들에게 의존하다. | 1 |
| 전혀 참여하지 않는다. | 0 |

한편, 평정척도는 집단의 역동성과 효율성을 이해하는 데 사용할 수 있다. 〈표 5-8〉은 소집단 내에서 발생하는 협력적인 태도를 평가하기 위한 총체적인 평정척도이다. 교사는 〈표 5-8〉의 평정척도를 사용하여 집단 구성원의 협력적인 태도를 평가할 수 있다.

〈표 5-8〉 협력적 태도에 대한 총체적인 평정척도

<table>
<tr><th colspan="4">상황:</th><th colspan="4">날짜:</th></tr>
<tr><td colspan="8">전체 관찰 시간:</td></tr>
<tr><td colspan="8">〈관찰 지침〉<br>A. 집단 구성원들 사이에 나타나는 협동 기술의 발생 정도를 다음과 같이 표시한다.<br>(5: 매우 잘함, 4: 잘함, 3:보통, 2: 약함 1: 부족)<br>B. 협동 기술에 대한 정의는 다음과 같다.<br>1. 상호작용 기술: 학생은 집단 구성원을 좋아하고 존중한다.<br>2. 교우관계 기술: 집단 내에서 교우관계를 형성하고 유지한다.<br>3. 코칭: 학생은 집단 구성원에게 학습내용을 설명하고 도와준다.<br>4. 역할 수행: 학생은 자신에게 부여된 역할을 수행한다.</td></tr>
<tr><th>이름 / 협력기술</th><th>김00</th><th>박00</th><th>이00</th><th>최00</th><th>추00</th><th>홍00</th><th>황00</th></tr>
<tr><td>상호작용 기술</td><td></td><td></td><td></td><td></td><td></td><td></td><td></td></tr>
<tr><td>교우관계 기술</td><td></td><td></td><td></td><td></td><td></td><td></td><td></td></tr>
<tr><td>코칭</td><td></td><td></td><td></td><td></td><td></td><td></td><td></td></tr>
<tr><td>역할 수행</td><td></td><td></td><td></td><td></td><td></td><td></td><td></td></tr>
</table>

### (2) 학생의 자기보고식 평가

학생의 자기보고식 평가(student self-report)는 자기 자신의 제반 특성에 관하여 면접, 서술, 구술, 체크리스트 등 여러 가지 방법으로 정보를 수집하는 방법이다(강승호 외, 2012: 365). 자기보고식을 활용한 정의적 행동 특성의 평가방법에는 면접법, 질문지법, 구성형 문항, 리커르트 척도법, 의미변별 척도법, 형용사 검목표법 등이 있다.

면접법은 학생들과 직접적인 대화를 사용하기 때문에, 교과 및 학습에 대한 정의적 행동 특성을 심도 있게 구체적으로 파악할 수 있다. 학생들과의 신뢰관계가 중요하다. 학생은 교사들이 듣고 싶은 말을 할 경향성이 있다. 교사가 학생들의 의견을 경청하고, 존중하며, 따뜻한 분위기를 형성하면, 면접의 신뢰도가 높아진다. 면접법은 질문을 명료화하고, 반응의 진위를 확인할 수 있으며, 비언어적인 언어를 사용할 수 있다는 장점이 있다. 그러나 신뢰관계가 형성되지 않으면 일대일 면접이 불가능하다. 이러할 경우에는 집단 면접을 사용하는 것이 적절하다. 집단 면접은 마음을 열게 하고, 친구들과 함께 자신들의 생각과 느낌을 공유하는 과정에서 자신의 생각과 느낌을 자연스럽게 표출하게 된다. 면접 기록은 관찰과 유사하게 학생의 대답과 해석을 구분하여 기록한다. 교사가 면접의 주요 내용에 대한 개요를 준비하면 면접 내용을 기록하는 데 도움이 된다.

질문지법은 자유응답형(구성형)과 선택형으로 구분할 수 있다(McMillan, 2004: 283-290). 학생은 질문지에 자신의 생각을 자유롭게 기술하거나, 사전에 마련된 답안에 반응하게 된다. 질문지법은 다음과 같은 장점이 있다. 첫째, 질문지법은 간편하고 경제적이다. 이것은 다른 방법에 비해 전문적 지식이나 훈련 기술이 단순하고 용이하기 때문에 그 활용이 쉽다는 것을 의미한다. 둘째, 질문지법은 질문자와 응답자의 관계가 비교적 객관적인 상태를 유지할 수 있다. 면접이나 관찰의 방법은 평가자가 직접 대면하기 때문에 존재 자체가 피험자에게 영향을 미쳐 결과가 왜곡되거나 편파적으로 될 위험이 많으나 질문지법은 그러한 위험을 줄일 수 있다. 셋째, 질문지법은 자신의 감정이나 정서, 태도를 비교적 구사하기 쉬운 언어를 매개로 표현하기 때문에 자기관여가 많이 되는 정의적 영역 평가에 도움이 된다. 그러나, 질문지법은 다음과 같은 단점이 있다. 첫째, 질문지법은 아동의 언어적 표현능력에 의존하는 경우가 많기 때문에 아동의 언어적 수준이 신뢰할 만하지 못하다면 질문지의 결과를 믿을 수 없다. 둘째, 질문지법은 질문지에 나타난 응답이 거짓인지 또는 사실에 관한 질문에서 기억의 착오가 있는지 등을 확인할 수 없다. 셋째, 질문지법은 질문지에 주어진 질문 이외의 정서적 반응이나 느낌, 분위기 등을 알 수 없다(박도순 외, 2007: 282-283).

구성형 문항은 질문에 대하여 학생들이 자유롭게 기술하는 것이다. 구성형 질문은 〈표 5-9〉와 같다. 학생들이 구성형 질문에 대답하기 위하여 학생을 격려하고, 각 문항에 대하여 생각하고 쓸 수 있는 시간을 충분히 제공해야 한다.

〈표 5-9〉 구성형 질문의 예

- 내가 가장 좋아하는 과목은?
- 학교가 가장 좋을 때는?
- 나는 자기 자신에 대하여 어떻게 생각하는가?

리커르트 척도법은 각 문항에서 측정하고자 하는 정의적 행동 특성에 대해 매우 긍정적이거나 매우 부정적인 것을 양극단으로 표현한다. 각 문항에 대한 반응 선택지는 2, 3, 5, 7, 11단계로 구성될 수 있으나 주로 5단계로 나누어져 있는 선택지가 많이 사용된다. 초등학교 저학년에게는 학생의 수준에 맞추어 3단계의 선택지가 많이 사용되는 편이다. 피험자는 각각의 진술문에 대한 자신의 반응을 가장 잘 표출하고 있다고 판단되는 선택지를 하나 골라 표시하게 된다. 리커르트 척도법의 장점은 다음과 같다. 첫째, 리커르트 척도법은 사용하기 용이하다. 둘째, 리커르트 척도법은 다양한 조건과 대상에 대하여 적용 가능하다. 셋째, 리커르트 척도법은 융통성이 높아서, 여러 가지 정의적 영역을 측정하기 위해 변형하여 사용할 수 있다. 학교태도에 대한 리커르트 척도의 예는 〈표 5-10〉과 같다.

〈표 5-10〉 학교태도에 대한 리커르트 척도의 예

| 문항 내용 | 매우 동의 | 동의 | 모름 | 부정 | 매우 부정 |
|---|---|---|---|---|---|
| 나는 학교에 오는 것을 좋아한다. | | | | | |
| 나는 과학 실험을 좋아한다. | | | | | |
| 나는 소집단에서 활동하는 것을 좋아하지 않는다. | | | | | |
| 나는 학교에서 잘 하는 것이 중요하다고 생각한다. | | | | | |
| 나는 학교에서 배우는 내용이 중요하다고 믿는다. | | | | | |

의미변별 척도법에서는 평가자가 측정하고자 하는 개념 또는 대상의 특성과 관련 있는 양극적인 형용사의 짝을 구성한다. 이 때에 사용되는 형용사군은 대체로 어떤 대상을 평가적으로 표현한다. 양극적인 형용사 사이를 연결하는 연속선은 대상에 대해 피험자가 가지고 있는 태도 또는 정의적 영역의 정도에 따라서 대개 5-7개 정도의 단계로 나뉘고 대상의 개념은 주로 중앙의 맨 위에 기재한다. 피험자는 지정되어있는 대상 또는 개념에 대한 자신의 태도에 따라 척도 상에 표시한다. 이 방법을 사용하면 개념 간의 차이, 척도 간의 차이, 개인 간의 차이 등을 쉽게 밝힐 수 있다. 의미변별 척도법의 장점은 다음과 같다. 첫째, 의미변별 척도법은 제작과 실시가 용이하다. 둘째, 의미변별 척도법은 척도 자체가 피험자에게 친근감을 주어 부담 없이 반응할 수 있다. 셋째, 의미변별 척도법은 서로 다른 대상들에 대하여 가지고 있는 정의적 영역의 내용요소들을 비교할 수 있다. 그러나 의미변별 척도법은 다음과 같은 단점이 있다. 첫째, 의미변별 척도법에서 사용하는 형용사는 그 단어의 개념을 명확하고 정확하게 분류하는 맥락이 제시되어있지 않기 때문에, 형용사의 의미가 애매모호하게 해석될 수 있다. 둘째, 의미변별 척도법은 동일한 피험자에게 두 가지 이상의 개념이나 대상들에 대하여 평가를 실시할 때, 반응해야 할 항목의 수가 너무 많으면 자칫 지겨워하거나 피로를 느끼게 되어 평가 자체의 신뢰도를 떨어뜨릴 수 있다. 의미변별 척도법을 활용한 교사의 자아상 측정 도구는 〈표 5-11〉과 같다.

〈표 5-11〉 **의미변별 척도법을 활용한 교사의 자아상 측정 도구** (송기호, 2016)

| 내가 생각하는 사서는 | | | | | | | |
|---|---|---|---|---|---|---|---|
| 영역 | | 1 | 2 | 3 | 4 | 5 | |
| 능력 | 열정적인 | (　) | (　) | (　) | (　) | (　) | 소극적인 |
| | 긍정적인 | (　) | (　) | (　) | (　) | (　) | 부정적인 |
| | 공평한 | (　) | (　) | (　) | (　) | (　) | 불공평한 |
| | 결단력 있는 | (　) | (　) | (　) | (　) | (　) | 우유부단한 |
| | 추진력 있는 | (　) | (　) | (　) | (　) | (　) | 추진력 없는 |
| | 계획적인 | (　) | (　) | (　) | (　) | (　) | 충동적인 |
| | 창의적인 | (　) | (　) | (　) | (　) | (　) | 상투적인 |
| | 생산적인 | (　) | (　) | (　) | (　) | (　) | 비생산적인 |

| 내가 생각하는 사서는 | | | |
|---|---|---|---|
| 역할 | 독립적인 | (    ) (    ) (    ) (    ) (    ) | 의존적인 |
| | 존경받는 | (    ) (    ) (    ) (    ) (    ) | 무시당하는 |
| | 영향력 있는 | (    ) (    ) (    ) (    ) (    ) | 영향력 없는 |
| | 협조적인 | (    ) (    ) (    ) (    ) (    ) | 비협조적인 |
| | 재미있는 | (    ) (    ) (    ) (    ) (    ) | 시시한 |

형용사 검목표법에서는 어떠한 특성이나 행동을 서술하는 형용사를 열거한 목록을 사용한다. 형용사 검목표를 작성하려면 평정되어야 하는 대상을 기술할 수 있는 모든 서술어나 형용사를 생각하여 이를 잘 배치해야 한다. 피험자는 각각 형용사들이 현재 평가되고 있는 자신의 어떠한 특성과 관련되는지를 표시한다. 형용사 검목표는 척도가 아니기 때문에 피험자의 특성을 숫자로 표현하지 않으며 단지 피험자가 표시한 형용사들을 모아 피험자를 기술하는 프로파일을 만든다(강승호, 2012: 408-416). 형용사 검목표의 예시는 〈표 5-12〉와 같다.

〈표 5-12〉 **형용사 검목표의 예시** (Zuckerman & Lubin, 1965; 이영호, 1980에서 재인용)

| 하위요인(문항수) | | 문항 내용 | |
|---|---|---|---|
| 부정적 정서 | 우울(24) | (+) | 외로운, 기분 나쁜, 우울한, 낙심한, 고독한, 침울한, 절망적인, 쓸쓸한, 갈피를 못 잡는, 맥빠진, 불쌍한, 버림받은, 괴로운, 기운 없는, 무서운, 답답한, 불행한, 풀죽은 |
| | | (-) | 활기찬, 충만한, 기분 좋은, 명랑한, 건전한, 즐거운 |
| | 불안(10) | (+) | 염려스러운, 두려운, 놀라는, 신경질 나는, 당황한, 흔들리는, 긴장한, 혼란스러운, 성가신 |
| | | (-) | 침착한 |
| | 적대감(14) | (+) | 화가 나는, 잔인한, 불쾌한, 격한 |
| | | (-) | 유쾌한, 상냥한, 협력적인, 친절한, 공손한, 동정적인, 온순한, 이해심 있는, 정감있는, 따뜻한 |

### (3) 동료평가

동료평가는 실행, 점수화, 해석에 있어서 비효율적이다. 왜냐하면, 교사는 동료평가에서 평가된 것을 교실에서 동일하게 관찰하기 때문이다. 그러나, '누구일까요(guess-who)'와 사회성 측정법은 교실 환경과 대인관계에 대한 정의적 행동 특성을 평가하는 데 도움이 된다.

'누구일까요(guess-who)'는 정의적 행동 특성의 목록을 제시하고, 그 행동 목록에 가장 적합한 사람의 이름을 쓰는 방법이다. 이 방법은 문항의 수가 적고, 해당되는 사람의 빈도를 산출하기 때문에 사용하기가 간편하고 빠르다. 그러나 다른 사람에 대한 관심이 적거나, 수줍거나 소극적인 학생에 대한 반응이 적을 수 있다는 단점이 있다. '누구일까요(guess-who)' 평가방법은 〈표 5-13〉과 같다.

〈표 5-13〉 '누구일까요(guess-who)' 평가방법

- 우리반 학생들에게 나타나는 행동을 제시하였다. 행동 목록 중에서 우리 반 학생 중에서 가장 적합하다고 생각하는 사람들의 이름을 쓴다. 결석한 학생을 포함하여 여러분이 쓰고 싶은 사람의 이름을 적는다. 여러분이 쓴 것은 다른 사람이 볼 수 없다. 학생명단은 다음과 같이 제공한다.

〈방법〉
- 각 문항에 가장 적합하다고 생각하는 우리 반 학생의 이름을 쓴다.
- 각 문항에 적합하다는 사람이 있다면 여러 사람의 이름을 써도 된다.
- 동일한 사람이 다른 문항에 등장할 수 있다.
- 학생의 이름을 쓴다.
- 교사와 응답자를 제외한 모든 사람들은 결과를 볼 수 없다.

〈문항〉
- 다른 사람들과 활동하거나 노는 것을 좋아하는 사람이 있다.
- 다른 사람들과 자료를 공유하려는 사람이 있다.
- 다른 사람의 숙제를 도와주려는 사람이 있다.
- 학교에서 다른 사람이 잘 하도록 격려하는 사람이 있다.
- 어려움이 있는 사람에게 친절한 사람이 있다.

사회성 측정법은 교실에서의 사회적 구조와 학생들 간의 상호작용 관계를 평가하기 위하여 사용되는 기술이다. 이것은 사회적 수용성과 학생과의 연결 패턴을 이해하는 데 도움을 준다. 이것은 소집단을 형성하는 데 사용되며, 교실 내의 사회적 지위, 즉 인기아, 고립아 등을 확인하는 데 유용한 자료로 사용된다. 사회성 측정법은 자기보고식 형태이지만 다른 사람을 평가하는 동료평가 도구이다. 사회적 측정법에서 사용되는 질문은 구체적인 활동보다는 일반적인 활동의 형태로 진술하고, 부정적인 용어는 가급적 사용하지 않는다. 사회성 측정법에서 사용되는 대표적인 질문 목록은 〈표 5-14〉와 같다.

〈표 5-14〉 사회성 측정법에서 사용되는 대표적인 질문 목록

| |
|---|
| • 같이 활동하고 싶은 친구는?<br>• 옆에 앉고 싶은 친구는?<br>• 같은 팀이 되고 싶은 친구는? |

사회성 측정법의 절차는 다음과 같다. 첫째, 〈표 5-14〉의 질문에 답한 학생들의 응답 결과를 표로 만든다. 둘째, 상호 선택한 사람들을 확인하기 위하여 행렬표를 작성한다. 셋째, 집단의 사회적 구조를 확인하기 위하여 [그림 5-2]와 같은 소시오그램을 작성한다. 소시오그램은 집단 내 대인관계를 파악하고 학생의 사회성을 형성하는 데 유용하다.

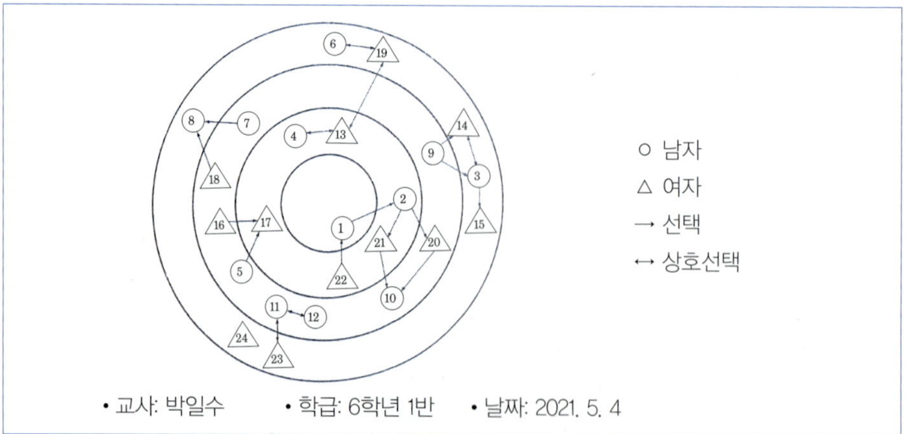


[그림 5-2] 소시오그램

### (4) 정의적 행동 특성의 자료수집시 고려사항

정의적 행동 특성은 직접적으로 관찰되지 않기 때문에 행동으로부터 추론하거나 자신과 다른 사람들의 말을 통해서 추론하게 된다. 정의적 행동 특성을 측정할 때 고려할 사항은 다음과 같다. 첫째, 감정과 느낌은 빠르게 변하기 때문에 장기간에 걸쳐 다양한 평가방법을 사용한다. 둘째, 정의적 행동 특성을 측정하는 데 다양한 방법을 활용해야 한다. 교사 관찰, 학생의 자기보고식 평가, 동료평가 등의 결과가 일치하면 그 결과를 신뢰할 수 있다. 셋째, 정의적 행동 특성의 평가는 평가목적과 평가방법에 유의해야 한다. 정의적 행동 특성의 평가는 개인과 집단에 따라서 다르게 실시된다. 수업방법을 개선할 때에는 집단을 대상으로 정보를 수집하고, 학부모 상담을 한다면 다양한 자료를 활용하여 개인정보를 수집한다.

## 2) 정의적 행동 특성의 측정 도구

정의적 행동 특성의 측정 도구로는 리커르트 척도, 다차원 척도, 자신감 척도 등이 사용된다. 이들 측정 도구에 대하여 살펴보면 다음과 같다.

### (1) 리커르트 척도

정의적 행동 특성 척도 중에서 가장 잘 알려져 있고 가장 널리 사용되고 있는 척도는 리커르트 척도이다. 리커르트 척도는 일련의 진술문으로 구성되어 있으며, 응답자는 각 진술문에 동의하는 정도를 표시한다. 리커르트 척도는 대체로 "매우 동의", "동의", "불확실", "반대", "매우 반대"의 다섯 개의 응답 유목을 가지고 있다. 리커르트 척도의 중요한 특징은 일차원성이라는 점이다. 한 척도에 담긴 모든 진술 문항은 단일한 정의적 행동 특성에 대한 정보를 수집하기 위하여 설계된다. 리커르트 척도는 약 20-30개의 진술문으로 구성된다(Popham, 2003, 번역본: 154-155). 리커르트 척도의 예시는 〈표 5-15〉와 같다.

〈표 5-15〉 리커르트 척도의 예시

| 문항 내용 | 매우 그렇다 | 그저 그렇다 | 보통이다 | 조금 아니다 | 매우 아니다 |
|---|---|---|---|---|---|
| 모든 사람의 평등과 공정함의 가치를 존중한다. | | | | | |
| 지구환경의 보호와 보존의 가치를 존중한다. | | | | | |
| 다른사람의 기쁨과 슬픔 등의 감정의 차이와 다양성을 존중한다. | | | | | |
| 다양한 문제를 해결하기 위해 다른 사람과 협력해야 하는 가치를 존중한다. | | | | | |
| 자신과 타인을 소중히 여기며 존중한다. | | | | | |

## (2) 다차원 척도

교사는 학생의 흥미, 태도, 가치 등과 같의 정의적 행동 특성을 대략적으로 이해할 필요가 있다. 교사가 학생의 정의적 행동 특성을 대략적으로 파악할 때에는 다차원 척도를 활용하는 것이 타당하다. 다차원 척도는 다양한 정의적 행동 특성을 동시에 측정할 수 있다는 장점이 있다(Popham, 2003, 번역본: 157). 다차원 척도의 예시는 〈표 5-16〉과 같다.

〈표 5-16〉 다차원 척도의 예시 (이광상 외, 2016)

| 구인 | 문항 | 매우 그렇다 | 그저 그렇다 | 보통이다 | 조금 아니다 | 매우 아니다 |
|---|---|---|---|---|---|---|
| 자신감 | 나는 대체로 수학을 잘 한다. | | | | | |
| | 나는 우리 반 친구들에 비하여 수학을 더 어려워한다. | | | | | |
| | 수학은 내가 잘 하는 과목이 아니다. | | | | | |
| | 나는 수학 내용을 빨리 배운다. | | | | | |
| 흥미 | 나는 수학을 공부하는 것이 즐겁다. | | | | | |
| | 수학은 지루하다. | | | | | |
| | 나는 수학을 좋아한다. | | | | | |

| 구인 | 문항 | 매우 그렇다 | 그저 그렇다 | 보통이다 | 조금 아니다 | 매우 아니다 |
|---|---|---|---|---|---|---|
| 가치 | 수학을 배우는 것이 일상생활에 도움이 된다고 생각한다. | | | | | |
| | 다른 과목을 배우는 데 수학이 필요하다. | | | | | |
| | 원하는 대학에 들어가기 위해 수학을 잘 할 필요가 있다. | | | | | |
| | 원하는 직업을 갖기 위해 수학을 잘 할 필요가 있다. | | | | | |

〈표 5-16〉은 수학 교과에 대한 자신감, 흥미, 가치 등으로 구성된 다차원 척도이다. 이것은 교사가 관심을 가질 만한 정의적 행동 특성을 측정하기 위하여 설계되었다. 교사가 정의적 행동 특성 측정을 위한 다차원 척도를 개발할 때에는 긍정 문항과 부정 문항을 균형있게 사용하는 것이 좋다.

### (3) 자신감 척도

자신감 척도는 수업과 관련된 교사의 의사결정을 돕는 데 목적이 있다. 이 척도는 학생에게 다양한 종류의 활동을 열거한 후 만약 이러한 활동을 개인적으로 수행해야 한다고 할 때, 어느 정도 자신감이 있는지 묻는 형식으로 구성된다. 학생이 기대하는 자신감과 실제 그 학생의 역량 간에는 정적인 상관관계를 가질 가능성이 있다(Popham, 2003, 번역본: 160). 예를 들어, 역량이 높으면 자신감이 높다. 자신감 척도에 기초한 추론은 반 전체 학생을 대상으로 하는 것이 좋다.

자신감 척도를 사용할 때에는 다음에 유의한다(Popham, 2003, 번역본: 161). 첫째, 교사가 특별히 관심을 가지는 활동을 선택해서 자신감 척도를 제작한다. 둘째, 수업과 관련된 의사결정을 하는 것이 목적이므로, 개별 문항에 대한 학급 전체의 평균을 산출하는 것이 유용한 채점 방식이다. 자신감 척도를 구성하는 활동은 교사가 가르칠 내용에 초점을 두고 구체적으로 기술되기 때문에, 교사가 어떤 학습내용을 어느 정도 시간을 할애해야 하는지를 결정하는 데 도움이 된다. 셋째,

자신감 척도 각 문항에 대한 학급의 사전검사와 사후검사 점수를 비교하여 수업 효과성을 평가할 수 있다. 자신감 척도의 예시는 〈표 5-17〉과 같다.

〈표 5-17〉 자신감 척도의 예시 (성재형, 2012)

| 문항 내용 | 매우 그렇다 | 그저 그렇다 | 보통이다 | 조금 아니다 | 매우 아니다 |
|---|---|---|---|---|---|
| 1. 나는 무용 공연 수행 시 생각과 행동을 일치 시킬 수 있는 능력이 뛰어나다. | | | | | |
| 2. 나는 공연 시 연습 때와 같이 일관성 있게 실력을 발휘 할 수 있다. | | | | | |
| 3. 나는 공연 시 압박감(스트레스)을 해소할 수 있는 능력이 뛰어나다. | | | | | |
| 4. 나는 무대 조건에 따라 대처할 수 있는 능력이 뛰어나다. | | | | | |
| 5. 나는 공연 시 관객정도에 따라 대처할 수 있는 능력이 뛰어나다. | | | | | |
| 6. 나는 공연을 성공적으로 수행할 수 있다는 자신감이 충만해 있다. | | | | | |
| 7. 나는 평소 무용 활동에 있어서 컨디션을 조절 할 수 있는 능력이 뛰어나다. | | | | | |
| 8. 나는 평소 작품 연습을 할 때 작품에 대한 정신 집중력이 뛰어나다. | | | | | |
| 9. 나는 평소 무용 활동에 대한 자신감과 자부심이 충만해 있다. | | | | | |
| 10. 나는 평소 무용 활동이나 연습을 충분히 소화시킬 수 있는 능력이 있다. | | | | | |

## ❖ 탐구과제

◆ 정의적 행동 특성으로는 태도, 가치, 선호 등과 같이 다양하게 분류된다. 가장 중요하다고 생각하는 정의적 행동 특성을 선정하고, 그것을 평가하기 위한 방안에 대하여 토의하시오.

◆ 과목과 단원을 설정하고, 정의적 영역의 교육목표 분류학에 따라서 정의적 영역에 대한 교육목표를 진술하시오.

| 과목명 | |
|---|---|
| 단원명 | |
| 정의적 영역에 대한 교육목표 | |
| 1. 감수 | |
| 2. 반응 | |
| 3. 가치화 | |
| 4. 조직화 | |
| 5. 인격화 | |

◆ 정의적 행동 특성의 자료수집 계획을 수립하시오.

| 자료수집의 목표 | |
|---|---|
| 자료수집의 대상(표적 행동) | |
| 자료수집의 기간 및 시기 | |
| 자료수집의 방법 | |
| 자료수집의 도구 | |
| 자료수집의 해석 방법 | |

◆ 정의적 행동 특성을 선정하고, 정의적 행동 특성 도구를 개발하시오.

| 정의적 특성 행동 | |
|---|---|
| 측정 변인 | |
| 측정 도구 유형 | |
| 문항 내용 | |

# 6 심동적 행동 특성의 평가

## 1. 운동 기능

### 1) 운동 기능의 개념

운동 기능(motor skill)은 일상생활 속에서 작업과 관련되어 학습되는 것으로써, 어떤 일을 하려는 몸의 움직임이라고 할 수 있다. 이것은 심리운동적 기능(psychomotor)이라고 불릴 수도 있다. 예를 들어, 운동 기능은 네모 그리기, 자전거 타기 등과 같이 비교적 단순한 것에서부터 피아노 연주처럼 복잡한 수준에 이르는 것까지 다양하다. 복잡한 운동 기능은 부분적 운동 기능의 단위로 분석되는데, 이들 부분적 운동 기능의 학습이 선행될 때 전체적 운동 기능의 학습이 촉진된다(변영계, 2010: 103). 이처럼 운동 기능은 의도한 행동을 위해 여러 단편적인 활동들이 통합적으로 이루어진 신체의 종합적 활동 능력으로 정의할 수 있다.

### 2) 운동 기능의 영역

운동 기능의 영역은 근육의 발달과 사용 그리고 신체 능력에 관한 행동을 포괄하는 영역으로서, 대부분의 심리-신체적 운동, 기능, 기술, 지각 활동이 여기에 포함된다(이종승, 2009: 231). 운동 기능은 미세 운동 능력, 기본 운동 능력, 복잡한 운동 능력, 시각적 운동 능력, 언어 및 청각 기술의 5가지로 구분할 수 있다(McMillan, 2004). 운동 기능의 영역과 이와 관련된 세부 운동 기능은 〈표 6-1〉과 같다.

〈표 6-1〉 운동 기능의 영역 (McMillan, 2004: 205)

| 미세 운동 | 기본 운동 | 복잡한 운동 | 시각 운동 | 언어 및 청각 |
|---|---|---|---|---|
| • 가위로 종이 자르기<br>• 선 그리기<br>• 투사(tracing) 작업<br>• 눈과 손의 협응<br>• 색칠하기<br>• 그리기<br>• 점 연결하기<br>• 가리키기<br>• 단추 채우기<br>• 지퍼 올리기 | • 걷기<br>• 뛰기<br>• 균형잡기<br>• 던지기<br>• 발차기 | • 골프 스윙<br>• 컴퓨터<br>• 운전<br>• 개구리 해부<br>• 현미경<br>• 항해<br>• 드릴 사용<br>• 평균대 걷기 | • 복사<br>• 문자 찾기<br>• 형태 확인<br>• 크기, 형태, 색 구분하기<br>• 숨은 그림 찾기 | • 소리 구분<br>• 소리 인식<br>• 소리 모방(흉내)<br>• 조용하게 발음하기<br>• 분명하게 말하기<br>• 모음 결합하기<br>• 혀와 입술의 위치를 조정하여 소리 내기 |

## 3) 운동 기능 학습의 중요성

일생동안 사용되는 기본적인 운동 기능들은 어린 시절부터 학습되기 때문에, 사람들이 잘 의식하지 못하는 경우가 많다. 그러나 이러한 운동 기능은 우리의 일상생활과 생존에 필수적이다.

어떻게 보면 모든 수행이 운동 기능이라고 할 수 있다. 그러나 운동 기능의 학습은 던지기, 밧줄 돌리기, 타자기 사용하기 등과 같이 과거에 경험하지 않은 다른 활동들과 관련된다. 여기에는 단추를 잠그거나 목소리를 조절하는 것과 같이 이미 학습한 간단한 운동 기능들이 포함된다. 저학년 시기에 학습해야 하는 중요한 운동 기능에는 그리기, 단어나 상징 쓰기, 줄넘기, 균형 잡기 등이 있다. 저학년 이후에 학습해야 하는 중요한 운동 기능에는 테니스와 농구와 같이 스포츠와 관련된 특정 기능을 학습하는 것 등이 포함된다.

운동 기능은 교육에서 중요한 역할을 담당한다. 학습자들은 글씨 쓰기, 발음하기 등과 같은 기초 학습 기능들을 학습한다. 학년이 증가함에 따라 운동 기능의 중요성이 다소 약화되기는 하지만, 운동 기능은 여러 가지 수행과 직업활동에서 중요한 역할을 하게 된다. 즉, 놀이, 스포츠, 조직적인 운동 활동에 포함된 운동 기능은 신체와 정신의 건강을 유지하는 데 필요하다. 또한, 운동 기능의 학습과 훈련은 음악, 미술, 체육 등 예체능 교과뿐만 아니라 과학, 실업계 교과에서도 필요하다. 이처럼, 특정한 운동 기능(과학도구의 사용 등)은 인지적 영역을 학습하는 데 관련되며, 어떠한 운동 기능은 직업활동을 수행하는데 바탕이 되기도 한다 (Gagné, 1985, 번역본: 90-91).

### 4) 운동 기능 학습의 단계

운동 기능은 감각, 근육, 두뇌 등의 신체적 기관들이 상호보완적으로 작용하고 반복적인 연습을 통해 획득이 가능하다. 운동 기능은 연속적인 움직임, 연습, 지속적인 연습의 3단계에 의하여 학습된다. 첫 번째 단계는 연속적인 움직임 단계로서, 운동 기능의 실행 순서를 학습하는 것이다. 두 번째 단계는 연습 단계로서, 기능의 모든 부분들이 서로 잘 맞춰지게 하는 데 목적이 있다. 마지막 단계는 지속적인 연습 단계로서, 수행의 유연성과 타이밍을 향상시킴으로써, 기능의 자동화를 추구한다. 예를 들어, 어떤 학생이 처음 피아노를 배운다고 가정해보자. 이 학생은 한마디씩 악보를 보고 피아노 연주의 흐름을 확인한다. 그 후 손가락을 움직이며 음을 연주하기 시작한다. 이 학생은 계속적인 연습을 통해 악보와 손의 움직임이 자연적으로 암기되고 완벽한 연주를 완성할 수 있다. 다시 말해 이 학생은 음악을 연주할 때 악보를 외워서 연주할 수 있는 기능까지 실행할 수 있게 된다.

학생이 특정 기간 동안 기능을 꾸준히 연습하면 기능이 자동화된다. 운동 기능은 다른 기능 학습과 달리, 연습을 통해 꾸준히 향상될 수 있다는 특징이 있다. 따라서 환경과 상호작용하면서 기본 동작을 반복하는 것이 운동 기능 학습에서 가장 중요하다. 학생은 반복학습을 통하여, 부정확한 수행과 정확한 수행의 차이를 알려주는 운동 감각적 신호를 파악하게 된다.

### 5) 운동 기능 학습의 분류학(taxonomy of psychomotor domain)

운동 기능 학습은 행동의 습득과 수행에 필요한 상황적 요소와 유기체와의 관계로서, 일반적으로 움직임을 반영한다(Singer, 1980). 운동 기능은 접촉, 조작, 움직임, 신체 통제 등과 같은 행동을 포함한다. 이러한 운동 기능의 유형들은 상당한 수준의 정보 처리 과정을 수반한다. 예를 들어, 테니스의 경우 신체 근육을 광범위하게 사용할 뿐만 아니라, 미세 운동 근육을 조정하고 정교화해야 한다. 이처럼 운동 기능은 습득, 자동화, 근접 전이, 완전 전이의 4단계로 이루어진다. 첫째, 습득은 기본적인 절차에 대한 학습과 기본 요소에 대한 연습으로 이루어진다. 학생은 자판 위치를 학습하고, 실제로 자판을 쳐보는 연습을 한다. 둘째, 자동화는 기술의 반복 및 자동화하는 과정을 의미한다. 사고 과정 없이 자동화하여 자판을 치는 것을 의미한다. 세 번째, 근접 전이는 전략 또는 계획된 기능의 모방이라고 할 수 있다. 학생이 문서를 작성하거나, 축구를 하는 것이 여기에 해당된다. 네 번째, 완전 전이는 초인지(메타인지)와 자기 모니터링과 관련된 것으로서, 새로운 전략이나 기술을 창조하는 것이다. 예를 들어, 다양한 편집 양식을 활용하여 보고서를 작성하거나, 투수가 타자의 타이밍을 뺏기 위하여 커브를 던지는 행위가 이에 해당된다(Seidel, Kett, & Perencevich, 2007: 75-92).

## 2. 심동적 영역의 교육목표 분류학

### 1) Simpson(1972)의 심동적 영역의 교육목표 분류학

심동적 영역에는 신체적 움직임, 조정, 운동 기능의 활용이 포함된다. 심동적 영역에 대한 기능은 연습을 통하여 개발된다. 이 영역에서는 속도, 정밀도, 거리, 절차 또는 실행 기술 등을 측정한다. 운동 기능의 과제는 도랑파기 또는 세차하기와 같은 단순한 과제부터 기계 조작, 춤과 같은 복잡한 과제 등으로 광범위하다.

Simpson(1972)은 운동 기능을 가장 단순한 것부터 복합한 것으로 위계화하여, 심동적 영역의 교육목표 분류학을 〈표 6-2〉와 같이 제시하였다.

〈표 6-2〉 Simpson(1972)의 심동적 영역의 교육목표 분류학

| 단계(동사) | 설명 | 예시 |
|---|---|---|
| ■ 지각<br>(선택, 설명, 감지, 구별, 식별, 분리, 연관) | • 감각 기관을 통하여 사물의 특징이나 관계 등을 지각하는 것<br>• 감각 자극, 단서 선택, 번역 | • 비언어적 의사소통 단서 감지<br>• 공을 던진 후 공이 착지 할 위치를 추정하여, 올바른 위치로 이동하여 공잡기<br>• 음식의 냄새와 맛에 따라 전자레인지의 열을 조절하여 온도를 보정하는 행위 |
| ■ 태세<br>(시작, 표시, 설명, 이동, 진행, 반응, 응답, 시작, 봉사) | • 어떤 특정한 행위나 경험을 하기 위한 예비적인 적응상태<br>• 특정한 행동에 필요한 준비적 적응<br>• 정신적 태세, 정서적 태세 | • 제조 공정의 일련의 단계를 알고 행동하기<br>• 자신의 능력과 한계 인식하기 |
| ■ 유도반응<br>(복제, 추적, 따라하기, 반응, 재생산, 응답) | • 타인의 지도 및 도움을 받아서 나타난 외현적 동작<br>• 복잡한 운동 기능의 한 요소가 되는 능력 강조<br>• 복잡한 운동 기능 발달을 위한 기초 동작<br>• 모방과 시행착오 포함 | • 교사의 설명에 따라 방정식 풀기<br>• 교사 설명에 따라 모형 개발하기<br>• 강사의 수신호에 따라 지게차 작동하기 |
| ■ 기계화<br>(조립, 보정, 구성, 분해, 전시, 고정, 수정, 갈기, 가열, 조작, 측정, 수선, 혼합, 구성, 스케치) | • 복잡한 기술을 배우는 중급 단계<br>• 숙련과 자신감이 생겨 습관적으로 반응하게 되는 상태 | • 컴퓨터 사용하기<br>• 수도꼭지 수리하기<br>• 자동차 운전하기 |
| ■ 복합적 외현반응<br>(조립, 만들기, 보정, 구성, 분해, 전시, 고정, 수정, 갈기, 가열, 조작, 측정, 수선, 혼합, 구성, 스케치) | • 복잡한 동작을 최소한의 노력과 시간으로 자연스럽고 원활하게 표현하는 행위<br>• 복잡한 운동 행위를 전문가처럼 능숙하게 수행 | • 좁은 공간에서 평행주차 하기<br>• 빠르고 정확하게 컴퓨터 사용하기 |

| 단계(동사) | 설명 | 예시 |
|---|---|---|
| ■ 적응<br>(적응, 변경, 재배열, 재구성, 수정) | • 기능이 잘 발달되어 있어서 어떤 특수한 요구 조건이나 문제 상황에 맞게 동작패턴 수정 | • 예기치 않은 경험에 효과적인 대응<br>• 학습자의 요구에 맞게 지침 수정<br>• 계획하지 않는 기계로 작업 |
| ■ 창작<br>(정렬, 구축, 결합, 구성, 생성, 디자인, 제작, 창작) | • 특정 상황이나 문제에 알맞은 새로운 동작 패턴 고안<br>• 고도로 발달된 기술에 기반한 창의성 강조 | • 새로운 이론 구성<br>• 새롭고 포괄적인 교육프로그램 개발<br>• 체조 신기술 개발 |

## 2) Harrow(1972)의 심동적 영역의 교육목표 분류학

Harrow(1972)의 심동적 영역은 근육의 발달과 사용, 신체 운동을 조정하는 신체 능력에 관한 행동을 지칭하며, 대부분의 기능, 운동, 지각활동이 포함된다. 심동적 영역은 신체적 유형의 학습을 포함하여 움직임의 특성과 능력을 제시한다. 이 영역은 학습능력뿐만 아니라 비자발적인 반응을 포함하며, 단순 반사에서 복잡한 신근경 조정의 순서로 위계화된다. Harrow(1972)는 학습자의 동작 행동을 관찰하여 〈표 6-3〉과 같은 심동적 영역의 교육목표 분류학을 제시하였다.

〈표 6-3〉 Harrow(1972)의 심동적 영역의 교육목표 분류학

| 단계(동사) | 설명 | 예시 |
|---|---|---|
| ■ 반사 동작<br>(반응) | • 개인의 의지와 관계없이 나타나는 단순한 동작<br>• 복잡한 운동 기능 발달의 기초<br>• 훈련 및 교육에 의한 발달이 아님<br>• 분절반사, 분절간 반사, 초분절 반사 | • 본능적 반응(동공 확장, 눈 깜빡임) |
| ■ 기본적-기초 동작<br>(물건 잡기, 공 던지기, 걷기) | • 여러 가지 반사적 운동이 함께 발달되고 통합되어 이루어진 동작<br>• 걷기, 서기, 잡기 등<br>• 이동동작, 비이동동작, 조작동작 | • 간단한 작업 수행<br>• 점프하기, 방향바꾸기 |
| ■ 지각 능력<br>(공 잡기, 그리기 또는 쓰기) | • 감각기관을 통한 자극의 지각, 해석<br>• 환경에 대체하고 적응하는 기능<br>• 운동지각 변별, 시각 변별, 청각 변별, 촉각 변별, 협응능력 | • 움직이는 물체 추적, 패턴 인식 |

| 단계(동사) | 설명 | 예시 |
|---|---|---|
| ■ 신체 능력<br>(민첩성, 지구력 등) | • 숙달된 운동 기능의 발달에 필요한 기초 능력<br>• 지구력, 근력, 유연성, 민첩성 | • 근력 기르기, 마라톤, 달리기 |
| ■ 숙련된 동작<br>(적응, 구성, 생성, 수정) | • 복잡한 운동 기능을 실행하는 데 나타나는 능률성, 숙련도, 통합성의 정도<br>• 단순적응 기능, 복합적응 기능, 복잡적응 기능 | • 연극에서 역할 수행하기<br>• 스포츠 경기, 수영, 다이빙 |
| ■ 동작적 의사소통<br>(편곡, 작문, 해석) | • 신체적 운동 및 동작(몸짓, 표정)을 활용하여 감정, 흥미, 욕구 등 표현<br>• 표현 동작, 해석 동작 | • 동작과 몸짓을 활용하여 표현하기 |

## 3. 실기평가

### 1) 실기평가의 개념

실기평가는 학생들의 수행을 관찰하고 이를 통해 학습의 결과를 평가하는 것으로 악기 연주, 무용, 과학실험, 체육 활동 등이 여기에 해당한다. 실기평가는 학습의 과정, 활동, 수행을 강조하며 학습의 결과가 '움직임'으로 표현되므로 미술, 체육, 영어 말하기 평가 등에서 많이 활용된다. 실기평가는 움직임에 초점을 두어 수행이 이루어지는 바로 그 상황에서 평가가 이루어지므로 비디오 등으로 기록하지 않는 한 구체적인 결과물이 남지 않는다(한국교육과정평가원, 2005: 5).

### 2) 전통적인 실기평가와 수행평가적 실기평가

종래의 실기시험에서는 평가가 이루어지는 상황이 통제되거나 강요되는 경우가 대부분이었다. 예컨대 농구 실기시험의 상황을 보면, 공을 5개 주고 슛을 하게 하여 골인된 공의 개수와 슛을 하는 자세를 보고 평가하는 경우가 대부분이었다. 그러나 최근의 수행평가에서 논의되는 실기평가에서는 통제되거나 강요되는 상황이 아니라 자연스러운 상황에서 학생이 실제로 하는 것을 여러 번 관찰하여 실제 수행 능력을 평가하고자 한다. 자연스러운 상황에서의 실기평가에 있어서는 교수-학습 활동과 평가활동이 분리되지 않는다. 예컨대, 종래에 초등학교 과학시간에 '알코올 램프에 불을 켜고 끄기'를 제대로 할 줄 아는지를 평가하기 위한 실기시험을 생각해보자. 그것은 학생들은 서열화하기 위한 선발형 평가방안으로 사용되었지, 교수-학습을 조장하고 지도·조언하기 위한 충고형 평가방안으로 사용되지는 않았다. 즉 별도의 시험시간을 정해놓고 평가의 공정성을 높이기 위해, 학생들이 다른 동료가 어떻게 하는지 보고 배울 수 없도록 칸막이를 해놓고 그 안으로 한 학생씩 불러서 알코올 램프에 불을 켜고 끄도록 하였다. 이에 반해, 최근의 수행평가를 위한 실기시험에서는 교수-학습활동과 평가활동을 상호 통합적으로 진행하는 것을 바람직하다고 생각하기 때문에, 별도의 시험기간을 정하지 않고 교수-학습활동 중에 평가를 한다. '알코올 램프에 불을 켜고 끄기'를 교사가 학생들에게 가르치는 수업시간에 개별 학생들은 관찰하면서 지도·조언해주는 과정이 곧 평가활동이 되는 것이다. 또한 잘못하는 학생이 잘하는 학생을 보고 배울 수 있도록 학생들 간의 상호작용을 적극적으로 장려하기도 한다(백순근, 2000).

그렇다고 해서 종래의 실시하던 실기시험이 실기평가가 아닌 것은 아니다. 사실 실기평가는 평가가 이루어지는 상황과 목적에 따라 다양한 형태로 나타난다. 예컨대, 역할 놀이, 연극, 공을 이용한 체육 활동과 같이 교실 상황의 실기평가가 존재할 수 있는 반면, 음악 콩쿠르, 무용 대회와 같이 서열적인 정보를 얻고자하는 공식적이고, 고부담 상황의 평가도 존재한다. 이러한 실기평가의 목적을 연속선 위에 표시하면 [그림 6-1]과 같다. 왼쪽은 교실수업 상황의 형성적이고 진단적인 성격이 강한 반면 오른쪽은 총괄평가의 특성이 강하다. 과거의 실기시험이 성적 부여에 초점을 맞추었다면 최근의 수행평가에서 논의하는 실기평가는 교수-학습의 기능을 보다 강조한다(한국교육과정평가원, 2005: 5-6).

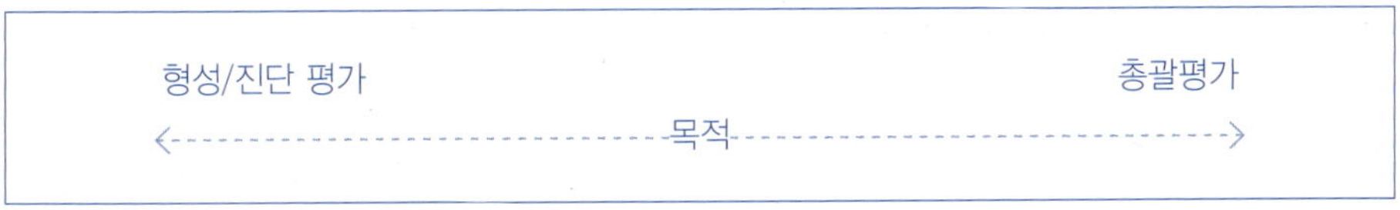


[그림 6-1] 실기평가의 목적 (한국교육과정평가원, 2005: 6)

실기평가의 사례는 〈표 6-4〉와 같다.

〈표 6-4〉 실기평가의 사례 (한국교육과정평가원, 2005: 6)

| 1. 도구나 장비 사용<br>• 다양한 도구를 안전하게 사용하는 능력<br>• 구체적인 자료를 자발적으로, 자신있게 조작하는 능력 |
|---|
| 2. 체육<br>• 속도를 내고, 힘을 가하고, 방향을 전환할 수 있는 능력<br>• 전력 질주, 장애물 넘기 등 다양한 유형의 달리기 운동 |
| 3. 역할 놀이와 집단 활동<br>• 교재의 내용에 따라 주인공의 역할을 수행하는 역할 놀이<br>• 다른 사람에게 의존하지 않고 집단 내의 갈등과 문제를 해결하는 능력<br>• 과제를 완성하기 위해 개인적인 감정을 통제하는 능력 |
| 4. 무용<br>• 주제, 아이디어, 감정에 맞추어 형태와 움직임으로 표현하는 능력<br>• 여러 동작을 연결하여 표현하는 능력 |
| 5. 수학<br>• 계량컵이나 눈금자 등을 정확하고 올바르게 사용하는 능력 |
| 6. 음악<br>• 팀원으로 음악 활동을 수행하는 능력 |

### 3) 수행평가적 실기평가

교사들은 수행평가와 실기평가를 동일시하는 경향이 있다. 그러나 실기평가는 수행평가의 여러 가지 평가방법 중의 하나이다. 실기평가가 수행평가의 의미를 반영하지 않는다면, 수행평가가 아닌 전통적인 평가라고 할 수 있다. 학생의 성적을 결정하기 위하여 지도내용과 상관없는 운동 기능이나 운동기술검사를 사용하였다면 이 평가는 전통적인 실기평가로 보는 것이 타당할 것이다. 그러나 실기검사의 결과뿐만 아니라 이 결과를 얻기까지의 과정을 평가하고, 평가결과를 지도내용에 다시 피드백을 주는 식으로 평가한다면 이는 수행평가라고 할 수 있을 것이다. 그러므로 실기평가는 수행평가적으로 이루어질 수도 있고, 전통적인 방법으로도 시행될 수 있는 양면성을 가진 평가방법이다(한국교육과정평가원, 2005: 29-30).

교사가 체육시간에 달리기를 가르치는 목적은 학생들로 하여금 정상적인 페이스로 중단없이 달리게 하는 데 있다. 즉 달리기 교육의 목적이 다른 학생보다 1, 2초 또는 1, 2분 더 빠르게 달리게 하는 것이 아니다. 학생들의 달리기 기록을 측정하는 기록 위주의 평가는 체육수업에서의 의도(목표)와 가르친 내용(교수-학습)과 일관성이 없다. 이러한 점에서 기록 위주의 실기평가는 평가를 위한 평가라고 할 수 있다(강상조, 1997).

한편, 체육시간에 조별대항 축구경기를 통해서 공격과 수비에 필요한 전술까지 가르치지만 막상 시험에서는 리프팅(발등, 허벅지, 머리 등을 이용해서 볼을 땅에 떨어뜨리지 않고 지속적으로 수직으로 올리는 기술) 개수를 측정하여 성적을 내는 경우가 많다. 이 때 리프팅은 분명 실기평가이지만 수행평가라고는 할 수 없으며, 이것은 전통적 실기평가에 해당된다(오수학, 2003). 이러한 기록 위주의 실기평가는 측정의 객관도가 높다는 장점이 있지만 학생들에게 요구되는 보다 높은 수준의 기능을 측정하기 어렵다는 단점이 있다. 이것은 지필검사에서 학생들에게 암기수준(Bloom이 구분한 목표분류체계 중 최하위 수준)의 문제만을 출제하는 것과 유사하다고 할 수 있다. 이와 같은 예는 100m 달리기 기록, 줄넘기 회수 등의 기록 위주로만 평가를 실시할 때 많이 일어난다. '기록만'을 측정하는 수행평가는 수행평가적 실기평가가 될 수 없다(한국교육과정평가원, 2005: 30).

수행평가적 실기평가란 외형상으로는 실기평가를 실시하되 내용적으로는 '실제성'이 있는 평가라고 할 수 있다. 교사가 학생들에게 축구를 관람하는 법, 경기전술의 운영방법 등을 가르쳤다면 이것에 대하여 평가를 해야 한다. 이러한 평가가 이루어지려면, 이러한 평가가 적용될 수 있는 수업이 선행되어야 하며, 표준화된 평가는 불가능하다고 할 수 있다. 따라서 이러한 평가에서는 학생의 수행을 평가하기 위한 채점기준(루브릭)을 준비해야 한다.

### 4) 실기평가의 유의점

실기평가는 악기 연주, 외국어로 진행하는 역할 놀이, 무용, 달리기 등에서 이루어질 수 있으며 이들 모두는 학습의 결과가 행동으로 나타난다. 교사는 실기평가를 할 때 다음과 같은 점에 유의해야 한다(한국교육과정평가원, 2005: 9-15).

첫째, 실기평가는 일반화 가능성을 고려해야 한다. 교사가 특정과제를 관찰하여 실기평가를 실시하지만, 실기평가의 궁극적인 목적은 학생의 일반적인 잠재능력을 파악하는 것이다. 그러나 실기평가의 절차가 복잡하고, 시간이 많이 소요된다는 단점이 있다. 따라서 교사는 실기평가 과제 수와 일반화 가능성을 고려하여 실기평가를 실시해야 한다. 평가결과가 중요한 고부담 평가 상황에서는 특정기능에 치우치지 않도록 다양한 과제를 포함하여야 한다. 예컨대 체육의 경우, 평가대상을 한 종목으로 한정하지 말고, 축구, 테니스, 야구, 달리기 등 다양한 상황에서 평가를 실시함으로써 운동 기능에 대한 추론을 보다 정확하게 해야 한다.

둘째, 실기평가는 공정성을 확보해야 한다. 학생들이 가지고 있는 문화적 배경, 성격, 언어 등이 수행과제에 영향을 주지 않아야 한다. 예컨대, 남학생과 여학생이 같은 팀으로 체육 활동을 하는 경우, 이들의 체육 능력이 동일하지 않으므로 여학생과 남학생을 두 집단으로 구분하여, 각 집단 내에서 그들의 수행을 평가하는 것이 바람직하다. 또한 학생들이 친숙하지 않아서 수행에 불리하게 작용한다면 이를 평가하지 말아야 한다. 평가결과가 중요한 상황이라면 사전에 전문가 검토를 통하여 평가의 공정성을 높이고, 편파성을 제거해야 한다.

셋째, 실기평가는 다양성을 유지해야 한다. 실기평가는 난이도 수준을 다양하게 구성할 필요가 있다. 낮은 성취를 보이는 학생이 성공감을 경험할 수 있고 성취가 높은 학생은 도전감을 가질 수 있는 실기평가 과제를 개발한다. 난이도가 다양하면, 평가결과의 수준도 다양하게 나타날 수 있다.

넷째, 실기평가의 표준화가 요구된다. 수행과제에 대한 구체적인 안내, 과제해결과정에서의 도움 여부 등은 실기평가에 영향을 끼친다. 공정한 평가가 이루어지기 위해서 이러한 것들이 표준화되어 동일하게 제공되어야 한다.

다섯째, 실기평가 채점의 신뢰성이 확보되어야 한다. 실기평가가 주로 판단에 의존하므로 동일한 수행이라도 다른 기준을 적용 받게 되면 평가결과도 달라질 수 있다. 따라서 실기평가 채점기준을 사전에 마련해야 한다. 이와 함께 교사는 실기평가의 채점기준을 이해하고, 해석의 일관성을 유지해야 한다. 다수의 평가자를 통하여 교사의 주관성 개입을 최소화할 수 있으며, 평가자 간 점수 차이를 조정하기 위하여 최대점과 최소점을 제외하기도 한다.

## 4. 루브릭

### 1) 루브릭의 개념

학생들의 실기능력을 평가하는 데 수반되는 주관성 또는 애매모호함을 극복하기 위하여, 채점기준표, 즉 루브릭이 필요하다. 채점기준표란 '실기평가의 대상이 되는 수행의 질을 구별하기 위한 일련의 지침'이라 할 수 있다. 채점기준표는 하나의 척도로서 한 연속선상에서 학생의 수행 수준에 대해서는 높은 점수가 주어지고, 만족스럽지 못한 수행일수록 낮은 점수가 주어진다(한국교육과정평가원, 2005: 19).

루브릭은 원래 라틴어의 'ruber(붉은)'에서 파생한 것으로 오래전에 법 관련 혹은 전례 관련 기관의 변호적 설명을 보통 붉은색으로 쓴 것에서 유래한다. 즉 루브릭은 법을 토대로 어떤 상황을 공정하게 판단하는 과정을 설명한 것이다(Wiggins, 1995). 교육학에서는 '하나의 과제나 활동을 통하여 학생들이 만든 작품을 준거에 의해 목록화하고 등급을 결정하고 점수화하기 위한 도구'라는 의미로 사용된다. 루브릭은 학생들의 다양한 수행 특징을 준거에 따라 목록화하여 성취수준을 결정하기 위한 도구로 사용된다(Goodrich, 1996).

루브릭은 90년대에 이르러 미주 지역에서 수행평가가 기존의 지필평가의 대안으로 떠오르면서 본격적으로 개발되기 시작하였다(Wiggins, 1995). 루브릭이라는 명칭은 연구자에 따라 채점 가이드(scoring guide), 준거 척도(criteria scale), 피드백 시트(feedback sheet), 수업 루브릭(instruction rubric)과 같이 다양한 용어로 사용된다(노원경, 2009; 송윤미, 2012).

루브릭은 전통적인 평가에서 사용하는 점수(score) 또는 등급(grade)에 상응하는 개념으로서 학생들의 수행 과정 또는 수행 결과물의 수준을 판단하기 위해 학생들이 이해하기 쉬운 언어로 준거와 수행 수준을 제시한 서술적 채점 체계를 의미한다(Arter & McTighe, 2001; Brookhart, 2013; Goodrich, 1996). 루브릭은 수행과제에 대한 학생들의 구체적인 성취수준이 어떠해야 하는지에 대한 기대사항들을 설명해 놓은 채점도구이다(최경애, 2019: 15).

루브릭은 관점에 따라 교사의 입장과 학생의 입장으로 나누어 살펴볼 수 있다. 첫째, 교사가 학습자의 산출물의 질을 판단하기 위한 준거로써 루브릭을 정의할 수 있다. 이것은 관찰에 의한 교사의 주관적 판단을 전제한다. 따라서 루브릭은 학습자의 산출물의 질을 판단하기 위한 준거라고 할 수 있다(Brookhart, 2013; McColskey & O'Sullivan, 1993; Moskal, 2000). 둘째, 학습자들이 학습목표나 과제 기대 수준을 정확히 인식하도록 제시하는 도구로써 루브릭을 정의할 수 있다. 루브릭은 교육주체간 원활한 의사소통을 기본으로 하여 학습자 스스로 목표를 명확하게 인식하고 자기주도적 평가가 되기 위해 학습자에게 반드시 제시해 주어야 하는 도구라고 할 수 있다(Hart 1994; Luft, 1998; Nott, Reeve & Reeve, 1992). 김경숙(2019)은 루브릭을 '학습자의 산출물에 대한 질을 판단함과 동시에 학습자들이 학습목표나 과제 기대 수준을 돕도록 하는 것'으로 정의하였다.

이처럼, 교사는 실기평가 과제의 타당도와 신뢰도를 확보하기 위하여 실기평가 과제에 대한 루브릭을 개발해야 한다. 이상에서 볼 수 있듯이, 루브릭은 점수와 각 점수에 대한 서술이라고 할 수 있다. 루브릭은 학생이 수행한 과제의 질, 능숙도, 이해의 연속성에 기초하여, 학생이 이해한 정도를 서술한다.

## 2) 루브릭의 구성요소

루브릭은 학생들의 수행 과정 또는 수행 결과물(글쓰기, 작품, 토론, 구두발표)의 수준을 판단하기 위해 수행 결과물에 대한 준거와 수행 수준을 기술한 평가척도를 의미한다(송윤미, 2012). 따라서 루브릭에 기본적으로 포함되어야 할 요소에는 첫째, 과제나 학습활동과 관련된 중요한 영역이나 특성(description of the dimension), 둘째, 각 영역을 평정하는 수치나 척도(scale of values), 셋째, 각 수준에 대한 구체적인 지표(indicators)가 있다(노원경, 2009; Erickson, 1995). 루브릭의 준거 및 평가척도는 〈표 6-5〉와 같다.

〈표 6-5〉 **루브릭의 준거 및 평가척도** (Banks, 1997)

| 평가척도<br>(수리적척도) | 1<br>(시작단계) | 2<br>(발전단계) | 3<br>(완성단계) | 4<br>(모범단계) |
|---|---|---|---|---|
| 준거에<br>대한 설명<br>(서술적<br>척도) | • 과제를 완성하기 위해 시도하나 빈번하게 실패함<br>• 그룹 활동 참여를 시도하나 타인의 방향 제시나 도움이 필요함<br>• 일정 수준 이상으로 과제를 완성하기 위해 더 많은 노력이 필요함 | • 대부분의 과제를 완성하고 문제해결 활동에 주의를 기울이나, 더 적극적이고 정확하게 수행하기 위한 노력이 필요함 | • 요구되는 작업을 수행하며, 문제해결 활동에 참여하여 대부분의 작업을 완성함<br>• 대개의 작업이 높은 수준을 보임 | • 요구되는 것 이상을 수행하며 창의적이고 독립적인 문제해결 방안을 찾음<br>• 먼저 과제를 시작하며 매우 높은 수준의 작업을 산출함 |

한편, 최경애(2019)는 루브릭의 기본 요소로 과제명, 과제설명, 평정수준, 평가차원, 성취기준 설명의 5가지를 제시하였다. 루브릭의 구성요소에 따라 개발한 음악과 루브릭의 예시는 [그림 6-2]와 같다.

▶ 과제명: 우리 동네 음악 발표회 ◀

- 과제설명: 동사무소에서 우리 동네 음악 발표회를 개최하려고 한다. 여러분들은 한 곡을 선정하여 우리 동네 음악 발표회에 참여해야 한다. 노래, 연주, 음악 만들기, 신체 표현 등의 다양한 방식 중에서 자신이 하고 싶은 방법으로 표현하면 된다. 성실하고 즐겁게 준비하고, 악곡에 어울리는 노래, 연주, 신체표현을 해야 한다. 단독 또는 공동으로 음악 발표회에 참여할 수 있다.

| 평가차원 | 우수(3) | 보통(2) | 기초(1) |
|---|---|---|---|
| 음악의 표현방법 | 악곡의 특징과 분위기를 고려하여 자신의 생각과 느낌을 창의적으로 표현한다. | 악곡의 특징과 분위기를 고려하여 자신의 생각과 느낌을 자유롭게 표현한다. | 악곡에 대하여 자신의 생각과 느낌을 표현한다. |
| 음악을 즐기는 태도 | 음악의 가치를 인식하고, 음악 활동에 적극적으로 참여하며 음악을 즐기는 태도를 갖는다. | 음악의 가치를 인식하고, 음악 활동에 참여하며 음악을 즐기는 태도를 갖는다. | 음악 활동에 참여한다. |
| 음악과 행사 | 행사에 적합한 음악을 선택하고 악곡의 특징과 분위기에 어울리게 음악 작품을 발표하였다. | 행사에 적합한 음악을 선택하고 분위기에 어울리게 음악 작품을 발표하였다. | 행사에 적합한 음악작품을 발표하였다. |

[그림 6-2] 루브릭의 구성요소에 따른 음악과 루브릭 개발 예시

첫 번째 요소는 과제명이다. 과제명은 과제의 성격을 전달할 수 있는 정보를 포함하도록 개발한다. 예를 들어, 영화 비평보고서, 교육과정 개발 프로젝트 등으로 제시한다.

두 번째 요소는 과제설명이다. 과제설명은 학생들이 수행해야 하는 성취행동이나 수행과제를 자세히 설명하는 것을 의미한다.

세 번째 요소는 평정수준이다. 평정수준은 성취수준, 달성수준, 수행수준, 평가수준, 평가척도, 수행척도 등의 다양한 용어로 불린다. 이것은 주어진 과제를 얼마나 잘 수행하였는지 또는 얼마나 부족하게 수행하였는가의 수준을 나타낸다. 수행수준 및 성취수준을 설명할 때 사용되는 용어는 사용하기에 편리하도록 구체적이고 명확해야 한다. 이것은 우수, 보통, 미흡으로 표시하거나, 1, 2, 3과 같은 숫자로 표현한다. 평정척도 기술은 종합적으로 분석적으로 기술하느냐에 따라서 총체적 루브릭과 분석적 루브릭으로 구성한다.

네 번째 요소는 평가차원이다. 이것은 평가항목, 평가준거, 평가내용, 성취기준 등의 다양한 용어로 불리기도 한다. 각각의 평가차원은 하나의 과제를 구성하는 하위요소들로서 하나의 평가차원은 다른 평가차원과 겹치지 않아야 한다. 이것은 과제가 어떤 요소들로 구성되었는지와 이들 구성요소 중 어떤 것이 가장 중요한지에 대한 정보를 제공한다. 평가차원은 각 부분별 기능을 개략적으로 설명해주고, 채점 후에 각 차원별로 학생의 강점과 약점에 대해 간략하게 알려줄 수 있도록 구성되어야 한다.

다섯 번째 요소는 평가차원별 성취수준의 설명(차원×수준)이다. 이것은 각 평가차원의 가장 높은 성취수준이 어떤 모습인가를 기술하게 해준다. 평가차원별로 평정척도의 최고 수준에서 한 단계씩 수준이 내려갈 때마다 그 때의 성취정도가 최고 수준의 이상적인 성취정도에 비해 어떤 점이 얼마나 부족한지 제시한다. 최하위 수준에서는 어떤 것들이 달성되어야 하지만, 그러지 못했는지를 강조하는 방식으로 기술한다. 이것은 성공과 실패를 판단하는 것이 아니라, 가능성을 강조하기 위한 전략이다.

### 3) 루브릭의 특징

루브릭은 다음과 같은 7가지 특징이 있다(김정덕, 2009; Wiggins, 1995).

첫째, 루브릭은 수많은 수행들을 판단자들로 하여금 효과적으로 변별할 수 있게 한다. 변별은 타당하고, 각 차원별 수행 수준 사이의 특성은 분명하고 일관성이 있어야 한다. 점수는 상황이 다른 때에도 같은 결과를 보여야 하며, 같은 시간 동안 다른 사람이 판단하더라도 일관성이 있어야 한다.

둘째, 루브릭은 각 차원에서 기술된 수준별 특성이 각 수준을 최대한 반영할 수 있어야 한다. 이러한 기술은 수행수준을 대표할 수 있는 학생 활동의 실제 예들로부터 유도된다.

셋째, 루브릭은 학생 활동의 양적 정보가 아닌 질적 정보를 표현한다. 교사는 루브릭에 기초하여, 학생들에게 구체적으로 드러나는 장점을 인정하고 단점을 수정하도록 한다.

넷째, 루브릭은 준거지향적이기 때문에, 척도에서 가장 높은 점수는 가장 우수한 결과의 예로부터 비롯된 것이다. 따라서 가장 높게 설정된 점수를 학생 누구도 받지 못할 수도 있고, 학생들이 대부분 낮은 점수만을 받을 수도 있다.

다섯째, 루브릭에서 가장 중요하고 핵심적인 과정은 가장 높은 점수와 낮은 점수의 수준을 결정하는 일이다. 최저 점수 수준을 결정할 때에도 항상 학생의 학습 활동의 예시에 기초하여 결정해야 한다.

여섯째, 루브릭은 척도 상에서 각 점수에 대한 기술들의 수준별 변화는 자연스러운 연속선상에서 설명되어야 한다.

일곱째, 구체적인 루브릭일수록 더욱더 타당한 결과를 보이고, 단일하고 간단한 루브릭일수록 신뢰할 만한 결과를 보인다.

### 4) 루브릭의 유형

루브릭은 평가의 목적 및 적용 방법 및 구성 절차에 따라서 각기 다른 종류의 형태로 사용 될 수 있다. 평가의 적용 방법에 따라 총체적 루브릭과 분석적 루브릭으로 구분될 수 있다. 루브릭의 적용범위와 사용 대상에 따라서 일반적 루브릭과 특정과제 루브릭으로 구분한다. 그리고 루브릭 개발 과정에 주로 참여하는 대상에 따라서 교사 중심 루브릭과 학습자 중심 루브릭으로 구분된다(노원경, 2009; 박주만, 2012). 이에 대하여 구체적으로 살펴보면 다음과 같다.

먼저, 루브릭은 평가의 적용 방법에 따라 총체적 루브릭과 분석적 루브릭으로 구분될 수 있다. 총체적 루브릭은 단순한 결과나 수행을 판단할 때 사용된다. 즉, 전체적인 질이나 성취에 대한 특징을 수집할 때와 대규모의 학생 반응을 빠르게 평가하고 결과나 수행에 대한 영향을 판단할 때 사용될 수는 있다. 그러나, 학생들이 이용하기는 쉽지 않다. 또한 결과나 수행의 강점과 약점에 대해 진술하고 수업을 계획하는 데는 유용하지 않으며, 두 학생이 큰 차이점을 가지고 있더라도 같은 평가를 받을 수 있다는 단점이 있다. 따라서 결과의 질적 특성이나 수행의 특징에 대한 피드백이 충분히 제공되지 않는다(박주만, 2012). 총체적 루브릭의 예시는 〈표 6-6〉과 같다.

〈표 6-6〉 총체적 루브릭에 대한 예시 (박일수, 2019)

| 점수 | 기술 |
|---|---|
| 3 | 악곡의 특징과 분위기를 고려하여 자신의 생각과 느낌을 창의적으로 표현하고, 음악의 가치를 인식하고, 음악 활동에 적극적으로 참여하며 음악을 즐기는 태도를 가지며, 행사에 적합한 음악을 선택하고 악곡의 특징과 분위기에 어울리게 음악 작품을 발표하였다. |
| 2 | 악곡의 특징과 분위기를 고려하여 자신의 생각과 느낌을 자유롭게 표현하고, 음악의 가치를 인식하고, 음악 활동에 참여하며 음악을 즐기는 태도를 가지며, 행사에 적합한 음악을 선택하고 분위기에 어울리게 음악 작품을 발표하였다. |
| 1 | 악곡에 대하여 자신의 생각과 느낌을 표현하고, 음악 활동에 참여하며, 행사에 적합한 음악작품을 발표하였다. |

분석적 루브릭에서는 결과나 수행을 본질적 특성 혹은 범위로 나누어 따로따로 판단하여 각 특성마다 독립된 점수를 부여하기 때문에 다른 특성들은 각기 다른 점수를 얻을 수 있다. 따라서 복잡한 수행을 판단할 때, 수행의 강점과 약점에 대해 학생, 학부모, 교사에게 특정한 정보 또는 피드백을 줄 때 유용하다. 하지만 적용하는 데 많은 시간이 필요하며 다른 평가자들 사이에 의견 일치를 구하기 어려워 빠르고 확실성이 필수적인 대규모의 평가에 사용하는 것은 바람직하지 못하다(박주만, 2012). 분석적 루브릭에 대한 예시는 〈표 6-7〉와 같다

〈표 6-7〉 분석적 루브릭에 대한 예시 (박일수, 2019)

| | 음악의 표현방법 | 음악을 즐기는 태도 | 음악과 행사 |
|---|---|---|---|
| 3 | 악곡의 특징과 분위기를 고려하여 자신의 생각과 느낌을 창의적으로 표현한다. | 음악의 가치를 인식하고, 음악 활동에 적극적으로 참여하며 음악을 즐기는 태도를 갖는다. | 행사에 적합한 음악을 선택하고 악곡의 특징과 분위기에 어울리게 음악 작품을 발표하였다. |
| 2 | 악곡의 특징과 분위기를 고려하여 자신의 생각과 느낌을 자유롭게 표현한다. | 음악의 가치를 인식하고, 음악 활동에 참여하며 음악을 즐기는 태도를 갖는다. | 행사에 적합한 음악을 선택하고 분위기에 어울리게 음악 작품을 발표하였다. |
| 1 | 악곡에 대하여 자신의 생각과 느낌을 표현한다. | 음악 활동에 참여한다. | 행사에 적합한 음악작품을 발표하였다. |

이상에서 살펴본 총체적 루브릭과 분석적 루브릭을 비교하면 〈표 6-8〉과 같다.

〈표 6-8〉 총체적 루브릭과 분석적 루브릭의 비교 (Arter & McTighe, 2001)

| | 총체적 루브릭 | 분석적 루브릭 |
|---|---|---|
| 장점 | • 전체 결과나 수행을 위한 하나의 득점 혹은 등급을 부여한다. | • 결과나 수행을 위한 몇 가지의 점수 혹은 등급을 부여한다.<br>• 각 점수는 중요한 영역이나 수행 혹은 결과의 특징을 나타낸다. |
| 활용 가능한 경우 | • 전체적인 질이나 성취에 대한 특징을 파악할 때 활용한다.<br>• 대규모의 학생 반응을 빠르게 평가할 때 활용한다.<br>• 특징에 대한 명확한 설명보다는 평가의 속도가 중요시될 때 활용한다.<br>• 단순한 결과나 수행이 요구될 때 활용한다. | • 상대적인 장점과 한계점을 보여주므로 수업 계획 시 활용한다.<br>• 결과의 질적 특징이나 수행의 특징을 학습자에게 지도해야 하는 경우 활용한다.<br>• 학생 혹은 학부모에게 피드백 할 때 활용한다.<br>• 특징에 대한 명확한 설명이 더욱 중요할 때 활용한다.<br>• 몇 가지 영역에서 복잡한 기술이나 결과 혹은 수행을 명백하게 제시할 필요가 있을 때 활용한다. |
| 단점 | • 두 학생이 상당한 차이를 보임에도 같은 점수를 부여할 수 있다.<br>• 학생들이 활용하기에 유용성이 부족하다. | • 점수화 속도가 느리다 |

한편, 루브릭은 적용범위와 사용 대상에 따라서 일반적 루브릭과 특정과제 루브릭으로 구분한다. 일반적 루브릭은 학생들이 한 과제에서 다른 과제로 일반화하거나 본질적 특성을 이해하도록 도울 때 주로 사용된다. 또한 모두가 정확히 같은 과제를 할 수 없을 때 혹은 교사들이 다른 수업이나 평가에서 다른 작품을 판단할 때 일관성을 가지려고 노력할 경우에 사용할 수 있다. 하지만 하나의 목표를 빨리 평가해야 하는 경우에는 채점에 시간이 많이 걸리고 특정한 지식을 평가할 때는 과제 중심적인 특성이 추가되어야 하는 단점이 있다(박주만, 2012). 특정과제 루브릭이란 각 수행과제는 각각의 루브릭이 있으며 한 과제에 대한 루브릭은 다른 과제에 사용할 수 없다. 특정과제 루브릭은 특별한 사실이나 방정식, 방법 또는 절차를 알고 있는지 평가할 때, 채점의 속도가 중요할 때, 채점의 일관성이 가장 중요할 경우 사용한다. 하지만 정답이 누설될 수 있기 때문에 학생들에게 미리 제시할 수 없고, 각 과제를 위한 새로운 루브릭을 개발해야 한다. 또한 루브릭이 사전에 제시하지 못한 올바른 대답들을 놓칠 수 있고 본질적 특징을 제시하지 못한다는 단점을 갖고 있다(박주만, 2012).

루브릭은 루브릭의 개발 과정에 참여하는 대상에 따라서, 교사 중심 루브릭과 학습자 중심 루브릭으로 구분한다. 학생의 참여 없이 교사 혼자 개발한 것을 교사 중심 루브릭이라고 하고, 학생이 참여하여 루브릭을 개발한 것을 학습자 중심 루브릭이라고 한다. 이 안에 일반적 루브릭과 특정과제 루브릭, 총체적 루브릭과 분석적 루브릭의 유형이 포함될 수 있다(노원경, 2009).

### 5) 루브릭의 제작 절차

학자마다 루브릭의 제작 절차를 다르게 제시하고 있다. 먼저, Arter와 McTighe(2001)의 루브릭 개발 절차를 살펴보면 다음과 같다. 1단계에서는 선행연구 자료를 참고하여 평가준거를 구성하고 구성요소를 작성한다. 2단계에서는 평가준거를 목록화하여 무엇을 평가할 것인지 명확히 한다. 3단계에서는 구성해 놓은 평가준거에 따라 실제로 학생들의 행동이 일어나는지 관찰하고 적용한다. 4단계에서는 학생들의 실제 행동을 바탕으로 평가준거에 따른 수준을 제시하여 완성한다.

Goodrich(1996)가 제시한 루브릭의 개발 7단계를 살펴보면 다음과 같다. 1단계에서는 잘한 학생의 작품과 그렇지 못한 학생의 작품을 보고, 잘한 것과 못한 것의 특징을 확인한다. 2단계에서는 예시작품에 대한 충분한 논의와 여러 자료를 참고하여 작품의 질을 평가하기 위한 목록을 만든다. 3단계에서는 가장 잘한 작품과 가장 못한 예시작품의 질을 기술하고, 학생의 발달수준이나 관찰했던 기억을 토대로 중간 수준에 해당하는 예시작품에 해당되는 기준을 설정한다. 4단계에서는 학생들에게 예시작품을 보여주고, 이 작품의 잘된 점과 잘못된 점을 확인하도록 한다. 이 과정을 통해 학생은 작품에 대한 잘한 기준과 잘못한 기준을 내면화할 수 있다. 5단계에서는 학생에게 4단계에서 제시한 예시작품과 동일한 과제를 스스로 하게 한다. 학생은 이미 예시작품을 보았기 때문에 자신이 만드는 작품의 잘한 점과 잘못한 점을 생각하면서 과제에 임하게 된다. 학생은 과제를 수행하면서, 자기평가와 동료평가를 함으로써 루브릭을 개발하게 된다. 6단계에서는 학생에게 자신과 동료들의 피드백을 기초로 자신의 과제를 수정할 수 있는 시간을 제공한다. 7단계에서는 교사는 학생이 자기평가나 동료평가를 했던 것과 같은 방식으로 루브릭을 통해 학생의 과제를 평가한다.

### 6) 메타루브릭

메타루브릭이란 제작된 루브릭을 평가하기 위해 사용되는 루브릭을 의미한다(Stevens & Levi, 2005). 이것은 루브릭의 질적 측면을 다룰 때에 유용하다(Arter & Mctighe, 2001). 메타루브릭은 분석적 루브릭 형태로 구성된다. 메타루브릭에서 사용되는 평가준거에는 내용, 명료성, 실용성, 기술적 건전성 등이 있다. 이것에 대하여 살펴보면 다음과 같다.

첫째, 내용(content) 준거는 학생의 수행이나 결과물의 질을 평가할 때 살펴봐야 하는 요소를 말한다. 이 부분은 교사와 학생이 성공적으로 과제를 수행하기 위해 갖추어야 할 특징이므로, 루브릭이 수행의 측면을 살펴볼 때 반드시 포함되어야 하는 요소를 포함하고 있는지의 여부가 매우 중요하다.

둘째, 명료성(clarity) 준거는 루브릭에 제시된 용어와 서술이 교사, 학생, 그리고 다른 이들에게까지 명확히 그 의미가 전달될 수 있도록 작성되었는지 확인하기 위해 필요하다.

셋째, 실용성(practicality) 준거는 교사와 학생이 루브릭을 손쉽게 사용할 수 있는가의 문제와 연관된다. 총체적 루브릭 보다는 분석적 루브릭이, 그리고 특정과제를 위한 루브릭보다는 일반적 루브릭이 실용도가 높다. 또한 루브릭이 학생을 평가하는 데에만 그치는 것이 아니라 학생 스스로 자신의 수행이나 결과물을 수정하고, 학습을 계획하며, 성취나 성장 정도를 가늠하는 준거로 사용되는 것은 실용성 준거와 관련있다고 볼 수 있다.

넷째, 기술적 건전성(technical agreement)은 루브릭에 제시된 평가준거들이 평가하고자 하는 바를 적절하게 평가하고 있으며, 지속적으로 사용될 수 있고, 학생들의 성취수준을 잘 반영하는지의 정도를 의미한다. 기술적 건전성에서는 평가자 간 신뢰도(rater agreement), 사용된 용어가 편견에서 자유로운지의 여부, 사용된 용어가 수행의 단계를 묘사하고 있는지 등을 확인한다.

평가자는 자신들의 의견이 반영된 루브릭을 과정중심평가의 도구로 활용하고, 메타루브릭을 통해 개발된 루브릭의 타당도와 신뢰도를 검증하는 과정을 거쳐, 루브릭을 완성하게 된다. 메타루브릭은 〈표 6-9〉와 같이 구성할 수 있다.

〈표 6-9〉 메타루브릭

| 루브릭 구성 | 평가준거 | 그렇다 | 그렇지 않다 |
|---|---|---|---|
| 평가 영역 | 평가영역이 학생의 최종 수행을 평가하기 위한 중요 부분을 모두 다루었는가? | | |
| | 각 영역들은 수업에서 중요한 내용을 반영하고 있는가? | | |
| | 각 영역들이 명확하게 제시되어 있는가? | | |
| | 각 영역들은 서로 구분되는가? | | |
| | 각 영역들은 학생들이 이미 알고 있는 기능에 대해 다루고 있는가? | | |

| 루브릭 구성 | 평가준거 | 그렇다 | 그렇지 않다 |
|---|---|---|---|
| 기능 | • 기능이 각 영역에 부합하는가? | | |
| | • 각각의 기능이 명확히 구분되어 서술되어 있는가? | | |
| | • 만약 점수를 매긴다면, 각 영역에 그러한 점수를 할당하는 것에 대한 근거가 있는가? | | |
| | • 3개~5개의 성취수준을 제시하는 루브릭이라면, 각각의 성취수준에 대해 기능이 동등한 비중으로 제시되어 있는가? | | |
| 척도 | • 성취수준은 학생의 수행을 잘 반영하여 기술되어 있는가? | | |
| | • 척도가 부정적 함의가 아닌 긍정적이며 학생의 학습을 지원하는 언어로 기술되어 있는가? | | |
| | • 루브릭이 학생의 학년과 과제의 복잡성을 고려하여 적절한 수의 성취수준으로 나누어져 있는가? | | |
| 전반적 사항 | • 루브릭이 측정하고자 하는 결과와 연관성이 있는가? | | |
| | • 지나치게 전문적 용어를 피하고 일반적인 용어를 사용하였는가? | | |
| | • 가르칠 수 있는 기능을 반영하고 있는가? | | |
| | • 루브릭이 교사가 가르치지 않은 기능, 즉 평가대상이 되지 않는 기능에 근거하여 학생들에게 상벌을 제공하고 있지 않은가? | | |
| | • 학생들은 과제를 성공적으로 수행하기 위하여 필요한 내용과 기능을 학습할 기회를 공평하게 제공받았는가? | | |
| | • 완료된 과제에 대해 이 루브릭을 사용하는 것이 적합한가? | | |
| | • 루브릭이 과제에 대한 설명이나 서술적인 제목을 가지고 있는가? | | |
| | • 루브릭이 학생의 수행을 발전적인 관점으로 보고 있는가? | | |
| | • 루브릭이 학생으로 하여금 그들의 수행이 어떠한 과정으로 평가될 것인지 보여주는가? | | |
| | • 루브릭이 개인 혹은 집단의 수행에 대한 평가를 강조하고, 향후 성장할 수 있는 방향을 제시하는가? | | |
| 공정성 및 정의적 요소 | • 학생들에게 공정하게 보이며 루브릭에 편견이 없는가? | | |
| | • 수행에 대한 피드백으로서 학생들에게 유용한가? | | |
| | • 주어진 과제에 대해 루브릭이 실용적인가? | | |
| | • 루브릭 사용자가 이해하고 사용할 수 있는가? | | |
| 총평 | | | |

## 7) 루브릭의 장점

루브릭은 성취행동의 기대 수준을 기술한 채점도구이다. 루브릭은 학생들의 다양한 활동과 과제를 객관적으로 채점하는 데 활용된다. 루브릭은 교사의 평가 시간과 노력을 절약하게 해줄 뿐만 아니라 교사가 사용하는 교수방법과 교수양식을 인식하는 데 도움을 제공하며, 평가와 동시에 즉각적으로 의미 있는 정보가 담긴 피드백을 제공할 수 있다(최경애, 2019).

루브릭은 다음과 같은 장점이 있다. 첫째, 루브릭은 학생들에게 수행해야 할 과제의 목표와 방향을 명료하게 인식하는 데 도움을 주고, 교사에게는 교수-학습 목표를 명확히 하여 수업의 질을 향상시키는 데 도움을 준다. 과제 수행 이전에 학생들에게 루브릭을 제시하면, 학생들은 과제 수행에서 중요한 것을 파악할 수 있으며, 교사가 무엇을 기대하고 있는지 구체적으로 확인할 수 있다(Andrade & Du, 2005).

둘째, 루브릭은 과제의 핵심적인 특성을 수준별로 명료하게 기술한다. 그러므로 교사는 루브릭을 활용하여 학생들의 수행 결과를 빠르고, 효과적이며 일관성 있게 평가를 할 수 있다(Andrade & Du, 2005; Goodrich, 1996). 사전에 마련된 평가준거와 학습자의 수준을 구체적으로 명시한 루브릭은 보다 객관적인 평가를 가능하게 한다. 학생들은 루브릭을 이용한 평가를 공정하고 신뢰할 수 있는 평가로 인식한다(Holmes & Smith, 2003). 루브릭은 평가의 신뢰도를 높인다.

셋째, 루브릭은 과제를 수행한 학생들의 장점과 향상이 필요한 부분에 대해 구체적이고 유용한 피드백을 제공한다(Andrade, 2000; Atkin & Coffey, 2003). 루브릭에 제시된 과제의 평가항목을 검토하는 과정에서, 학습자의 강점과 약점을 손쉽게 파악할 수 있다. 교사는 학습자의 능력이나 어려움을 쉽게 진단할 수 있으며 학습자에게 필요한 세부적인 피드백을 전달할 수 있다. 즉 루브릭을 이용한 평가는 학생이 자신의 수행 수준을 파악하고 앞으로 노력해야 할 방향을 구체적으로 제시함으로써 학생의 성장과 발달을 지원한다고 볼 수 있다(Arter & McTighe, 2001; Spandel, 2006; Stiggins, 2001; Quinlan, 2006). 이는 교수-학습 활동의 개선으로 이어져 학습에 대한 평가가 아닌 학습을 위한 평가로써(Andrade, 2008; Black & William, 1998; Pellegrino, Chudowsky, & Glaser, 2001), 진정한 형성평가의 의미를 실현할 수 있다.

넷째, 루브릭은 학생들의 자기평가 및 동료평가의 유용한 평가도구로 활용될 수 있다(Andrade & Boulay, 2003; Hafner & Hafner, 2003). 루브릭을 참고하여 동료평가를 시행했을 때, 학생들의 평정과 교사의 평정간에는 매우 높은 상관이 있었다(Hafner & Hafner, 2003). 루브릭은 학생 자신과 동료 학생에게 유용한 피드백의 정보원으로 활용될 수 있다(Andrade & Boulay, 2003; Andrade, Du & Wang, 2008; Ross, Rolheiser, & Hogaboam-Gray, 1999).

다섯째, 교사와 학생이 함께 교육과정의 실행 과정(수업)에서 루브릭을 학생과 함께 개발하고 이를 수업 및 평가에 적용하게 되면 학생들은 학습목표를 분명하게 인식할 수 있다. 루브릭은 학생의 자기주도학습능력이나 과제 수행능력을 향상시킬 수 있으며, 학생의 수업과 평가 사이의 관련성을 증가시킴으로써, 학업성취나 학습동기를 향상시킬 수 있다(Crawford, 2001: Arter & McTighe, 2001: Soles, 2001; 한지영, 이용환, 2005). 이와 같이, 루브릭은 교육과정-수업-평가의 일체화에 기여할 가능성이 있다.

## ❖ 탐구과제

◆ 운동 기능 학습의 평가목적, 평가방법을 적용할 때의 유의점에 대하여 토의하시오.

◆ 운동 기능 학습과 관련된 교과와 단원을 선정하고, Harrow(1972)의 심동적 영역의 교육목표 분류학에 따라서 단원목표를 진술하시오.

| 과목명 | |
|---|---|
| 단원명 | |
| 반사 동작 | |
| 기본적-기초 동작 | |
| 지각 능력 | |
| 신체 능력 | |
| 숙련된 동작 | |
| 동작적 의사소통 | |

◆ 수행평가적 실기평가를 적용하여 운동 기능을 평가하려고 한다. 교과와 단원을 선정하고, 운동 기능에 대한 평가목표, 평가장면(문항), 루브릭, 피드백 제시 방안을 작성하시오.

<table>
<tr><td>과목명</td><td colspan="4"></td></tr>
<tr><td>단원명</td><td colspan="4"></td></tr>
<tr><td>평가목표</td><td colspan="4"></td></tr>
<tr><td>평가장면<br>(문항)</td><td colspan="4"></td></tr>
<tr><td rowspan="4">루브릭</td><td>평가준거</td><td></td><td></td><td></td></tr>
<tr><td>3</td><td></td><td></td><td></td></tr>
<tr><td>2</td><td></td><td></td><td></td></tr>
<tr><td>1</td><td></td><td></td><td></td></tr>
<tr><td>피드백<br>제시 방안</td><td colspan="4"></td></tr>
</table>

# 7 지필평가

## 1. 지필평가의 유형

### 1) 지필평가의 분류

지필평가의 문항은 선택형 문항과 서답형 문항으로 구분된다. 선택형 문항은 이미 주어져 있는 답 중에서 알맞은 답을 선택하는 문항으로 진위형, 연결형, 선다형 등이 있다. 서답형 문항은 학생이 스스로 답안을 단어, 구, 문장 등으로 구성하여 서술해야 하는 문항으로 단답형, 완성형, 논술형 등이 있다. 각 유형에 대한 설명을 정리하면 〈표 7-1〉과 같다.

〈표 7-1〉 지필평가 문항의 유형

| 대분류 | 소분류 | 설명 |
|---|---|---|
| 선택형 | 진위형 | 제시된 진술이 옳은지, 그른지를 결정하는 방식(양자택일형) |
| | 연결형 | 문항과 선택을 두고, 서로 관계있는 것끼리 연결 짓게 하는 방식 |
| | 선다형 | 하나의 문두에 대하여 2개 이상의 답지 중에서 정답을 고르게 하는 방식 |
| 서답형 | 단답형 | 제시된 질문에 대하여 간단한 방식(단어, 구, 절 등)으로 답하게 하는 방식 |
| | 완성형 | 제시된 문장이나 글씨 빈 칸을 가장 적합한 표현으로 채우게 하는 방식 |
| | 논술형 | 제목 또는 주제만 제시하고, 그에 대하여 자유롭게 대안을 구성, 조직하는 방식 |

〈표 7-1〉과 같이, 전통적 지필평가 문항의 유형은 피험자의 답지 구성 여부에 따라서 선택형(selection type)과 서답형(supply type)으로 분류된다. 한편, 검사문항은 채점과정에서 채점자 주관의 개입 여부에 따라서 주관형(subjective type)과 객관형(objective type)으로 분류한다. 지필평가의 유형은 [그림 7-1]과 같이 분류할 수 있다.

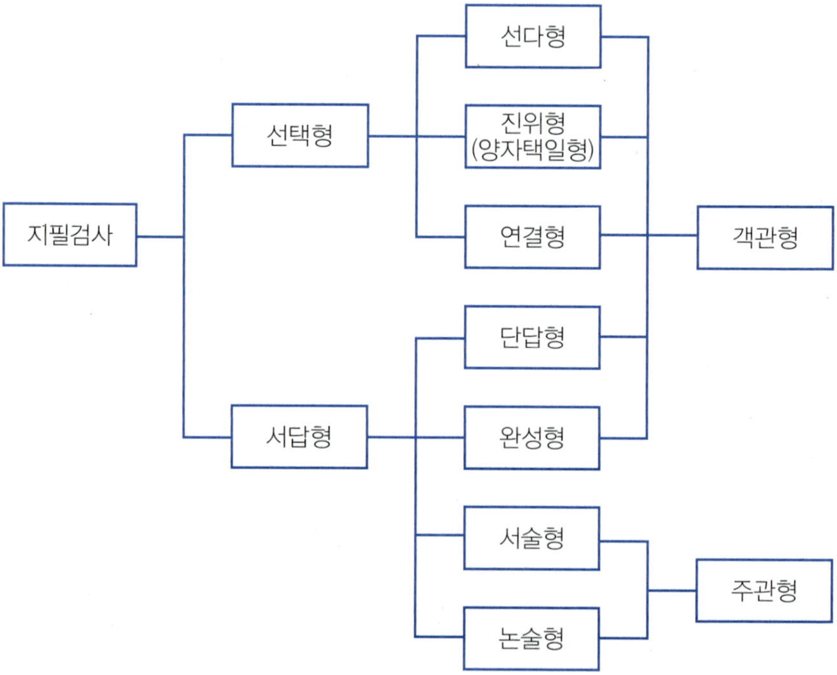


[그림 7-1] 지필평가의 유형

## 2) 지필평가의 유형과 신교육목표 분류학과의 관계

지필평가는 선택형 문항과 서답형 문항으로 분류된다. 지필평가의 문항유형과 신교육목표 분류학의 관계를 살펴보면 [그림 7-2]와 같다.

<table>
<tr><th></th><th>기억하다</th><th>이해하다</th><th>적용하다</th><th>분석하다</th><th>평가하다</th><th>창안하다</th></tr>
<tr><td>사실적 지식</td><td colspan="3" rowspan="4">선택형 문항</td><td colspan="3" rowspan="4">서답형 문항</td></tr>
<tr><td>개념적 지식</td></tr>
<tr><td>절차적 지식</td></tr>
<tr><td>메타인지적 지식</td></tr>
</table>

[그림 7-2] 지필평가의 문항유형과 신교육목표 분류학과의 관계

[그림 7-2]에서 볼 수 있듯이, 선택형 문항은 사실적 지식, 개념적 지식, 절차적 지식의 기억, 이해, 적용 능력과 같은 저차원적인 인지 과정을 평가하는 데 적합하다. 한편 서답형 문항은 사실적 지식, 개념적 지식, 절차적 지식, 메타인지적 지식의 분석, 평가, 창안과 같은 고차원적인 인지 과정을 평가하는 데 사용할 수 있다.

### 3) 선택형 문항의 장점과 단점

선택형 문항의 장점과 단점에 대하여 살펴보면 다음과 같다(박도순, 2000: 49; 황정규, 1984: 415-416). 선택형 문항은 다음과 같은 장점이 있다. 첫째, 채점의 객관성과 신뢰성이 높다. 선택형 문항은 채점자의 의견, 일시적 기준, 인상이나 편견의 영향을 받지 않는다. 둘째, 일정한 시간에 여러 내용을 다루는 문제를 평가할 수 있어 능력의 표본을 포괄적으로 다룰 수 있다. 셋째, 채점이 쉽고 빠르고 그 결과를 쉽고 의미 있게 통계적으로 처리, 해석할 수 있다.

한편, 선택형 문항은 다음과 같은 단점이 있다(박도순, 2000: 49; 황정규, 1984: 416-418). 첫째, 단순한 기억력 내지 단순한 정보와 관련된 지식의 측정에 치우칠 위험이 있다. 둘째, 제작의 어려움과 제작 시간이 많이 걸린다. 셋째, 추측 요인을 완전히 제거할 수 없다. 넷째, 표현력을 측정하기에 부적절하며 창의성 발휘의 기회가 부족하다.

### 4) 서답형 문항의 장점과 단점

서답형 문항의 장점과 단점에 대하여 살펴보면 다음과 같다. 서답형 문항은 다음과 같은 장점이 있다(황정규, 1984: 436-438). 첫째, 반응의 자유이다. 서답형에서는 선택형과 다르게 미리 정해진 답지에서 응답을 선택하게 하는 것이 아니라 응답자 스스로 응답을 생성한다. 학생이 어떤 개념에 대한 이해에 기초하여 응답을 구성하기 위해서는 그 개념을 충분히 이해해야 하므로, 서답형 문항에 대한 응답을 통해 학생의 숙달 수준을 추론하는 데 적절하다. 둘째, 고등정신기능 측정에 효과적이다. 서답형 문항은 표현력, 사고력, 문제해결력 같은 일반적 교육목표와 개념, 원리의 적용 같은 구체적 학습목표를 쉽게 평가할 수 있다. 셋째, 문항제작이 비교적 쉽다. 좋은 서답형 문항을 만들기 위해서는 상당한 노력이 필요하지만, 선택형 문항제작에 비하면 시간과 노력이 적게 든다, 넷째, 학습자의 학습태도를 개선해 준다. 학생들은 표현력의 구성 능력인 논리적 사고, 종합력, 비판적 사고 등을 학습하게 되는데, 이러한 태도와 능력을 학습할 수 있다.

서답형 문항은 다음과 같은 단점이 있다(황정규, 1984: 438-444). 첫째, 서답형 문항은 채점하는 데 시간과 노력이 많이 든다. 둘째, 채점의 객관성이 낮다. 셋째, 문항 표집수가 제한된다. 한 문항에서 긴 반응을 요구하는 까닭에 서답형 검사에서는 몇 개의 문항밖에 출제하지 못한다. 따라서 모든 학습목표를 평가할 수 없다는 한계가 있다.

## 2. 지필평가 문항 제작의 원리

### 1) 지필평가 문항 제작을 위한 공통 지침

지필평가 문항은 선택형과 서답형 문항으로 분류할 수 있다. 선택형과 서답형 문항 제작과 관련된 공통 지침을 제시하면 다음과 같다(박도순, 2000; 이종승, 2009).

첫째, 문항은 쉬운 용어를 사용하고, 간결하고 분명하게 서술한다. 문항은 중심 개념을 포함하면서도 가능한 간결하고, 읽기 쉽고, 이해하기 쉽도록 작성한다.

둘째, 문항은 될 수 있는 대로 단순화시킨다. 복합문이나 긴 문장일 때에는 적절히 짧은 문항으로 나눈다. 질문의 요점은 앞에 제시하고, 수식하는 부분은 뒤에 제시한다.

셋째, 정확한 의미를 가진 단어를 사용한다. 문항의 전후 문맥 속에서 의미가 없는 단어의 사용을 피한다. 또한, '대다수', '거의', '약간' 등의 표현과 형용사와 부사는 사람마다 의미와 해석이 다르기 때문에 사용하지 않는 것이 좋다.

넷째, 전문적인 용어는 가급적 사용하지 않는다. 전문적인 용어를 사용하게 되면 문항 자체가 어려워진다.

다섯째, 가능한 부정문을 사용하지 않는다. 부정문은 수험자에게 혼동을 초래할 가능성 있다. 부정문을 사용한다면, 부정어에 밑줄을 긋거나 고딕체(다른 글씨체)를 사용한다.

여섯째, 교재(교과서) 내용 또는 학습한 내용을 그대로 문항으로 만들지 않는다. 교재에서 '따온' 문장이나 학습한 내용을 그대로 출제하면 '기계적 암기'를 목적으로 하는 검사가 될 가능성이 크다. 교재 내용을 그대로 출제문항으로 하거나 문제 사태로 하지 않도록 한다.

일곱째, 문항의 내용이 지나치게 특수한 것을 다루지 않도록 한다. 일반적 지식이란 다양한 특수장면에서 적용할 수 있는 지식이다. 일반적 지식은 특수한 지식보다 추상적이며, '단편적 지식'이 아닌 상위의 종합적이고 전이가 높은 '고등정신과정'이다.

여덟째, 도표와 수표와 같은 구체적이고 실제적인 자료를 사용하여 문항을 제작한다. 도표나 수표와 같이 구체적 자료가 포함된 문항은 학습한 것을 실제 문제에 적용하는 능력을 평가할 수 있고, 사고력, 해석력, 적용력, 추리력, 비판력 등을 측정할 수 있다.

아홉째, 문항에 답하는 데 필요한 모든 조건의 누락이 없도록 한다. 문항 제작자가 자기 생각 속에 가지고 있는 조건을 '함정'처럼 생각하고 문항 속에 제시하지 않으려는 경향이 있다. 또한 문항 중에 답하는 데 필요한 조건을 충분하게 제시하지 않아서 그 문항의 내용을 피상적으로 알고 있는 사람이나 '추측'을 하는 사람이 정답을 하는 경우를 가끔 볼 수 있다. 문항 내용은 수험자가 답하는 데 혼란을 주지 않고, 제 삼자가 보아 다르게 해석할 여지가 없도록 필요한 모든 조건이 완벽하게 제시되어야 한다.

열 번째, 한 개의 문항에는 하나의 개념이나 아이디어만을 포함시킨다. 문항은 채점단위를 의미 하는 것으로 한 개의 문항 속에 두 개의 아이디어가 들어가면 출제가 어려워질 뿐만 아니라 채점 비중이 달라져 채점도 어려워진다.

열 한번째, 문항은 쉬운 것부터 어려운 것으로 제시하고, 문항이나 문항 속의 내용이 어떤 논리적인 순서를 가지고 있다면 그러한 순서대로 내용을 제시한다. 학생의 동기유발이나 심리적 상태를 안정시키기 위해서는 쉬운 문항부터 차례로 제시하거나, 논리적인 또는 연대적인 순서대로 내용을 제시한다. 첫 문항부터 너무 어렵거나 답안 작성에 오랜 시간이 걸리면 수험자는 좌절하거나 자신의 능력을 제대로 발휘할 수 없다.

열두 번째, 조건이나 예외없이 절대적으로 맞거나 틀리는 사실에 근거하여 문항을 작성한다. 출제한 문항의 내용이 사람마다 다르게 해석되지 않아야 한다. 급격한 지식의 팽창과 함께 쉽게 변화되기 쉬운 내용이나 시대적 낙후성이 있는 낡은 지식을 출제하지 않기 위해서는 검사 목표의 선정에서부터 검사내용, 출제방식에 이르기까지 세심한 주의를 해야 한다.

열세 번째, 문항은 수험자 집단의 성격을 고려하여 제작한다. 검사 집단의 크기, 동질성 등을 고려하여 문항을 제작한다. 수험자가 생소한 문항처럼 보이지 않도록 문항을 제작한다.

열네 번째, 수험자의 능력을 고려하여 문항 수를 적절하게 조절한다. 수험자가 정답을 할 수 있음에도 불구하고 시간의 제약 때문에 답을 못하지 않도록 한다. 문항수의 결정은 측정해야 할 영역을 골고루 표집하는 것도 중요하지만, 수험자의 능력 수준도 충분히 고려해야 한다.

### 2) 선택형 문항 제작의 원리 및 유의사항

선택형 문항의 제작 원리 및 유의사항을 살펴보면 다음과 같다(박도순, 2000: 109-124).

첫째, 문항 내용 중 가능한 한 반복되는 어구가 없도록 한다. 답지마다 반복되는 어구가 있으면 문항에 포함시킴으로써, 답지를 간결하게 한다.

둘째, 문항 내용은 '상투적인 표현'을 다루지 않는다. 문항 내용이 '상투적인 표현'으로 출제된다면, 학습자는 말의 의미도 모르면서 낱말만 맹목적으로 암기하게 된다. 이것은 학습자에게 '기계적 암기'를 조장하거나 출제의도와 다른 결과를 초래할 수 있다.

셋째, 검사문항의 설명 내용 중 중요한 원리-법칙에 해당하는 것을 포함시킨다. 학습자는 검사문항을 해결할 때 주의집중을 하게 된다. 따라서 검사문항은 학습시킬 주요 내용을 '설명'으로 포함시킨다.

넷째, 문항의 사태설정에서 거짓이 되는 내용은 포함시키지 않는다. 수험자가 답하는 데 관계없는 것이라 하더라도 거짓을 써서는 안 된다. 검사를 받는다는 사실이 하나의 학습과정이므로 거짓으로 쓴 내용이 수험자에게 학습효과로 강화될 수 있기 때문이다.

다섯째, 문법적 구조가 주는 단서를 배제한다. 문항 내용이 문법적으로 맞지 않아 수험자에게 혼란을 주지 않아야 함은 물론, 정답이 문법적인 구조 때문에 분명하게 되는 일이 있어서는 안된다. '-이, -가'라는 조사는 뒤에 오는 명사의 받침에 의해 결정된다. 문법적 구조가 정답 선정에 영향을 주지 않도록 세심한 배려가 필요하다.

여섯째, 언어적 연상이 주는 단서를 배제한다. 특히 용어의 정의를 문항으로 출제할 때에는 이러한 언어적 연상이 일어나지 않는 문항이 되도록 주의한다.

일곱째, 묻는 말과 답하는 내용이 의미상 연결됨으로써 발생할 수 있는 정답의 단서를 배제한다. 묻는 말이 의미상 너무 분명하게 단일한 특정 내용을 지칭할 때 생기는 단서를 제거한다. 모든 답지와 묻는 말과의 관계를 분석하면, 이런 오류를 제거할 수 있다.

여덟째, 정답의 길이나 위치가 주는 단서를 배제한다. 정답을 오답보다 길게 쓰는 '정답의 길이가 주는 단서'와 채점의 편의상 정답의 위치를 고정시키는 '정답의 위치가 주는 단서'를 제거한다.

아홉째, 문항 간의 공통적인 요소가 주는 단서를 배제한다. 한 문항의 설명내용이 다른 문항의 정답을 추리하지 않도록 한다. 앞 문항과 뒤 문항에 공통적인 요소가 있으면 한 쪽의 내용에서 다른 쪽의 정답을 찾아낼 가능성이 있다.

열 번째, 문항작성에서는 '일반화'를 강조하는 말이나 '절대적인' 뜻을 가진 말을 사용하지 않는다. '대체로, 가끔, 흔히, -하는 경향이 있다. -일 것이다' 등과 같은 일반화의 뜻을 가진 말이나, '-만, -뿐, 모든, 아무것도, 반드시, 언제나, 결코' 등과 같이 절대적인 의미를 가진 말을 사용하지 않는다.

열 한 번째, 정답은 분명하고, 오답은 '그럴 듯하게' 문항을 만든다. 선택형 검사문항 제작의 가장 중요한 기술의 하나로서 정답은 누가 보아도 분명하고 논쟁할 여지가 없어야 하며, 오답은 능력이 없고 자신이 없는 수험자에게는 '정답인 듯'하게, 오답의 매력이 있도록 만들어야 한다.

### 3) 서답형 문항 제작의 원리 및 유의사항

서답형 문항의 제작 원리 및 유의사항을 살펴보면 다음과 같다(박도순, 2000: 124-128).

첫째, 서답형 검사문항에 대한 응답의 범위를 가능한 한 좁혀서 하나의 정신기능이나 교수목표를 측정한다. 질문내용이 광범위하고 복합적인 경우에는 채점이 상당히 어려워질 뿐만 아니라 신뢰성이 적어지고 질문내용이 수험자에게 불명료해진다. 반응은 자유도를 최대한 허용하되 답의 표현은 '이곳으로'라는 방향을 지시해 주는 문항이 되어야 한다.

둘째, 지식보다는 고등정신기능을 측정한다. 서답형 검사문항의 가장 중요한 장점 중 하나는 다른 문항 형식에서 측정하기 어려운 사고력, 추리력, 종합력, 비유력, 표현력, 창의력과 같은 고등정신기능의 측정이 가능하다는 데 있다.

셋째, 문항의 질문은 명료해야 한다. 검사문항이 무엇을 묻고 있는지, 어떤 근거로 답을 해야 하는지에 대한 한계를 수험자에게 명료히 제시한다. 문제의 성격이 다른 반응의 여지가 있는 경우에는 응답의 길이를 어느 정도 제한할 필요가 있다. 이것저것 많이 쓰는 경우, 정답에 관계된 반응을 많이 함으로써 많이 쓴 수험자에게 유리하게 된다.

넷째, 문항은 객관적인 채점을 고려하여 제작한다. 문항제작과 동시에 모범답안을 작성한다. 객관적인 채점을 위해서는 문항 속에 채점기준을 명시한다. 효과적인 채점기준의 제시방식에는 사례 나열 방식, 감점조건 제시방식, 요소별 배점 방식이 있다. 사례 나열 방식은 부분 점수를 받을 수 있는 가능한 모든 답안의 예를 구체적으로 제시하고, 각각에 대한 득점을 명시하는 형태이다. 단답형과 완성형의 채점기준 작성에 이용할 수 있는 방식이다. 감점조건 제시방식은 감점을 당하게 되어 있는 답안상의 미비점을 구체적으로 명시하고, 그에 대한 감점치를 명시하는 형태이다. 요소별 배점방식은 정답 또는 모범답안을 구성하고 있는 채점요소 각각에 대해 배점을 명시하는 방법이다. 이 방식은 논술형 문항의 채점기준에 적합한 방식이다.

다섯째, 검사문항을 여러 개 제시하고, 그 중에서 선택하여 답을 하지 않도록 한다. 서답형 문항은 수험자의 부담을 덜어주지만, 능력의 표집이 다르다. 따라서 평가결과를 서로 비교할 수 없다는 단점이 있다.

여섯째, 문항간의 비중을 너무 넓게 설정하지 말아야 한다. 문항간의 비중이 크지 않도록 함으로써, 특정 내용이 지나치게 전체점수에 영향을 주지 않도록 해야 한다.

## 3. 선택형 문항의 유형

### 1) 양자택일형(binary-choice item)

양자택일형 문항은 피험자가 두 개의 선택지 중 하나를 고르도록 하는 문항유형이다. 피험자가 선택할 수 있는 선택지는 옳음과 그름, 맞음과 틀림, 정확함과 부정확함 등 다양하다. 가장 널리 사용되는 것은 진위형 문항이다. 진위형 문항은 피험자에게 진술문을 제시하고 그것의 진위, 정오를 판단하게 하는 문항 형식이다. 진위형 문항의 예시는 〈표 7-2〉와 같다.

〈표 7-2〉 진위형 문항의 예시

| ※ 다음의 문항을 읽고, 올바른 진술에는 ○, 잘못된 진술에는 X 하세요.<br><br>1) 규준지향평가는 개인의 집단 내 상대적 위치에 대한 정보 파악이 용이하다.(　　)<br>2) 규준지향평가에서의 규준이란 교과에서 설정한 학습목표이다. (　　)<br><br>정답 1) ○　2) X [2006학년도 중등교사 임용고사] |
|---|

양자택일형 문항을 제작할 때에는 다음을 고려해야 한다(김석우, 2015: 252-253; 성태제, 2005: 152-156; 이종승, 2009: 151-152). 첫째, 양자택일형 문항을 제작할 때에는 하나만 만들지 말고 짝을 이루어 만든다. 양자택일형 문항은 그 진술 내용이 참/거짓과 같이 두 개로 확연하게 구분되는 경우에 가장 잘 적용될 수 있기 때문에, 참을 나타내는 진술문을 반대로 진술하면 거짓이 되어야 한다. 두 문항씩 짝을 이루어 만들면 한꺼번에 두 문항을 만들 수 있어서 효율적이다. 만약 반대되는 진술문을 만들 수 없다면, 그 문항은 양자택일형 문항으로서 적절하지 않은 문항이다. 둘째, 문항을 대충 읽은 학생이 오답을 선택하도록 문항을 진술한다. 학생들이 정확히 암기하는 게 목적이라면, 피상적으로 문항을 읽은 학생이 정답을 맞히기 어렵게 제작한다. 이것은 학생의 실수를 유발하도록 함정을 제시하는 것이 아니라, 학생이 문항을 주의 깊게 읽고 깊이 생각해서 응답하는 습관을 기르도록 하는 데 목적이 있다. 셋째, 부정문을 가급적 피하고, 이중부정은 절대 사용하지 않는다. 부정문을 사용하게 되면, 진술문의 정확성을 판단하는 데 불필요한 복잡성을 증가시킨다. 넷째, 하나의 진술문에는 하나의 개념만 포함시킨다. 하나의 진술문 안에 두 개의 개념이 포함되면, 어떤 개념을 기준으로 응답을 해야 하는지 문제가 발생한다. 다섯째, 두 범주가 골고루 나올 수 있도록 전체 문항을 구성한다. 참인 문장과 거짓 문항의 비율을 비슷하게 구성하고, 교사의 참, 거짓 문항 출제 성향을 학생이 파악하지 않도록 유의한다. 여섯째, 각 문항의 길이를 비슷하게 한다. 정답에 대한 불필요한 힌트를 주지 않기 위해서는 거짓 진술문을 짧게 만들고 참인 진술문을 길게 만들지 않도록 주의한다.

양자택일형 문항의 장점은 다음과 같다(김석우, 2015: 253; 성태제, 2005: 158; 이종승, 2009: 153). 첫째, 간결성이다. 평가자는 양자택일형 문항을 여러 개 사용함으로써 검사 내에서 다양한 범위의 내용을 다룰 수 있다. 둘째, 채점이 신뢰성 있고 빠르며 객관적이다.

양자택일형 문항의 단점은 다음과 같다(김석우, 2015: 253; 성태제, 2005: 158; 이종승, 2009: 153). 첫째, 학생들이 명칭이나 정의, 날짜 등과 같은 사실적 정보를 단순히 암기하는 데 학습의 초점이 될 수 있다. 양자택일형 문항은 비교적 작고 별로 중요하지 않은 정보를 많이 다룬다. 둘째, 학생들이 정답을 맞히기 위해 추측에 의존할 가능성이 높다. 양자택일형 문항은 결과적으로 학생들에게 추측반응을 격려한다. 셋째, 양자택일형 문항의 작성에서 잘못하면 모호한 진술문이 되기 쉽다.

### 2) 연결형 문항(matching item)

연결형 문항은 단어나 구절을 모아 놓은 두 개의 목록으로 구성된다. 피험자는 문항에서 요구하는 방식에 따라 한 목록을 구성하는 요소와 다른 목록을 구성하는 요소를 연결해야 한다. 왼쪽에는 전제(promise), 오른쪽에는 답지(response), 전제와 답지를 연결하는 지시문의 3가지로 구성된다. 전제와 답지에는 단어, 어구, 문장, 기호 등 무엇이든지 사용할 수 있다.

연결형 문항의 유형은 단순연결형, 복합연결형, 분류연결형, 관계분석형, 관계분류형, 공변관계형의 6가지 유형이 있다. 먼저, 단순연결형(simple matching type)은 전제와 답지가 한 묶음으로 있으며, 가장 보편적으로 사용된다. 단순연결형 문항의 예시는 〈표 7-3〉과 같다.

〈표 7-3〉 단순연결형 문항의 예시

※ 우리나라의 고유 명절과 민속놀이를 바르게 연결하시오.

| | | | | | |
|---|---|---|---|---|---|
| ① | 정월대보름 | | ㉠ | 윷놀이 | |
| ② | 단오 | | ㉡ | 강강술래 | |
| ③ | 추석 | | ㉢ | 그네뛰기 | |
| ④ | 설날 | | ㉣ | 쥐불놀이 | |
| | | | ㉤ | 줄다리기 | |

정답: ①(㉣), ②(㉢), ③(㉡), ④(㉠)

복합연결형(compound matching type)은 한 개의 전제에 대해 두 개 이상의 답지가 배합되도록 하는 형식이다. 복합연결형 문항의 예시는 〈표 7-4〉와 같다.

〈표 7-4〉 복합연결형의 예시

※ 다음에 제시한 인명과 관련한 업적은 〈A〉에서, 국적은 〈B〉에서 선택하시오.

| A | B | 〈인명〉 | 〈A〉 | 〈B〉 |
|---|---|---|---|---|
| ( ) | ( ) | 가. 코흐 | 1. 광학 | 1. 오스트리아 |
| ( ) | ( ) | 나. 멘델 | 2. 라듐 | 2. 영국 |
| ( ) | ( ) | 다. 퀴리부인 | 3. 결핵균 | 3. 프랑스 |
| ( ) | ( ) | 라. 뉴턴 | 4. 우성인자 | 4. 독일 |

정답: A(3, 4, 2, 1) B(4, 1, 3, 2)

분류연결형(Classification matching type)은 어떤 조건, 법칙, 개념, 사실에 비추어 주어진 답지를 분류시키는 방법이다. 분류연결형 문항의 예시는 〈표 7-5〉와 같다.

〈표 7-5〉 분류연결형 문항의 예시

※ 다음의 동물을 A, B, C, D의 유목에 따라 분류하시오.
A. 조류 B. 포유류 C. 어류 D. 양서류

| ( ) | 독수리 | ( ) | 소 |
|---|---|---|---|
| ( ) | 쥐 | ( ) | 고래 |
| ( ) | 도롱뇽 | ( ) | 꽁치 |
| ( ) | 박쥐 | ( ) | 올챙이 |

정답: (A, B, D, B) (B, B, C, D)

관계분석형(relation analysis type)은 답지에 제시된 두 개의 진술문 사이에 인과관계가 성립하는지의 여부를 분석해서 주어진 전제에 따라 분류시키는 형식이다. 관계분석형 문항의 예시는 〈표 7-6〉과 같다.

〈표 7-6〉 관계분석형 문항의 예시

※ 아래 문제에는 주장과 그 주장에 대한 이유를 제시하였다. 다음 요령에 따라 답하시오.
가. 만약 주장과 이유 두 가지가 다 옳고, 그 이유가 주장에 대하여 옳다면 ——— A
나. 만약 주장과 이유 두 가지가 다 옳으나, 그 이유가 주장에 대하여 옳지 않다면 ——— B
다. 만약 주장은 옳으나 이유가 옳지 않을 때 ——— C
라. 만약 주장은 옳지 않으나 그 이유가 옳을 때에는 ——— D

| 주장 | | 이유 | 답 |
|---|---|---|---|
| 1. 약혼 전인 젊은 남녀 간에는 방문을 닫고 둘만 이야기하지 않는다. | 왜냐하면 | 남녀칠세 부동석이라는 옛 말이 있다. | ( ) |
| 2. 시금치를 데칠 때 소다를 넣으면 색이 선명해지지만, 비타민C를 파괴한다. | | 비타민 C는 알칼리에 강하다. | ( ) |
| 3. 임신 후반기에는 구성영양소와 조절영양소의 증가가 필요하다. | | 태아의 성장에 따라 신체의 모든 세포가 정상적으로 발육되어야 한다. | ( ) |

정답: D, C, A

관계분류형(both-neither classification type)은 답지에 두 개의 조건을 제시하고 그 관계가 전제에 비추어 어느 것으로 분류될 수 있는지를 묻는 방법이다. 관계분류형의 예시는 〈표 7-7〉과 같다.

〈표 7-7〉 관계분류형 문항의 예시

| 예) 다음 문제에는 두 개의 진술문(A, B)이 있다.<br>다음 요령에 따라 답하시오.<br><br>• 그 문제가 A에만 관계가 있으면 ―――― 가<br>• 그 문제가 B에만 관계가 있으면 ―――― 나<br>• 그 문제가 A, B 모두에 관계가 있으면 ―― 다<br>• 그 문제가 A, B 모두에 관계가 없으면 ―― 라<br><br>1. 공업의 발달(　)<br>A. 초기에 투입 자본이 많이 필요하다.<br>B. 기술혁신이 부가가치를 생산한다.<br><br>2. 인구의 증감(　)<br>A. 인구는 산아제한 정책을 통해 억제된다.<br>B. 인공위성은 유인과 무인 두 가지로 나눌 수 있다.<br><br>정답: 1(다), 2(가) |
|---|

공변관계형(variation relationship type)은 양적 관계와 인과관계를 합쳐서 문항을 제작하는 방법으로 변인 사이의 양적 인과관계를 측정하는 경우에 적합하다. 공변관계형 문항의 예시는 〈표 7-8〉과 같다.

〈표 7-8〉 공변관계형 문항의 예시

예: 다음에 짝지어진 문항별로
- 첫째 것의 증가가 둘째 것의 증가를 초래하면 —— A
- 첫째 것의 증가가 둘째 것의 감소를 초래하면 —— B
- 첫째 것의 증가가 둘째 것의 증거나 감소에 아무런 영향을 미치지 않는다면 —— C 에 답하시오.

- 북극지방에 사는 나그네쥐의 수 - 같은 북극지방에 사는 순록의 수 (a, b, c)
- 북극지방에서 자라는 지의류 식물의 수 - 같은 북극지방에 사는 순록의 수 (a, b, c)
- 특정 지역의 토양의 밀도 - 폭우가 내린 후의 그 땅의 물의 흡수량 (a, b, c)

정답: 1(c), 2(a), 3(b)

연결형 문항을 제작할 때에는 다음을 고려해야 한다(김석우, 2015: 256-257; 성태제, 2005: 182-184; 이종승, 2009: 157-158). 첫째, 연결형 문항을 구성하는 항목은 가급적 간략하게 만들고, 짧은 단어나 구절로 된 항목을 오른쪽에 배치한다. 둘째, 각 목록을 구성하는 요소를 균질하게 만든다. 전제 및 답지 목록은 모두 유사한 요소로 구성되어야 한다. 전제는 전제대로 답지는 답지대로 같은 개념, 사실, 현상, 법칙에 속하는 유목으로 묶여야 한다. 예를 들어 한 검사 내에서 인물이나 장소 등 이질적인 내용을 동시에 사용하지 않는다. 셋째, 답지의 수를 전제의 수보다 많게 한다. 답지에 몇 개의 답안을 추가적으로 포함하여 추측 가능성을 줄인다. 넷째, 답지는 논리적 순서로 배열한다. 전제 요소가 어떤 대응 요소와 연결되는지에 대한 불필요한 힌트를 주지 않도록 하기 위한 것이다. 답지의 배열은 연도순이나 '가나다'순으로 제시하는 것이 좋다. 다섯째, 어떤 규칙에 따라 연결해야 하는지, 그리고 답지를 몇 번 사용할 수 있는지 명시한다. 어떠한 기준으로 연결해야 하는지 명확하게 제시하고, 답지를 '한 번씩만 사용하는지 두 번 이상 사용될 수 있거나 전혀 사용되지 않을 수도 있다.' 등과 같이 응답 방법을 명시해야 한다. 여섯째, 전제 요소와 대응 요소는 모두 한 페이지에 배치한다. 일곱째, 연결형 문항에서는 '전제'와 '답지'의 각 항목이 중첩되지 않도록 하여야 한다. 항목 간 분류나 유목이 서로 중첩되거나 한 항목이 다른 항목을 포괄하면 안된다.

연결형 문항의 장점은 다음과 같다(김석우, 2015: 257; 성태제, 2005: 184; 이종승, 2009: 158). 첫째, 학생이 사실적 지식을 암기했는지 평가할 때 가장 효과적으로 사용할 수 있다. 둘째, 학생들이 목록에 제시된 전제와 답지에 관한 지식을 통합하거나 서로 연관지어 생각할 수 있도록 하는 상황에서 유용하게 사용될 수 있다. 셋째, 실시 시간이 걸리지 않으면서도 다수의 학습목표를 평가할 수 있다. 넷째, 채점이 신뢰성 있고 객관적이기 때문에 검사의 객관도 및 신뢰도를 높일 수 있다.

연결형 문항의 단점은 다음과 같다(김석우, 2015: 257; 성태제, 2005: 184; 이종승, 2009: 158). 첫째, 연결형 문항은 서로 관련성이 있는 개념으로 구성되어야 하기 때문에 독립적인 개념을 평가할 때에는 적합하지 않다. 둘째, 동질적인 전제와 동질적인 답지를 만들기 어렵다. 셋째, 추측요인이 작용할 가능성이 높다.

### 3) 선다형 문항(multiple-choice item)

선다형 문항에서는 문제가 진술된 문장이나 부분적으로 완성된 진술문이 먼저 주어진다. 이 부분을 문두(stem)라고 한다. 문두가 제시되면, 답이 될 가능성이 있는 문장이나 단어 등이 보통 세 개 이상 주어지는데, 이를 답지라고 한다. 선다형 문항이 선택형 문항에서 가장 보편적으로 사용된다. 선다형 문항은 학생들의 답안을 전산으로 채점하는 대규모 검사에서 더 많이 사용된다.

선다형 문항의 유형에는 최선답형, 정답형, 다답형, 합답형, 불완전 문장형, 부정형의 6가지 유형이 있다. 먼저, 최선답형은 여러 가지의 답지 중에서, '가장 맞는 답', '정답의 정도가 가장 큰 것'을 선택하게 하는 방법이다. 최선답형 문항의 예시는 〈표 7-9〉와 같다.

〈표 7-9〉 최선답형 문항의 예시

| ※ 김교사는 학생들에게 약수와 배수에 대해 가르치려고 한다. 가르치기에 앞서 김교사는 덧셈, 뺄셈, 곱셈, 나눗셈 등에 관한 문제로 구성된 간단한 시험을 실시하였다. 시험을 실시한 이유로 가장 적절한 것은?( )<br><br>① 시험 보는 기술을 훈련시키기 위해서이다.<br>② 수학에 관한 흥미를 유발하기 위해서이다.<br>③ 학생들의 선수 학습 정도를 파악해 보기 위해서이다.<br>④ 약수와 배수에 관한 그릇된 개념을 교정하기 위해서이다.<br><br>정답: ③ [2002학년도 초등 교육학 임용고사 문제] |
|---|

정답형은 여러 개의 답지 중 한 개만 정답이고 다른 것은 전혀 관계없는 것으로 되어 있는 형식이다. 정답형 문항의 예시는 〈표 7-10〉과 같다.

〈표 7-10〉 정답형 문항의 예시

| ※ 점수 또는 순위에 대한 설명으로 바른 것은?( )<br>① 1등과 10등의 능력 차이는 41등과 50등의 차이와 같다.<br>② 국어 성적이 4등, 수학 성적이 10등인 학생의 평균 성적 순위는 7등이다.<br>③ 두 검사에서 똑같이 50점을 받았다고 하더라도 표준점수는 다를 수 있다.<br>④ 수학 시험에서 80점을 받은 사람은 40점을 받은 사람보다 두 배의 수리 능력을 가지고 있다.<br><br>정답: ③ [2005학년도 초등 교육학 임용고사 문제] |
|---|

다답형은 답지에 정답이 여러 개 있는 형식이다. 다답형은 분명한 정답이 여러 개 있고 그것을 한 문항 속에 담고 싶을 때 사용한다. 문두에 답지 중 정답을 '여러 개 골라야 한다'는 것을 명시하고 반드시 밑줄을 긋는다. 채점방법은 다 맞아야 정답이 되는 전-무 방법(all or not)을 사용한다. 다답형 문항의 예시는 〈표 7-11〉과 같다.

〈표 7-11〉 다답형 문항의 예시

※ 다음의 시험 결과에 대한 진술로 옳은 것을 세 가지 고르면?( , , )
① 영희는 수학 교과의 성취목표를 약 84% 달성하였다.
② 영희의 국어 점수는 상위 3% 안에 드는 점수이다.
③ 영희의 국어 교과 Z점수는 2, 수학 교과 Z점수는 1이다.
④ 국어 점수가 수학 점수보다 평균을 중심으로 더 몰려 있다.
⑤ 국어와 수학 점수의 평균이 비슷하고 둘 다 정규분포를 이루므로 국어와 수학 점수 간의 상관이 높을 것이다.

정답: ②, ③, ④ [2012학년도 초등 교육학 임용고사 문제]

합답형은 여러 개의 답지 중 하나 혹은 하나 이상이 합해서 정답이 되는 형식이다. 답지 중 정답을 하나만 알아서는 안되며 여러 개를 종합적으로 알아야 한다. 형식은 다답형과 비슷하지만 '합해진 답지 세트'에 대해서 정답으로 채점한다는 점에서 차이가 있다. 이 형식은 수험자가 완전히 이해해야 답할 수 있다는 장점이 있으나, 묶여 있는 답지군 때문에 정답의 단서를 줄 수 있다는 단점이 있다. 합답형 문항의 예시는 〈표 7-12〉와 같다.

〈표 7-12〉 합답형 문항의 예시

※ 〈보기〉 중 규준지향평가(norm-referenced evaluation)와 준거지향평가(criterion-referenced evaluation)의 차이에 대한 올바른 진술로 짝 지은 것은?( )

〈보기〉
가. 규준지향평가는 발달적 교육관에 근거하지만, 준거지향평가는 선발적 교육관에 근거한다.
나. 규준지향평가에서는 변별도보다 타당도가 중시되지만, 준거지향평가에서는 타당도보다 변별도가 중시된다.
다. 규준지향평가에서는 다른 학생들보다 높은 점수를 얻기 위해 노력해야 하지만, 준거지향평가에서는 목표에 도달하고자 노력해야 한다.
라. 규준지향평가에서의 원점수는 규준에 따라 상대적으로 해석되지만, 준거지향평가에서의 원점수는 설정된 기준에 따라 일정한 의미를 지닌다.

① 가, 나 ② 가, 다 ③ 나, 다 ④ 다, 라

정답: ④ [2007학년도 초등 교육학 임용고사 문제]

불완전 문장형은 문항의 진술문이 직접 질문이 아니고 일부분이 비어 있는 불완전 문장으로 되어 있으며, 이 불완전한 곳에 채워야 할 정답을 답지에서 찾는 방법이다. 불완전 문장형 문항의 예시는 〈표 7-13〉과 같다.

〈표 7-13〉 불완전 문장형의 예시

※ 〈보기〉의 (가)에 들어갈 말로 가장 적절한 것은?(  )

〈보기〉 실험연구에서 독립변인 이외의 다른 변인들이 종속변인에 미치는 영향을 잘 통제한다면, 연구 결과의 (가)가 높아질 것이다.

① 내적 타당도 ② 외적 타당도 ③ 일반화 가능도 ④ 내적 일관성 신뢰도

정답: ① [2006학년도 초등 교육학 임용고사 문제]

부정형은 답지 중 한 개는 '거짓'인 항목을 주고 그것을 선택하게 하는 방법이다. 이 형식을 사용할 때에는 반드시 부정적 표현의 어구에 밑줄을 긋거나 다른 방법으로 주위를 환기시켜야 한다. 부정형 문항의 예시는 〈표 7-14〉와 같다.

〈표 7-14〉 부정형 문항의 예시

※ A교사는 평가 문항 제작원리에 근거하여 수업시간에 다루었던 중요한 교과내용을 중심으로 〈보기〉와 같이 두 가지 유형의 시험지를 제작하고, 이 중 어느 하나로 학기말고사를 실시하려고 한다. ㉮형과 비교해 볼 때, ㉯형에 대한 설명으로 잘못된 것은?(  )

〈보기〉
㉮형: 30개의 문항으로 된 사지선다형(multiple-choice type) 시험
㉯형: 2개의 문항으로 된 논술형(essay type) 시험

① 문항표집의 대표성이 높다.
② 채점 시 채점자의 주관이 개입될 가능성이 높다.
③ 학생이 정답을 모를 때 추측으로 정답을 할 가능성이 거의 없다.
④ 학생의 표현력과 문장력이 평가결과에 영향을 미칠 가능성이 높다.

정답: ① [2008학년도 초등 교육학 임용고사 문제]

선다형 문항을 제작할 때에는 다음을 고려해야 한다(김석우, 2015: 254-256; 성태제, 2005: 160-179; 이종승, 2009: 164-169). 첫째, 문두에 제시하는 질문이나 문제는 그 자체로 완전해야 한다. 문두는 문항의 내용을 많이 포함하고, 선택지는 짧게 만드는 것이 좋다. 둘째, 부정형 진술은 가급적 피한다. 부정형으로 진술된 문항은 학생들에게 불필요한 혼동을 초래한다. 셋째, 모든 선택지는 문두와 문법적으로 일관되어야 한다. 넷째, 모든 선택지를 그럴 듯 하게 만들되, 그 중 하나는 논쟁의 여지없이 옳거나 가장 최선의 답안으로 만든다. 다섯째, 전체 검사에서 정답의 위치를 무작위로 배치하여 각 선택지가 정답이 될 확률을 동일하게 한다. 여섯째, 선다형 문항의 답지에서 '위에는 정답이 없음' 또는 '위의 것이 모두 정답임' 등을 사용할 때에는 주의를 기울여야 한다. 위에 제시된 선택지처럼 '모두' 라는 선택지는 사용하지 않는다. 위에 제시된 선택지 중 답 없음은 문항을 어렵게 만들기 때문에 사용해도 된다. 학생들은 문항에서 둘 이상의 정답을 선택할 때 혼동하는 경향이 있다. 일곱째, 선다형 문항에서 답지에 반복되는 말은 문항에 포함시켜 표현하도록 하여야 한다. 답지에 반복되는 용어가 있을 때에는 이를 문두에 넣음으로써 문항을 단순화하고 간결하게 하는 것이 필요하다. 여덟째, 선다형 문항의 답지 작성에 있어서 그 의미나 내용이 중복되지 않도록 하여야 한다. 선다형 문항의 답지에서 숫자-연대-양 같은 것을 다룰 때 분류를 잘못하면 중복되는 수가 있다. 선다형 문항의 답지는 답지 내에서 그것이 오답이든 정답이든 정밀하게 구분해 줄 필요가 있다. 선다형 문항에서 술어의 정의를 다룰 때 문제에 술어를, 답지에 정의를 두도록 하여야 한다. 아홉째, 술어나 용어의 정의는 그와 유사한 단어를 사용하는 경우가 많다. 정의를 문두에 놓게 되면 정답의 단서를 줄 가능성이 있다. 따라서 문두에 술어, 답지에 정의를 두는 경우, 정확히 아는 사람만이 대답할 수 있고 어렴풋이 추측하는 오차가 줄어든다.

선다형 문항의 장점은 다음과 같다(김석우, 2015: 256; 성태제, 2005: 180-181; 이종승, 2009: 169). 첫째, 인지 기능이나 지식뿐만 아니라 정의적 행동 특성을 측정하는 데 적용할 수 있다. 둘째, 선다형 문항은 다양하게 변형이 가능하다. 문항을 조금만 변형시키면 생소한 상황에서의 원리를 응용하는 적용력, 나아가서는 추리력, 판단력, 비판력 등을 측정할 수 있다. 셋째, 난이도 수준을 다양하게 변화시킬 수 있다. 넷째, 채점이 용이하다. 다섯째, 학생이 오답을 선택했을 때, 학생의 오개념을 파악할 수 있다.

선다형 문항의 단점은 다음과 같다(김석우, 2015: 256; 성태제, 2005: 182; 이종승, 2009: 169). 첫째, 학생이 선택지를 살펴보면서 정답이 무엇인지 고를 수 있으나 스스로 답을 생성하지 못한다는 점이다. 학생의 이해 상태나 능력에 대한 과장된 정보를 제공하고, 타당하지 않은 추론으로 연결될 가능성이 있다. 둘째, 어떤 내용을 창의적으로 종합할 수 있는 능력을 측정하기 어렵다. 셋째, 선택지의 개수를 맞추기 위해 오답지가 거의 확실해 보이는 선택지를 포함시키는 경우가 종종 있다.

## 4. 서답형 문항의 유형

### 1) 완성형(completion form item)

완성형이란 진술문의 일부분을 띄어 놓고 단어, 어구, 숫자, 기호 또는 문장을 써넣게 하는 문장유형이다. 완성형 문항의 유형에는 불완전 문장형, 불완전 도표형, 제한 완성형의 3가지가 있다.

불완전 문장형 문항은 문장에서 중요하고 의미 있는 부분을 띄어 놓고 그 곳에 문장(단어, 구, 기호, 어구, 숫자 포함)을 써 넣게 하는 것이다. 불완전 문장형 문항의 예시는 〈표 7-15〉와 같다.

〈표 7-15〉 불완전 문장형 문항의 예시

【※】〈자료〉의 ㉠~㉢에 들어갈 말을 순서대로 쓰시오

어느새 여름이 됬다. 여름에는……

- 학생 1 : 밑줄 친 문장에서 혹시 틀린 부분이 있나 봐 줄래?
- 학생 2 : 두 개의 모음이 만나서 하나의 음절로 줄어드는 것을 모음 축약이라고 배웠잖아. 예를 들어 'ㅚ'와 'ㅓ'가 만나 'ㅙ'로 축약되는 것 말이야. 그러니까 이 문장에서는 '( ㉠ )'이/가 틀렸어. 원래 '되었다'가 줄어든 형태니까 '( ㉡ )'(이)라고 고쳐 써야 해.
- 학생 1 : 아하, 그럼 '선생님, 내일 뵈어요.'에서 '뵈어요'도 줄여서 적으면 '( ㉢ )'(이)라고 적어야겠네.
- 학생 2 : 맞아! 이제는 확실히 알겠지?

㉠: (　　), ㉡: (　　　), ㉢: (　　　)

정답: ㉠: 됬다, ㉡: 됐다, ㉢: 봬요 [2019학년도 국가수준 학업성취도 평가 중3 국어]

불완전 도표형 문항은 문항의 내용을 도표로 제시하고, 도표 중 중요한 부분을 비워 놓고 그 곳에 답을 써 넣게 하는 것이다. 불완전 도표형 문항의 예시는 〈표 7-16〉과 같다.

〈표 7-16〉 불완전 도표형 문항의 예시

※ 다음 도표에서 빈칸을 채우시오.

| 원급 | 비교급 | 최상급 |
|---|---|---|
| strong | | |
| | | best |

정답 stronger, strongest, good, better

제한 완성형 문항은 선택형과의 혼합형이라고 할 수 있다. 빈 곳에 들어갈 낱말을 순서 없이 혼합해서 제시하고 그 중에서 정답을 골라 넣게 하는 방식이다. 제한 완성형 문항의 예시는 〈표 7-17〉과 같다.

〈표 7-17〉 제한 완성형 문항의 예시

※ 다음 문장을 읽고, (　　)안에 알맞은 낱말을 쓰시오.

| 고래는 (　　)(으)로 숨을 쉬고, 포유동물과 마찬가지로 (　　)을(를) 먹는다. |
|---|

(허파, 숨통, 물, 세포, 프랑크톤, 밥, 우유, 아가미, 젖)

정답: 허파, 젖

완성형 문항을 제작할 때에는 다음에 유의해야 한다(김석우, 2015: 258; 성태제, 2005: 205-208; 이종승, 2009: 174-175). 첫째, 교과서나 교재에 제시된 문장을 그대로 사용하지 않는다. 둘째, 여러 개의 정답이 나오지 않도록 문장을 구체적으로 개발한다. 셋째, 응답 빈칸을 문장의 끝부분에 준다. 넷째, 정답을 숫자로 표시할 때에는 단위를 제시해 준다. 다섯째, 정답을 암시하는 단서를 주지 않는다. 여섯째, 응답 빈칸을 1-2개로 제한한다. 빈칸을 여러 개 두면 학생들이 어떻게 응답해야 하는지 이해할 수 없게 된다. 여섯째, 응답 빈칸의 길이를 모두 동일하게 한다. 빈칸의 크기는 정답을 추측하는 데 불필요한 단서가 될 수 있다.

완성형 문항의 장점은 다음과 같다(김석우, 2015: 258; 성태제, 2005: 208; 이종승, 2009: 175-176). 첫째, 학생들이 쉽게 정답을 구성할 수 있다. 둘째, 짧은 시간에 다양한 문항을 출제할 수 있다. 셋째, 추측 요인을 줄일 수 있다. 넷째, 채점의 신뢰도가 높다. 다섯째, 단답형 또는 논술형보다 빠르게 채점할 수 있다. 여섯째, 선다형보다 타당한 결과를 도출할 수 있다.

완성형 문항의 단점은 다음과 같다(김석우, 2015: 258; 성태제, 2005: 208; 이종승: 2009: 176). 첫째, 선다형보다 채점 시간이 오래 걸린다. 둘째, 문제를 잘못 만들었을 때, 다수의 정답이 될 수 있다.

### 2) 단답형(short-answer form item)

단답형 문항은 학생으로 하여금 직접 질문에 대한 응답으로 한 두 개의 단어, 구절, 혹은 문장을 써 놓도록 하는 형식이다. 즉 단답형 문항은 학생들에게 간단한 단어, 구, 문장, 숫자, 그림 등 제한된 형태로 대답하도록 하는 문항유형이다. 단답형 문항의 유형에는 단구적 단답형과 서술형 단답형의 2가지가 있다.

단구적 단답형 문항은 완전한 문장 수준 미만의 답안을 요구하는 문항으로서, 한 두 개 정도의 단어, 어구, 숫자, 기호 또는 간단한 그림을 이용하여 응답하는 문항 형태이다. 단구적 단답형 문항의 예시는 〈표 7-18〉과 같다.

〈표 7-18〉 단구적 단답형 문항의 예시

※ 다음은 지구 내부에서 깊이에 따른 지진파의 속도 변화와 지진파에 대한 설명을 나타낸 것이다.

1. 지진파의 속도 변화를 통해 알 수 있는 맨틀과 외핵을 이루는 물질의 상태를 쓰시오.
맨틀 : ( ㉠ ), 외핵 : ( ㉡ )

정답: ㉠ 고체, ㉡ 액체
[2019학년도 국가수준 학업성취도 평가 중3 과학]

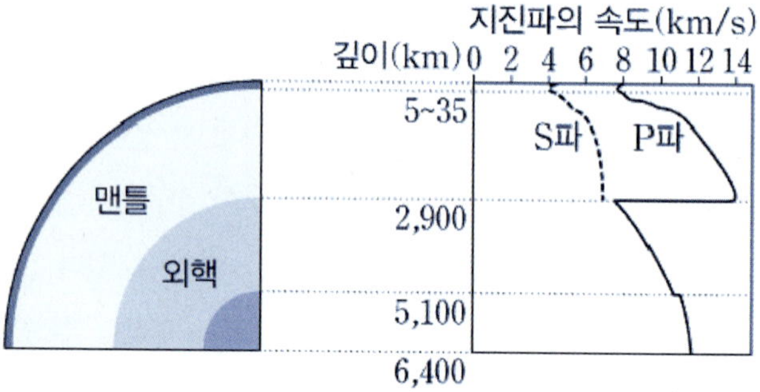


○ 지진파의 종류는 대표적으로 P파와 S파가 있다.
○ 지진이 발생했을 때, P파가 S파보다 먼저 도착한다.
○ 고체에서는 P파와 S파가 통과하고, 액체에서는 P파만 통과한다.

서술형 단답형 문항은 답안 내용의 범위와 서술양식, 또는 반응 수, 진술요소, 답안의 길이(문장 수, 글자 수 또는 행수)에 상당한 제한이 가해져서 대개 한두 개 정도의 짧은 문장으로 답하는 문항유형이다. 답안의 양이 비교적 적다는 점과 답안을 작성하는 데 있어 조직력이나 표현력이 별로 요구되지 않는다는 점에서 논술형과 구분된다. 서술형 단답형 문항의 예시는 〈표 7-19〉와 같다.

〈표 7-19〉 서술형 단답형 문항의 예시

| ※ 다음 그래프는 우리나라의 도시화 곡선이다. A 시기에 주로 나타난 특징을 한 문장으로 서술하시오. (단, '도시 인구'와 '산업화'의 2개의 제시어를 모두 사용하여 진술할 것) |
|---|
| 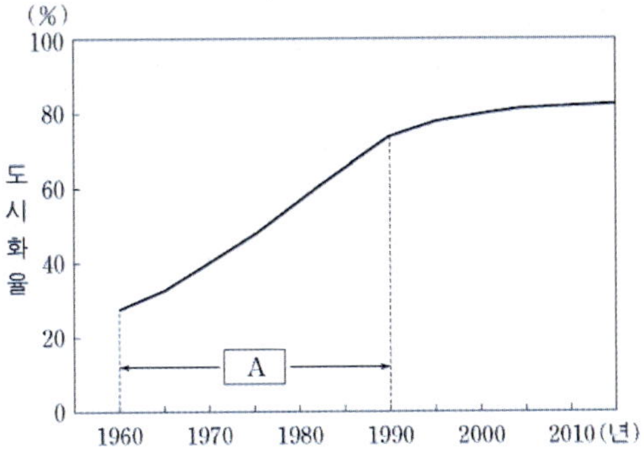 정답 : 산업화가 빠르게 이루어지면서 도시 인구가 증가했다. [2018학년도 국가수준 학업성취도 평가 중3 사회] |

단답형 문항을 제작할 때에는 다음에 유의해야 한다(성태제, 2005: 201-203; 이종승, 2009: 171-172). 첫째, 간결하면서도 고유한 정답을 가지도록 문항을 구조화한다. 둘째, 응답 빈칸을 가장자리에 둔다. 가장자리에 두면, 학생의 응답을 빠르게 채점하는 데 도움이 된다. 셋째, 학생들이 생각하는 단어나 구절을 적을 수 있도록 충분한 공간을 제시한다. 넷째, 교과서나 교재의 내용을 그대로 사용하지 않는다. 다섯째, 학생들이 이해할 수 있는 단어로 문항을 구성한다.

단답형 문항의 장점은 다음과 같다(김석우, 2015: 259-260; 성태제, 2005: 203). 첫째, 학생의 반응에서 추측요인을 줄일 수 있다. 둘째, 문항작성이 비교적 쉽다는 점이다.

단답형 문항의 단점은 다음과 같다(김석우, 2015: 260; 성태제, 2005: 203). 첫째, 선다형보다 채점하기가 어렵다. 둘째, 사실적 정보를 암기하도록 할 수 있다. 단답형 문항은 원리의 적용보다는 지식에 대한 암기를 측정하는 경향이 있다.

### 3) 논술형(essay type item)

논술형은 주어진 논제에 대해 자유롭게 자신의 생각을 펼쳐나가는 방법으로 자신의 의견을 논리적으로 전개하여 해결책을 탐색해 나가는 과정을 살펴보는 평가 유형이다. 논술형 문항의 유형에는 응답 제한형, 응답 자유형, 자료 제시형, 단독 과제형의 4가지 유형이 있다.

응답 제한형 문항은 학생들의 반응 허용 정도가 상당히 제한된 것으로 반응의 내용과 형식을 구체적으로 지시하여 제한된 방향으로 답을 구성하도록 요구하는 문항 형태이다. 응답 제한형 문항의 예시는 〈표 7-20〉과 같다.

〈표 7-20〉 응답 제한형 문항의 예시

| |
|---|
| • 초등학교 5학년 학생을 대상으로 50m를 몇 초에 달릴 수 있는지 알아보려고 하였다. 출발 지점에는 출발을 알리는 총을 가진 교사가 서 있고 도착 지점에는 스톱워치를 가진 교사가 서 있다. 출발 시에 총을 가진 교사가 총을 쏘아 신호를 하고 도착 지점에서는 스톱워치를 가진 교사가 시계를 작동하였다. 시간을 정확하게 재기 위해서 스톱워치를 가진 교사가 총소리를 듣는 순간에 그 시계를 작동하는 것이 좋은가? 또는 그 총에서 나는 빛을 보고 그 시계를 작동하는 것이 좋은가? 선택을 하고 그 이유를 설명하시오. |

응답 자유형 문항은 응답의 내용 범위, 서술양식, 답안의 길이에 대한 제한이 명시되어 있지 않다. 답안의 최대 길이가 학생 개개인의 능력 수준과 시험시간에 간접적으로 영향을 준다. 응답 자유형 문항은 학생들이 자신의 생각을 자유롭게 표현하도록 한다. 이 형태의 문항은 중요한 교육목표의 성취도를 보다 직접적으로 파악하는 데 도움이 되고, 학생의 개인적 특성을 파악하는 데 유용하게 활용할 수 있다. 응답 자유형 문항의 예시는 〈표 7-21〉과 같다.

〈표 7-21〉 응답 자유형 문항의 예시

| |
|---|
| • 요즘 청소년 문화에서 새로이 부상하고 있는 특징 중 하나는 연예인을 추종하며, 옷이나 좋아하는 물건, 사회에 대한 관점 등 생활의 거의 모든 측면에서 연예인을 모방하는 것이다. 이 현상에 대한 자신의 생각을 쓰시오. |

자료 제시형 문항은 문항 속에 학생이 읽을 자료를 제시해 주고 그것을 바탕으로 해서 응답하도록 하는 문항 형태이다. 자료 제시형 문항의 예시는 〈표 7-22〉와 같다.

〈표 7-22〉 자료 제시형 문항의 예시

| |
|---|
| • 과학의 발달: 인간에게 도움을 주는 측면과 인간 생활을 파괴하는 위험한 측면을 열거하고 내일의 인류를 위한 과학의 발전 방향을 제시한 18절 4쪽 정도의 과학 분야 논문 또는 평론 배부<br>• 별도로 나누어준 글을 읽고 다음 물음에 답하시오.<br>(1) 읽은 내용을 신문의 문화란에 발표한다고 가정하고 간략히 요약하시오.<br>(2) 자연개발과 생태계의 보전 방안에 대한 구상의 타당성을 논하시오. |

단독 과제형 문항은 자료나 정보를 제시하지 않고 특정 질문에 응답하도록 하는 문항 형태이다. 흔히 '논술형'이라고 할 때 가장 널리 쓰이는 것으로, 응답 자유형과 밀접하게 관련이 있다. 단독 과제형 문항의 예시는 〈표 7-23〉과 같다.

〈표 7-23〉 단독 과제형 문항의 예시

| |
|---|
| 예: 점대칭 도형과 점대칭의 위치에 있는 도형의 차이점을 설명하시오. |

논술형 문항을 제작할 때에는 다음에 유의한다(김석우, 2015: 260-261; 성태제, 2005: 190-197; 이종승, 2009: 179-183). 첫째, 학생들이 작성해야 할 과제가 분명히 한정되도록 문항을 구조화한다. 문항의 모호성을 제거하기 위해서는 상세하게 진술하는 것이 좋다. 둘째, 각 문항에 대해 배점, 응답 길이 및 할당 시간을 명시한다. 논술형 문항에 적절하게 응답하기 위해 필요한 정보를 제공하는 데 목적이 있다. 셋째, 긴 응답을 요구하는 소수의 문항보다는 짧은 응답을 요구하는 다수의 문항을 사용한다. 이것은 검사 내용의 대표성을 확보하기 위한 것이다. 넷째, 여러 개의 문항 중에서 일부를 선택하여 응답하게 하지 않는다. 여러 개의 논술형 문항 중에서 일부를 선택하게 되면, 서로 다른 검사를 실시하는 결과가 되어 검사

를 비교하기 어렵다. 다섯째, 검사 전에 문항에 대한 답안을 작성함으로써 문항의 질을 스스로 점검한다. 학생의 입장에서 그 문항에 대한 답안을 직접 작성해보는 것이 좋다.

논술형 문항의 장점은 다음과 같다(김석우, 2015: 261; 성태제, 2005: 197; 이종승, 2009: 183). 첫째, 논술형 문항은 고차원적 수준의 학습 유형을 측정하는 데 적합하다. 정답의 자유도가 높기 때문에 사고 과정을 충분히 자유롭게 표현할 수 있으므로 표현력과 사고력, 문제해결력과 같은 일반적 교육목표와 개념이나 원리의 적용과 같은 구체적 학습목표를 보다 쉽게 평가할 수 있다. 둘째, 학생들의 작문 능력을 신장시키는 데 적절하다. 셋째, 답안 반응의 자유도가 크다. 학생이 문제를 접근하는 방법이나 정보를 활용하는 방식, 답을 구성하는 방식 등에서 크게 제한 받지 않는다. 따라서 문항이 제시한 범위 내에서 자유롭게 문제를 넓게 또는 깊게 다룰 수 있다. 넷째, 문항 제작이 비교적 용이하다. 좋은 논술형 평가 문항을 만들기 위해서는 꽤 많은 노력이 필요하지만, 선택형 평가 문항을 만들기 위해 필요한 시간과 노력에 비교하면 적게 드는 편이다.

논술형 문항의 단점은 다음과 같다(김석우, 2015: 262; 성태제, 2005: 197-198; 이종승, 2009: 183). 첫째, 학생들의 논술을 채점하는 데 시간이 많이 소요된다. 긴 분량의 다양한 응답 내용을 읽으며 평가요소가 포함되었는지 찾고 채점기준에 부합하는지를 판단해야하기 때문이다. 둘째, 채점이 부정확할 가능성이 있다. 채점자들의 판단 간에 일관성 확보가 쉽지 않다. 즉 채점의 객관성이 낮다. 정해진 답이 없기 때문에 명확한 평가기준을 설정하기가 어렵고, 평가기준이 선정되었더라도 응답 내용이 기준에 부합하는지에 대한 판단에 개인의 주관이 영향을 미치기 때문이다. 셋째, 표집하는 문항의 수가 제한된다. 논술형 평가는 문항 하나에 긴 반응을 요구하기 때문에 선택형 평가와 비교할 때 적은 수의 문항밖에 출제하지 못한다. 따라서 측정을 못하는 학습목표가 생길 수 있고, 검사의 타당도와 신뢰도도 낮아질 수 있다.

### 4) 서답형 문항 채점의 원칙

서답형 문항은 객관적인 채점이 필요하다. 서답형 문항 채점의 원칙을 살펴보면 다음과 같다(김석우, 2015: 262-263; 성태제, 2005: 198-199; 이종승, 2009: 183-185).

첫째, 학생단위가 아닌 문항단위로 채점한다. 이것은 채점기준이나 결과가 다른 문항에 영향을 주는 것을 극소화하는 데 필요하다. 이것은 채점자의 내적 일관성을 유지하고 채점을 더욱 신속히 하는 데에도 도움을 준다.

둘째, 출제자가 채점에 참여하여야 하고, 여러 사람에 의하여 채점이 이루어져야 한다. 이것은 한 사람의 채점보다는 능력을 갖춘 여러 사람에 의해 채점되는 것이 채점의 객관성과 신뢰성을 높일 수 있기 때문이다.

셋째, 채점자의 수 및 채점 시간을 최소화하여 채점자 간 및 채점 시간의 차이에서 올 수 있는 오류를 줄여야 한다.

넷째, 표현능력 채점 시 필체, 띄어쓰기, 철자법 등은 점수 산정에서 배제되어야 한다.

다섯째, 채점은 중간중간에 충분한 휴식을 취해가며 맑은 기분으로 차분하게 해야 한다. 시간이 흐르는 동안 채점기준이 변하여 채점의 일관성을 유지해야 한다.

여섯째, 채점과정에서 채점자의 편견이나 오류를 최소화해야 한다. 평정의 오류에는 집중경향의 오류, 인상의 오류, 논리적 오류, 표준의 오류, 대비의 오류, 근접의 오류 등이 있다.

① 집중경향의 오류는 평정의 결과가 중간에 모이는 경향을 의미한다. 중간 평정점의 간격을 넓게 잡는 것이 좋다.

② 인상의 오류는 보다 좋게 평가하는 관대의 오류와 보다 나쁘게 평가하는 엄격의 오류가 있다.

③ 논리적 오류는 전혀 다른 두 가지 행동 특성을 비슷한 것으로 생각해서 평정하는 현상이다. 글씨를 잘 쓰면 내용도 좋을 것으로 판단하는 것이 대표적인 사례이다.

④ 표준의 오류는 평정자가 표준을 어디에 두는가에 따라 생기는 오류이다. 7단계 평정에서 어떤 평정자는 3을 표준으로, 어떤 평정자는 5를 표준으로 삼을 수 있다.

⑤ 대비의 오류는 평정자가 가지고 있는 것이 평정 받는 학생에게 있으면 신통치 않게 평정하고, 자기에게 없는 것이 평정 받는 학생에게 있으면 좋게 보는 현상이다.

⑥ 근접의 오류는 시간적으로나 공간적으로 가깝게 평정하는 특성 사이에 상관이 높아지는 현상이다.

일곱째, 채점방식은 채점단위에 따른 분석적 방법, 객관적 방법, 절충적 방법으로 분류된다. 채점방식은 논술형 답안지 성격을 고려하여 선정한다.

① 분석적 방법은 채점의 기준을 요소로 분석해서 채점하고, 각 기준에 따라 채점한 다음 합산하는 방법이다.

② 객관적 방법은 수험생의 답안지를 한 개의 단위로 보고 전체적, 총체적 관점에서 채점하는 방법이다.

③ 절충적 방법은 분석적 방법과 객관적 방법을 혼합한 채점방법이다. 이 방법은 객관적 방법을 이용하여 문항의 답안을 몇 개의 답안으로 평정한 다음, 분석적 방법으로 점수를 평정하여 분류하는 방식이다.

## ❖ 탐구과제

◆ 한 단원을 선정하고, 해당 단원의 목표 또는 차시별 목표를 진술하시오.

| 과목명 | |
|---|---|
| 단원명 | |
| 인지적 목표(지식) | |
| 정의적 목표(태도) | |
| 심동적 목표(기능) | |

◆ 단원의 목표 또는 차시별 목표에 유의하여 선택형 검사문항을 개발하시오.

| 과목명 | | 단원명 | |
|---|---|---|---|
| 평가목표 | | | |
| 출제내용 | | | |
| 문항유형 | 지필평가 | | |
| 문제 | | | |
| 출제근거 | | | |
| 정답 | | | |
| 해설 | | | |

◆ 단원의 목표 또는 차시별 목표에 유의하여 서답형 검사문항을 개발하시오.

| 과목명 | | 단원명 | |
|---|---|---|---|
| 평가목표 | | | |
| 출제내용 | | | |
| 문항유형 | 지필평가 | | |
| 문제 | | | |
| 출제근거 | | | |
| 정답 | | | |
| 해설 | | | |

# 8 수행평가

## 1. 수행평가의 개념

### 1) 수행평가의 정의

수행(performance)이란 구체적인 상황에서 실제로 행동하는 과정이나 그 결과를 의미한다. 수행평가는 실제로 행동을 하는 과정이나 행동의 결과를 관찰해서 판단하는 평가이다. 교육부(2021a)에서는 수행평가를 '교과 담당교사가 교과 수업 시간에 학습자들의 학습과제 수행 과정 및 결과를 직접 관찰하고, 그 관찰 결과를 전문적으로 판단하는 평가방법'으로 정의하였다. 일반적으로 수행평가는 선택형 지필평가 이외의 모든 평가방법으로 정의된다(권대훈, 2016: 356). 이처럼, 수행평가는 전통적인 평가의 대안으로 제시되었다.

수행평가에서는 지식이나 기능을 평가할 때 선택형 검사와 같이 정답을 선택할 수 있는 능력이 곧 '지식을 안다.'거나 '기능을 습득했다.'고 가정하는 것을 부정하고, 학생이 답안을 작성(구성)하거나 행동으로 나타내는 것을 통해 기능을 직접적으로 평가한다(윤인경 외, 1999: 25). 이처럼, 수행평가는 '교사가 학생이 학습과제를 수행하는 과정이나 그 결과를 보고, 그 학생의 지식이나 기능이나 태도 등에 대해 전문적으로 판단하는 평가방식', 즉 '학생 스스로가 자신의 지식이나 기능이나 태도를 나타낼 수 있도록 답을 작성하거나, 발표하거나, 산출물을 만들거나, 행동으로 나타내도록 요구하는 평가방식'으로 정의된다(백순근 외, 1998).

## 2) 수행평가와 유사한 용어

수행평가와 함께 사용되는 용어에는 대안적 평가(alternative assessment), 참평가(authentic assessment), 직접 평가(direct assessment), 포트폴리오 평가(portfolio assessment) 등이 있다. 이러한 용어들은 강조점이 조금씩 다르기는 하지만 모두 전통적인 표준화 검사의 대안이라는 점과 일상생활과 관련된 의미 있는 과제에 대해 학생의 수행을 직접 평가한다는 공통점이 있다(백순근 외, 1998; 윤인경 외, 1999). 이러한 용어들은 수행평가와 혼용하여 사용되고 있으나, 다음과 같은 점에서 차이가 있다.

대안적 평가란 한 시대의 주류를 이루고 있는 평가의 대안으로 대두된 평가를 의미한다. 그 동안 평가가 선택형 평가 중심으로 이루어졌다면, 대안적 평가는 이의 대안으로 모색된 평가방법을 의미한다. 이처럼 대안적 평가는 전통적인 선택형 검사에 의한 평가와 구별된다는 의미에서 사용된다(Khattri & Sweet, 1996). 즉 대안적 평가는 선택형을 제외한 모든 평가방법들을 망라하므로, 단답형, 논술형, 관찰, 면접, 실험 및 실습법, 시범 등이 모두 대안적 평가의 사례라고 할 수 있다(권대훈, 2016: 356-357). 전통적 평가에서는 학생들의 능력을 선택형의 문항들을 통하여 단순한 사실들을 기억해내는 것을 주로 측정했다면, 수행평가에서는 학생들에게 실제적이고 복합적인 과제를 수행하도록 요구한다는 점에서, 수행평가는 대안적인 평가로 간주된다(정종진, 2002: 55).

참평가는 실제생활과 같은 자연스러운 상황에서 당면하는 과제를 해결하기 위해 지식이나 기능을 활용하는 능력을 확인하기 위한 평가이다(권대훈, 2016). 이것은 복잡한 학습과제에 대한 학생들의 수행을 평가하는 접근들이 학생들의 과제 수행과 실제생활의 문제들과 직접적으로 관련되기 때문에 믿을만한 평가, 확실한 평가, 참다운 평가의 의미를 갖는다(남명호, 1995; Linn & Baker, 1996: 정종진, 2002: 55-56). 수행평가가 학생들에게 제한된 조건과 표준하에서 산출이나 문제해결을 수행하고, 실연하고, 구성하고, 개발하기를 요구한다면, 참평가는 평가의 과제와 맥락의 실생활의 성격을 부각시킨다. 즉 수행평가와 참평가의 구분은 수행

상황이 실제 상황과 얼마나 근접한가에 달려있다.

직접 평가는 간접 평가와 대비되는 용어이다. 표준화 검사와 같은 전통적 평가는 검사도구를 사용하여 학습자의 능력을 간접적으로 측정하지만, 수행평가는 학생들의 능력이나 지식을 직접적이고 실제적으로 관찰하여 판단하기 때문에 직접적인 평가라고 할 수 있다. 운전면허 취득을 위한 필기시험은 운전하는 데 필요한 지식과 기능을 간접적으로 측정한다. 반면 운전면허 실기시험은 운전을 하는 데 필요한 기능을 직접 평가하기 때문에 직접적 평가방법이다. 수행평가는 학생들에게 그들이 알고 있는 것을 스스로 입증하고 어떤 방식으로든 수행하도록 요구함으로써 가치있는 측정치를 산출하기 때문에 직접 평가라고 할 수 있다(정종진, 2002: 56).

포트폴리오 평가는 작업결과나 작품 또는 어떤 수행의 결과를 모아 놓은 자료집이나 서류철을 보고 평가하는 방법으로, 하나 이상의 분야에서 학습자의 관심, 능력, 노력, 진보, 성취, 성장을 보여주는 학생들의 작품을 의도적으로 모아 둔 작품집 또는 모음집을 의미한다(정종진, 2002: 56). 포트폴리오 평가는 수행평가의 주요 방법으로 간주되고 있다(권대훈, 2016).

### 3) 전통적인 평가체제와 새로운 평가체제의 비교

수행평가란 단순히 하나의 평가방법이 아니라, 21세기 지식·정보화 시대를 맞이하여 종래의 교육평가체제를 재구조화하기 위해서 교육평가가 나아갈 방향을 제시하는 하나의 새로운 관점이라고 할 수 있다. 전통적인 평가체제와 새로운 평가체제를 비교하면 〈표 8-1〉과 같다.

〈표 8-1〉 전통적인 평가체제와 새로운 평가체제의 비교 (백순근, 2002)

| 구분 | 전통적인 평가체제 | 새로운 평가체제 |
|---|---|---|
| 진리관 | • 절대주의 | • 상대주의 |
| 지식관 | • 객관적 사실법칙, 객관주의 | • 개인 및 상황과 맥락에 따른 변화, 구성주의 |
| 철학적 근거 | • 합리론, 경험론, 행동주의 | • 구성주의, 현상학, 해석학 |
| 학습관 | • 직선적, 위계적, 연속적 과정<br>• 추상적, 객관적 상황 중시<br>• 학습자 기억 및 재생 강조 | • 인지구조의 계속적 변화<br>• 구체적, 주관적 상황 중시<br>• 학습자의 이해 및 성장 강조 |
| 평가체제 | • 상대평가, 양적 평가, 선발형 평가 | • 절대평가, 절대평가, 충고형 평가 |
| 평가목적 | • 선발, 분류, 배치 | • 지도, 조언, 개선 |
| 평가내용 | • 선언적(결과, 내용) 지식<br>• 학습결과, 학문적 지능 | • 절차적(과정, 방법) 지식<br>• 학습결과 및 과정 중시, 실천적 지능 |
| 평가방법 | • 선택형, 표준화, 대규모, 일회적 및 부분적, 객관성, 일관성, 공정성 중시 | • 수행평가, 개별 교사평가, 소규모, 지속적 및 종합적, 전문성, 타당도, 적합성 |
| 평가시기 | • 학습활동 종료<br>• 교수-학습과 평가 분리 | • 학습활동의 전과정<br>• 교수-학습과 평가 통합 |
| 교사 역할 | • 지식의 전달자 | • 학습의 안내자 및 촉진자 |
| 학생의 역할 | • 수동적 학습자, 지식의 재생산자 | • 능동적 학습자, 지식의 창조자 |
| 교과서의 역할 | • 교수, 학습, 평가의 핵심 자료 | • 교수, 학습, 평가의 보조 자료 |
| 교수-학습 활동 | • 교사 중심, 인지적 영역 중심<br>• 암기 위주, 기본 학습능력 강조 | • 학생 중심, 지정행 모두 강조<br>• 탐구 위주, 고등사고기능 강조 |

## 2. 수행평가의 필요성 및 특징

### 1) 수행평가의 필요성

사고의 다양성과 창의성을 신장시키기 위해서는 새로운 형태의 평가체제가 요구되며, 그 대안으로 제시되고 있는 것이 수행평가이다. 교수-학습 활동에서 수행평가가 필요한 이유를 살펴보면 다음과 같다(백순근, 2002: 54-59).

첫째, 지식·정보화 시대를 맞이하여 사고의 다양성과 창의성을 신장시키기 위해 필요하다. 창의성이나 문제해결력 등 고등사고기능을 직접적으로 평가함으로써 궁극적으로 그러한 능력을 신장시키기 위해서이다. 지식의 암기식 교육이 성행하고 시험내용이 지식이나 정보를 측정했기 때문에 고등사고기능에 대한 교육이나 평가가 소홀했다. 이러한 상황을 개선하는 데 수행평가와 같은 새로운 형태의 평가방법이 필요한 것이다.

둘째, 수행평가는 여러 측면의 지식이나 능력을 지속적으로 평가하고 교수-학습 활동을 개선하기 위해서 필요하다. 교수-학습 활동을 개선하기 위해서는 교수-학습의 결과뿐만 아니라 그 과정에 대한 자세한 정보의 수집과 함께 학생 개개인의 특성과 수준을 여러 가지 측면에서 지속적이면서도 종합적으로 평가하는 것이 필요하다.

셋째, 학생이 인지적으로 아는 것뿐만 아니라, 아는 것을 실제로 적용할 수 있는지를 파악하기 위해 필요하다.

넷째, 학습자 개인에게 의미 있는 학습활동이 이루어지기 위해서 필요하다. 학습자가 이해하지 못하는 단순 사실이나 정보를 기계적으로 암기하여 시험을 치르면, 시험이 끝나는 종소리가 울리자마자 모두 잊어버리는 현상이 종종 발생한다. 평가의 내용이나 절차를 각 개인에게 의미 있는 것으로 전환하기 위해서는 개개인의 학습과 이해력을 향상시키는 수행평가가 필요하다.

다섯째, 교수-학습 목표나 내용과 평가 목표나 내용을 직접적으로 관련시키기 위해서 필요하다. 교수-학습 목표가 글쓰기 능력을 키우는 것이라면 평가 목표도 글쓰기 능력이 신장되었는지를 확인하는 것이 필요하다.

여섯째, 학교교육의 정상화를 위해서 필요하다. 지나친 점수화와 서열화의 관행에서 벗어나 학생 개개인의 성장과 발달을 돕기 위해 교수-학습 활동을 개선하고 지도, 조언, 충고하기 위한 수행평가의 기본 취지를 제대로 살린다면 학교교육의 정상화에 기여할 가능성이 있다.

## 2) 수행평가의 특징

수행평가에서는 학생이 답안을 작성하거나 행동으로 나타내는 것을 통해 지식이나 기능을 직접적으로 평가한다. 선택형 검사의 대안으로 제시되고 있는 수행평가는 다음과 같은 특징이 있다(백순근, 2002: 49-54; 성태제, 2005: 434-435).

첫째, 수행평가는 학생의 지식이나 기능이나 태도 등을 평가할 때 교사의 전문적인 판단에 의거하여 평가하는 방식이다. 수행평가는 채점의 객관성 보다는 타당성이나 적합성을 강조하기 때문에 상황과 맥락에 고려한 교사의 전문적인 판단을 중시한다.

둘째, 수행평가는 학생이 정답을 선택하는 것이 아니라, 자기 스스로 답을 작성하거나 행동으로 나타내도록 하는 평가방식이다. 한 가지 정답만을 선택하게 하는 평가방법으로는 학생이 그 반응을 선택하게 되는 인지 과정이나 문제해결과정을 파악하기 어렵다. 그러나 자신이 옳다고 생각하는 답을 직접 생산하게 되면, 그 과정이나 결과를 통해서 학생의 인지구조나 문제해결과정을 비교적 쉽게 파악할 수 있다. 수행평가는 창의성, 문제해결력, 비판력, 판단력, 정보 수집력 및 분석력, 통합력과 같은 고등사고기능을 파악하는 것을 중시한다.

셋째, 수행평가는 추구하고자 하는 교육목표의 달성 여부를 가능한 한 실제 상황에서 파악하고자 하는 평가방식이다. 학생의 작문 능력을 판단하기 위하여, 가상의 상황에서 글을 쓰게 하기보다는 어버이날을 맞이하여 부모님께 편지쓰기를 평가하는 방식이다. 추상적인 상황에서 정답을 선택하게 하여 평가하기보다는 실제상황에서 직접 관찰할 수 있는 방식으로 평가하고자 하는 것이다.

넷째, 수행평가는 교수-학습의 결과뿐만 아니라 교수-학습의 과정도 함께 중시하는 평가방식이다. 수행평가에서는 학생들이 아는 것뿐만 아니라 아는 것을 실제로 적용할 수 있는지의 여부를 파악하는 것을 중시한다.

다섯째, 수행평가는 학생의 학습과정을 진단하고 개별 학습을 촉진하려는 노력을 중시하는 평가방식이다. 수행평가는 학생의 지적 수준을 진단하고 학생의 이해수준을 높이며 개별 학습을 촉진하는 데 일차적인 목적이 있다. 따라서 수행평가에서는 평가를 하는 과정이 교수-학습의 과정과 분리되기보다는 서로 통합된 형태로 시행되는 것을 중시한다.

여섯째, 수행평가는 개개인을 단위로 해서 평가하기도 하지만 집단에 대한 평가도 중시한다. 학생들이 집단을 이루어 프로젝트 과제를 수행한다면, 집단을 단위로 평가할 수 있다. 개인이나 집단을 평가할 때는 준거지향평가를 활용한다. 수행평가는 경쟁을 유도하기 보다는 학생 상호간의 협력을 유도하며, 학생들의 사회성을 신장시키는 데 기여할 수 있다.

일곱째, 수행평가는 단편적인 영역에 대해 일회적으로 평가하기보다는 학생 개개인의 변화, 발달 과정을 종합적으로 평가하기 위해 체계적이면서도 지속적으로 평가하는 것을 강조한다. 교사가 학생 개개인의 변화, 발달 과정을 진단, 평가하기 위해 수시로 관찰하거나 면담을 통해서 그 결과를 누가적으로 기록할 필요가 있다.

여덟째, 수행평가는 학생의 인지적인 영역뿐만 아니라 학생 개개인의 행동발달 상황이나 흥미, 태도 등 정의적인 영역, 그리고 운동 기능 등 심동적인 영역에 대한 종합적이고 전인적인 평가를 중시한다. 교사와 학생간의 신뢰와 사랑을 바탕으로 하여 학생의 지식, 기능, 태도 등에 대해 교사가 직접 평가하는 수행평가를 시행하면 교수-학습 활동에서 자연스럽게 전인교육의 이념이 실현될 가능성이 증가할 것이다.

## 3. 수행평가의 방법

### 1) 수행평가의 유형

수행평가 방법으로는 서술형 평가, 논술형 평가, 구술시험, 토론법, 실기평가, 실험실습법, 관찰법, 자기평가 보고서법, 동료평가 보고서법, 연구보고서법, 프로젝트법, 포트폴리오법 등과 같은 다양한 방법이 사용될 수 있다. 이들 평가방법은 수행평가가 강조되기 이전부터 사용되었으며, 수행평가의 본질을 구현하기 위한 하나의 도구라고 할 수 있다. 수행평가의 유형은 〈표 8-2〉와 같다.

〈표 8-2〉 수행평가의 유형 (이정수, 나승일, 최유현, 1998)

| 구분 | 수행평가의 유형 |
|---|---|
| 구조화된 반응 유형 | • 서술형 평가<br>• 논술형 평가 |
| 결과물 평가 유형 | • 학생의 자기평가 보고서<br>• 연구보고서<br>• 포트폴리오<br>• 사건 및 사태형 수행과제<br>• 장기적 복합과제<br>• 개념 지도 그리기<br>• 사진, 녹음자료, 비디오 활용 평가<br>• 작품 평가 |
| 수행 행동 평가 유형 | • 실기시험<br>• 실험 및 실습법 |
| 대면 과정 평가 유형 | • 구술시험<br>• 찬반 토론법<br>• 면접법<br>• 관찰법 |

## 2) 수행평가의 유의사항

앞에서 살펴본 평가방법들이 수행평가가 되기 위해서는 수행평가의 중요한 특성들이 평가 상황과 장면에서 구현되어야 한다. 왜냐하면 어떤 평가방법이 수행평가 방법에 속하느냐 아니냐의 문제는 평가방법이 어떤 상황에서 어떠한 방식으로 시행되느냐에 따라 달려있기 때문이다(백순근, 2002: 61). 즉, 평가의 상황이 교사의 전문적인 판단이 필요하고, 창의성 및 문제해결력 등과 같은 고등사고기능을 평가하고, 교수-학습의 과정을 개선하며, 개별 학생의 지도, 조언, 충고를 위하여 특정의 평가방법을 사용하였다면, 이 평가방법은 수행평가에 해당된다고 할 수 있다. 수행평가에서는 교수-학습 활동과 평가활동이 상호 통합적으로 진행되는 것을 강조한다. 따라서 다양한 교수-학습 방법들과 평가방법이 유기적으로 연결될 필요가 있다.

## 3) 수행평가의 다양한 방법

### (1) 서술형 및 논술형 평가

서술형 및 논술형 평가(essay test)는 학생이 답이라고 생각하는 지식이나 의견 등을 직접 서술하도록 하는 평가방식이다. 학생의 생각이나 의견을 직접 서술하도록 하기 때문에 학생의 창의성, 문제해결력, 비판력, 판단력, 통합력, 정보 수집력 및 분석력 등 고등사고기능을 평가할 수 있다. 서술형 평가와 논술형 평가는 이와 같은 공통점이 있음에도 불구하고, 학생의 응답 제한 정도, 측정하려는 행동 특성, 글의 구성력 및 완결성 여부 등에 따라서 차이가 있다. 서술형 평가와 논술형 평가의 차이점은 〈표 8-3〉과 같다.

〈표 8-3〉 서술형 평가와 논술형 평가의 차이

| | 서술형 평가 | 논술형 평가 |
|---|---|---|
| 응답 길이 | • 한 문장 이상 | • 문단 이상의 한편의 글 |
| 응답 양식의 제한성 | • 답안의 길이, 응답 방식 및 범위, 응답 요소 등의 제한 | • 응답의 자유도 허용 |
| 행동 특성 | • 설명, 분석, 해석, 추론, 결론도출 능력, 문제해결력 등의 능력 측정 | • 다양한 정보, 지식을 조직하거나 통합하는 능력, 창의적 사고와 추론 능력 등의 다양한 지식과 사고 능력을 복합적이고 종합적으로 활용할 수 있는지의 여부 |
| 글의 구성력, 완성도 | • 서술의 깊이와 넓이, 정확성 | • 한 편의 글이나 주장의 완결성, 완성도, 논리적 글쓰기 요구 |
| 정답 유무 | • 하나의 정답, 유사답안 허용 | • 다수의 적절한 응답 가능, 예외적이거나 모범답안 허용 |

서술형 및 논술형 평가의 평가과제와 과제와 루브릭의 예시는 〈표 8-4〉와 같다.

〈표 8-4〉 서술형 및 논술형 평가의 평가과제와 루브릭의 예시

[성취기준] [6국03-04] 적절한 근거와 알맞은 표현을 사용하여 주장하는 글을 쓴다.

〈예시문항〉
원자력발전 가동중단에 대한 자신의 입장을 밝히고, 이에 대한 근거를 세가지 제시하시오.

| | 근거 제시 | 글의 일관성 | 문제 인식의 정확성 |
|---|---|---|---|
| 3 | 주장을 뒷받침할 수 있는 충분한 근거를 제시하고 그 논거들이 적절하다. | 논점이 명확하며 글이 통일성 있게 일관되게 작성한다. | 문제를 정확하게 인식하고 그에 합당한 생각을 글로 전개한다. |
| 2 | 주장을 뒷받침할 수 있는 근거를 제시하고 그 논거들이 정확하다. | 논점을 제시하며 일관성을 유지하면서 글을 작성한다. | 문제를 인식하고 그에 대한 생각을 글로 전개한다. |
| 1 | 주장을 뒷받침할 수 있는 근거를 제시한다. | 논점을 제시하며 글을 완성한다. | 문제에 대한 자신의 생각을 글로 전개한다. |

### (2) 구술시험

구술시험은 종이와 붓이 발명되기 전부터 시행되어 오던 가장 오래된 수행평가의 한 형태이다. 학생으로 하여금 특정 교육내용이나 주제에 대해서 자신의 의견이나 생각을 발표하도록 하여 학생의 준비도, 이해력, 표현력, 판단력, 의사소통 능력 등을 직접 평가하기 위해 활용하는 방법이다(백순근, 2002). 학생들에게 발표 주제를 제시하고, 발표 결과에 따라 평가하는 것이 대표적인 유형이다. 구술시험의 평가기준표는 〈표 8-5〉와 같다.

〈표 8-5〉 구술시험의 평가기준표 (백순근 외, 1998)

| 평가요소 | 상 | 중 | 하 |
|---|---|---|---|
| 준비도(구술시험을 위해 관련 자료 등 준비를 제대로 하였는가?) | | | |
| 이해력(질의한 내용을 제대로 이해하고 발표하는가?) | | | |
| 조직력(발표할 내용을 제대로 조직하여 체계적으로 발표하는가?) | | | |
| 표현력(자신의 의견을 제대로 표현하는가?) | | | |
| 판단력(주어진 시간 안에 적절히 발표하는가?) | | | |
| 의사소통능력(다른 사람들의 시선을 끌면서 설득력 있게 발표하는가?) | | | |
| 발표 태도(다른 사람들 앞에서 발표 태도는 바람직한가?) | | | |

구술시험의 평가과제와 루브릭의 예시는 〈표 8-6〉와 같다.

〈표 8-6〉 구술시험의 평가과제와 루브릭의 예시

[성취기준] [6국01-05] 매체 자료를 활용하여 내용을 효과적으로 발표한다.

〈예시문항〉
매체 자료의 특성을 고려하여 한글을 우수성을 효과적으로 발표한다.

| | 매체의 선정 | 표현력 | 의사소통능력 |
|---|---|---|---|
| 3 | 주제를 효과적으로 발표하는 데 적합한 매체를 선택한다. | 자신이 알고 있는 내용을 조리있게 발표한다. | 자신의 생각이나 의견을 다른 사람에게 설득력 있게 효과적으로 전달한다. |
| 2 | 주제를 발표하는 데 관련 있는 매체를 선택한다. | 자신이 알고 있는 내용을 진지하게 발표한다. | 자신의 생각이나 의견을 다른 사람에게 설득력 있게 전달한다. |
| 1 | 주제를 발표하기 위하여 매체를 선택한다. | 자신이 알고 있는 내용을 발표한다. | 자신의 생각이나 의견을 다른 사람에게 전달한다. |

### (3) 토론법

토론법이란 교수-학습 활동과 평가활동을 통합적으로 수행하는 대표적인 방법으로, 특정 주제에 대해 학생들이 서로 토론하는 것을 보고 평가하는 것이다. 수행평가에서는 찬반 토론법을 많이 활용한다. 찬반 토론법이란 사회적으로나 개인적으로 서로 다른 의견을 제시할 수 있는 토론주제를 가지고, 개인별로 혹은 소집단별로 찬반 토론을 하도록 한 다음, 찬성과 반대 의견을 토론하기 위해 사전에 준비한 자료의 다양성, 충실성, 그리고 토론 내용의 충실성과 논리성, 반대 의견을 존중하는 태도, 토론 진행 등을 총체적으로 평가하는 방법이다. 교사는 이러한 찬반 토론의 과정을 자세히 관찰함으로써 토론 진행과정에서 나타나는 여러 가지 특성을 파악할 수 있다(백순근, 2002). 토론법의 평가 기준은 〈표 8-7〉과 같다.

〈표 8-7〉 **토론법의 평가기준표** (백순근, 2002)

| 평가요소 | 상 | 중 | 하 |
|---|---|---|---|
| 준비도(찬반토론을 위해 관련 자료 등 준비를 제대로 하였는가?) | | | |
| 이해력(토론할 내용을 제대로 이해하고 발표하는가?) | | | |
| 조직력(토론할 내용을 제대로 조직하여 체계적으로 발표하는가?) | | | |
| 표현력(자신의 의견을 제대로 표현하는가?) | | | |
| 판단력(상대방이 발표한 내용의 핵심을 제대로 파악하고 대응하는가?) | | | |
| 의사소통능력(다른 사람들의 시선을 끌면서 설득력 있게 발표하는가?) | | | |
| 토론 태도(상대방의 의견을 존중하면서 토론을 진행하는가?) | | | |

토론법의 평가과제와 루브릭의 예시는 〈표 8-8〉과 같다.

〈표 8-8〉 토론법의 평가과제와 루브릭의 예시

**[성취기준]** [6국01-03] 절차와 규칙을 지키고 근거를 제시하며 토론한다.

〈예시문항〉 수업시간에 휴대폰을 꺼야 하는가?에 대한 주제에 대하여 토론하시오.

| | 이해력 | 근거 | 토론진행 |
|---|---|---|---|
| 3 | 주제와 관련된 내용을 바르고 폭넓게 안다. | 주장에 대한 근거가 분명하고 객관적이다. | 토론의 절차와 규칙을 지켜가며 적극적으로 참여한다. |
| 2 | 주제와 관련된 내용에 대하여 폭넓게 안다. | 주장에 대한 근거가 객관적이다. | 토론의 절차를 지켜가며 참여한다. |
| 1 | 주제와 관련된 내용을 알고 있다. | 주중에 대한 근거를 제시한다. | 토론에 참여한다. |

### (4) 실기시험

수행평가에서 실기시험과 기존의 실기시험은 실기를 하는 상황의 성격에 있어서 차이가 있다. 기존의 실기시험에서는 실기가 이루어지는 상황이 통제되거나 강요되는 경우가 대부분이다. 그러나 수행평가에서 실기시험은 가급적 실제 상황에서의 수행 능력을 평가하는 것이다. 예를 들어, 기존의 농구 실기시험에서는 자유투 성공률을 평가한다. 반면에 수행평가의 농구 실기시험에서는 농구 시합에서 학생이 실제로 하는 것을 여러 번 관찰하고, 실제 운동 수행 능력을 평가한다. 이처럼 실기시험은 지식이나 기능을 직접 행동으로 나타내도록 하는 평가이다. 실기시험은 학생 스스로 작품을 만들거나 스스로 행동을 나타내는 특징이 있다(백순근, 2002). 이처럼 실기시험에서는 실제 상황에서의 수행 능력을 평가한다. 실기시험의 평가과제와 루브릭의 예시는 〈표 8-9〉와 같다.

〈표 8-9〉 실기시험의 평가과제와 루브릭의 예시

**[성취기준]** [6실02-02] 성장기에 필요한 간식의 중요성을 이해하고 간식을 선택하거나 만들어 먹을 수 있으며 이때 식생활 예절을 적용한다.

〈예시문항〉 성장기에 필요한 영양을 고려하여 간식을 만든다.

| | 만드는 과정 | 장식 | 계획 |
|---|---|---|---|
| 3 | 알맞은 재료와 용구를 선택하여 정성을 들여 간식을 만든다. | 재료를 이용하여 음식을 먹기 좋게 장식한다. | 간식 만들기 위한 자료를 수집하고, 영양 요소를 고려한 간식 만들기 계획(재료, 과정, 이름)을 구체적으로 수립한다. |
| 2 | 알맞은 재료와 용구는 선택하여 간식을 만든다. | 재료를 이용하여 음식을 장식한다. | 간식 만들기 위한 자료를 수집하고, 영양 요소를 고려한 간식 만들기 계획을 수립한다. |
| 1 | 재료와 용구를 선택하여 간식을 만든다. | 음식을 장식한다. | 간식 만들기 위한 자료를 수집하고, 간식 만들기 계획을 수립한다. |

### (5) 실험·실습법

실험·실습법은 자연과학 분야에서 많이 활용하는 것으로, 학생들로 하여금 직접 실험·실습을 하고 그에 대한 과정이나 결과에 대한 보고서를 작성하여 제출하게 하고, 제출된 보고서와 함께 담당 교사가 학생들이 실험·실습을 하는 과정을 관찰했던 것을 모두 고려하는 평가방법이다. 실험·실습법은 개인 또는 집단 단위로 시행할 수 있다. 이 방법은 기자재의 조작 능력이나 실험·실습 태도뿐만 아니라, 지식을 적용하는 능력, 문제해결과정에 대해 포괄적이면서도 종합적으로 평가할 수 있다(백순근, 2002). 실험·실습법의 평가기준은 〈표 8-10〉과 같다.

〈표 8-10〉 실험 · 실습법의 평가기준표 (백순근 외, 1998)

| 평가요소 | 평가관점 | 표시(0) |
|---|---|---|
| 측정 | 온도계의 윗부분을 잡는가? | |
| | 온도계를 얼굴에서 30cm 정도 떨어진 위치에 두고, 온도를 측정하는가? | |
| | 온도계의 알코올 기둥 끝과 눈의 높이를 같게 하고 눈금을 읽는가? | |
| 기록 | 교실 내 여러 장소의 온도를 일일이 기록했는가? | |
| | 온도의 단위를 모두 '도'로 기록했는가? | |
| 자료해석 및 결론 | 측정 결과의 기록을 제대로 해석하고, 적절한 결론을 내리고 있는가? | |

실험·실습법의 평가과제와 루브릭의 예시는 〈표 8-11〉과 같다.

〈표 8-11〉 실험 · 실습법의 평가과제와 루브릭의 예시

**[성취기준]** [4과07-03] 기체가 무게가 있음을 알아보는 실험을 할 수 있다.

〈예시문항〉 기체의 무게를 확인하기 위한 실험을 설계하고, 실험결과 보고서를 제출하시오.

| | 실험 설계 | 실험 과정 | 결론 도출 |
|---|---|---|---|
| 3 | 실험의 가설을 설정하고, 가설에 따른 실험계획을 타당하게 수립하며, 실험에 필요한 준비물을 제시한다. | 실험 도구를 안전하고 정확하게 사용하고, 실험계획의 실험절차에 따라서 실험한다. | 실험결과를 정확히 기술하고, 실험결과에 기초하여 결론을 도출한다. |
| 2 | 실험의 가설을 설정하고, 가설에 따른 실험계획을 수립하며, 실험에 필요한 준비물을 제시한다. | 실험 도구를 안전하게 사용하고, 실험절차에 따라서 실험한다. | 실험결과를 기술하고, 실험결과에 기초하여 결론을 도출한다. |
| 1 | 실험의 가설을 설정하고, 실험계획을 수립하며, 실험 준비물을 제시한다. | 실험 도구를 사용하여 실험한다. | 실험결과를 기술하고, 결론을 도출한다. |

### (6) 면접법

면접법이란 평가자와 학생이 서로 대화를 통해서 얻고자 하는 자료나 정보를 수집하여 평가하는 방법이다. 평가자가 학생과 직접 대면한 상황에서 평가자가 질문하고 학생이 대답하는 과정을 통해 지필식 시험이나 서류만으로 알 수 없는 사항들을 알아보고 그것을 평가하는 방법이다. 구술시험은 주로 인지적인 영역을 중심으로 한 학업성취도를 평가하는 방법이라면, 면접법은 주로 정의적인 영역이나 신체적인 영역에 대한 것을 평가하는 방법이라고 할 수 있다(백순근, 2002). 면접법의 평가기준은 〈표 8-12〉와 같다.

〈표 8-12〉 면접법의 평가기준 (백순근, 2002)

| 평가요소 | 세부요소 |
|---|---|
| 용모, 태도, 건강 | • 외모, 인상, 복장<br>• 태도(인사성, 안정감, 활발성 등)<br>• 건강미(나이, 젊음, 혈색, 체형) |
| 전문 지식 | • 전공 지식<br>• 외국어 구사 능력<br>• 일반 상식 |
| 성실성 | • 가치관, 생활태도<br>• 학교생활<br>• 가정환경 및 친구 관계 |
| 적응력 | • 사고방식의 긍정성<br>• 적극성, 리더쉽, 협조성<br>• 희망하는 전공 및 동아리 |
| 창의력 | • 문제 의식<br>• 유연한 사고, 독창적인 아이디어 제공<br>• 종합적 판단 |
| 발전가능성 | • 관심분야에 대한 열정<br>• 장래 발전 가능성<br>• 사회 발전에 공헌할 가능성 |

면접법의 평가과제와 루브릭의 예시는 〈표 8-13〉과 같다.

〈표 8-13〉 면접법의 평가과제와 루브릭의 예시

**[성취기준]** [4도03-01] 인권의 의미와 인권을 존중하는 삶의 중요성을 이해하고, 인권 존중의 방법을 익힌다.

〈예시문항〉 인권 존중 및 실천 방안에 면접을 한다.

| | 주제에 대한 관심 | 문제 인식 | 태도 |
|---|---|---|---|
| 3 | 주제에 대하여 지속적인 관심을 갖고 이것을 지속적으로 실천하려는 의지가 있다. | 문제를 정확히 인식하고, 논리적이고 정확하게 답변한다. | 면접 예절을 지켜가며, 차분하고 자신감있게 면접 한다. |
| 2 | 주제에 대한 관심을 갖고 실천하려는 의지가 있다. | 문제를 인식하고, 논리적으로 답한다. | 면접 예절을 지켜가며, 면접에 참여한다. |
| 1 | 주제를 이해하고 실천하려는 의지가 형성되고 있다. | 문제에 대하여 답변한다. | 면접에 참여한다. |

### (7) 관찰법

관찰법은 학생을 이해하고 평가하기 위한 가장 보편적인 방법 중의 하나이다. 교사들은 늘 학생들을 접하고 있으며 개별 학생 단위로나 집단 단위로나 항상 관찰할 수 있다. 학생들 간의 사회적 구조를 파악하기 위해 한 집단 내에서 개인 간 또는 소집단의 역동적 관계를 집중적으로 관찰할 수 있다. 객관적이고 정확한 관찰을 위해서는 관찰 대상을 있는 그대로 기술하는 일화기록법이나, 체크리스트나 평정척도 등을 이용하기도 하고, 비디오 녹화 분석 방법을 활용하기도 한다(백순근, 2002). 관찰법의 평정척도의 예시는 〈표 8-14〉와 같다.

〈표 8-14〉 관찰법의 평정척도의 예시

| 평정요소 | 우수(3) | 보통(2) | 기초(1) |
|---|---|---|---|
| 인내심 | 반복적이고 지루한 상황에서도 참고 견디며 운동이나 연습의 계획을 끝까지 실천한다. | 반복적이고 지루한 상항에서도 운동이나 연습의 계획을 실천하려고 노력한다. | 운동이나 연습의 계획을 실천하는 데 게으르고 싫증을 나타낸다. |
| 적극성 | 운동에 빠지지 않고 참여하며 운동 기능을 익히는 데 과감하고 적극적이다. | 운동에 빠지지 않고 참여하며 운동 기능을 익히기 위해 노력한다. | 운동에 늦거나 자주 빠지고 임하는 태도가 소극적이다. |
| 공정성 | 자발적으로 경기 규칙을 지키며 경기 판정을 객관적으로 공정하게 실시한다. | 경기 규칙을 지키고 경기 판정을 공정하게 하려고 노력한다. | 경기 규칙을 어기거나 판정이 편향적이며 개인적인 생각에 많이 치우친다. |

관찰법의 평가과제와 루브릭의 예시는 〈표 8-15〉와과 같다.

〈표 8-15〉 관찰법의 평가과제와 루브릭의 예시는

**[성취기준]** [4체03-08] 공동의 목표 달성을 위해 협동의 필요성을 알고 팀원과 협력하여 게임을 수행한다.

〈예시문항〉 팀원과 협력하여 축구 경기에 참여한다.

| | 협력 | 의사소통 | 참여도 |
|---|---|---|---|
| 3 | 팀원과 역할을 분담하고, 협력하여 경기한다. | 팀원들과 함께 작전을 수립하고, 경기 중에 활발하게 의사소통한다. | 규칙과 안전에 유의하여 경기하며, 스포츠 정신을 발휘하여 적극적으로 참여한다. |
| 2 | 팀원과 역할을 분담하고, 경기한다. | 팀원들과 함께 작전을 수립하고, 경기 중에 의사소통한다. | 규칙과 안전에 유의하여 경기에 참여하며, 스포츠 정신을 발휘하여 참여한다. |
| 1 | 축구 경기에 참여한다. | 팀원들과 함께 작전을 수립하고, 경기에 참여한다. | 안전에 유의하면서 경기에 참여한다. |

### (8) 자기평가 및 동료평가 보고서법

자기평가(self-evaluation) 보고서법이란 개별 학생 스스로가 특정 주제나 교수-학습 영역에 대하여 학습과정이나 학습결과에 대한 자세한 자기평가 보고서를 작성, 제출하도록 한 다음, 그것을 이용하여 교사가 평가하는 것이다. 자기평가 보고서는 학습자로 하여금 자신의 학습 준비도, 학습동기, 성실성, 만족도, 성취수준 등에 대해 스스로 생각하고 반성할 수 있는 기회를 제공할 뿐만 아니라, 교사로 하여금 교사가 시행한 해당 학습자에 대한 관찰이나 수시로 시행한 평가가 타당하였는지를 비교, 분석해 볼 수 있는 기회를 제공한다(백순근, 2002).

동료평가(peer-evaluation) 보고서법이란 동료 학생들이 상대방을 서로 평가하도록 하여 동료평가 보고서를 작성하여 제출하도록 한 다음, 그것을 이용하여 교사가 평가하는 것이다. 학생수가 많아서 교사 혼자 힘으로 모든 학생들을 제대로 평가하기 어렵다고 판단될 때, 자기평가 및 동료평가 보고서법이 유용하게 사용할 수 있다. 자기평가 보고서법의 예시는 〈표 8-16〉과 같다(백순근, 2002).

〈표 8-16〉 자기평가 보고서법의 예시 (백순근, 2002)

| 평가요소 | 평가관점 | 3 | 2 | 1 |
|---|---|---|---|---|
| 준비도 및 성실성 | 선정한 연구주제에 대한 보고서를 작성하기 위하여 충분한 시간과 노력을 부여하였는가? | | | |
| 학습동기 | 이 연구를 수행하는 것이 나에게 꼭 필요한 것이었는가? | | | |
| 성취감 및 만족도 | 이 연구를 통해서 많은 것을 배우게 되었으며, 연구 결과에 대해 스스로 만족스러웠는가? | | | |
| 다른 학생과의 관계 | 이 연구를 수행하는 과정에서 다른 학생들과 상호 토론을 하거나 협력 학습을 하였는가? | | | |
| 자료수집 | 관련되는 자료나 정보를 만족할 만큼 다양하고 충분하게 수집하였는가? | | | |
| 자료 분석 및 종합 | 수집한 자료나 정보를 분석하거나 종합한 것에 대하여 스스로 만족하는가? | | | |
| 보고서 작성 방법 | 보고서 작성방법에 맞도록 보고서를 작성하였는가? | | | |

자기평가 보고서법의 평가과제와 루브릭의 예시는 〈표 8-17〉과 같다.

〈표 8-17〉 자기평가 보고서법의 평가과제와 루브릭의 예시는

**[성취기준]** [4수02-05] 평면도형의 이동을 이용하여 규칙적인 무늬를 꾸밀 수 있다.

〈예시문항〉 규칙적인 무늬 꾸미기 활동을 스스로 평가해 봅시다.

| | 참여도 | 성실성 | 만족도 |
|---|---|---|---|
| 3 | 만들기 활동에 적극적이고 열심히 참여한다. | 끝까지 포기하지 않고 최선을 다하여 완성한다. | 학습활동과 결과물에 매우 만족한다. |
| 2 | 만들기 활동에 열심히 참여한다. | 최선을 다하여 과제를 완성한다. | 학습활동과 결과물에 대체로 만족한다. |
| 1 | 만들기 활동에 참여한다. | 과제를 제출한다. | 학습활동과 결과물에 만족한다. |

### (9) 연구보고서법

연구보고서법이란 개별 과목과 관련이 있거나 범교과적인 연구 주제 중에서 학생의 능력이나 흥미에 적합한 주제를 선택하고, 그 주제에 대하여 자기 나름대로 자료를 수집하고 분석 및 종합하여 연구보고서를 작성하여 제출하는 평가방법이다. 연구는 그 주제나 범위에 따라 개인적으로 할 수도 있고, 관심 있는 학생들이 함께 모여서 소집단별로 할 수도 있다. 학생들은 연구를 수행하고 보고서를 작성하는 과정에서 연구하는 방법, 각종 정보를 수집하는 방법, 다양한 자료를 종합하고 분석하는 방법, 보고서 작성법 등을 학습할 수 있으며, 연구보고서 발표회나 학생들 간 연구보고서의 상호 교환을 통해서도 많은 것을 배울 수 있다(백순근, 2002). 연구보고서법의 채점기준표는 〈표 8-18〉과 같다.

〈표 8-18〉 **연구보고서 채점기준표** (백순근, 2002)

| 평가요소 | 평가관점 | 3 | 2 | 1 |
|---|---|---|---|---|
| 연구주제 및 내용 | (참신성) 연구주제가 명확하고 독창적인가? | | | |
| | (난이도) 연구주제가 학생 수준에 적절한가? | | | |
| 연구방법 | (자료수집) 연구주제 수행과 관련한 자료나 정보를 다양하고 충분하게 수집하였는가? | | | |
| | (자료 분석 및 종합) 수집한 자료를 연구문제와 연구목적에 맞게 분석하여 종합하였는가? | | | |
| 연구결과 | (결과도출) 연구결론은 타당하게 도출되었는가? | | | |
| 보고서 작성 방법 | (보고서 작성) 보고서 작성법에 맞도록 보고서를 작성하였는가? | | | |
| 연구태도 | (연구수행) 연구주제 보고서를 작성하기 위해 충분한 시간과 노력을 투자하였는가? | | | |
| | (연구자세) 팀원과 상호협력하여 연구를 수행하였는가? | | | |
| 연구발표 | (발표준비) 보고서 발표 준비를 충분히 하였는가? | | | |
| | (발표태도) 준비한 보고서를 충분히 이해하고 설득력있게 발표하였는가? | | | |

연구보고서법의 평가과제와 루브릭의 예시는 〈표 8-19〉와 같다.

〈표 8-19〉 연구보고서법의 평가과제와 루브릭의 예시

**[성취기준]** [6실02-01] 건강을 위한 균형 잡힌 식사의 중요성과 조건을 알고 자신의 식사를 평가한다.

〈예시문항〉 자신이 일주일 동안 섭취한 음식을 기록하고, 자신의 식생활을 평가한다.

| | 연구 설계 | 자료의 수집 | 자료의 분석 |
|---|---|---|---|
| 3 | 학생 수준에 적합한 연구내용을 설정하고, 자료수집, 자료분석, 결과 도출에 대한 연구 설계가 타당하다. | 연구주제 수행과 관련한 자료와 정보를 다양하고 충분하게 수집한다. | 수집한 자료를 연구문제와 연구목적에 부합하는 방향으로 분석하고, 연구결과를 타당하게 도출한다. |
| 2 | 학생 수준에 적합한 연구내용을 설정하고, 자료수집, 자료분석, 결과 도출을 계획한다. | 연구주제 수행과 관련한 자료나 정보를 다양하게 수집한다. | 수집한 자료를 연구문제와 연구목적에 부합하는 방향으로 분석하고, 연구결과를 도출한다. |
| 1 | 연구내용을 설정하고, 연구 설계 계획을 수립한다. | 연구주제 수행과 관련한 자료나 정보를 수집한다. | 수집한 자료를 분석 및 정리하고, 연구결과를 도출한다. |

### (10) 프로젝트법

프로젝트(project)법이란 학생들에게 특정한 연구 과제나 개발 과제 등을 수행하도록 한 다음, 그 과제를 수행하기 위한 계획서 작성 단계부터 결과물 완성 단계에 이르기까지의 전 과정과 함께 결과물을 이용한 평가방법이다. 프로젝트 과제가 연구 과제일 경우 연구보고서법과 유사하며, 개발 과제일 경우에는 만들기 과제와 유사하나, 결과물과 함께 계획서 작성 단계에서부터 결과물 완성 단계에 이르는 전 과정도 함께 중시하여 평가한다는 점에서 차이가 있다(백순근, 2002). 프로젝트법의 평가과제와 루브릭의 예시는 〈표 8-20〉과 같다.

〈표 8-20〉 프로젝트법의 평가과제와 루브릭의 예시

**[성취기준]** [4사 01-01] 우리 마을 또는 고장의 모습을 자유롭게 그려 보고, 서로 비교하여 공통점과 차이점을 찾아 고장에 대한 서로 다른 장소감을 탐색한다.

〈예시문항〉 우리 마을 고장 그림 전시회를 한다.

| | 전시회 계획 | 작품 준비 | 전시 및 발표 |
|---|---|---|---|
| 3 | 그림 전시회 계획을 구체적이고 실행 가능하게 수립한다. | 전시회 주제가 드러나게 전시회 작품을 만든다. | 전시 작품 설명서를 활용하여 자신의 작품을 이해하기 쉽게 설명한다. |
| 2 | 그림 전시회 계획을 실행 가능하게 수립한다. | 전시회 주제와 관련된 전시회 작품을 만든다. | 전시 작품서를 활용하여, 자신의 작품을 설명한다. |
| 1 | 그림 전시회 계획을 수립한다. | 전시회 작품을 만든다. | 전시 작품서 설명서를 보고, 자신의 작품을 소개한다. |

### (11) 포트폴리오법

포트폴리오(portfolio)법이란 보통 자신이 쓰거나 만든 작품을 누가적이면서도 체계적으로 모아 둔 작품집 또는 서류철을 이용한 평가방법이다. 포트폴리오를 통해 학생들은 자신의 변화 과정을 알 수 있고, 자신의 강점이나 약점, 성실성 여부, 잠재 가능성 등을 스스로 인식할 수 있으며, 교사들은 학생들의 과거와 현재의 상태를 쉽게 파악할 수 있을 뿐만 아니라 앞으로의 발전 방향에 대해 쉽게 조언할 수 있다. 이 평가방법은 단편적인 영역에 대해 일회적으로 평가하지 않고 학생 개개인의 변화와 발달 과정을 종합적으로 평가하기 위해 전체적이면서도 지속적으로 평가하는 것을 강조한다. 포트폴리오는 그림, 사진, 시, 소설, 글짓기, 독서장, 관찰기록, 일화노트, 실험·실습 보고서 등을 정리한 자료집을 이용하여 평가할 수 있다. 최근에는 비디오 녹화 테잎이나 디지털 사진 등을 가지고 포트폴리오를 구성하는 비디오 포트폴리오를 많이 활용하기도 한다(백순근, 2002). 포트폴리오 평가의 채점기준은 〈표 8-21〉과 같다.

〈표 8-21〉 포트폴리오 평가의 채점기준 (백순근, 2002)

| 평가항목 | 평가관점 | 3 | 2 | 1 |
|---|---|---|---|---|
| 계획 수립 | 포트폴리오 계획서를 만들었는가? | | | |
| | 포트폴리오 계획이 참신하고 실천가능한가? | | | |
| 구성과정 | 포트폴리오를 관리하는가? | | | |
| | 각 단계마다 작품을 구성하는가? | | | |
| | 작품이 기대 수준에 비하여 향상되는가? | | | |
| | 학생 스스로 포트폴리오 구성 과정을 조절하는가? | | | |
| | 도움이 필요할 때 교사와 동료의 도움을 받는가? | | | |
| 결과 | 계획 단계의 목적물을 산출하였는가? | | | |
| | 자료집 발표회에 참여하였는가? | | | |
| | 최종 작품의 질은 우수한가? | | | |
| | 결과물의 내용은 최신성과 완성도를 갖추었는가? | | | |

포트폴리오 평가과제와 루브릭의 예시는 〈표 8-22〉와 같다.

〈표 8-22〉 포트폴리오 평가과제와 루브릭의 예시

**[성취기준]** [2국03-05] 쓰기에 흥미를 가지고 즐겨 쓰는 태도를 지닌다.

〈예시문항〉 책 소개 자료집을 만든다.

| | 성실성 | 변화와 발전 | 피드백 반영 |
|---|---|---|---|
| 3 | 책 소개 자료집에 들어갈 내용을 평상시부터 계획을 세워서 체계적으로 준비한다. | 책 소개 자료집의 내용이 시간이 지남에 따라서 세련되고 풍부하게 발전한다. | 교사의 피드백을 적극 반영하여 후속 작품을 지속적으로 만든다. |
| 2 | 책 소개 자료집에 들어갈 내용을 계획을 세워 준비한다. | 책 소개 자료집의 내용이 시간이 지남에 따라서 발전하고 있으며, 내용이 풍성하다. | 교사의 피드백을 반영하여 후속 작품을 지속적으로 만든다. |
| 1 | 책 소개 자료집에 들어갈 내용을 준비한다. | 책 소개 자료집의 내용이 풍성하다. | 후속 작품을 지속적으로 만든다. |

## 4. 수행평가의 절차

수행평가의 절차는 고정적이지 않고 상황에 따라서 유연하게 적용된다. 교육부와 교육과정평가원(2017)에는 수행평가의 일반적인 절차를 [그림 8-1]과 같이 제시하였다.

|  |  |
|---|---|
| 1단계<br>성취기준 분석 | • 교육과정–수업–평가의 일관성 확보를 위한 성취기준 분석<br>• 학생들이 달성해야 하는 지식, 기능, 태도 확인 |
| 2단계<br>평가계획 수립 | • 교육과정, 학업성적 관리지침, 생활기록부 작성 및 관리지침 확인<br>• 수행평가의 영역, 방법, 횟수, 기준, 반영 비율 결정<br>• 성적 처리 방법 및 결과 활용 방안 결정 |
| 3단계<br>수행평가<br>과제 개발 | • 실제적인 맥락, 통합적인 사고 능력, 가치있는 경험, 비구조된 문제 등을 평가할 수 있는 방향으로 수행평가 과제 개발<br>• 토의·토론 수업, 협동학습, 프로젝트 학습 등과 같이 학습자 참여형 수업을 통한 산출물의 형태 등을 고려하여 세부 수행과제 작성 |
| 4단계<br>수행평가<br>채점기준 개발 | • 수행평가 과제 수행의 판단 준거인 지식, 기능 태도의 구체적인 평가요소 설정<br>• 성취기준의 준거를 평정하기 위한 평가요소별 배점<br>• 평가요소에 근거하여 학생의 수행 수준을 구별할 수 있는 세부적인 내용 진술 |
| 5단계<br>수행평가<br>실시 및 채점 | • 수업의 흐름과 내용, 수업평가 과제, 채점기준의 사전 안내<br>• 교수–학습과 연계한 수행평가 실시<br>• 수행 과정에 대한 교사의 관찰평가, 학생의 자기평가 및 동료평가 |
| 6단계<br>수행평가<br>피드백 | • 학생의 현재 수준과 학생이 도달해야 할 수행 수준 간의 차이 제시(학생의 학습과 성장 지원 및 교사의 수업의 질 개선)<br>• 수행 결과 및 과정, 인지적 측면과 정의적 측면에 대한 피드백 |
| 7단계<br>수행평가 결과<br>기록 및 통지 | • 학생의 학습과 성장을 돕는 방향으로 평가결과 제공<br>• 학습동기의 긍정적 신장 |

[그림 8-1] 수행평가의 절차 (교육부 · 교육과정평가원, 2017)

## 1) 교육과정 및 성취기준 분석

수행평가는 국가수준 교육과정과 성취기준에 근거하여 개발된다. 교사는 [그림 8-2]의 교육과정 우선순위 기법을 활용하여 수행평가 실시 단원을 선정한다. 왜냐하면 교과의 모든 단원에 대하여 수행평가를 하는 것은 시간과 비용 면에서 많은 어려움이 있기 때문이다. 만약 교사가 교과의 모든 단원을 평가한다고 한다면, 각 단원 중에서 가장 핵심적이고 중요한 성취기준이 포함된 차시를 선정한다. 이것은 수행평가의 내용타당도를 확보하기 위한 것이다.

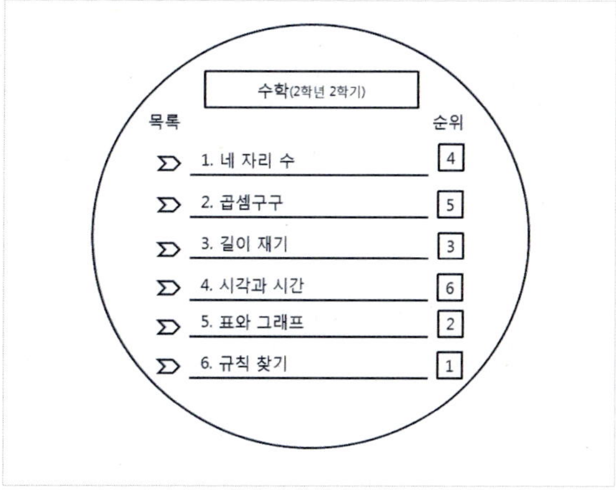


[그림 8-2] 교육과정 우선 순위 기법 (김승호, 박일수, 2020)

## 2) 평가계획 수립

교사는 평가계획을 수립하기 위하여 교육과정, 학업성적관리지침, 생활기록부 작성 및 관리지침 등을 확인한다. 교사는 학기별로 평가계획을 수립하는 데, 이때 수행평가의 영역, 방법, 횟수, 기준, 반영 비율, 성적 처리 방법 및 결과 활용 방안 등을 결정한다. 초등학교 학기 단위 평가계획과 중학교의 학기 단위 평가계획의 예시는 〈표 8-23〉, 〈표 8-24〉와 같다.

〈표 8-23〉 초등학교 2학년 2학기 수행평가 계획의 예시 (신사초등학교, 2020)

| 과목 | 단원 | 평가내용 | 영역 | 시기 | 평가방법 | 성취기준 | 평가기준 | | |
|---|---|---|---|---|---|---|---|---|---|
| | | | | | | | 상 | 중 | 하 |
| 수학 | 1. 네 자리수 | 네 자리 이하의 수의 계열을 이해하고, 수의 크기를 비교하기 | 수와 연산 | 9월 | 서답형 | [2수01-03] 네 자리 이하의 수의 범위에서 수의 계열을 이해하고, 수의 크기를 비교할 수 있다. | 네 자리 수의 범위에서 수의 계열을 이용하여 뛰어 세기를 하고, 여러 가지 방법으로 수의 크기를 비교하고 그 방법을 설명할 수 있다. | 네 자리 수의 범위에서 수의 계열을 이용하여 뛰어 세기를 하고, 수의 크기를 비교할 수 있다. | 네 자리 수의 범위에서 수의 계열을 잘 이해하지 못하여 수의 크기를 비교하는 데 어려움이 있다. |
| | 3. 길이 재기 | 1m가 100cm임을 알고, 길이의 합과 차를 구하기 | 측정 | 11월 | 서답형 | [2수03-06] 1m가 100cm임을 알고, 길이를 단명수와 복명수로 표현할 수 있다.<br>[2수03-09] 실생활 문제 상황을 통하여 길이의 덧셈과 뺄셈을 이해한다. | 1m가 100cm임을 알고, 길이를 단명수와 복명수로 표현할 수 있으며 덧셈과 뺄셈을 이용하여 길이에 관한 실생활 문제를 능숙하게 해결할 수 있다. | 1m가 100cm임을 알고, 덧셈과 뺄셈을 이용하여 길이에 관한 실생활 문제를 대부분 해결할 수 있다. | 1m가 100cm임을 알지만, 덧셈과 뺄셈을 이용하여 길이에 관한 실생활 문제를 해결하는 데 어려움이 있다. |

| 과목 | 단원 | 평가내용 | 영역 | 시기 | 평가방법 | 성취기준 | 평가기준 | | |
|---|---|---|---|---|---|---|---|---|---|
| | | | | | | | 상 | 중 | 하 |
| 수학 | 5. 표와 그래프 | 분류한 자료를 표와 그래프로 나타내고 편리한 점 말하기 | 자료와 가능성 | 12월 | 서술 평가 | [2수05-02] 분류한 자료를 표로 나타내고, 표로 나타내면 편리한 점을 말할 수 있다.<br>[2수05-03] 분류한 자료를 ○, ×, ／ 등을 이용하여 그래프로 나타내고, 그래프로 나타내면 편리한 점을 말할 수 있다. | 표와 그래프의 개념을 잘 이해하고 있으며 조사한 자료를 보고 표와 그래프로 정확하게 나타내고 표와 그래프로 나타내면 편리한 점을 말할 수 있다. | 표와 그래프의 개념을 이해하고 있으며 조사한 자료를 보고 표와 그래프로 대략적으로 나타낼 수 있다. | 표와 그래프의 개념을 이해하지 못하며 조사한 자료를 보고 표와 그래프로 나타내는 데 어려움이 있다. |
| | 6. 규칙 찾기 | 수 배열표를 보고 규칙을 찾고 나만의 규칙을 정해 수 배열하기 | 규칙성 | 1월 | 서답형 | [2수04-01] 물체, 무늬, 수 등의 배열에서 규칙을 찾아 여러 가지 방법으로 나타낼 수 있다.<br>[2수04-02] 자신이 정한 규칙에 따라 물체, 무늬, 수 등을 배열할 수 있다. | 수 배열표를 보고 규칙을 정확하게 찾을 수 있으며 나만의 수 배열표를 만들어 규칙을 설명할 수 있다. | 수 배열표를 보고 규칙을 대략적으로 찾을 수 있으며 나만의 수 배열표를 만들 수 있다. | 수 배열표를 보고 규칙을 찾는 데 어려움이 있으며 나만의 수 배열표를 만들지 못한다. |

〈표 8-24〉 중학교 2학년 2학기 평가계획의 예시 (백석중학교, 2020)

| 구분 | 학년 | 학기당 논술형 | 평가 구분 | | | | | | |
|---|---|---|---|---|---|---|---|---|---|
| | | | 지필평가 | | 수행평가 | | | | |
| | | | | | | | 2학기 | | |
| | | | 총비율(%) | 논술형 | 총비율(%) | 논술형 | 평가방법 | 비율(%) | 시기 |
| 국어 | 2 | 20 | 80 | • | 20 | 20 | 효과적인 표현을 담은 글쓰기(논술형) | 20 | 11월 |
| 도덕 | 2 | 20 | 80 | • | 20 | 20 | 통일 관련 글쓰기(논술형) | 20 | 11월 |
| 역사 | 2 | 20 | 80 | • | 20 | 20 | 역사논술평가(논술형) | 20 | 11월 |
| 수학 | 2 | 15 | 70 | • | 30 | 15 | 수학독서(논술형) | 15 | 11월 |
| | | | | | | | 학습과정평가 | 15 | 수시 |
| 과학 | 2 | 20 | 80 | • | 20 | 20 | 우리 생활과 열의 이동방법(논술형) | 20 | 11월 |
| 영어 | 2 | 20 | 80 | • | 20 | 20 | 주장하는 글쓰기(논술형) | 20 | 11월 |
| 한문 | 2 | 20 | 70 | • | 30 | 20 | 한시 감상하기(논술형) | 20 | 9월 |
| | | | | | | | 한자쓰기 | 10 | 수시 |
| 정보 | 2 | 25 | 75 | • | 25 | 25 | 논술형평가(컴퓨팅시스템) | 25 | 10월 |
| 체육 | 2 | 30 | | | 100 | 30 | 축구 | 40 | 10월 |
| | | | | | | | 응급처치 | 30 | 11월 |
| | | | | | | | 스포츠 여가활동 계획하기(논술형) | 30 | 12월 |
| 음악 | 2 | 50 | | | 100 | 50 | 감상(뮤지컬 주요 넘버 구별하기) | 50 | 10월 |
| | | | | | | | 뮤지컬의 주인공 갈등 관계 논하기(논술형) | 50 | 10월 |
| 미술 | 2 | 30 | | | 100 | 30 | 표현(발상과 표현) | 70 | 9~11월 |
| | | | | | | | 감상(평가문 쓰기, 논술형) | 30 | 12월 |

### 3) 수행평가 과제 개발

교사는 수행평가 계획에 기초하여, 수행평가 과제를 개발한다. 수행평가 과제는 실제적인 맥락, 통합적인 사고 능력, 가치있는 경험, 비구조된 문제 등을 반영하여 참평가 형태로 개발한다. Wiggins와 McTighe(2005)는 참평가 개발을 위하여 GRASPS 기법을 제시하였다. GRASPS 기법은 〈표 8-25〉와 같다.

〈표 8-25〉 수행과제 개발을 위한 GRASPS 기법 (박일수, 2016: 134)

| GRASPS 요소 | 정의 |
|---|---|
| 목표(G: Goal) | 수행과제 목표를 기술 |
| 역할(R: Role) | 수행과제 수행자의 역할 |
| 대상(A: Audience) | 수행과제 실시 대상 |
| 상황(S: Situation) | 수행과제가 이루어지는 맥락, 상황조건 설명 |
| 수행(P: Performance) | 수행과제 결과물 제작 |
| 기준(S: Standard) | 수행과제에 포함되어야 할 것 |

Wiggins와 McTighe(2005)는 실생활 수행과제 개발을 위하여 역할, 대상, 수행의 요소를 〈표 8-26〉과 같이 구체적으로 제시하였다. 이러한 요소는 참평가 과제를 개발하는 데 유용하게 활용될 수 있다.

〈표 8-26〉 참평가 과제 개발에 활용되는 용어

| 역할(R) | 광고주, 예술가(삽화가), 저자, 전기 작가, 후보자, 만화 캐릭터, 의장, 요리사, 코치, 작곡가, 탐정, 편집자, 엔지니어, 전문가, 목격자, 영화 제작자, 소방관, 역사학자, 인턴, 면접 시험관, 발명가, 변호사, 문학 비평가, 박물관장, 뉴스 캐스터, 소설가, 영양학자, 토론자, 공원 관리인, 사진사, 비행사, 극작가, 시인, 경찰, 제품 디자이너, 리포터, 연구원, 과학자, 선장, 사회과학자, 택시 운전사, 교사, 여행 안내원, 여행사 직원, 영화 주인공, 여행가, 동물원 사육사, 기타 |
|---|---|

| 대상<br>(A) | 광고주들, 위원회 구성원들, 보스, 사업체나 조합들, 유명인들, 지역사회 구성원, 손님, 소비자들, 전문가들, 외국 대사관 직원, 친구들, 정부, 공무원, 역사적 인물들, 재판관, 배심원, 도서관 후원자, 박물관 방문객들, 이웃들, 친척들, 펜팔 친구들, 라디오 청취자들, 독자들, 교직원, 여행객, 시청자, 방문객들, 기타 |
|---|---|
| 산출물<br>또는<br>수행<br>(P) | (필문) 광고, 전기, 보고서, 서평, 팜플릿, 낱말 맞추기 게임, 사설, 에세이, 게임, 저널, 실험 보고서, 편지, 일기, 잡지기사, 메모, 신문기사, 시, 성명서, 제안서, 연구보고서, 대본, 이야기, 검사<br>(구술) 녹음테이프, 토론, 논의, 각색, 인터뷰, 뉴스 방송, 연극 상연, 시 읽기, 발표, 랩, 보고, 촌극, 노래, 단시 수업<br>(시각) 광고, 깃발, 만화, 콜라주, 수집물, 컴퓨터 그래픽, 구성된 기사, 자료 전시, 설계, 도표, 디오라마, 전시, 드로잉, 영사 슬라이드, 그래프, 지도, 모형, 페인팅, 사진, 포스터, 스크랩북, 조각물, 슬라이드쇼, 스토리보드, 비디오테이프 |

이상에서 살펴본 GRASPS 기법에 따라 개발한 수행과제의 예시는 〈표 8-27〉과 같다. 교사는 교육과정 성취기준을 달성하는 데 적합한 목표(G)와 수행(P)을 결정하고, 수행과 관련된 역할과 대상을 정하고, 이 과제가 실현되는 상황을 설정한다. 〈표 8-27〉의 참평가 수행과제에서 볼 수 있듯이, 이러한 수행과제는 토의·토론 수업, 협동학습, 프로젝트 학습 등과 같은 학습자 참여형 수업을 유발한다. 또한 이것은 수업과 평가를 통합하는 역할을 한다.

〈표 8-27〉 GRASPS 기법을 활용한 수행과제 (박일수, 2016: 143)

**〈수행과제1: 작품을 읽고 역할극 만들기(역할 놀이)〉**

- 목표(G: goal): 과제는 이야기에 등장하는 인물의 성격을 고려하여 역할극을 하는 것이다.
- 역할(R: role): 여러분들은 역할극을 연기하는 배우이다.
- 관객(A: audience): 대상은 역할극을 관람하는 관객이다.
- 상황(S: situation): 여러분은 이야기를 역할극으로 표현하는 배우들이다. 관객들에게 보여주고 싶은 이야기를 역할극으로 표현해야 한다.
- 수행(P: performance): 여러분들은 관객들이 관람하고자 하는 이야기를 조사하고, 5분 분량으로 역할극 대본을 완성하고, 이에 기초하여 역할극을 발표한다.
- 기준(S: standard): 여러분들이 역할극을 할 때에는 다음이 포함되어야 한다.
  -역할극은 필독도서의 책이어야 한다.
  -역할극은 이야기의 주제, 인물의 성격, 사건 등을 표현해야 한다.
  -역할극을 할 때에는 인물의 성격에 유의하고, 인물의 성격이 드러나게 역할극을 발표해야 한다.

교사가 수행평가 과제를 개발할 때 고려할 사항은 다음과 같다(김석우, 2015; 백순근, 2002). 첫째, 수행평가의 본질적인 목적이나 취지에 적합한 방법이나 도구를 개발한다. 둘째, 평가하고자 하는 구체적인 목표나 내용을 제대로 평가할 수 있는 타당성이 높은 평가방법이나 도구를 개발한다. 셋째, 평가결과의 정확성과 일관성을 보장할 수 있는 신뢰도가 높은 평가방법이나 도구를 사용한다. 넷째, 주어진 여건과 상황에서 실행할 수 있는 실용도가 높은 평가방법이나 도구를 사용한다.

### 4) 수행평가 채점기준 개발

교사는 수행평가 채점기준을 개발해야 한다. 교사가 GRASPS 기법을 활용하여 수행평가 과제를 개발하였다면, GRASPS의 기준(S)을 평가준거로 사용할 수 있다. 교사는 평가준거에 따른 배점을 설정하고, 학생의 수행 수준을 구별할 수 있는 세부적인 내용을 진술한다. 학생들의 수행과제 평가의 공정성과 정확성을 위해 루브릭이 사용된다. 루브릭은 총체적 루브릭과 분석적 루브릭으로 구성된다. 〈표 8-27〉의 수행과제에 대한 총체적 루브릭의 예시는 〈표 8-28〉과 같다.

〈표 8-28〉 **총체적 루브릭 예시** (박일수, 2016: 144)

| 점수 | 기술 |
|---|---|
| 3 | 이야기의 주제 및 인물의 성격을 명확하게 이해하였으며, 이야기의 주제와 등장인물의 성격이 드러나게 역할극 대본을 작성하고 이를 실감나게 역할극으로 표현하였음. |
| 2 | 이야기의 주제 및 인물의 성격을 제대로 이해하고, 이야기의 주제와 등장인물의 성격을 고려하여 역할극 대본을 작성하였으며, 재미있게 역할극으로 표현함. |
| 1 | 이야기의 주제 및 인물의 성격을 이해하고, 역할극 대본을 작성하였으며, 역할극으로 표현함. |

### 5) 수행평가 실시 및 채점

교사는 수업의 흐름과 내용을 안내하고, 수행평가 과제와 채점기준을 사전에 안내한다. 만약 교사가 루브릭을 만들었다면, 수행과제와 루브릭을 동시에 제공한다. 학생들은 루브릭을 통하여 수행과제에서 기대한 것과 그 기대에 도달하기 위해 해야 할 것을 알게 된다. 이것은 학습자 스스로 수행과제의 진전 상황을 점검함으로써, 자신의 성장과 발달을 위한 자기성찰 피드백 자료로 활용할 수 있다. 수행평가는 수행평가 계획을 고려하여, 교수-학습 중에 실시한다.

### 6) 수행평가 피드백

교사는 수행평가 결과에 기초하여, 학생의 현재 수준과 학생이 도달해야 하는 수행 수준 간의 차이를 제시한다. 수행평가 결과는 학생의 학습과 성장을 지원하고, 교사의 수업의 질을 개선하는 자료로 활용한다. 교사는 학생의 수행 과정과 수행 결과 모두에 대하여 피드백을 제공한다. 교사는 인지적, 정의적, 심동적 영역을 종합하여 피드백을 제공한다.

### 7) 수행평가 결과 기록 및 통지

교사는 학업성적관리지침, 생활기록부 작성 및 관리지침 등에 따라 수행평가 결과를 기록하고 통지한다. 수행평가 결과는 통지 양식에 따라 기록하되, 학생의 학습과 성장을 돕는 방향으로 통지한다. 수행평가 결과 기록 및 통지의 예시는 〈표 8-29〉와 같다.

〈표 8-29〉 수행평가 통지 예시 (대전수정초, 2018)

기본학적사항

| 학년 | 2 | 반 | 1 | 성명 | 홍길동 | 담임명 | 성춘향 (서명) |
|---|---|---|---|---|---|---|---|

배움 성장 결과

| 교과 | 단원 | 평가내용 | 평가방법 | 성취 결과 | | | 교과역량 |
|---|---|---|---|---|---|---|---|
| | | | | 매우 잘함 | 잘함 | 향상 필요 | |
| 국어 | 2. 자신 있게 말해요 | 바른 자세로 자신 있게 말하기 | 관찰 | O | | | 의사소통 |
| | 4. 말놀이를 해요 | 말의 재미를 느끼며 꽁지 따기 말놀이 하기 | 구술 | | | | 문화 향유 |
| | 5. 낱말을 바르고 정확하게 써요 | 소리가 비슷한 낱말의 뜻 구분하기 | 포트폴리오 | | | | 비판적 창의적 사고 |
| 수학 | 2. 여러 가지 도형 | 칠교판으로 모양 만들기 | 관찰 | | | | 창의·융합 |
| | 3. 덧셈과 뺄셈 | 여러 가지 방법으로 뺄셈하기 | 토론과 토의 서술과 논술 | | | | 의사소통 |
| 바른 생활 | 1. 알쏭달쏭 나 | 몸과 마음 건강 유지 방법 알고 실천하기 | 관찰 | | | | 자기관리 |
| | 2. 봄이 오면 | 봄철 날씨 변화를 알고 건강지키는 습관 기르기 | 관찰 | | | | 창의적 사고 |
| 슬기로운 생활 | 1. 알쏭달쏭 나 | 재능과 흥미를 찾고 미래 모습 예상하기 | 서술과 논술 | | | | 지식정보 처리 |
| | 2. 봄이 오면 | 봄철에 사용하는 생활도구 분류하기 | 관찰 | | | | 창의적 사고 |
| 즐거운 생활 | 1. 알쏭달쏭 나 | 나의 몸을 표현하고 놀이하기 | 관찰 | | | | 심미적감성 |
| | 2. 봄이 오면 | 봄을 맞이하여 집을 아름답게 꾸미기 | 실기 | | | | 창의적 사고 |

교사평가 피드백

| 수행 결과 - 이렇게 공부했어요 - | |
|---|---|
| 수행 과정 - 이런 면도 있었어요 - | |

자기성장 피드백

| 자기성장 평가 | ♥♥♥ 매우잘함 | ♥♥♡ 잘함 | ♥♡♡ 향상 필요 |
|---|---|---|---|
| 배움 · 성장 전략 | | | |

가정연계 피드백

◆ 부모님 말씀 ◆

## ❖ 탐구과제

◆ 교과의 성취기준을 선정하고, 수행평가 과제와 루브릭을 개발하시오.

| 교과 | | 단원명 | |
|---|---|---|---|
| 성취기준 | | | |
| 평가 문항 | | | |
| 평가방법 | 수행평가 | | |
| 수행과제<br>채점기준 개발 | | | |

| | | | |
|---|---|---|---|
| 3 | | | |
| 2 | | | |
| 1 | | | |

◆ GRASPS 기법을 활용한 수행평가 계획을 수립하시오.

| 교과 | | 단원명 | |
|---|---|---|---|
| 성취기준 분석 | | | |
| 수행과제 개발<br>(GRASPS) | | | |
| 수행과제<br>채점기준 개발 | | | |

| | | | |
|---|---|---|---|
| 3 | | | |
| 2 | | | |
| 1 | | | |

# 9 과정중심평가

## 1. 과정중심평가의 등장

단편적인 지식의 암기와 단순 기술 습득 중심의 교육에서 벗어나 실생활과 연계된 고차적인 사고 기능과 복합한 수행 능력을 강조하는 교육으로 전환되고 있다. 세계 각국에서는 미래사회에 요구되는 역량을 길러주기 위해서 교육과정과 교육평가의 개선을 하고 있다. 교육평가 개선과 관련하여 2015 개정 교육과정에서는 교육과정, 수업, 평가의 일체화의 관점에서 과정중심평가라는 용어를 사용하고 있다. 과정중심평가는 1990년대 도입된 수행평가의 본래 의미를 되찾으려는 시도라고 할 수 있다. 수행평가의 문제점은 [그림 9-1]과 같다.

(사례) 교사가 체육수업에서 농구를 통해 다양한 활동을 경험하고, 자기 관리 능력과 대인관계 능력을 향상시키기 위하여 다음과 같이 수업계획을 세웠다.

1) 농구 경기 전략을 수립하고, 경기에 적용하기
2) 농구 경기 응원 문화 조성을 위한 깃발 제작
3) 창의적 연습을 통한 농구 기능 향상하기

학생은 이 계획에 따라 활동지도 열심히 하고, 응원 깃발도 잘 만들었고, 연습도 열심히 했다. 그러나 정작 교사는 수행평가를 농구 자유투 성공 횟수로 등급을 정했다.

[그림 9-1] 수행평가의 문제점 (김덕년, 2017: 14)

우리나라의 대학 입시 중심의 평가제도는 수행평가의 의미와 본질을 살리기보다는 지필평가와 함께 학생들의 내신성적을 산출하는 도구로 전락됨에 따라 수행평가의 기능을 제대로 하지 못하였다. 이러한 학생평가의 문제점을 개선하기 위하여 결과중심평가와 구분되는 과정중심평가라는 용어가 등장하게 되었다. 이와 같이, 과정중심평가의 용어는 학습결과에 초점을 두고 그 결과를 바탕으로 학생을 서열화하는 것을 비판하고, 평가를 교수-학습 과정과 연계하면서 교수-학습을 개선하는 방향으로 전환해야 할 필요성이 제기되면서 등장하였다. '과정중심평가'는 '창의인재 육성을 위한 학생평가 정책 연구: 국제비교 연구(김순남 외, 2013)'에서 처음 사용되었다(임은영, 2017: 52). 김순남 외(2013)의 연구에서는 창의인재 육성을 위한 학생평가 패러다임으로 첫째, 학습 측정을 위한 평가에서 학습을 위한 평가로, 둘째, 교육과정 및 수업과 분리된 평가에서 교육과정 및 수업이 동시에 이루어지는 교육평가로, 셋째, 결과중심의 평가에서 과정중심의 평가로, 넷째, 지식중심 평가에서 창의성, 인성 중심의 평가로의 전환을 제시하였다(김순남 외, 2013: 52-58). 이 연구에서 과정중심평가는 창의적인 인재 양성을 위해서는 암기 위주나 정답 찾기 등 결과중심의 평가방식에서 문제해결과정을 중시하는 평가로 전환해야 한다는 의미를 담고 있다. 결과중심평가가 학생이 지식을 알고 있는지에 대한 여부를 평가하는 것이라면, 과정중심평가는 학생의 문제해결과정에 초점을 맞추는 평가로서 평가가 이루어지는 단계에 초점을 맞춘 의미로 사용되었다(임은영, 2017: 52; 신혜진, 안소연, 김유원, 2017: 137). 과정중심평가는 미래사회가 요구하는 역량을 기르기 위한 새로운 평가 패러다임을 의미하게 되었다.

이후 과정중심평가라는 용어는 국가 수준에서의 2015 문·이과 통합형 교육과정 총론 주요 사항(시안)과 2015 개정 교육과정 총론 등과 같이 공식적인 문서에서 언급되었다. 그리고 그 이후부터 과정중심평가가 지역 교육청 수준의 주요 업무 계획 문건들에서 활발하게 사용되면서 하나의 개념처럼 자리잡게 되었다(신혜진, 안소연, 김유원, 2017: 137). 이처럼 과정중심평가는 특정 교육평가의 유형을 가리키는 새로운 용어라기 보다는 기존의 평가방법들이 다양한 정책 요구 속에서 새롭게 등장한 용어라고 할 수 있다(임은영, 2017: 52).

과정중심평가는 기존의 평가가 갖는 문제점에 대한 반성에 기반한 패러다임의 변화라고 할 수 있다. 과정중심평가는 '인지적 판단에 근거한 유용한 정보를 학생이 자신의 학습을 계획하고 학습과정을 스스로 반성할 수 있도록 학생의 학습을 돕고자 하는 교육평가의 새로운 패러다임(김성숙, 2017: 13)'이라고 할 수 있다.

## 2. 과정중심평가의 개념 및 특징

### 1) 과정중심평가의 개념

과정중심평가라는 용어에서 볼 수 있듯이, 과정중심평가에서는 학습을 과정과 결과의 두 차원으로 구분하고, 결과에 도달하는 과정을 강조한다. 그러므로 과정중심평가에서는 학생들이 결과에 도달하는 과정에서 적절한 도움, 즉 피드백을 제공함으로써 학생들의 성장과 발달의 지원을 중시한다. 과정중심평가는 '교육과정의 성취기준을 기반으로 한 평가계획에 따라 교수-학습 과정에서 학생의 변화와 성장에 대한 자료를 다각도로 수집하여 적절한 피드백을 제공하는 평가'를 의미한다(교육부·한국교육과정평가원, 2017). 과정중심평가는 [그림 9-2]와 같이 세 가지 측면에서 이해할 필요가 있다(교육부·한국교육과정평가원, 2017: 4).

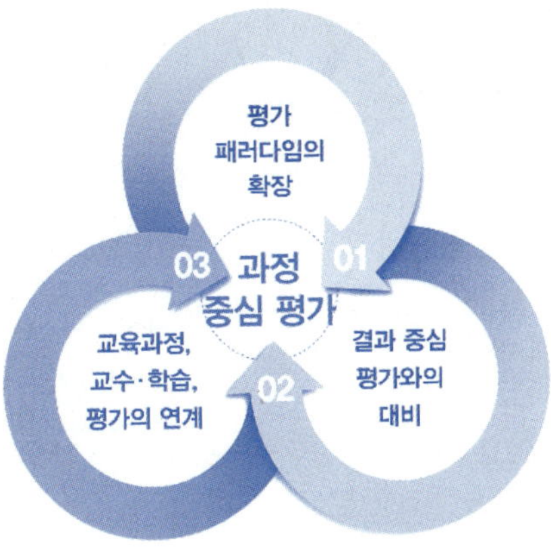


[그림 9-2] 과정중심평가의 의미 (교육부·한국교육과정평가원, 2017: 4).

첫째, 과정중심평가는 평가 패러다임의 확장을 반영한 평가방식이라고 할 수 있다. 즉 '학습결과에 대한 평가'에서 '학습을 위한 평가, 학습으로서의 평가'로 학생평가의 의미가 확장됨에 따라 등장한 개념으로서 학생의 학습과정과 수행 과정을 평가대상으로 포함시키는 동시에 평가결과의 활용 범위를 확장하고 평가를 학습의 도구로 사용하고자 하는 의도를 내포하고 있다. 둘째, 과정중심평가는 학생이 지식을 알고 있는지에 대한 여부를 평가하는 종래의 결과중심평가와 대비되는 개념으로서 학생들의 수행 과정에 주안점을 두고 있는 평가방식이라고 할 수 있다. 셋째, 과정중심평가는 교과서에 제시된 단편적인 지식중심의 평가에서 벗어나 교육과정에 제시된 성취기준을 기반으로 교수-학습 활동 및 평가계획을 세우고, 교수-학습의 과정에서 다양한 평가방법으로 자료를 수집하고 학생들의 건전한 성장과 발달을 위한 적절한 피드백을 제공할 것을 강조하고 있다. 이처럼, 과정중심평가는 결과중심평가에서 벗어나 학생의 배움과 성장을 지원하는 평가체제라고 할 수 있다(교육부·한국교육과정평가원, 2017).

### 2) 과정중심평가에 대한 다양한 해석

과정중심평가는 특정한 평가의 유형을 지칭하는 용어라기보다 새로운 평가 패러다임에서 바람직한 평가방법을 표현한 용어이기 때문에, 이를 정의하는 방식이 해석 주체에 따라 다르다(신혜진, 안소연, 김유원, 2017: 139). 이에 따라 학교 현장은 물론 학계에서도 과정중심평가 개념에 대한 혼란이 발생하고 있다(김정민, 2018; 이경화 외, 2016; 임종헌·최원석, 2018). 이러한 혼란은 과정중심평가가 이와 유사한 과정평가, 형성평가, 수행평가, 지속적 평가, 상시평가 등의 특징을 공유하고 있기 때문이다. 과정중심평가의 개념을 명료화하고, 학교 현장에서 이것을 실질적으로 실현하기 위해서는 과정중심평가의 목적, 교육관과 평가관, 대비용어, 유사용어, 사용 맥락 등을 종합적으로 이해해야 한다(박일수, 2019: 78-79).

첫째, 과정중심평가의 목적은 학생들의 역량을 지원하는 것이다(김종헌·이희복, 2018; 정은정, 2016). 21세기 핵심역량과 창의성, 문제해결력, 비판적 사고력 등과 같은 고등사고기능을 신장시키기 위해서는 결과중심의 평가방법에서 과정중심의 평가방법으로의 전환이 요구된다. 학생들은 과정중심평가의 피드백을 통해 성공적으로 자신의 학습과정을 돌아보고, 더 나은 성취를 위한 높은 수준의 영감을 얻을 수 있다. 학생들은 과정중심평가를 통해 학생들은 더 큰 자기 만족감과 전체적으로 더 높은 수준의 성과를 달성할 수 있다. 과정중심평가는 학생들의 핵심역량 달성 여부를 확인하는 데 목적이 있으며, 역량에 기반한 수행 중심의 평가가 요구된다.

둘째, 과정중심평가는 인본주의 교육관과 총평관과 관련이 있다. 과정중심평가는 학생의 성장과 발달을 중시하는데, 이것은 학생의 자아실현을 강조하는 인본주의 교육관과 관련이 있다. 한편 학생의 성장 및 발달 여부의 확인은 다양한 증거 자료를 종합적으로 수집할 때 가능한데, 이것은 다양한 증거 자료를 수집하는 총평관과 관련이 있다.

셋째, 과정중심평가는 결과중심평가와 대비되는 용어이다. 결과중심평가가 학생의 최종 산출물에 기반한 평가라면, 과정중심평가는 학생들이 최종 산출에 도달하는 과정에 기반한 평가에 해당한다. 예를 들어, 포스터 그리기를 생각해보자. 결과중심평가에서는 포스터 완성 작품에 기초하여 평가한다. 반면에 과정중심평가에서는 포스터 주제 구상 과정, 포스터 그리는 과정, 포스터 실기능력, 최종 결과물 등을 종합하여 평가한다. 결과중심평가에서는 최종 결과에 대한 피드백을 하지만, 과정중심평가에서는 그 결과에 도달한 과정을 점검하고, 각 과정에서 피드백을 제공한다는 점에서 차이가 있다.

넷째, 과정중심평가는 그 용어가 사용되는 상황 맥락에 따라서 그 의미가 형성된다. 과정중심평가는 '순환적 평가', '수업과 연계된 평가', '학습의 진전을 평가하는 과정평가(progress assessment)' 등의 맥락에서 사용된다.

① '순환적 평가'는 교수-학습 과정에서 수업과 연계되어 수업 진행에 맞물려 실시되는 평가를 의미한다. 이것은 평가결과가 학습에 기여할 수 있도록 한다는 점에서 교수-학습과 순환적인 성격을 지닌다.

② '수업과 연계된 평가'란 수업과 연동된 평가를 실행하고 그 결과를 교수-학습에 반영함으로써 학생의 학습을 돕는 평가라고 할 수 있다(이경화 외, 2016: 826). 과정중심평가의 목적은 학생의 학습을 돕는 것, 즉 수업의 결과가 아닌 수업 중 나타난 학생의 학습과정이 평가대상이어야 하며, 그 결과를 학생에게 알려줌과 동시에 수업에 반영함으로써 더 나은 학습을 모색하는 데 있다(강현영, 2017).

③ '학습의 진전을 평가하는 과정평가'란 학생의 학습 성장 및 변화 과정을 평가하는 것을 의미한다. 따라서 과정중심평가의 루브릭은 수행 결과에 대한 루브릭과 차별화될 필요가 있다. 학생의 성장 및 변화에 기반한 루브릭이 필요하다.

다섯째, 과정중심평가는 형성평가, 수행평가, 과정평가, 지속적 평가, 상시평가와 유사한 특징을 공유한다. 그러나 다음과 같은 점에서 구별된다.

① 과정중심평가와 과정평가

과정평가는 프로그램이 진행되는 과정을 평가한다. 과정평가는 CIPP모형의 상황평가, 투입평가, 과정평가, 산출평가에서 사용하는 용어이다. 과정평가가 교육과정 또는 프로그램의 질 개선에 초점을 두지만, 과정중심평가는 학습자의 성장 및 발달에 초점을 두는 학생평가라는 점에서 차이가 있다. 과정중심평가에서는 성취기준에 기반한 교육목표 달성 여부를 확인하고, 학습목표 달성을 위한 지원, 즉 피드백을 중시한다.

② 과정중심평가와 수행평가

과정중심평가에서는 평가방법으로 수행평가가 활용된다(임은영, 2017: 13). 과정중심평가에서는 서술형 및 논술형 평가, 구술시험, 토론법, 실기시험, 실험·실습법, 면접법, 관찰법, 자기평가 보고서법, 동료평가 보고서법, 연구보고서법, 프로젝트법, 포트폴리오법 등과 같은 평가방법들이 사용된다. 이에 따라 과정중심평가와 수행평가를 동일시하는 경향이 있다. 그러나 수행평가가 객관식 선다형 중심의 표준화 검사에 대한 문제점이 제기됨에 따라 이러한 문제점을 해결하기 위한 하나의 대안으로서 제시된 평가개선 운동이라고 한다면, 과정중심평가는 기존의 결과중심의 학습관에서 벗어나 학생의 성장과 발달을 지원하는 학습관에서 도입된 평가개선 운동이라는 점에서 구별된다.

한편, 과정중심평가에서는 지필평가와 수행평가가 함께 활용될 수 있다(임종헌, 최원석, 2018: 55). 현재의 학교 평가는 문서상으로 '지필평가'와 '수행평가'로 구분된다. 그런데 학교 문서상의 지필평가는 '중간고사와 기말고사 점수의 총합'이며, 수행평가는 '그 외의 평가'에 해당한다(임종헌, 최원석, 2018: 55). 예를 들어, 과정중심평가에서는 학생들의 기초기본능력의 숙달 여부를 확인하고, 이들 학생들의 성장 지원을 활용하기 위하여 지필평가를 사용할 수 있다. 과정중심평가와 수행평가의 차이점은 [그림 9-3]을 통하여 확인할 수 있다.

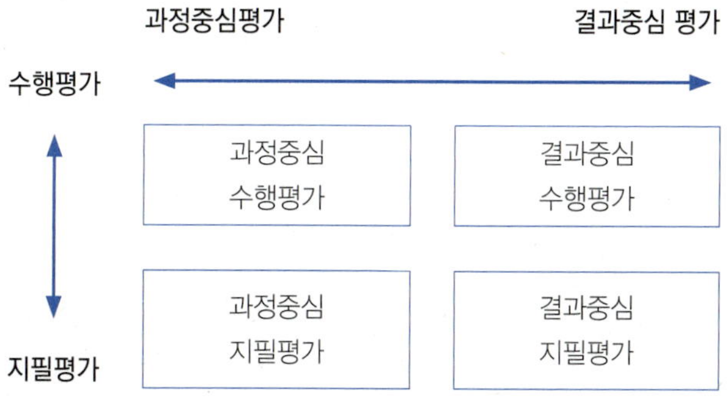


[그림 9-3] 과정중심평가와 수행평가의 관계 (임종헌, 최원석, 2018: 55)

③ 과정중심평가와 형성평가

과정중심평가는 교육평가의 형성적 기능과 관련이 있다. 학생평가는 전통적으로 성적 산출을 위한 결과 지향적 총괄평가의 기능만을 강조해온 경향이 있다. 평가가 교육개선의 본래 취지를 달성하기 위해서 학생의 학습을 돕고 교수-학습 과정의 개선에 도움을 줄 수 있어야 한다. 형성평가는 교수-학습 개선의 기능뿐만 아니라, 학생들이 학습전략을 개발하여 자기주도학습을 할 수 있게 하고, 학습동기를 유발하며, 초인지(메타인지) 개발에도 도움을 줄 수 있다. 과정중심평가는 학생의 성장 및 발달을 위한 과정을 평가한다는 점에서 형성평가와 밀접한 관련이 있다. 그러나 다음과 같은 점에서 차이가 있다. 형성평가는 학습 진행 속도 조절, 학습 강화, 학습 곤란의 진단 및 교정, 학습지도 방법 개선 등을 목적으로 수업 중에 이루어지는 평가이다. 형성평가는 수업의 진행 과정을 기준으로 진단평가, 형성평가, 총괄평가와 관련된 용어이다. 형성평가는 학습의 과정 중에 학습 수준을 개선하기 위하여 목표 수준과 현재 수준의 차이를 확인하고 이를 줄이는 데 필요한 학습내용과 전략 정보를 제공하는 평가로서 평가결과를 성적에 반영하지는 않는다. 총괄평가는 학습 종료시에 학습자의 성취수준을 확인하여 성적에 반영하는 평가이다(김정민, 2018: 844). 과정중심평가는 평가의 패러다임이 '학습을 위한' 평가와 '학습으로서의' 평가로 확장된 것이다(이봉민 외, 2017). 이처럼 과정중심평가가 학생들이 학습하는 과정에 대한 평가라고 한다면 형성평가는 학생의 수업 시간 내에서 활동을 평가하는 개념이 아닌 학생이 수업이 끝날 무렵 그 수업에 어느 정도 성취가 이루어졌는지를 평가하는 개념이다. 즉 형성평가가 수업을 한 후 어느 정도 목표 달성이 이루어졌는지를 알아보는 결과중심평가라면 과정중심평가는 수업이 진행되는 과정에 이루어진다는 점에서 차이가 있다(김순남, 2020: 323). 만약 학생이 시행착오 등을 거치면서 학습을 하는 동안에 학습 피드백 제공을 위해 평가한다면 과정중심 형성평가이며, 어떤 학습단위를 종료한 후 학생의 성취수준을 결과에 도달하는 과정을 중심으로 확인하여 성적에 반영하기 위해서 평가한다면 과정중심 총괄평가라고 할 수 있다(김정민, 2018: 851).

④ 과정중심평가와 지속적 평가

지속적 평가는 평가방법을 체계화하고 평가주기를 정례화하여 개인의 변화 정도와 성장에 대한 과학적 분석을 시도하는 평가이다. 지속적 평가가 특정 영역에 대한 발달을 중시하지만, 과정중심평가는 학생들의 인지, 정의, 심동적 영역에 대한 발달을 종합적으로 평가한다는 점에서 차이가 있다.

⑤ 과정중심평가와 상시평가

상시평가는 교사가 상시적으로 직접 가르친 내용에 대하여 학생을 평가하는 것으로 교사별 학생평가라고도 한다. 교사별 학생평가란 "교사들의 교육 기획권을 확대시켜 주기 위하여 개별 교사들이 자신들이 가르친 내용을 중심으로 학생들을 평가하고, 자신이 가르친 학생만을 모집단으로 하여 석차를 부여하는 방식"이다(김재춘, 설현수, 손종현, 2005: 9). 상시평가가 개별 교사 단위와 학생을 대상으로 실시되지만, 과정중심평가는 교사의 집단 지성을 발휘하여 공통된 과정중심평가 계획이 수립되어 실행된다는 점에서 차이가 있다. 최근 교사별 과정중심평가에 대한 논의가 활발하게 전개되고 있다. 교사별 과정중심평가는 교사 자신이 가르치는 학급에 대해 평가계획에서부터 문항 개발, 평가 시행, 피드백 및 결과 산출, 기록까지를 개별적으로 수행하는 것으로, 동일 학년의 동일 교과를 담당하는 교사가 각자 평가 문항 및 수행평가 과제를 출제하는 것을 의미한다(반재천 외, 2018: 110). 한편 과정중심평가에서는 학생들과 함께 평가계획을 수립하거나 평가 루브릭을 개발할 수 있기 때문에 상시평가와 구분될 수 있다.

## 3) 과정중심평가의 특징

과정중심평가는 중학교에서 자유학기제가 도입되면서 학생평가 방식으로 부각되기 시작하였으며, 2015 개정 교육과정에서 중요한 평가방법으로 제시되었다(박지혜 외, 2018: 27). 과정중심평가의 특징을 살펴보면 다음과 같다(박지혜 외, 2018: 58-59)

첫째, 과정중심평가는 성취기준에 기반하여 이루어진다. 성취기준은 학습자가 교과 등과 관련하여 학습활동을 하면서 도달해야 하는 특정한 기준이며, 교사는 수업을 통해 이 성취기준에 학생이 도달하도록 가르쳐야 한다. 과정중심평가에서는 교육과정의 재구성을 통해 교사가 계획한 성취기준에 따라 교수-학습 과정에서 단계적으로 실시하는 것을 중시한다.

둘째, 과정중심평가는 교육과정-수업-평가 간 연계를 통한 수업의 변화를 모색한다. 과정중심평가는 수업 중에 이루어지며, 교수-학습과 연계된 평가를 지향한다(교육부, 한국교육과정평가원, 2017: 7). 수업과 평가를 연계하여 평가결과에 따라 수업 방식을 조정할 수 있다.

셋째, 과정중심평가는 학생의 다면적 특성에 대한 종합적 평가이다. 학생의 다면적 특성이라는 것은 인지적 및 정의적 특성, 역량 등을 포함하는 개념이다. 과정중심평가는 지식, 기능, 태도의 인지적·정의적 영역을 포함한다. 과정중심평가를 통해 평가내용의 범위가 확장되고, 내용 영역과 연계하여 기능이나 역량의 발달 과정을 평가할 수 있다.

넷째, 과정중심평가는 학생의 학습과정에 대한 평가이다. 지식, 기능, 태도의 발달 상태를 파악하기 위해 학습자의 수행 과정을 평가대상으로 한다(교육부, 한국교육과정평가원, 2017: 7). 따라서 학생의 학습결과에 대한 평가와 더불어 학습과정에서 일어나는 학생 간 상호작용에 대한 평가 등이 이루어진다.

다섯째, 과정중심평가는 수업 중에 이루어지는 평가이다(교육부, 한국교육과정평가원, 2017: 7). 이는 평가 기간의 유연성을 의미하는 것으로 평가의 형성적 기능을 활성화할 수 있다. 그러나 수업 과정에서 일회성으로 평가하기 보다는 수시 평가가 이루어질 필요가 있다. 학생의 성장과 발달을 다루기 위해서는 일정 기간 이상의 학생 관찰이 필요하므로, 단발성 평가에서 벗어나 평가 기간을 확장한다는 의미를 담고 있다.

여섯째, 과정중심평가는 다양한 평가방법을 활용하여 자료수집을 다원화한다. 과정중심평가에서는 다양한 평가방법을 활용하여 학생에 대한 다양한 측면을 파악하는 것이 중요하다(교육부, 한국교육과정평가원, 2017: 7). 따라서 학습결과에 대한 평가와 더불어 학습과정에서 평가할 수 있는 평가요소들을 설정하고, 이를 평가하는데 적합한 평가방법과 평가도구를 개발하고, 학생의 특성을 파악할 수 있는 자료를 다각도로 수집해야 한다.

일곱째, 과정중심평가는 평가 주체를 다양화한다. 교사, 자기 자신, 동료 학습자, 여러 교사가 평가의 주체로 참여할 수 있다. 직·간접적으로 학생의 참여가 요구되며, 자기평가, 동료평가 등을 통해 평가의 주체가 되거나, 평가 채점기준 작성 또는 확인에 함께 참여하여 과제 수행 과정에서 평가활동의 목적과 학습의 도달점을 명확히 인지하는 등의 활동을 통해 학생 중심의 평가가 이루어질 수 있다.

여덟째, 과정중심평가는 즉각적이고 개별적인 피드백 제공을 통해 학생의 학습과 교사의 수업을 개선한다. 결과평가에만 그치지 않고 학습과정에서의 평가를 통해 교사와 학생에게 피드백이 필요한 적절한 순간에 즉시 피드백을 제공할 수 있다. 이때 피드백은 다양한 방식(개별 및 전체, 모둠별 피드백 포함)으로 제공되고, 교사와 학생은 이를 바탕으로 적절한 시기에 교수-학습 방법을 개선할 수 있다.

아홉째, 과정중심평가는 학생의 성장과 변화를 지원하기 위한 목적에서 평가결과가 활용된다. 과정중심평가의 목적은 평가를 통해 학생의 학습을 돕고, 실질적인 성장과 변화를 지원하기 위한 것이다. 따라서 과정중심평가의 결과는 학습자의 발달을 위해 활용해야 하며, 학생 학습활동에 대한 관찰을 통해 학습자의 부족한 점을 채워주고, 우수한 점을 심화·발전시킬 수 있도록 도와야 한다(교육부, 한국교육과정평가원, 2017: 7). 학습과정에 대한 평가를 통해 피드백을 제공하여, 학습부진아를 포함한 개별 학생의 성장과 변화를 지원할 수 있다.

한편, 전경희(2016)는 과정중심평가의 특징을 과정중심평가의 기본 방향, 평가관, 평가방법, 평가내용, 평가결과 보고 및 활용 등의 관점에서 제시하였다. 과정중심평가의 특징은 [그림 9-4]와 같다.

| | | |
|---|---|---|
| 기본 방향 | ·교수–학습을 극대화하기 위한 평가<br>·정보 수집을 위한 과정으로의 평가<br>·학습 전략 및 교수법 교정을 위한 평가<br>·교수–학습과 평가가 연계된 순환적 구조에서의 평가 | |
| 평가관 | ·학습에 대한 평가<br>·결과 중시 | ·학습을 위한 평가<br>·학습으로서의 평가<br>·과정 중시 |
| 평가 방법 | ·지필평가 중심<br>·구조화된 문항 형식 위주<br>·정기 평가<br>·교사가 주로 평가 | ·지필평가, 수행평가 등 다양한 방법 적용<br>·구조화, 비구조화된 방식 혼용<br>·교사, 학습자, 동료 등 평가주체의 다양화 |
| 평가 내용 | ·단편적 지식 및 기능<br>·인지적 영역 위주 | ·통합적 지식 및 기능<br>·핵심역량 평가<br>·인지적·정의적 특성 영역 |
| 평가 결과 보고 및 활용 | ·상대적 서열 정보 중심<br>·피드백의 부재 | ·성취기준 및 내용 준거에 의한 결과<br>·즉각적이며 수시적인 피드백 |

[그림 9-4] 과정중심평가의 특징 (전경희, 2016: 16)

## 3. 과정중심평가의 절차

과정중심평가는 평가계획 수립, 평가도구 개발, 평가 실행, 평가결과 활용의 4단계에 따라서 이루어진다(박지혜 외, 2018: 146). 박지혜 외(2018)는 과정중심평가 정책의 실행 취지를 고려하여 학교 현장에서 실행할 수 있는 과정중심평가 운영 모형을 [그림 9-5]와 같이 제안하였다.

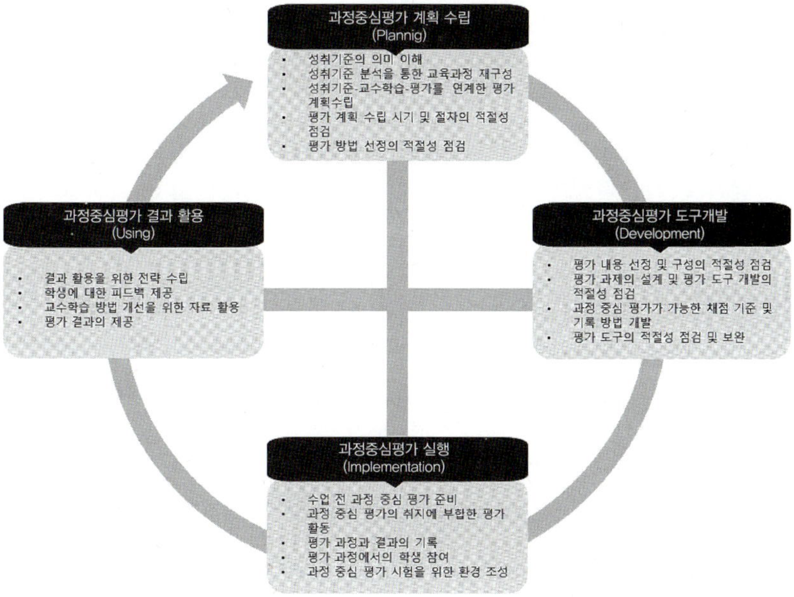


[그림 9-5] 과정중심평가 운영 모형 (박지혜 외, 2018: 146)

## 1) 과정중심평가 계획 수립

단위학교에서는 교수-학습 계획을 수립하고 진도표를 작성할 때 과정중심평가 계획을 수립한다. 과정중심평가 계획 단계에서 교사는 성취기준 분석, 교육과정 재구성, 성취기준-교수-학습-평가를 연계한 평가계획을 수립한다. 과정중심평가 계획 수립 단계에서 교사가 고려할 사항은 다음과 같다(박지혜 외, 2018: 150-152).

첫째, 교사는 교육과정에서 제시하는 성취기준이 기대하는 학습결과를 파악한다. 왜냐하면 학교에서 이루어지는 교수-학습과 평가는 교육과정에서 제시하고 있는 성취기준을 기반으로 실행하기 때문이다.

둘째, 교사는 성취기준 분석을 통해 교육과정을 재구성한다. 2015 개정 교육과정에서는 성취기준과 교과 역량이 교수-학습 상황에서 학습내용을 구현해야 하기 때문에, 성취기준과 학습내용 및 교과 역량의 관계에 대한 분석이 요구된다. 학습의 맥락과 내용 간의 연결성을 고려하고, 교육과정 재구성의 타당성을 확보하기 위해서 성취기준 간의 연계성을 고려하여야 한다.

셋째, 교사는 교육과정의 성취기준-수업-평가가 연계될 수 있도록 교수-학습 계획과 평가계획을 수립한다. 교수-학습 내용과 연계하여 평가목표 및 내용을 선정하고, 평가계획과 연계하여 교수-학습 방법을 마련한다. 또한 교사는 성취기준 분석 결과를 바탕으로 이를 구현할 수 있는 교수-학습 계획과 함께 평가계획을 수립하고, 성취기준에 기반하여 학생 수준에 맞는 평가기준을 마련하거나 교육과정을 기반으로 제시된 평가기준을 조정하여 활용한다.

넷째, 교사는 평가결과를 활용하여 적절한 피드백을 제공하고 학생의 성장을 지원하기 위해서 학생 수준을 고려하여 평가계획을 수립한다. 교사는 수업 중, 수업 후, 단원이 끝난 후 등 평가의 시기와 그에 따른 평가 횟수의 적절성을 확인한다. 한편, 교사별로 과정중심평가 계획을 수립할 수 있으나 평가의 신뢰도와 객관성을 확보하기 위해서는 학년(교과) 협의회를 통해 평가계획을 점검하고, 정보를 공유해야 한다. 그리고 과정중심평가 계획을 학생과 학부모에게 사전에 공지하여 수업과 평가의 목적과 방향에 대해 인지하도록 하여 학교와 학부모가 함께 학생의 성장을 도울 수 있도록 한다.

다섯째, 교사는 평가계획을 수립한 후, 평가계획에 반영된 평가방법의 적절성을 검토한다. 교사가 학생의 성취기준 도달 정도와 교과 역량 등을 효과적으로 파악하기 위해서는 평가 주체를 다양화하고, 다양한 평가방법을 활용해야 한다. 또한 학교와 학급의 상황과 학생의 특성에 따라 실행 가능한 평가방법이 선정되었는지 점검한다.

### 2) 과정중심평가 도구 개발

과정중심평가 도구는 학기 단위로 수립된 교수-학습 및 평가계획을 기반으로 단원이나 차시 수준에서 구체적인 교수-학습 및 평가 방안을 마련하는 과정에서 개발한다. 과정중심평가 도구 개발 단계에서는 평가도구의 제작 및 채점기준과 기록 방법 등을 계획한다. 과정중심평가 도구 개발 단계에서 교사가 고려할 사항은 다음과 같다(박지혜 외, 2018: 152-154).

첫째, 교사는 교수-학습 방법과 연계하여 평가내용을 선정하고 전반적인 평가 구성의 적절성을 고려하여 평가도구를 개발한다. 과정중심평가는 수업 내용에 대한 학생들의 학습 여부 및 정도를 측정할 수 있어야 하고, 교과 내용뿐만 아니라 교과 역량의 신장을 점검하기 위해 평가내용에 교과 역량을 고려하여 계획을 수립해야 한다. 과정중심평가는 실질적인 맥락을 통한 가치 있는 경험을 할 수 있고, 통합적인 사고 능력을 요구하는 평가를 통해 학습의 결과가 삶에 전이되는 것을 지향한다. 과정중심평가에서는 정의적 영역도 평가내용에 포함할 수 있으며, 정의적 영역에 관한 평가내용을 선정할 때는 교육과정의 성취기준뿐만 아니라, 교수-학습 방법이나 평가 및 유의 사항, 교과 역량 등을 참고한다.

둘째, 과정중심평가의 평가과제는 성취기준을 학습하는 데 유의미해야 한다. 교사는 평가 과제와 부합하는 교수-학습 활동을 계획해야 한다. 교사는 교수-학습 과정에서 성취기준의 도달 정도를 측정할 수 있는 평가도구를 개발한다. 평가도구는 평가계획 및 과제 내용에 부합하도록 개발한다. 단위 학교에서는 시·도별 학업성적관리 시행지침을 고려하여 과제별 수행 과정, 세부 평가 영역(요소), 배점, 과제 수행 시기를 계획한다.

셋째, 교사는 과정중심평가에 대한 채점기준을 개발하고, 학생들의 특성을 수시로 기록할 수 있는 기록 방법을 계획한다. 채점기준은 성취기준 및 교과 역량을 평가할 수 있어야 개발하며, 학습을 안내하고, 평가의 신뢰성을 확보할 수 있도록 구체적이고 명확하게 개발한다. 채점 방안은 평가의 신뢰성을 확보할 수 있도록 한다. 한편 교사는 수업 중 개별 학생에게 나타난 행동 특성에 대한 누가 기록을 할 수 있는 일정한 플랫폼(온·오프라인)을 준비한다. 이러한 플랫폼은 한글, 엑셀 등의 컴퓨터 프로그램을 활용하거나 수기로 작성한다.

넷째, 평가도구 및 평가방법은 학년(교과) 협의회나 전문학습공동체 등을 통하여 적절성을 점검하고 보완한다. 평가의 타당도와 신뢰도를 높이고, 평가의 공정성을 확보하기 위해서는 평가도구 및 평가방법에 대한 교사 간 상호 교차 점검이 필요하다. 이러한 절차에 따라 개발된 과정중심평가 도구의 예시는 〈표 9-1〉과 같다.

〈표 9-1〉 과정중심평가 도구의 예시

<table>
<tr><th>교과</th><td>국어</td><th>단원</th><td>3-2-4<br>감동을 나타내요</td><th>핵심개념</th><td>• [문학] 문학의 수용과 생산<br>- 작품의 내용, 형식, 표현<br>- 작가와 독자</td></tr>
<tr><th>성취기준</th><td colspan="5">[4국05-01] 시각이나 청각 등 감각적 표현에 주목하며 작품을 감상한다.</td></tr>
<tr><th>일반화된 지식</th><td colspan="5">문학은 다양한 맥락을 바탕으로 하여 작가와 독자가 창의적으로 작품을 생산하고 수용하는 활동이다.</td></tr>
<tr><th>내용요소</th><td colspan="3">• 감각적 표현<br>• 작품에 대한 생각과 느낌 표현</td><th>기능</th><td>• 이해·해석하기<br>• 감상·비평하기<br>• 점검·조정하기</td></tr>
<tr><th>핵심역량</th><td colspan="3">• 창의적 사고 역량<br>• 지식정보처리 역량<br>• 의사소통역량</td><th>교과역량</th><td>• 비판적·창의적 사고 역량<br>• 자료·정보활용 역량<br>• 의사소통 역량</td></tr>
<tr><th>평가목표</th><td colspan="5">시에 나타난 여러 가지 감각적 표현을 찾고 떠오르는 느낌을 말한다.</td></tr>
<tr><th>평가과제</th><td colspan="5">시에 나타난 여러 가지 감각적 표현을 찾고, 그 표현에서 떠오르는 느낌 말하기</td></tr>
<tr><th>평가방법</th><td colspan="3">수행평가</td><th>평가유형</th><td>구술평가</td></tr>
</table>

| 평가기준 (성취수준) | 지식정보처리역량 | 의사소통역량 | 성취수준별 지도방안 |
|---|---|---|---|
| | 감각적 표현 찾기 | 느낌 발표하기 | |
| 우수 | 시에 나타난 감각적 표현을 정확하게 모두 찾고, 그것이 어떠한 감각을 표현하는지 설명한다. | 감각적 표현에서 떠오르는 느낌을 구체적이고 타당하게 말한다. | 수업 시간에 다룬 시 이외의 자료를 추가로 제공하여 감각적 표현을 찾고, 자신의 경험과 연관 지어 보도록 한다. |
| 보통 | 시에 나타난 감각적 표현을 정확하게 찾고, 그것이 어떠한 감각을 표현하는지 설명한다. | 감각적 표현에서 떠오르는 느낌을 타당하게 말한다. | 학생이 찾은 감각적 표현 이외에 추가로 찾을 수 있는 기회를 제공하고, 감각적 표현에서의 느낌을 구체적으로 표현하도록 지도한다. |
| 기초 | 시에 나타난 감각적 표현을 정확하게 찾는다. | 감각적 표현에서 떠오르는 느낌을 말한다. | 시에서 감각적 표현을 사용한 이유를 생각하고, 감각적 표현에 유의하여 자신의 느낌을 말하도록 지도한다. |
| 향상필요 | 시에 나타난 감각적 표현을 정확하게 찾지 못한다. | 감각적 표현과 관련한 느낌을 말하지 못한다. | 감각적 표현을 찾는 방법에 대한 시범을 보이고, 감각적 표현을 찾도록 한다. 그리고 자신이 찾은 감각적 표현에 대한 느낌을 자연스럽게 말할 수 있는 기회를 제공한다. |
| 기초학력 향상 지원 방안 | • 감각적 표현 찾는 방법에 대한 전략 지도<br>• 시에 대한 느낌 표현에 대한 예시 자료 추가 제공<br>• 시에 대한 감각적 표현과 자신의 느낌을 표현하는 방법 지도 | | |

〈과정중심평가 및 수업 활동자료〉

〈활동안내〉

- 시에 나타난 감각적 표현을 찾아 말하기
- 감각적 표현에서 떠오르는 생각이나 느낌 말하기

## 시를 읽고 떠오르는 느낌 나누기

※시에서 나타난 감각적 표현을 찾고, 그 표현에서 떠오르는 느낌을 말해 봅시다.

**노을**

서향숙

동생과 싸우고 나서
엄마에게 실컷
꾸지람을 들었다

언니가 되어 가지고
동생과 만날 싸움이니?

놀이터 그네에 앉아
혼자 올려다본
서쪽 하늘의 노을

섧게도
울고 난
내 마음 빛

**아, 너였구나!**

권영상

보름달이
마을 골목길을
노랗게 색칠하며 간다.

누구세요?
길갓집 창문이 열리면서
누가 내다본다.

누구?
건넛집 창문도 열린다.

아, 너였구나!
창문을 노랗게 물들이는 게.

그래 너였구나!
골목길을 노랗게 색칠하는 게.

★ 감각적 표현:

★ 떠오르는 느낌:

### 3) 과정중심평가 실행

교사는 교수-학습 과정에서 과정중심평가의 실행 전략을 수립한다. 과정중심평가 실행의 절차는 과정중심평가 준비, 평가, 평가결과의 기록의 절차로 이루어진다. 과정중심평가 실행 단계에서 교사가 고려할 사항은 다음과 같다(박지혜 외, 2018: 154-156).

첫째, 교사는 과정중심평가가 원활하게 이루어질 수 있도록 사전 준비를 해야 한다. 수업과 연계한 과정중심평가를 위해서는 사전에 계획을 면밀하게 수립해야 하고, 각 차시별 교수-학습 과정에서 평가를 하기 위한 도구와 방법을 구체적으로 마련해야 한다.

둘째, 교사는 학생의 성장을 지원하기 위하여, 학습과정에서 평가를 실시한다. 평가는 교수-학습 과정안에 수립된 평가계획에 따라 수업 중에 실시한다. 교사는 학생들이 과제를 수행하기 위한 활동의 과정과 결과를 함께 평가하고, 학생의 다양한 인지적, 정의적 성장 과정을 측정한다. 학생이 자신의 학습의 과정을 알 수 있는 성장노트 등을 활용하여 스스로 성장 과정을 확인할 수 있도록 하고, 과정별 학습 상황을 확인하면서 학습자가 이를 인지할 수 있도록 하여 학습목표 도달을 도와야한다. 이처럼 학생에 대해 다각도로 평가하기 위해서는 교수-학습 활동 중 관찰되는 학생반응과 같은 다양한 자료를 수집해야 한다.

셋째, 평가결과뿐만 아니라 평가과정에 대한 수시 기록을 통해 학생의 변화 상황을 파악한다. 수업 중에 평가한 내용은 필요에 따라 누가 기록을 하는 것이 효과적이다. 또한 학생평가 과정과 결과에서 발견한 특별한 내용, 세부적인 학생의 특성이나 수행 내용을 기록하거나, 체크리스트를 활용할 수 있다.

넷째, 학생이 평가의 주체로서의 역할을 할 수 있도록 지원한다. 자기평가와 동료평가 등과 같이 학생이 평가의 주체가 되어 능동적으로 참여할 때 다각적인 평가 자료를 수집할 수 있다. 교사는 학생과 원활한 상호작용을 통하여 평가과정에서 학생 참여를 유도한다.

### 4) 과정중심평가 결과 활용

교사는 학생의 성장과 발달을 지원하기 위하여 과정중심평가 결과를 활용한다. 과정중심평가 결과의 활용 단계에서는 결과 활용 전략 수립, 피드백, 평가결과의 제공 등의 절차로 이루어진다. 과정중심평가 결과 활용 단계에서 교사가 고려할 사항은 다음과 같다(박지혜 외, 2018: 156-158).

첫째, 교사는 과정중심평가 결과의 활용 전략을 사전에 준비해야 한다. 학생 피드백 방안은 학생 성장을 위한 목적에서 평가결과 활용 이전에 마련되어야 한다. 교사는 피드백의 주체(학생 개인, 교사, 가정 등), 피드백의 유형, 시기, 방법 등에 대한 전략을 마련한다. 교사는 수치나 척도로 제시되는 양적 정보와 변화의 과정을 나타낼 수 있는 질적 정보를 함께 활용하는 방안을 마련한다.

둘째, 과정중심평가 결과는 학생의 성장과 발달 지원을 위한 피드백 자료로 활용한다. 교사는 학생의 수행에 대한 총괄적 피드백을 제공하고, 과제 수행 과정에서 적절한 시기에 피드백을 제공한다. 교사는 학생의 변화와 성장을 지원하기 위해 현재 상태에 대한 구체적인 정보와 더불어, 부족한 부분을 개선하기 위한 방법을 안내한다.

셋째, 과정중심평가 결과는 교사의 교수-학습 방법의 개선 자료로 활용한다. 교사는 평가결과를 교사의 수업 개선을 위한 자료로 활용하고, 이후 교수-학습 및 평가의 설계와 운영에 반영한다. 또한 평가과정에서 수집된 피드백을 기반으로 성취기준 미도달 학생과 같이 추가 지원이 필요한 개별 학생에 대한 지도 계획을 수립한다.

넷째, 교사는 누가 기록한 평가결과를 종합하여, 학생과 학부모에게 통지한다. 교사는 학생 특성에 대한 누가 기록을 기반으로 학생의 변화와 성장을 나타내는 내용들을 정련하여 학생생활기록부 세부능력 및 특기 사항을 기록한다. 또한 교사는 구체적이고 이해하기 쉽도록 평가결과를 기술하여 교사와 학부모가 함께 학생의 성장을 지원하도록 해야 한다.

# 4. 백워드 설계 모형에 기반한 과정중심평가

## 1) 백워드 설계 모형에 대한 이해

백워드 설계 모형은 이해에 기반한 설계, 즉 이해중심 교육과정을 추구한다. 이해는 단편적이고 분절적인 지식과 기능의 습득이 아니다. 이해는 학생들이 적극적으로 의미를 구성하고, 교과에서 배운 지식과 기능을 실생활 장면에서 자유자재로 활용할 수 있는 수행성을 전제한다. 여기서 수행성은 단순한 지식과 기능의 반복이 아니라 새로운 상황에 대처하거나 심층적인 사고와 고도의 기술을 요구하는 행위 능력을 의미한다. 이처럼 백워드 설계 모형은 학생들에게 깊은 이해를 통하여 미래사회에 필요한 핵심역량을 발달시키는 데 적절하게 활용할 수 있다 (Wiggins & McTighe, 2005).

[그림 9-6]에서 볼 수 있듯이, 전통적인 교육과정 단원 설계는 목표 설정, 수업계획, 평가계획의 순으로 이루어지는데, 이러한 방식을 포워드 설계 접근방법이라고 한다. 반면, 백워드 설계 접근방법은 포워드 설계 접근방법과 달리, 평가계획이 수업계획에 선행한다. 백워드 설계의 이러한 절차적 특성은 수업과 평가의 일관성을 높이는 데 기여한다. 이에 따라 백워드 설계 모형의 아이디어를 활용하여 과정중심평가를 적용하는 사례가 증가하고 있다.

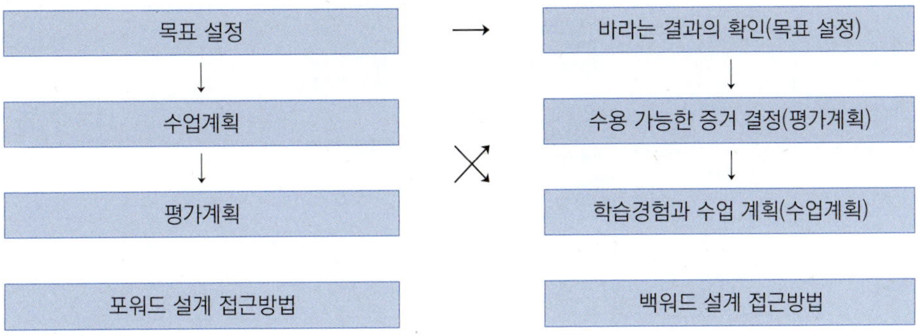


[그림 9-6] 포워드 설계 접근방법과 백워드 설계 접근방법의 비교 (박일수, 2019: 76)

### 2) 백워드 설계 모형의 평가계획

백워드 설계 모형은 평가를 강조하는 교육과정과 수업 설계 모형이다. 백워드 설계 모형에서 평가계획은 '2단계: 수용 가능한 증거 결정'에 해당된다. 백워드 설계 모형에서 단원 평가계획은 [그림 9-7]의 과정으로 진행된다. 첫째, 수행과제를 개발한다. 백워드 설계 모형에서 수행과제를 먼저 개발하는 이유는 평가의 타당성을 확보하는 데 있다. 백워드 설계 모형에서는 실생활 수행과제를 개발함으로써, 학생의 영속한 이해의 달성 여부를 확인한다. 둘째, 교사는 수행과제 채점의 타당도와 신뢰도를 확보하기 위하여 수행과제 루브릭을 개발한다. 루브릭은 과제의 질, 능숙도, 이해의 연속성을 고려하여, 성취수준별로 개발된다. 루브릭은 점수와 각 점수에 대한 서술로 구성된다. 백워드 설계 모형에서는 총체적 루브릭과 분석적 루브릭의 2가지 유형을 활용한다. 셋째, 교사는 수행과제 이외의 평가방법을 계획한다. 교사는 수행과제에 포함되지 않는 핵심지식과 핵심기능을 평가하고, 학생들의 이해도를 정밀하고 정확하게 추론하기 위하여 다양한 평가방법을 사용한다. 수행과제 이외의 평가방법으로는 지필평가와 수행평가가 모두 사용된다(박일수, 2019: 76-77).

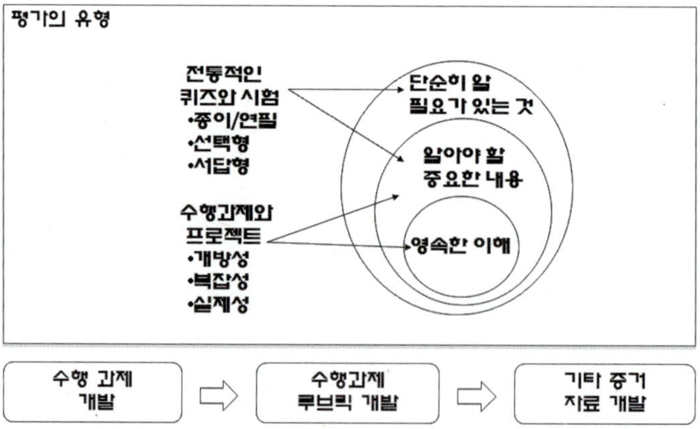


[그림 9-7] 백워드 설계 모형에서의 단원 평가계획 (박일수, 2019: 76)

### 3) 백워드 설계 모형에 기반한 과정중심평가 모형

백워드 설계 모형에서는 수행과제 개발, 루브릭 개발, 기타 증거 자료 개발의 순으로 평가를 계획한다. 박일수(2019)는 백워드 설계 모형에 기반한 과정중심평가의 절차를 [그림 9-8]과 같이 개발하고, 2015 개정 5-6학년군 음악과 '노래가 하나가 되어' 단원에 대한 과정중심평가 계획을 다음과 같이 제시하였다.

|  |  |
|---|---|
| 〈1단계〉<br>교육과정 분석 | · 핵심역량 및 교과 역량 확인<br>· 단원과 관련된 성취기준 확인<br>· 핵심개념, 일반화된 지식, 내용요소, 기능 확인 |
| 〈2단계〉<br>수행과제 개발 | · GRASPS 기법을 활용한 참평가(authentic assessment) 과제 개발<br>· 실제적인 맥락, 통합적인 사고 능력, 가치있는 경험, 비구조된 문제 등을 평가할 수 있는 방향으로 참평가 과제 개발<br>· 최종 프로젝트 산출물 또는 결과물 형태로서의 수행과제 |
| 〈3단계〉<br>수행과제<br>루브릭 개발 | · 수행과제의 질적 평가 자료 개발<br>· 분석적 루브릭 및 총체적 루브릭 개발 |
| 〈4단계〉<br>기타 증거 자료 개발 | · 수행과제 이외에 학생들이 반드시 달성해야 하는 평가내용 선정<br>· 교육과정 우선순위에 따른 핵심적인 평가내용 결정<br>· 평가내용에 타당한 평가방법 결정(지필평가 및 수행평가) |
| 〈5단계〉<br>과정중심평가 계획 수립 | · 단원의 평가계획 수립<br>· 학습활동과 연계된 평가내용<br>· 학습활동의 순서와 계열에 따른 평가계획 작성 |
| 〈6단계〉<br>과정중심평가<br>실시 및 채점 | · 수행과제 및 채점기준 사전 안내<br>· 교수-학습과 연계한 과정중심평가 실시(기타 증거자료: 지필평가 및 수행평가)<br>· 수행 과정에 대한 교사의 관찰평가, 학생의 자기평가 및 동료평가 |
| 〈7단계〉<br>과정중심평가 피드백 | · 학생의 현재 수준과 학생이 도달해야 할 수행 수준 간의 차이 제시(학생의 학습과 성장 지원 및 교사의 수업의 질 개선)<br>· 수행 결과 및 과정, 인지적 측면과 정의적 측면에 대한 피드백 |

[그림 9-8] 백워드 설계 모형에 기반한 과정중심평가의 절차 (박일수, 2019: 83-84)

### (1) 제1단계: 교육과정 분석

과정중심평가는 교육과정의 핵심역량과 교과 역량, 그리고 성취기준에 기반을 두고 이루어진다. 백워드 설계 모형에서는 각 단원에서 설정된 성취기준을 확인하고, 이들 성취기준이 추구하는 핵심개념과 영속한 이해, 본질적 질문, 핵심지식과 핵심기능을 파악한 이후에 평가 설계가 이루어진다. 그러므로 교육과정에 대한 분석이 필요하다. 왜냐하면 교사가 각 단원에서 추구하는 교육과정의 우선순위를 결정하면, 단원의 목표와 방향이 설정되기 때문이다. '노래로 하나가 되어' 단원에 대한 교육과정 분석 결과는 [그림 9-9]와 같다.

| 교과 | 음악 | 단원 | 노래로 하나가 되어 | 학년-학기 | 5-2 |
|---|---|---|---|---|---|
| 성취기준 | [6음01-01] 악곡의 특징을 이해하며 노래 부르거나 악기로 연주한다.<br>[6음01-02] 악곡에 어울리는 신체표현을 한다.<br>[6음03-01] 음악을 활용하여 가정, 학교, 사회 등의 행사에 참여하고 느낌을 발표한다. | | | | |
| [핵심역량]<br>교과 역량 | [창의적 사고 역량] 음악적 창의·융합 역량<br>[심미적감성 역량] 음악적 감성 역량<br>[의사소통역량] 음악적 소통 역량 | | | | |
| [영역]<br>일반화된<br>지식 | [표현] 다양한 음악경험을 통해 소리의 상호작용과 음악의 표현방법을 이해하여 노래, 연주, 음악 만들기, 신체 표현 등의 다양한 방식으로 표현한다.<br>[생활화] 음악을 생활 속에서 활용하고, 음악이 삶에 주는 의미에 대해 이해함으로써 음악을 즐기를 태도를 갖는다. | | | | |
| 핵심개념 | [표현] 음악의 표현방법, [생활화] 음악을 즐기는 태도 | | | | |
| 내용요소 | [표현] 자세와 연주법, [생활화] 음악과 행사 | | | | |
| 기능 | [표현] 노래 부르기, 악기로 연주하기, 신체표현하기<br>[생활화] 참여하기, 조사하기, 발표하기 | | | | |

[그림 9-9] '노래로 하나가 되어' 단원의 교육과정 분석 결과 (박일수, 2019: 85)

[그림 9-9]에서 볼 수 있듯이, 이 단원은 3개의 성취기준으로 구성되어 있다. 이들 성취기준은 창의적 사고 역량, 심미적감성 역량, 의사소통역량과 관련이 있었다. 이 단원의 핵심개념은 '음악의 표현방법', '음악을 즐기는 태도'이다. 즉 이

단원의 최종 목표는 음악 표현 및 음악을 즐기는 태도 함양과 관련이 있다. 학생들은 이 단원에서 자세와 연주법, 음악과 행사에 대한 지식을 습득하고, 노래 부르기, 악기로 연주하기, 신체 표현하기, 참여하기, 조사하기, 발표하기 등의 기능을 습득하게 된다. 이러한 활동은 음악적 창의·융합 역량, 음악적 감성 역량, 음악적 소통 역량을 신장하는 데 기여한다.

### (2) 2단계: 수행과제 개발

수행과제는 실제적인 맥락, 통합적인 사고 능력, 가치 있는 경험, 비구조화된 문제를 고려하여 개발된다. 수행과제는 단원의 최종목표와 직접적인 관련이 있어야 한다. 백워드 설계에서는 GRASPS 기법을 활용하여 수행과제를 개발한다. '우리 동네 음악 발표회' 단원의 수행과제는 〈표 9-2〉와 같다. 이 수행과제는 '음악의 표현방법' 및 '음악을 즐기는 태도' 함양 여부를 확인하는 데 목적이 있다.

〈표 9-2〉 '노래로 하나가 되어' 단원의 수행과제 (박일수, 2019: 86)

| 〈수행과제명〉 | 우리 동네 음악 발표회 |
|---|---|
| 목표(G: goal) | • 우리 동네 음악 발표회 참가하기 |
| 역할(R: role) | • 발표자 |
| 대상(A: audience) | • 관객 |
| 상황(S: situation) | • 동사무소에서 우리 동네 음악 발표회를 개최하려고 한다. 여러분들은 한 곡을 선정하여 우리 동네 음악 발표회에 참여해야 한다. |
| 수행<br>(P: performance) | • 음악 발표회 참여하기 |
| 기준(S: standard) | • 노래, 연주, 음악 만들기, 신체 표현 등의 다양한 방식 중에서 자신이 하고 싶은 방법으로 표현한다.<br>• 성실하고 즐겁게 준비한다.<br>• 악곡에 어울리는 노래, 연주, 신체표현을 한다.<br>• 단독 또는 공동으로 음악 발표회에 참여할 수 있다. |

### (3) 3단계: 수행과제 루브릭 개발

루브릭은 수행과제의 질을 판단하는 자료이다. 루브릭은 수행의 질을 판단하는 근거이기 때문에, 수행의 정도 및 양으로 평가준거를 제시하는 것은 적절하지 않다. 루브릭은 수행과제에 대한 교사와 학생의 채점준거로 사용된다. '우리 동네 음악 발표회' 수행과제에 대한 채점준거는 단원의 핵심개념인 '음악의 표현방법'과 '음악을 즐기는 태도' 및 내용요소인 '음악과 행사'를 고려하여 개발하였다. 구체적인 수행 수준은 [그림 9-9]의 기능에 대한 질적 수준을 고려하여 서술하였다. 또한 이 과제와 관련된 핵심역량과 교과 역량을 제시하였다. '노래로 하나가 되어' 단원의 수행과제에 대한 분석적 루브릭은 〈표 9-3〉과 같다.

〈표 9-3〉 '노래로 하나가 되어' 단원의 수행과제에 대한 분석적 루브릭 (박일수, 2019: 87)

| 핵심역량 | 창의적 사고역량 | 심미적 감성역량 | 의사소통역량 |
|---|---|---|---|
| 교과 역량 | 음악적 창의·융합역량 | 음악적 감성 역량 | 음악적 소통 역량 |
| 내용 / 점수 | 음악의 표현방법 | 음악을 즐기는 태도 | 음악과 행사 |
| 3 | 악곡의 특징과 분위기를 고려하여 자신의 생각과 느낌을 창의적으로 표현한다. | 음악의 가치를 인식하고, 음악 활동에 적극적으로 참여하며 음악을 즐기는 태도를 갖는다. | 행사에 적합한 음악을 선택하고 악곡의 특징과 분위기에 어울리게 음악 작품을 발표하였다. |
| 2 | 악곡의 특징과 분위기를 고려하여 자신의 생각과 느낌을 자유롭게 표현한다. | 음악의 가치를 인식하고, 음악 활동에 참여하며 음악을 즐기는 태도를 갖는다. | 행사에 적합한 음악을 선택하고 분위기에 어울리게 음악 작품을 발표하였다. |
| 1 | 악곡에 대하여 자신의 생각과 느낌을 표현한다. | 음악 활동에 참여한다. | 행사에 적합한 음악작품을 발표하였다. |

### (4) 4단계: 기타 증거 자료수집 개발

백워드 설계 모형에서는 학생들이 획득해야 하는 지식과 기능의 습득여부를 확인하기 위하여 수행과제 이외의 평가방법을 활용한다. 〈표 9-4〉에서 볼 수 있듯이, '노래로 하나가 되어' 단원에 대한 기타 증거 자료의 수집 방법으로 동료평가, 서술형 평가, 실기평가 등을 활용할 수 있다.

〈표 9-4〉 '노래로 하나가 되어' 단원에 대한 기타 증거 자료수집 방법 (박일수, 2019: 87)

| 평가방법 | 평가내용 |
|---|---|
| 동료평가 | 음악 행사에 참여한 느낌 말하기 |
| 서술형 평가 | 악곡의 특징 이해하기 |
| 실기평가 | 음악 표현하기 |

### (5) 5단계: 과정중심평가 계획 수립

이 단원의 과정중심평가는 2단계에서 개발한 수행과제와 4단계에서 개발한 기타 증거 자료에 의하여 이루어진다. 과정중심평가의 평가내용과 평가방법은 결정되었으나, 단원 전체에 대한 과정중심평가 계획이 수립되지 않았다. '노래로 하나가 되어' 단원의 과정중심평가 계획은 〈표 9-5〉와 같다.

〈표 9-5〉 '노래로 하나가 되어' 단원의 과정중심평가 계획 (박일수, 2019: 88)

<table>
<tr><th>단원</th><th>영역</th><th>성취기준</th><th>필수 지도 내용</th><th>평가<br>시기</th><th>평가내용</th><th>평가<br>유형</th></tr>
<tr><td rowspan="4">노래로<br>하나가<br>되어</td><td rowspan="2">표현</td><td rowspan="2">[6음01-01] 악곡의 특징을 이해하며 노래 부르거나 악기로 연주한다.<br><br>[6음01-02] 악곡에 어울리는 신체표현을 한다.</td><td rowspan="2">음악의 표현방법,<br>자세와 연주법</td><td>1</td><td>악곡의 특징<br>이해하기</td><td>서술형<br>평가</td></tr>
<tr><td>2</td><td>음악<br>표현하기</td><td>실기<br>평가</td></tr>
<tr><td rowspan="2">생활화</td><td rowspan="2">[6음03-01] 음악을 활용하여 가정, 학교, 사회 등의 행사에 참여하고 느낌을 발표한다.</td><td rowspan="2">음악과 행사,<br>음악을 즐기는<br>태도</td><td>3</td><td>우리 동네<br>음악 발표회</td><td>수행<br>과제</td></tr>
<tr><td>4</td><td>음악 행사에<br>참여한 느낌<br>말하기</td><td>동료<br>평가</td></tr>
</table>

### (6) 6단계: 과정중심평가 실시 및 채점

교사가 단위 학교에서 과정중심평가를 실시하려면 〈표 9-5〉의 과정중심평가 계획에 대한 평가도구를 개발해야 한다. '3번 평가내용: 우리 동네 음악 발표회'는 〈표 9-2〉의 수행과제와 동일하다. 교사는 〈표 9-4〉에 제시된 기타 증거 자료에 대한 평가도구를 추가로 개발해야 한다. 평가도구는 과정중심평가의 의미와 취지를 살리기 위해서, 수업과 별도로 이루어지기 보다는 수업과 연계한 학습 자료로 개발할 필요가 있다. '악곡의 특징 이해하기'에 대한 서술형 평가도구는 [그림 9-10]과 같다.

<table>
<tr><td colspan="6">평가 문항</td></tr>
<tr><th>학교급</th><th>초등학교</th><th>학기</th><th>5-2</th><th>[영역]표현</th><th>[단원] 노래로 하나가 되어</th></tr>
<tr><td>교육과정<br>성취기준</td><td colspan="5">[6음01-01] 악곡의 특징을 이해하며 노래 부르거나 악기로 연주한다.</td></tr>
<tr><td>평가목표</td><td colspan="5">악곡의 특징을 이해할 수 있다.</td></tr>
<tr><td rowspan="3">평가<br>기준</td><td>상</td><td colspan="4">악곡에 제시된 노랫말의 의미를 파악하고, 악곡의 전체적인 분위기와 특징을 이해한다.</td></tr>
<tr><td>중</td><td colspan="4">악곡의 제시된 노랫말의 의미를 파악하고, 악곡의 특징을 이해한다.</td></tr>
<tr><td>하</td><td colspan="4">악곡에 제시된 노랫말을 의미를 이해한다.</td></tr>
<tr><td>문항유형</td><td>수행평가</td><td colspan="4">서술형 평가</td></tr>
<tr><td colspan="6">• '종소리' 노래를 부르고, 연주하고, 신체표현을 하려고 합니다.<br>• '종소리' 노래의 분위기와 특징, 그리고 노랫말을 알면 더 실감나게 표현할 수 있습니다.<br>• '종소리' 노래를 듣고 난 느낌, 분위기, 특징, 노랫말의 의미를 써봅시다.</td></tr>
<tr><td colspan="2">느낌</td><td colspan="4"></td></tr>
<tr><td colspan="2">분위기</td><td colspan="4"></td></tr>
<tr><td colspan="2">특징</td><td colspan="4"></td></tr>
<tr><td colspan="2">노랫말의 의미</td><td colspan="4"></td></tr>
<tr><td colspan="6"></td></tr>
</table>

[그림 9-10] '노래로 하나가 되어' 단원의 서술형 평가도구 (박일수, 2019: 89)

### (7) 7단계: 과정중심평가 피드백

교사는 후속 학습의 결과에 미치는 요인을 정확히 파악해서 학생들에게 피드백을 제공해야 한다. 학생은 악곡의 특징과 분위기에 대한 이해와 음악 표현에 대한 기능을 습득해야 하는데, 이를 위해서는 적절한 피드백이 필요하다. '노래로 하나가 되어' 단원의 과정중심평가 피드백 예시는 〈표 9-6〉과 같다.

〈표 9-6〉 '노래로 하나가 되어' 단원의 과정중심평가 피드백 예시 (박일수, 2019: 89-90)

| 평가순서 | 평가내용 | 피드백 예시 |
|---|---|---|
| 1 | 악곡의 특징 이해하기 | 악곡의 특징은 음악에 대한 나의 느낌에 따라 달라지며, 조성 및 리듬 등에 따라서 달라진다. 리듬에 유의하며 노래의 특징을 말해보자. |
| 2 | 음악 표현하기 | 악곡의 분위기가 경쾌하니까 동작을 더 활기차고 크게 하면 어떨까? |
| 3 | 우리 동네 음악 발표회 | 음악회 준비할 때 어떤 어려운 점이 있니? 노래 선곡하는 데 어려워 보이네. 동네 사랑을 주제로 표현한 노래를 검색해보렴. |
| 4 | 음악 행사에 참여한 느낌 말하기 | 음악 행사에서 준비한 만큼 실력을 발휘 못해서 섭섭했구나! 그래도 최선을 다해서 했으니까 다른 음악 행사를 위해서 더 열심히 하자. |

### (8) 8단계: 과정중심평가 기록 및 통지

교사는 학생의 수행 과정에 대한 상시관찰 및 누가기록을 바탕으로 학생의 성취수준과 학습활동 참여도 등을 종합하여 특기사항을 기록하고 학생에게 통지한다. 생활기록부를 기술할 때에는 성취기준의 내용요소, 활동내용, 교과 역량 및 핵심역량을 적절히 포함시킨다. '노래로 하나가 되어' 단원의 과정중심평가 기록 및 통지의 예시는 〈표 9-7〉과 같다.

〈표 9-7〉 '노래로 하나가 되어' 단원의 과정중심평가 기록 및 통지 예시 (박일수, 2019: 90)

| 연번 | 과정중심평가 기록 및 통지 예시 |
|---|---|
| 1 | 우리 마을 음악회에서 행사에 적합한 음악을 선택하고 악곡의 특징과 분위기를 고려하여 자신의 생각과 느낌을 창의적으로 발표하였으며, 음악의 가치를 인식하고, 음악 활동에 적극적으로 참여하며 음악을 즐기는 태도를 갖고 있음. |
| 2 | 우리 마을 음악회에서 '향수'라는 곡을 선택하여 합창을 준비하였으며, 음악에 대한 자신의 생각과 느낌을 발표하였으며, 음악을 즐기는 태도를 갖고 있음. |

### 4) 백워드 설계 모형과 과정중심평가와의 관계

교육과정, 수업, 평가의 일체화에 따라 백워드 설계 모형이 주목받고 있다. 왜냐하면, 백워드 설계 모형은 평가를 강조하는 모형으로서 교육과정, 수업, 평가의 일관성을 확보하는 데 기여하기 때문이다. 백워드 설계 모형과 과정중심평가의 관련성을 제시하면 다음과 같다(박일수, 2019: 82-83).

첫째, 백워드 설계 모형과 과정중심평가는 지속적이고 적극적인 피드백을 제공한다는 점에서 관련성이 있다. 백워드 설계 모형에서는 수행과제, 프로젝트 과제에 대한 평가를 계획하고, 이들 과제에 필수적으로 요구되는 핵심지식과 핵심기능을 기타 증거 자료로 수집한다. 백워드 설계 모형을 적용하여 학생들에게 지속적인 피드백을 제공할 수 있는데, 이는 과정중심평가의 지속적인 학생의 성장과 발달 지원을 위한 피드백을 제공하는 것에 기여한다.

둘째, 백워드 설계 모형과 과정중심평가는 단원을 중심으로 이루어진다는 점에서 관련성이 있다. 백워드 설계 모형에서는 핵심개념(big idea)과 일반화된 지식(영속한 이해)에 기초하여 단원 평가계획을 수립한다. 그러므로 교사가 과정중심평가를 할 때, 백워드 설계 모형을 활용하면 단원 전체의 목표 및 핵심개념과 유기적인 관련을 맺을 수 있도록 평가를 설계할 수 있다.

셋째, 백워드 설계 모형과 과정중심평가는 수행과제에 대한 루브릭을 개발한다는 점에서 관련성이 있다. 백워드 설계 모형에서는 실생활과 연계된 수행과제를 개발하고, 이에 대한 평가준거인 루브릭을 개발한다. 교사는 교육과정 성취기준과 관련된 핵심역량, 교과 역량을 유추하고, 이러한 능력의 습득 형성 여부를 판단할 수 있도록 루브릭을 개발한다. 백워드 설계 모형의 루브릭 개발 과정은 과정중심평가의 루브릭 개발에 기여할 수 있다.

넷째, 백워드 설계 모형과 과정중심평가에서는 교육과정 우선 순위 기법을 활용하여 핵심 내용을 선별하여 단원 평가계획을 수립한다는 점에서 관련성이 있다. 일부 교사들은 과정중심평가를 매 차시, 또는 매 활동마다 학생의 활동 과정을 평가해야 한다는 잘못된 인식이 있는데, 이러한 문제점은 백워드 설계 모형에서 중시하는 교육과정 우선 순위 기법을 통하여 해결할 수 있다. 백워드 설계 모형에서는 단원 학습 과정에서 필수 지식과 필수 기능을 중심으로 평가계획을 수립하기 때문에, 매 차시 또는 매 활동마다 과정중심평가가 이루어지는 문제점을 예방할 수 있다.

다섯째, 백워드 설계 모형과 과정중심평가는 다양한 자료를 종합적으로 수집한다는 점에서 관련성이 있다. 백워드 설계 모형에서는 학생들의 이해도를 확인하기 위하여 비공식적인 확인, 관찰과 대화, 검사와 퀴즈, 논술형 평가, 수행과제 등을 활용한다. 이들 자료는 단원 학습에서 추구하는 영속한 이해의 달성 여부를 종합적으로 확인하여, 적절한 지원을 한다. 과정중심평가에서도 백워드 설계 모형에서 활용하고 있는 이러한 다양한 평가방법을 사용한다면, 학생들의 성장과 발달을 종합적으로 지원할 수 있다.

## ❖ 탐구과제

◆ 과정중심평가 계획안과 평가도구를 개발하시오.

<table>
<tr><th>교과</th><th></th><th>단원</th><th></th><th>핵심개념</th><th></th></tr>
<tr><td>성취기준</td><td colspan="5"></td></tr>
<tr><td>일반화된 지식</td><td colspan="5"></td></tr>
<tr><td>내용요소</td><td colspan="2"></td><td>기능</td><td colspan="2"></td></tr>
<tr><td>핵심역량</td><td colspan="2"></td><td>교과역량</td><td colspan="2"></td></tr>
<tr><td>평가목표</td><td colspan="5"></td></tr>
<tr><td>평가과제</td><td colspan="5"></td></tr>
<tr><td>평가방법</td><td colspan="2"></td><td>평가유형</td><td colspan="2"></td></tr>
</table>

| 평가기준 (성취수준) | | | 성취수준별 지도방안 |
|---|---|---|---|
| | | | |
| 우수 | | | |
| 보통 | | | |
| 기초 | | | |
| 향상필요 | | | |
| 기초학력 향상 지원 방안 | | | |

## <과정중심평가 및 수업 활동자료>

〈활동안내〉

# 10 평가도구의 양호도

## 1. 타당도

타당도(validity)란 검사도구가 측정하고자 하는 것을 얼마나 충실히 측정하였는가를 의미한다. 우리가 키를 측정할 때에는 자를 사용하고, 무게를 측정할 때에는 저울을 사용하는 것이 타당하다. 인간의 잠재적 특성을 측정한다면, 지능을 측정할 때에는 지능검사를, 적성을 측정하기 위해서 적성검사를 사용하는 것이 타당하다(성태제, 2005: 315, 박도순 외, 2007: 87). 이처럼 타당도는 검사도구가 검사의 사용 목적에 얼마나 부합하는가의 문제와 관련이 있다. 이것은 검사도구 목적의 적합성에 해당된다.

Linn과 Gronlund(2000)는 타당도를 이해하는 데 주의할 점으로 다음의 4가지를 제시하였다. 첫째, 타당도는 피험자 집단에 사용된 측정 도구나 검사에 의하여 얻어진 검사결과의 해석에 대한 적합성이지, 검사 자체와 관련된 것은 아니다. 타당도는 검사결과로부터 만들어진 해석에 대한 타당성을 의미한다. 둘째, 타당도는 정도의 문제이다. 타당도가 있다 또는 없다고 말하는 것이 아니라 어느 정도, 즉 '낮다, 적절하다, 높다' 등으로 표현해야 한다. 셋째, 타당도는 특별한 목적이나 해석에 제한된다. 그러므로 한 검사가 모든 목적에 부합할 수 없듯이 이 검사는 무엇을 측정하는 데 타당하다고 표현해야 한다. 넷째, 타당도는 단일한 개념이다. 타당도 개념을 다양한 종류로 구분하기 보다는 다양한 종류의 근거에 기초한 단일한 개념으로 해석하고 있다(성태제, 2005: 317, 박도순 외, 2007: 88, 김석우, 2015: 206).

AERA, APA, NCME(2014)에서는 타당도라는 용어 대신에 '-에 기초한 근거(evidence based on -)라는 용어를 사용한다. 2014년 분류에서는 1999년과 동일하게 검사내용에 기초한 근거, 반응과정에 기초한 근거, 내적 구조에 기초한 근거, 다른 변수와의 관계에 기초한 근거, 검사결과에 기초한 근거의 5가지로 분류하였다.

### 1) 내용타당도: 검사 내용에 기초한 근거

내용타당도(evidence based on test content)는 평가하고자 하는 내용이 평가방법이나 평가도구에 제대로 반영되었는지를 연역적-논리적으로 검토하는 것이다. 내용타당도에서는 내용 전문가의 판단이 검사문항 개발에 중요한 역할을 미친다. 내용 전문가는 평가방법이나 도구가 평가목표나 평가내용을 모두 포괄하고 있는지, 평가요소들이 적절하게 구성되어 있는지 등을 검토한다. 내용타당도에 의한 검사도구의 타당성 입증은 논란이 발생한다. 예를 들어 인성검사를 제작하였을 때 성격심리를 전공한 전문가가 문항들의 내용을 분석한 후 주관적인 판단에 의하여 내용타당도가 있다고 판정하였어도, 다른 내용 전문가는 성격의 정의에 대하여 다른 견해를 가지고 있기 때문에 그 검사에 대한 내용타당도가 결여되어 있다고 주장할 수 있다(성태제, 2005: 319).

내용타당도는 학교교육 현장에서 시행되는 시험의 타당도를 파악하는 방법으로 가장 많이 사용된다(백순근, 2002). 즉, 내용타당도는 교육목표 도달 여부를 확인하는 학업성취도 검사의 타당성 검증을 위하여 사용된다. 내용타당도는 교과타당도와 교수타당도로 구분되기도 한다. 교과타당도(curriculum validity)란 검사가 교육과정에 있는 내용을 얼마나 잘 포함하고 있느냐와 관련된 타당도이고, 교수타당도(instructional validity)는 교수-학습 중에 가르치고 배운 내용이 얼마나 포함되었느냐와 관련된 타당도이다. 학교 현장에서는 학업성취도 검사에 대한 이원분류표를 작성하는데, 이것은 검사도구의 내용타당도를 향상시키기 위한 방법이다(성태제, 2005: 319; 박도순 외, 2007: 90).

### 2) 반응과정에 기초한 근거

반응과정에 기초한 근거(evidence based on response process)란 피험자의 응답에 대한 분석으로 이루어지며 반응과정에 대한 이론적이고 경험적인 분석을 통하여 검사가 측정하고자 하는 구인과 피험자의 수행 또는 반응이 얼마나 일치하는가에 근거하여 타당도를 검증한다. 예를 들어, 학생들의 수학적 추론능력을 측정하기 위한 검사에서 일방적 공식에 따르기보다는 주어진 자료에 대하여 학생들이 실제로 추론하는가를 검증하는 것을 중요시한다.

반응과정에 기초한 근거는 학생들의 수행을 관찰하고 판단하는 관찰자 또는 평가자들의 평가결과도 포함된다. 평가자의 관찰과 판단이 의도한 점수 해석과 어느 정도 일치하는지를 분석한다. 만약 학생들의 수행을 채점하는 데 있어 특별한 준거를 적용하도록 되어 있다면, 적절한 준거를 적용하였는지, 의도한 해석에 부적절한 요인이 개입되지는 않았는지 등을 확인한다. 따라서 반응과정에 기초한 근거는 의도한 점수 해석과 구인에 비추어 반응과정이 얼마나 적절한가를 분석하는 경험적인 연구에 사용된다. 또한, 전문가의 판단과 반응하는 과정에 대한 내용분석을 통하여 검증할 수 있다(성태제, 2005: 321, 박도순 외, 2007: 92).

### 3) 구인타당도: 내적 구조에 기초한 근거

구인타당도(evidence based on internal structure)는 조작적으로 정의되지 않는 인간의 심리적 특성이나 성질을 심리적 구인으로 분석하여 조작적 정의를 부여한 후, 검사 점수가 조작적 정의에서 규명한 심리적 구인들을 제대로 측정하였는지를 검증하는 방법이다. 구인(construct)이란 심리적 특성이나 행동 양상을 설명하기 위하여 존재를 가정하는 심리적 요인을 의미한다. 예를 들어, 창의성이 민감성, 도전성, 개방성, 독창성으로 구성된다면, 민감성, 도전성, 개방성, 독창성은 창의성의 구인이 된다. 만약, 창의성을 측정할 때, 민감성, 도전성, 개방성, 독창성의 구인으로 구성되어 있다는 조작적 정의에 근거하여 창의성 검사를 제작, 실시한 뒤 그 검사도구가 이러한 구인들을 측정하고 있다고 판단되면 창의성 검사는 구인타당도를 지니고 있다고 할 수 있다. 만약 검사결과가 조작적으로 규정한 어떤 심리적 구인들을 제대로 측정하고 있지 못하거나 다른 구인들을 측정한다면 구인타당도가 결여되어 있다고 할 수 있다. 이처럼, 내적 구조에 기초한 근거는 문항과 검사 구성요소와의 관계가 구인에 어느 정도 합치하는가를 분석한다. 검사는 단일한 영역을 측정하거나 동질성을 지닌 여러 요소를 측정한다. 내적 구조에 기초한 근거를 확인하기 위하여 요인분석이 주로 사용된다(성태제, 2005: 321, 박도순 외, 2007: 92).

### 4) 다른 변수와의 관계에 기초한 근거

다른 변수와의 관계에 기초한 근거(evidence based on relations to other variables)는 검사 점수와 외적 변수와의 관계를 분석하여 검사의 타당도를 검증하는 방법이다. 다른 변수와의 관계에 기초한 근거는 수렴 및 판별 근거, 검사-준거 관련성, 타당도 일반화로 분류된다(성태제, 2005: 325).

첫째, 수렴 및 판별 근거(convergent and discriminant evidence)에서는 검사 점수와 유사한 구인을 측정하는 측정치로부터 수렴 근거를 확보하고, 검사 점수와 다른 구인을 측정하는 측정치들로부터 판별 근거를 확보한다. 예를 들어 학생들의 독해력을 알아보기 위한 선택형 검사 점수와 동일한 능력을 측정하는 논술형 검사 점수 간의 상관성이 높으면 수렴 증거를 확보하게 된다. 반면 독해력 검사 점수는 논리적 추론과 같은 기능과 관련이 없기를 기대하는데, 이는 판별 근거를 의미한다. 여러 가지 방법으로 동일한 특성을 측정할 때 그들 간의 상관이 높으면 수렴 근거가 있으며, 동일한 방법에 의하여 다른 특성을 측정할 때 다른 특성들 간의 상관이 높지 않으면 판별 근거를 가진다. 중다특성-중다방법은 수렴 및 판별 근거를 확인하는 데 사용된다(성태제, 2005: 326).

둘째, 검사-준거 관련성(test-criterion relationships)은 검사 점수가 얼마나 정확하게 준거 수행을 예측하는가에 관심을 두는 것으로서, 준거타당도라고 한다. 준거 변수는 검사 사용자들이 관심을 가지는 속성이나 결과이다. 그러므로 검사-준거 관련성은 주어진 검사를 적용하는 상황에서 준거 변인에 기초한 해석과정의 적합성, 신뢰도, 타당도에 따라 달라진다. 검사-준거 관련성에는 예측 타당도와 공인타당도가 포함된다(성태제, 2005: 326). 예측타당도(criterion-related evidence predictive)는 검사에서 얻은 점수와 미래의 어떤 행위와의 관계로 추정되는 타당도이다. 이것은 검사 점수가 미래의 행위를 얼마나 잘 예측하느냐와 관련되어 있다. 대학수학능력시험에서 높은 점수를 획득한 학생이 대학에서 성공적으로 학업수행을 한다면, 대학수학능력시험의 예측타당도는 높다고 할 수 있다. 예측타당도는 검사 점수와 미래 행위의 측정치와의 상관계수로 추정한다(성태제, 2005: 326-328). 공인타당도(concurrent evidence)는 기존에 타당성을 입증받고 있는 검사로부터 얻은 점수와 새로운 검사로부터 얻은 점수와의 관계에 의하여 검증하는 타당도이다. 공인타당도는 새로 제작한 검사에 의한 점수와 준거 점수로 타당성을 인정받고 있는 검사의 점수와의 상관계수에 의하여 검증한다. 예컨대 고등학교 1학년말 쓰기 능력 평가도구 결과와 시도교육청에서 제작 배포하여 널리 사용하고 있는 쓰기 능력 평가도구를 이용하여 평가결과간의 상관계수를 계산한다(백순근, 2002: 129-130).

셋째, 타당도 일반화(validity generalization)는 교육이나 교육상황에서 검사-준거 관련성에 기초한 타당도의 근거를 다른 새로운 상황에 일반화할 수 있는 정도를 의미한다. 이것은 새로운 상황에 대하여 타당성을 연구하지 않고 축적된 자료를 통해 그 검사의 검사-준거 관련성에 기초한 타당성을 일반화시키는 것을 의미한다. 과거에 타당화된 통계값들이 새로운 상황에서도 유용하다면 타당도 일반화가 증명된 것이다. 타당도 일반화의 목적은 다양한 요인들이 검사-준거 관계에 미치는 영향의 정도를 결정하는 데 있다(성태제, 2005: 332).

### 5) 결과타당도: 검사결과에 기초한 근거

결과타당도(evidence based on consequence of testing)에서는 검사결과가 검사의 목적과 얼마나 부합하는가, 즉 의도한 결과를 얼마나 달성하였으며, 의도하지 않은 어떤 결과가 나타났는지에 대하여 검증한다(성태제, 2005: 333-335). 따라서 결과타당도에서는 검사나 평가방법이 학생, 교사, 학부모, 학교, 교육기관, 그리고 사회에 미치는 영향을 분석한다. 또한, 결과타당도에서는 평가결과의 긍정적 또는 부정적 결과, 실제적 또는 잠재적 효과, 의도한 결과와 의도하지 않은 결과를 분석한다. 예를 들어, 결과타당도를 통하여, 과정중심평가가 실제로 교수-학습과정을 개선시켰는지를 판단할 수 있다. 결과타당도는 다음과 같은 질문을 통하여 분석할 수 있다(Linn & Gronlund, 2000). 첫째, 평가과제가 중요한 학습목표에 부합되는가? 둘째, 학생들이 시험공부를 열심히 하고 있는가? 셋째, 평가활동이 학생들의 학습활동을 인위적으로 한정시키지 않는가? 넷째, 평가활동이 학생들의 창의적 사고와 표현을 조장(혹은 위축)하고 있는가? 등을 검토한다. 결과타당도는 검사 제작, 실시, 수집, 분석, 해석, 활용 등을 체계적으로 확인하고 검토하는 역할을 한다. 예를 들어, 선택형 검사가 단순한 지식이나 정보에 대한 암기만을 강조하고, 학생의 고차원적 사고력의 신장을 저해한다면, 이 시험은 학습자의 고차원적 사고력을 방해하기 때문에, 결과타당도는 낮다고 할 수 있다.

## 2. 신뢰도

저울은 몸무게를 측정하기 위한 목적에 타당한 측정 도구이지만, 모든 저울이 몸무게를 정확하게 측정할 수 있는 것은 아니다. 몸무게를 잴 때마다 다르게 측정되는 저울이 있을 수 있고, 항상 일관성 있게 측정하는 저울이 있을 것이다. 어떤 사물의 무게를 변함없이 일관성 있게 측정하는 저울이 신뢰할 만한 저울이다. 이처럼 검사도구의 타당성이 입증되었다면 신뢰성이 고려되어야 한다. 인간의 어떤 속성을 특정할 때마다 같은 점수를 얻는다면, 이 검사도구는 신뢰성이 있다고 할 수 있다. 신뢰도(reliability)란 측정하려는 것을 얼마나 안정적으로 일관성 있게 측정하였느냐의 문제이며, 검사도구가 정확하게 오차 없이 측정한 정도를 의미한다.

신뢰도는 동일한 피험자 집단에게 동일한 검사를 반복 시행하거나, 한 검사와 동형검사를 실시하여 얻은 두 측정치 간의 상관계수를 추정하여 확인한다. 동일한 검사를 두 번 실시하여 얻은 결과는 검사도구의 안정성을 의미하며, 한 검사와 다른 동형검사 점수와의 상관계수에 의한 검사의 신뢰도는 두 검사의 유사성을 의미한다.

한편 신뢰도는 오차 개념에 의해서 추정한다. 동일 측정대상을 무한히 반복 측정하였을 때 측정치들이 유사할수록 신뢰도가 높아진다. 신뢰도는 동일한 측정대상을 동일한 측정 도구로 무한히 반복 측정한 결과에 대한 진점수와 오차점수의 분산에 기초하여 산출한다. 관찰점수에서 진점수가 차지하는 비중이 크고 오차점수가 차지하는 부분이 적으면 신뢰도가 높다고 할 수 있다. 신뢰도에는 검사도구의 안정성을 측정하는 재검사 신뢰도, 두 검사 간의 유사성을 측정하는 동형검사 신뢰도, 진점수 분산의 비율 개념에 의한 내적일관성 신뢰도 등이 있다.

### 1) 재검사 신뢰도

재검사 신뢰도(test-retest reliability)는 같은 사람들에게 동일한 평가방법이나 도구를 사용하여 시간적인 간격을 두고 두 번 실시한 다음 각각의 평가결과에 일관성이 있느냐를 확인하는 방법이다. 재검사 신뢰도는 측정 도구가 얼마나 안정성 있게 측정하는가를 나타내기 때문에 안정성 계수라고도 한다. 신뢰도의 오차 원인은 시간간격이다. 따라서 재검사 신뢰도를 추정하기 위한 검사의 실시간격은 피험자의 기억이 소멸된다고 여겨지는 2주에서 4주로 설정하는 것이 일반적이다. 재검사 신뢰도의 장점은 추정 방법이 간단하다는 점이다. 그러나 재검사 신뢰도는 동일한 검사의 두 번 실시로 인한 연습효과와 기억효과가 발생할 수 있고,

검사간격에 따라 신뢰도 계수가 다르게 추정될 수 있으며, 두 번의 검사가 동일한 환경조건에서 실시되기 어렵다는 단점이 있다(성태제, 2005: 347-349).

### 2) 동형검사 신뢰도

동형검사 신뢰도(equivalent-form reliability)는 미리 두 개의 동형검사를 제작하고, 두 개의 동형검사를 동일한 피험자에게 거의 연속적으로 실시했을 때, 두 검사에서 얻은 점수들이 일치되는 정도를 상관계수로 추정하기 때문에, 동형성 계수라고도 한다. 동형검사는 검사문항의 표면적 내용은 다르지만 두 검사가 측정 이론에서 동질적이며 동일하다고 추정할 수 있는 문항으로 구성된다. 오차변인은 검사내용의 차이에서 발생한다. 동형검사 신뢰도는 두 개의 동형검사를 동일집단에 동시에 시행함으로 시험 간격이 문제가 되지 않으며, 신뢰도 계수 추정이 쉽다는 장점이 있다. 그러나 동형검사문항 제작이 어렵다는 단점이 있다(성태제, 2005: 349-351).

### 3) 내적일관성 신뢰도

내적일관성 신뢰도(internal consistency reliability)는 검사를 구성하고 있는 문항간의 일관성 정도를 말한다. 내적일관성 신뢰도에는 반분신뢰도와 문항내적일관성 신뢰도가 있다.

반분신뢰도(split-half reliability)는 한 개의 평가도구를 피험자 집단에서 실시하고, 그것을 적절한 방법에 따라 두 부분의 점수로 분할하고, 이렇게 분할된 두 개의 반분된 검사 점수 간의 상관계수를 산출하기 때문에, 동질성 계수라고 한다. 반분신뢰도 추정시 검사를 반분하는 방법에는 짝수번 문항과 홀수번 문항으로 반분하는 기우법과 전체 검사를 문항 순서에 따라 전과 후로 나누는 전후법, 무작위로 분할하는 단순무작위법, 문항특성에 의하여 반분하는 방법이 있다. 반분신뢰도는 두 번 검사를 시행하지 않고 신뢰도를 추정할 수 있다는 장점이 있다. 그러나 검사를 양분하는 방법에 따라 반분신뢰도 계수가 다르게 추정된다는 단점이 있다(성태제, 2005: 351-357).

문항내적일관성 신뢰도는 검사문항 하나하나를 하나의 검사로 간주하여 문항들 간의 유사성 또는 측정의 일치성을 추정하기 때문에, 문항내적 합치도(inter-item reliability)라고도 한다. 문항내적 합치도는 한 검사에 포함되어 있는 문항들이 얼마나 서로 일치하고 있는가를 나타내는 계수이다. 따라서 한 검사를 구성하고 있는 문항들이 서로 동질적이면 동질적일수록 문항내적 합치도는 커진다(백순근, 2002: 138). 문항내적 합치도는 크론바 알파계수(Cronbach's coefficient)가 주로 사용된다. 크론바 알파 계수는 검사를 양분하지 않고, 문항 간의 일관성에 기초하여 단일한 신뢰도가 추정된다는 장점이 있다. 그러나 크론바 알파는 검사도구의 신뢰도가 과소 추정된다는 경향이 있다(성태제, 2005: 357-362).

### 4) 타당도와 신뢰도와의 관계

관찰점수의 변량은 진점수 변량과 오차점수 변량의 두 부분으로 구성된다. 여기서 진점수 변량은 검사의 본래 목적에 적합하고 타당한 변량과 신뢰할 만하지만, 검사목적에 적합하지 않은 변량의 두 부분으로 살펴볼 수 있다. 그러므로 한 검사에서 관찰된 점수의 전체 변량은 결국 신뢰할 만한 타당한 변량, 신뢰할 만하지만 타당하지 않은 변량, 그리고 오차 변량의 세 부분으로 구분한다. 세 가지 관찰 변량에 따른 타당도와 신뢰도의 관계는 [그림 10-1]과 같다.

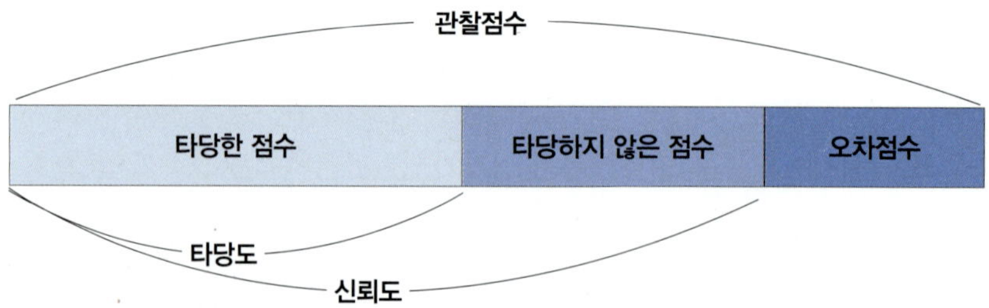


[그림 10-1] 타당도와 신뢰도의 관계 (성태제, 2005: 378)

신뢰도를 관찰점수의 전체변량에 대한 진변량의 비율이라고 한다면, 타당도는 전체변량에 대한 타당한 변량의 비율이다. 오차 변량이 적어지면 그만큼 진변량이 증가되어 신뢰도가 높아진다. 이론적으로 진변량이 증가함에 따라서 타당한 변량의 크기도 증가할 가능성이 높지만 항상 그런 것은 아니다. 진변량 내의 타당한 변량과 그렇지 않은 변량의 크기는 상황에 따라 달라질 수 있다. 그러므로 오차 변량이 적다고 해서 반드시 타당도가 높다고 말할 수 없다. 즉 신뢰도는 매우 높지만 타당도는 낮은 측정 도구가 있을 수 있다. 따라서 신뢰도를 높이는 것은 타당도를 높이기 위한 필요조건은 되지만 충분조건은 되지 못한다. 즉, 어떤 측정 도구가 신뢰성이 있다는 것만으로 그 도구가 타당하다는 것을 의미하지는 않는다. 이와 반대로 타당도가 높으려면 그에 상응하여 반드시 신뢰도가 높아야 한다. 검사도구의 타당도와 신뢰도의 관계를 과녁판에 비유하면 [그림 10-2]와 같다.

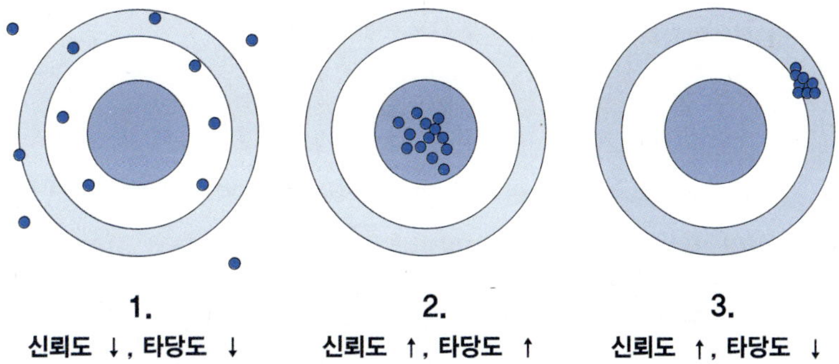


[그림 10-2] 검사도구의 타당도와 신뢰도의 관계

## 3. 객관도

객관도(objectivity)란 채점, 관찰, 평정에서 개인의 주관적 편견을 배제하고 얼마나 객관성을 유지하느냐를 말한다. 따라서 객관도란 동일한 반응 결과를 여러 사람들이 채점, 관찰, 평정할 경우 채점자들, 관찰자들, 평정자들 사이에 어느 정도 일관성이 있느냐, 또는 동일한 채점자, 관찰자, 평정자가 시기를 다르게 하여 2회 이상 동일한 반응결과를 채점, 관찰, 평정할 경우 그 사이에 얼마나 일관성이 있느냐의 정도라고 정의할 수 있다. 논술고사의 답안을 채점하거나, 학생들의 수행과제를 평가할 때, 채점자나 평가의 주관적 편견이 개입될 수 있다. 객관도는 이러한 상황에서 평가자의 주관적인 편견을 배제하고 얼마나 공정하게 하느냐의 문제와 관련이 있다. 타당도와 신뢰도가 측정 도구의 문제라면 객관도는 평정자 또는 채점자의 문제라고 할 수 있다(박도순 외, 2007: 116; 이종승, 2009: 127).

### 1) 채점자간 객관도

채점자간 객관도(inter-rater objectivity)는 동일한 답안지나 반응을 여러 명의 채점자들이 독립적으로 채점한 결과가 어느 정도 서로 일치하는가를 확인하는 것이다. 같은 채점기준을 적용하여 객관적이고 공정하게 채점이 이루어졌다면, 동일한 답안지에 대한 여러 사람들의 채점 결과는 서로 일치해야 할 것이다(이종승, 2009: 128).

### 2) 채점자내 객관도

채점자내 객관도(intra-rater objectivity)는 같은 채점자가 상황적 변화나 시간적 간격을 두고 동일한 답안지나 반응을 2회 이상 채점한 결과가 어느 정도 서로 일치하는가를 확인하는 것이다. 같은 채점기준을 적용하여 객관적이고 공정하게 채점이 이루어졌다면, 동일한 답안지에 대한 같은 채점자의 채점 결과는 시간 또는 상황의 변화에 관계없이 서로 일치되어야 한다(이종승, 2009: 128).

## 4. 실용도

### 1) 실용도의 개념 및 요건

실용도(usability)란 검사도구를 사용함에 있어 시간과 비용, 노력을 적게 들이고도 목적을 달성할 수 있는 정도를 의미한다. 즉 실용도는 검사의 실시절차와 채점방법이 간편하고 결과의 해석과 활용이 용이하며, 비용, 시간, 인력을 적게 들이고서도 실시할 수 있는 평가방법 및 도구의 정도를 의미한다. 신뢰도, 타당도, 객관도가 높지만 검사를 하는 데 많은 시간과 노력이 투입되거나, 경비의 부담이 크고 채점이 너무 복잡하게 되면 평가도구의 실용도가 낮아진다(박도순 외, 2007: 129).

검사도구가 갖추어야 하는 실용도의 요건을 살펴보면 다음과 같다. 첫째, 검사의 실시가 용이해야 한다. 검사의 지시사항이 간단하고 명백하며, 문항 수가 적어야 한다. 둘째, 검사의 시간이 짧아야 한다. 응답자가 응답할 시간이 충분히 제공되어야 한다. 셋째, 검사의 채점이 용이해야 한다. 채점 시간, 기능, 비용이 적어야 한다. 넷째, 결과의 해석과 활용이 용이해야 한다. 검사결과를 해석하는 방법이 단순하고 활용 방안이 구체적으로 제시되어야 한다. 다섯째, 동일한 효과를 나타내는 검사라면, 비용이 적게 들어야 한다(박도순 외, 2007: 129).

### 2) 표준화 검사

표준화 검사는 임의로 만든 검사와 다르게, 누가 사용하더라도 검사의 실시, 채점 및 결과의 해석이 동일하도록 절차와 방법을 일정하게 만들어 놓은 검사이다. 표준화에는 검사도구 제작, 검사도구의 실시, 채점, 해석이 모두 관여하기 때문에 실용성이 보장된다고 할 수 있다.

표준화 검사에서는 절차가 중요하다. 표준화 검사에서는 표준화된 절차를 통해서 행동을 표집하고, 그것을 기초로 해서 두 사람 이상의 행동을 비교하는 체계적

절차를 사용한다. 표준화 검사는 동일한 지시문에 의하여 제한된 시간 내에 실시되고, 동일한 표준에 따라 채점, 해석이 이루어진다. 이러한 측면에서 표준화 검사는 객관식 문항으로 제작되는 경향이 있다. 표준화 검사에는 규준이 제시된다. 표준화 검사는 규준이라는 준거에 비추어 검사 점수를 해석하거나 비교한다(박도순 외, 2007: 129).

이러한 조건을 충족한 검사도구는 정해진 시간 내에 많은 수의 대상자를 검사할 수 있으며, 일정한 기준에 따라 채점이 가능하고, 그 결과를 해석하는 데 있어 일관성을 가질 수 있기 때문에 실용도가 높은 검사도구라고 할 수 있다. 또한 이러한 검사는 실시에서 채점 해석에 이르기까지 검사의 규준이 정해져 있기 때문에, 이러한 규준을 숙지할 수 있는 사람이면 누구든지 검사를 실시할 수 있다는 장점이 있다(박도순 외, 2007: 130).

## ❖ 탐구과제

◆ 타당도의 유형을 설명하고, 각각의 타당도 유형에 기초하여 과정중심평가의 타당도를 확보할 수 있는 방안에 대하여 토의하시오.

◆ 검사도구의 신뢰도를 향상할 수 있는 방안에 대하여 토의하시오.

◆ 수행평가의 객관도의 저해 요인은 무엇이며, 이를 해결할 수 있는 방안에 대하여 토의하시오.

◆ 평가도구의 타당도, 신뢰도, 객관도, 실용도의 관점에서 지필평가와 수행평가를 비교하시오.

◆ 과정중심평가의 문제점을 실용도 관점에서 논의하고, 실용도를 높일 수 있는 방안에 대하여 토의하시오.

# 11 문항분석 및 점수 보고

## 1. 문항분석

어떤 검사의 좋고 나쁨은 결국 그 검사를 구성하고 있는 문항의 질에 달려 있다. 즉, 문항은 검사를 구성하는 가장 기본적인 단위이다. 따라서 그 검사 속에 담긴 문항들의 질이 나쁘면 검사 전체의 질이 나빠진다. 그러므로 검사를 분석하기 위해서는 문항을 분석하는 작업이 선행되어야 한다. 각 문항의 좋고 나쁨, 즉 양호도를 알아보는 절차를 문항분석(item analysis) 또는 문항의 양호도 분석이라고 한다. 문항분석은 고전검사이론에 의한 방법과 문항반응이론에 의한 방법으로 진행된다. 문항분석에서는 문항난이도, 문항변별도, 문항추측도, 문항반응분포 등을 확인한다.

### 1) 고전검사이론에 의한 문항분석

#### (1) 고전검사이론의 기본가정

고전검사이론(classical test theory)은 개별 문항과 검사를 검사총점에 의하여 분석한다. 고전검사이론에서는 다음과 같은 몇 가지 기본 가정을 한다. 첫째, 관찰점수는 진점수와 오차점수로 이루어진다. 둘째, 진점수는 무수히 반복하여 측정한 관찰점수의 평균과 같다. 셋째, 진점수와 오차점수의 상관은 0이다. 넷째, 한 검사에서 얻은 진점수와 다른 검사에서 얻은 오차점수의 상관은 0이다. 다섯째, 한 검사에서 얻은 오차점수와 다른 점에서 얻은 오차점수의 상관은 0이다. 여섯째, 오차점수의 평균은 0이다. 일곱째, 관찰점수의 변량은 진점수 변량과 오차점수 변량으로 이루어진다(이종승, 2009: 189-190).

### (2) 문항난이도(문항곤란도)

문항난이도(item difficulty)는 문항의 쉽고 어려운 정도를 뜻하는 용어로서, 문항난이도 지수를 사용한다. 문항난이도 지수는 총 피험자 중 정답을 맞힌 피험자의 비율, 즉 정답률을 의미한다. 문항난이도 지수가 클수록 그 문항이 쉽다는 것을 의미한다. 문항난이도 지수에 대한 절대적인 평가기준은 없다. Cangelosi(1990)는 문항난이도에 따른 평가기준을 〈표 11-1〉과 같이 제시하였다.

〈표 11-1〉 문항난이도 지수에 따른 문항난이도 평가 (Cangelsosi, 1990; 김석우, 2015: 275에서 재인용)

| 문항난이도 | 문항평가 |
|---|---|
| .25 이하 | 어려운 문항 |
| .25 ~ .75 | 적절한 문항 |
| .75 이상 | 쉬운 문항 |

문항난이도 지수는 미달항과 추측요인을 고려하여 산출할 수 있다(박도순 외, 2007: 179-182; 이종승, 2009: 193-196). 이것을 고려한 문항난이도 지수 공식은 〈표 11-2〉와 같다.

〈표 11-2〉 문항난이도 지수 공식 및 산출 예시

| 총 피험자 수 | 추측요인 고려 | 미달항 고려 | 미달항과 추측요인 동시 고려 |
|---|---|---|---|
| $P=\frac{R}{N}$ | $P=\frac{R-\frac{W}{K-1}}{N}$ | $P=\frac{R}{N-NR}$ | $P=\frac{R-\frac{W}{K-1}}{N-NR}$ |
| $P=\frac{150}{300}$ | $P=\frac{150-\frac{150}{5-1}}{300}$ | $P=\frac{150}{300-30}$ | $P=\frac{150-\frac{150}{5-1}}{300-30}$ |
| .5 | .38 | .56 | .42 |

| | 합계(300) |
|---|---|
| ① | 30 |
| ② | 30 |
| ③ | 150(정답) |
| ④ | 30 |
| ⑤ | 30 |
| 미응답 | 30 |

P: 문항난이도 지수, N: 총 피험자 수, R: 문항의 답을 맞힌 피험자 수 K: 답안의 수
W: 오답한 피험자 수, NR: 미응답한 피험자 수

### (3) 문항변별도

문항변별도(item discrimination)란 문항이 능력에 따라 피험자를 변별하는 정도를 나타내는 지수이다. 능력이 높은 피험자가 문항의 답을 맞히고 능력이 낮은 피험자가 문항의 답을 맞히지 못하였다면 이 문항은 기능을 제대로 하는 문항으로 분석된다. 즉 어떤 문항에 답을 맞힌 피험자의 점수가 높고, 문항에 답이 틀린 피험자의 점수가 낮다면 이 문항은 피험자를 변별하는 기능을 가진 문항이라 할 수 있다. 반대로 그 문항에 답을 맞힌 피험자의 점수는 낮고, 답이 틀린 피험자의 점수가 높다면, 이 문항은 변별력이 낮은 문항이라 할 수 있다. 어떤 문항은 답을 맞힌 피험자나 답이 틀린 피험자 모두 같은 점수를 얻는다면 이 문항은 변별도가 없는 즉 변별도 지수가 0인 문항이 될 것이다(박도순 외, 2007: 183). Ebel(1951)은 문항변별도의 평가기준을 〈표 11-3〉과 같이 제시하였다.

〈표 11-3〉 문항변별도 평가기준 (Ebel, 1965; 김석우, 2015: 276에서 재인용)

| 문항변별도 지수 | 문항평가 |
|---|---|
| .4 이상 | 변별력이 높은 문항 |
| .3 ~.4 | 변별력이 있는 문항 |
| .2 ~.3 | 변별력이 낮은 문항 |
| .1 ~.2 | 변별력이 매우 낮은 문항 |
| .1 미만 | 변별력이 없는 문항 |

문항변별도가 높은 문항을 제작하기가 용이하지 않다. 문항변별도가 .4이상이면 좋은 문항으로 평가하고 .2미만은 수정 또는 제거해야 하는 문항이다. 문항변별도를 산출하는 공식에는 상·하부 지수(upper-lower index)와 양분상관계수(biserial correlation coefficient) 등으로 산출된다(김석우, 2015: 276). 이 중에서 상·하부 지수를 사용한 변별도 공식에 대하여 살펴보면 다음과 같다.

상·하부 지수(upper-lower index)를 사용한 변별도에서는 피험자 집단을 상위능력 집단과 하위능력 집단으로 구분하여 상위능력 집단의 정답비율과 하위능력 집단의 정답비율의 차이로 문항변별도를 추정한다. 검사총점의 어떤 기준 또는 준거에 의하여 두 집단 또는 세 집단으로 나누고 상위능력 집단의 문항 정답비율과 하위능력 집단의 문항 정답비율의 차이가 있다면, 이 문항은 피험자를 변별하는 기능이 있다고 해석한다. 만약 두 집단에서의 문항의 정답비율의 차이가 없다면 그 문항은 문항의 변별력이 없는 것으로 해석된다(김대현, 김석우, 2005: 368). 상·하부 지수를 사용한 변별도 공식은 〈표 11-4〉와 같다.

〈표 11-4〉 문항변별도 공식

$$D.I. = \frac{R_U - R_L}{f}$$

$$D.I. = \frac{72-27}{81}$$

.56

| | 정답 | 오답 | 합계 |
|---|---|---|---|
| 상 | 72 | 9 | 81(27%) |
| 중 | 51 | 87 | 136(46%) |
| 하 | 27 | 54 | 81(27%) |
| 합계 | 150 | 150 | 300 |

D.I. : 문항변별도 지수, $R_U$: 상위능력 집단의 정답자 수, $R_L$: 하위능력 집단의 정답자 수, f: 각 집단의 피험자 수

### (4) 문항추측도

어떤 능력을 측정하는 문항이 있다고 가정할 때 해당 능력이 없는 피험자들은 오답을 하게 된다. 그러나 실제로 추측에 의하여 문항의 답을 맞힌 피험자도 있을 수 있다. 문항추측도를 추정하기 위해서는 총 피험자 중 문항의 답을 알지 못하여 추측한 피험자가 몇 명이고 그 중 문항의 답을 맞힌 피험자가 몇 명인지를 파악해야 한다. 문항추측도는 문항의 답을 모르고 추측으로 문항의 답을 맞힌 비율이다(김석우, 2015: 280). 문항추측도의 공식은 〈표 11-5〉와 같다.

〈표 11-5〉 문항추측도 공식

| 공식 | | 합계(300) |
|---|---|---|
| $PGR = \frac{\frac{W}{K-1}}{N}$ | ① | 30 |
| | ② | 30 |
| $PGR = \frac{\frac{150}{5-1}}{300}$ | ③ | 150(정답) |
| | ④ | 30 |
| | ⑤ | 30 |
| .125 | 미응답 | 30 |

PGR: 문항추측도 지수, N: 총 피험자 수, K: 답안의 수, W: 오답한 피험자 수

### (5) 오답지 매력도

선다형의 문항에서 답지 작성은 문항의 질을 좌우할 뿐 아니라 고등정신능력 측정에까지 영향을 준다. 오답지 매력도(attractiveness of distractors)란 선다형 문항의 경우 피험자가 오답지도 정답처럼 보여 택할 가능성을 의미한다. 이것은 오답지에 대한 응답 비율이다. 각 오답지의 응답 비율이 오답지 매력도보다 높으면 매력적인 답지, 그 미만이면 매력적이지 않은 답지로 평가한다. 답지들이 그럴듯하고 매력적일 때 문항의 난이도는 높아지며 비교, 분석, 종합 등의 고등정신능력을 측정할 수 있게 된다(김석우, 2015: 282). 오답지 매력도 공식은 〈표 11-6〉과 같다.

〈표 11-6〉 오답지 매력도 공식

| 공식 | | 합계(300) | 문항반응분포 |
|---|---|---|---|
| $Po = \frac{1-P}{Q-1}$ | ① | 30 | 10% |
| | ② | 30 | 10% |
| $Po = \frac{1-0.42}{5-1}$ | ③ | 150(정답) | 50% |
| | ④ | 30 | 10% |
| | ⑤ | 30 | 10% |
| .58 | 미응답 | 30 | 10% |

Po: 오답지 매력도(.58), P: 문항난이도(.42), Q: 답지수(5)

### (6) 문항반응분포

문항반응분포(item response distribution)에서는 피험자들이 문항의 각 답지에 어떻게 반응하고 있는지를 기술하고, 이를 기초로 하여 분석한다. 문항반응분포표는 문항 속에 포함되어 있는 각각의 답지에 대한 반응을 제시한다. 각 답지의 오답이 오답으로서 얼마나 매력이 있으며, 정답은 얼마나 정답 구실을 했는가, 또한 상위능력 집단과 하위능력 집단 간의 반응 형태는 어떤 차이가 있는가 등을 파악할 수 있다(박도순 외, 2007: 186-187; 김석우, 2015: 281-282). 문항반응분포의 예시는 〈표 11-7〉과 같다.

〈표 11-7〉 문항반응분포의 예시

| 〈문항 1〉 | | 〈문항 2〉 | | 〈문항 3〉 | |
|---|---|---|---|---|---|
| 답안 | 반응자 수 | 답안 | 반응자 수 | 답안 | 반응자 수 |
| ① | 20 | ① | 20 | ① | 4 |
| ② | 18 | ②* | 15(정답) | ② | 20 |
| ③ | 16 | ③ | 63 | ③* | 90(정답) |
| ④ * | 50(정답) | ④ | 12 | ④ | 3 |
| ⑤ | 16 | ⑤ | 10 | ⑤ | 3 |
| | 120 | | 120 | | 120 |

〈문항 1〉은 바람직한 문항이라고 할 수 있다. 정답에 많은 수의 피험자들이 반응하고 있으며, 오답지에도 비교적 고르게 피험자의 반응이 분포되어 있다.

〈문항 2〉는 잘못된 문항이다. 정답인 ②번에는 15명의 피험자가 반응을 나타낸 반면에 오답인 ③번에는 63명이라는 많은 피험자가 반응하고 있다는 것은 정답이 정답 구실을 제대로 못하기 때문이다. 정답이 왜 구실을 못하는지를 검토하여 정답 문항을 개선하거나, ③번 오답의 매력을 줄여야 한다.

〈문항 3〉은 정답이 명확하고 오답의 매력이 너무 적어 이상한 반응분포를 보이는 문항으로 실제로 사용하기에는 어려운 문항이다. 특히, 오답인 ①, ④, ⑤번은

거의 매력이 없기 때문에 형식적으로는 5개의 답안을 가진 선다형이지만 실제로는 답안 ②, ③번 중 하나를 선택하는 진위형 문장으로 볼 수 있다. 이런 경우, 오답지의 매력을 높일 수 있도록 해당 문항을 수정하거나 다른 문항으로 대체해야 한다.

### (7) 교수민감도

준거지향평가는 평가를 통해 학생들에게 피드백을 제공하고 평가자에게는 교수-학습 과정의 정보를 제공하게 된다. 그러므로 문항을 평가하는 데 있어서 가장 중요한 초점은 각 문항이 교수효과를 잘 반영하고 있는가에 있다. 교수전략을 투입하기 전의 학생들의 성취와 투입하고 난 후의 학생들의 성취 차이는 교수효과를 뜻하는 것으로서 준거지향평가에서 매우 중요하다. 이처럼, 교수민감도(sensitivity to instruction)란 문항이 교수효과를 민감하게 반영하고 있는가 하는 정도를 의미한다. 교수민감도를 확인하기 위해서는 교수-학습을 실시하기 전에 치르는 사전검사 문항 정답률과 교수-학습을 실시한 후에 치르는 사후검사 문항 정답률을 비교, 검토하는 방법을 활용한다. 사전검사에서 정답률이 낮게(.3 이하), 사후검사에서 높게(.7 이상) 나타나는 문항이 교수 민감도가 높은 문항이다(김석우, 2015: 283).

### (8) 차별기능문항

검사 제작자는 성별, 인종, 사회계층 등에 대한 편견을 지니고 있지 않아야 한다. 검사 제작자가 성별이나 인종에 대한 편견을 지니고 있으면 무의식적으로 어떤 집단에 편파적인 문항을 작성하게 된다. 편파성 문항이란 특정 집단에 유리하거나 불리하게 제작된 문항을 말하며, 같은 능력의 수준의 피험자가 남녀 또는 인종 등 다양한 집단의 특성 때문에 문항에 답을 맞힐 확률이 다른 경우를 말한다(박도순 외, 2007: 189).

#### (9) 고전검사이론의 장단점

고전검사이론은 19세기 말부터 전개되어 현재까지 사용되고 있는 이론으로서 비교적 간단한 절차에 의해 문항분석과 검사분석을 실시할 수 있다. 문항난이도, 문항변별도, 문항추측도, 오답지 매력도, 교수민감도 등의 용어들은 고전검사이론에서 유래되었으며, 추정방법과 계산이 쉬워 학교 현장에서 고전검사이론이 주로 사용되고 있다. 그러나 고전검사이론은 문항 모수의 불변성 개념과 피험자 능력의 불변성 개념이 유지되지 않으며 피험자 능력도 정확하게 추정하지 못한다는 문제점이 있다(박도순 외, 2007: 283-284).

### 2) 문항반응이론에 의한 문항분석

#### (1) 문항반응이론의 개념

고전검사이론에서 추정되는 문항난이도와 문항변별도는 그 문항에 응답한 피험자의 성질에 따라 이들이 달라진다는 문제점이 있다. 이러한 문제점을 해결하기 위하여 제안된 것이 문항반응이론(item response theory; IRT)이다. 문항반응이론에서는 검사문항의 총점에 의하여 문항이 분석되지 않는다. 문항은 문항 하나하나의 불변하는 고유한 속성을 지니고 있으므로, 그 속성을 나타내는 문항특성곡선에 의하여 문항을 분석한다. 이처럼 문항반응이론은 피검사자가 어떤 문항에 대하여 특정한 반응을 할 확률을 문항특성 및 능력의 함수로 표현하는 통계이론이다(박도순 외, 2007: 189).

#### (2) 문항반응이론의 기본가정

문항반응이론에서는 문항모수치의 불변성과 능력모수치의 불변성을 전제한다. 첫째, 문항모수치의 불변성(invariance of item parameters)이란 문항난이도와 문항변별도와 같은 문항이 가지고 있는 특성이 고유해서 이러한 특성은 문항분석의 대상이 되는 피검사자 집단이 달라져도 변하지 않는다는 가정이다. 둘째, 능력모수치의 불변성(invariance of ability parameters)이란 피험자의 능력은 특정 검사나 문항에 따라 달라지는 것이 아니라 불변하는 고유한 능력이 있다는 것이다(이종승, 2009: 201-202).

### (3) 문항반응이론의 실행조건

문항반응이론을 적용하기 위해서는 다음의 두 개의 조건이 충족되어야 한다. 첫째, 잠재적 특성에 대한 단일차원성(unidimensionality)이 충족되어야 한다. 단일차원성이란 한 검사를 구성하는 모든 문항은 하나의 잠재적 특성만을 측정해야 한다는 가정이다. 둘째, 피험자의 반응에 대한 지역 독립성(local independence)이 충족되어야 한다. 이것은 어느 특정한 검사문항에 대한 반응은 다른 문항에 대한 반응에 영향을 미치지 않는 것을 전제한다(이종승, 2009: 202).

### (4) 문항특성곡선

문항특성곡선(item characteristic curve: ICC)이란 문항의 고유한 속성을 나타내는 것으로, 피험자 능력에 따라 문항의 답을 맞힐 확률을 나타내는 곡선이다. 문항특성곡선에서는 인간의 능력은 θ로 표기하고, 각 능력 수준에서 그 능력을 가진 피험자가 그 문항에 답을 맞출 확률을 P(θ)로 표기한다. 능력 수준은 -∞에서 +∞에 위치한다. -∞의 능력을 소유한 피험자가 문항의 답을 맞힐 확률은 0에 가깝고, +∞의 능력을 소유한 피험자가 문항의 답을 맞힐 확률은 1.0에 가깝다. 인간의 능력은 일반적으로 0에서 +∞로 표기한다. 문항반응이론에서는 인간의 능력을 평균 0, 표준편차 1로 표현하기 때문에, 인간의 능력이 음수로 표기될 수 있다(성태제, 2005: 255-256). 문항특성곡선은 [그림 11-1]과 같다.

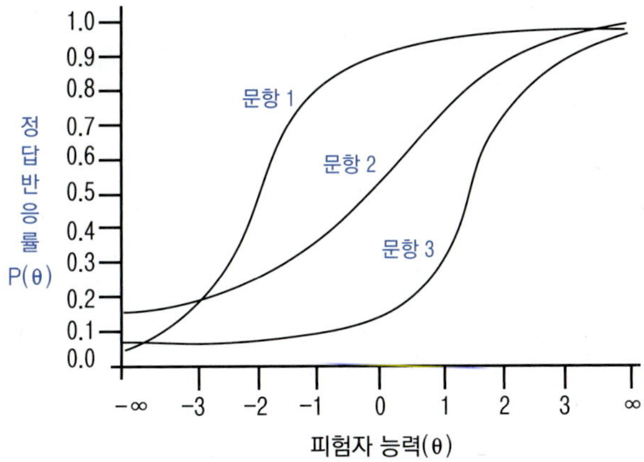


[그림 11-1] 문항특성곡선 (성태제, 2005: 257)

인간의 개성이 각자 다른 것처럼, 문항도 각자 다른 문항특성곡선을 가진다. 문항특성곡선은 일반적으로 S자 형태를 나타낸다. 능력이 높을수록 문항의 답을 맞힐 확률이 증가하지만 선형적으로 증가하지 않는다.

### (5) 문항모수

각각의 문항특성곡선들은 일반적으로 위치모수(location parameter)와 척도모수(scale parameter)를 지니고 있다. 위치모수란 문항이 능력 수준의 어느 지점에서 기능하는가를 의미한다. 척도모수는 문항특성곡선이 문항의 위치모수 아래의 능력을 가진 피험자들과 위치모수 위의 능력을 가진 피험자들을 얼마나 잘 변별할 수 있는가를 나타낸다. 위치모수와 척도모수는 문항난이도, 문항변별도, 문항추측도와 관련이 있다(김석우, 2015: 288).

#### ① 문항난이도

문항난이도(item difficulty)란 문항이 어느 능력 수준에서 가능한가를 나타내는 지수로서, 문항의 어려운 정도를 알려준다. 문항특성곡선이 오른쪽에 위치할수록 어려운 문항이다. 문항반응이론에서의 문항난이도는 문항의 답을 맞출 확률이 .5

에 대응하는 능력 수준을 b또는 β로 표기한다. 일반적으로 문항난이도는 －2에서 +2사이에 위치하며 값이 커질수록 어려운 문항으로 평가한다(성태제, 2005: 258). 문항난이도의 언어적 표현과 지수는 〈표 11-8〉과 같다.

〈표 11-8〉 문항난이도 범위 (이종승, 2009: 206)

| 언어적 표현 | 문항난이도 지수 |
|---|---|
| 매우 쉽다 | −2.0 미만 |
| 쉽다 | −2.0 이상 ~ −0.5 미만 |
| 보통이다 | −0.5 이상 ~ +0.5 미만 |
| 어렵다 | +0.5 이상 ~ +0.2 미만 |
| 매우 어렵다 | +2.0 이상 |

### ② 문항변별도

문항변별도란 문항이 피험자를 능력에 따라 변별하는 정도를 나타내는 지수이다. 변별력은 문항특성곡선의 기울기와 관련이 있다. 문항변별도는 문항특성곡선의 문항난이도를 표시하는 점에서 문항특성곡선의 기울기를 말하며, a 또는 α로 표기한다. 문항변별도는 일반적으로 0에서 +2의 값을 가진다. 문항특성곡선의 기울기가 가파르면 문항변별도가 높아진다. 따라서 문항변별도가 높을수록 양질의 문항이라고 할 수 있다(성태제, 2005: 259-260). 문항변별도의 범위는 〈표 11-9〉와 같다.

〈표 11-9〉 문항변별도 범위 (이종승, 2009: 207)

| 언어적 표현 | 문항난이도 지수 |
|---|---|
| 거의 없다 | .00 이상 ~ .35 미만 |
| 낮다 | .35 이상 ~ .65 미만 |
| 적절하다 | .65 이상 ~ 1.35 미만 |
| 높다 | 1.35 이상 ~ 1.70 미만 |
| 매우 높다 | 1.7 이상 |

### ③ 문항추측도

문항추측도는 능력이 전혀 없음에도 문항의 답을 맞히는 확률로 c로 표기한다. 능력이 전혀 없는 피험자가 문항의 답을 맞힐 확률을 말하므로 c값이 높을수록 문항이 좋지 않은 문항으로 평가된다(성태제, 2005: 260-261).

이상에서 살펴본 문항반응이론에 따라 [그림 11-2]에 제시된 3개의 문항에 대한 문항난이도, 문항변별도, 문항추측도를 살펴보면 다음과 같다.

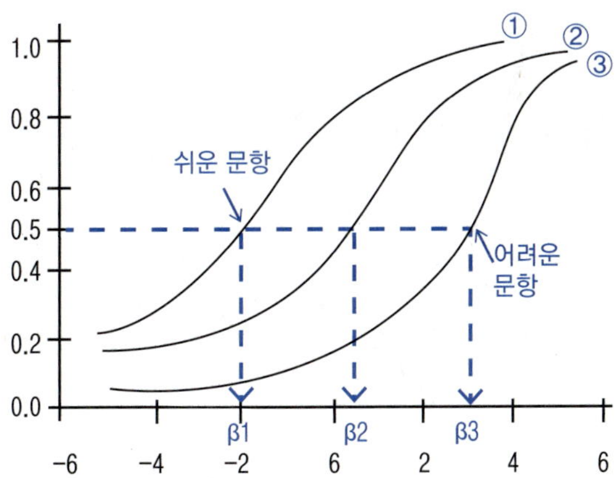


[그림 11-2] 문항난이도, 문항변별도, 문항추측도와의 관계

문항추측도는 학습자의 능력이 없음에도 맞출 수 있는 확률이므로, 문항추측도가 높은 문항은 1번, 중간 수준의 문항은 2번, 높은 수준의 문항은 3번 문항이 된다. 한편, 문항난이도는 정답률 50%를 기준으로 설정한다. 따라서 쉬운 문항은 1번, 보통 문항은 2번, 어려운 문항은 3번 문항이다. 문항변별도는 문항난이도를 표시하는 부분에서의 기울기를 의미하는데, 문항변별도가 높은 문항은 3번, 보통 문항은 2번, 낮은 문항은 1번이라고 할 수 있다.

### (6) 문항반응이론의 장점과 단점

문항반응이론은 집단과 검사의 성격에 제한 받지 않으면서 문항특성모수를 추정할 수 있다는 장점이 있으며 활용가치도 높다. 문항반응이론은 문항분석, 문항출제, 검사 제작, 검사동등화, 차별기능문항 추출, 컴퓨터화능력적응검사, 준거설정 등에 널리 적용되고 있다. 문항반응이론의 장점은 문항특성이 피험자 집단에 따라 영향을 받지 않는다는 것이다. 그리고 검사도구의 특성이 피험자 능력추정에 영향을 주지 않는다는 것이다. 그러나 문항반응이론은 고도의 수학적인 방법이 사용되므로 산출방법이 어렵다는 단점이 있다(박도순 외, 2007: 200). 고전검사이론과 문항반응이론을 비교하면 〈표 11-10〉과 같다.

〈표 11-10〉 고전검사이론과 문항반응이론의 비교

| | 고전검사이론 | 문항반응이론 |
|---|---|---|
| 분석단위 | 검사 점수 | 개별 문항 |
| 진점수 추정 | 반복측정 가정 | 가정 없음 |
| 문항난이도 | 전체 인원 중 정답자 수 | 0.5에 대응하는 능력 수준 |
| 문항변별도 | 검사 총점과 문항 점수간의 상관관계 | 문항난이도(0.5)에서의 기울기 |
| 문항추측도 | 정답을 모르고 추측하여 답을 맞힘 | 능력없는 피험자가 추측으로 문항 답을 맞힐 확률 |
| 문항특성추정 | 피험자 집단의 특성에 따라 변함 | 불변 |
| 피험자능력추정 | 검사도구의 특성에 따라 변함 | 불변 |
| 장점 | 산출방법이 간단하고 쉬움 | 정확한 측정이 가능하고 학생의 변별이 정밀함 |
| 단점 | 검사 시점에 따라 문항의 난이도가 조절되지 않음 | 고도의 수학적 방법 이용하여 산출방법이 어려움 |

## 2. 점수 표시 방법

평가자는 평가도구를 사용하여 평가대상을 평가하고 그에 해당하는 측정치를 점수로 표시한다. 검사 점수를 활용하기 위해서는 검사 점수가 어떻게 만들어 졌으며, 무엇을 의미해야 하는지 파악해야 한다. 검사 점수가 제공되는 규준지향평가에서는 판단의 기준이 비교집단의 규준에 있으며, 준거지향평가에서는 준거에 있게 된다. 이에 따라 제작된 검사에서 산출된 점수를 규준점수와 준거점수로 표시하고, 이 점수를 해석하게 된다(박도순 외, 2007: 201-202).

### 1) 원점수

원점수(raw score)는 채점기준에 따라 채점하여 각 개인이 얻은 점수를 의미한다. 이것은 정답의 개수일 수도 있고, 정답의 개수에 가중치를 부여하여 계산한 점수일 수도 있다. 예를 들어, 총 6개의 문항으로 구성된 10점 만점의 수학 시험지가 있다고 가정하자. 이 중에서, 2개의 문항의 배점이 1점이고, 4개의 문항의 배점이 2점이다. A학생이 1점 짜리 문항 2개, 2점까지 문항 3개를 맞추었다면, A학생의 원점수는 8점이 된다.

이러한 원점수는 쉽게 얻을 수 있는 반면에 다음과 같은 문제점이 존재한다. 첫째, 원점수에는 의미 있는 기준점이 없다. 원점수는 어떤 속성의 일정한 크기를 나타내지 못한다. 예를 들어, 길이의 측정에서 0미터는 길이가 없는 상태를 의미하지만, 학력고사에서 0점은 학력의 절대적인 결핍상태를 의미하지 않는다. 이러한 원점수는 고사의 난이도에 의해서 영향을 받는 불안정한 수치이다. 둘째, 검사마다 측정의 단위가 다르고 문항의 난이도가 다르기 때문에 원점수는 서로 비교될 수 없다는 단점이 있다. A학생이 국어 시험과 수학 시험 모두에서 80점을 받았다고 해도 이 학생의 능력이 같다고 할 수 없다. 셋째, 원점수 척도에는 단위의 동간성이 없다. 따라서 원점수들 간의 차이를 의미있게 비교하지 못한다. 예를 들어, 한 검사에서 50점과 60점의 차이와 80점과 90점의 차이는 10점으로 동일하지만, 그 차이는 동일하지 않다(이종승, 2009: 356-357).

## 2) 규준점수

원점수를 보다 의미 있게 해석하기 위해 어떤 기준 집단의 결과와 비교하게 되는데, 이 집단을 규준집단(norm group)이라고 한다. 규준이란 한 개인의 검사 점수를 해석할 수 있는 자(척도)이고, 규준집단이란 검사의 목적에 적절한 모집단을 대표할 수 있다고 판단된 집단이다. 규준점수는 개인의 점수를 상대적 의미의 해석을 할 수 있게 하도록 변환되는 점수이다. 규준점수에는 백분위점수, 표준점수 등이 있다(박도순 외, 2007: 203).

### (1) 백분위점수

백분위점수(percentile rank)는 한 점수분포에서 어떤 학생의 점수보다 낮은 점수를 받은 학생들이 전체의 몇 %인가를 나타내주는 표시 방법이다. 백분위점수는 얻어진 자료를 크기 순으로 늘어놓아 100등분한 값을 말한다. 예를 들어, A학생의 수학시험의 원점수가 80점이고, 백분위점수가 76이라면, A학생이 받은 80점 보다 낮은 점수를 받은 학생이 전체 시험 응시 집단 내에서 76%가 있다는 것을 말한다.

백분위점수의 장점은 다음과 같다. 첫째, 집단의 크기나 시험의 종류가 다르더라도 상대적인 위치(석차)를 서로 비교할 수 있다. 둘째, 통계적인 소양이 부족한 사람들도 이해하기 쉽다. 백분위점수의 단점은 다음과 같다. 첫째, 백분위점수는 척도의 단위에 동간성이 없는 서열척도이기 때문에, 평균이나 표준편차를 산출할 수 없다. 둘째, 백분위점수는 자료의 분포가 정규분포인지 편포인지에 대한 가정을 할 수 없다. 셋째, 원점수 분포와 백분위점수의 분포가 크게 상이해질 수 있기 때문에, 원점수와 백분위점수 간의 관계를 해석할 때 유의해야 한다(이종승, 2009: 357; 박도순 외, 2007: 204).

### (2) 표준점수

표준점수(standard score)란 원점수를 의미있게 비교할 수 있도록 해당 점수분포의 평균과 표준편차를 기준으로 해서 얻어진 변환점수척도를 지칭하는 말이다(이종승, 2009: 358). 표준점수는 정규분포에서 상대적 위치를 표시하여 의미있게 비교하여 통계적 분석을 가능하게 하려는 목적으로 원점수를 변환시킨 점수이다. 표준점수는 규준집단의 점수가 정규분포를 이룬다고 가정하고, 특정 원점수가 규준집단 점수의 평균으로부터 얼마나 떨어져 있는지를 알려주는 점수이다(박도순 외, 2007: 205). 대표적인 표준점수에는 Z점수, T점수, 스테나인 점수 등이 있다.

Z점수는 원점수를 평균이 0이고 표준편차가 1인 점수로 변환하여 산출한다. Z점수의 공식은 〈표 11-11〉과 같다. 예를들어, 규준집단의 평균이 60점이고, 표준편차가 10이라면, 원점수 50점의 Z점수는 −1이며, 원점수 60점의 Z점수는 0이며, 원점수 70점의 Z점수는 1이다.

〈표 11-11〉 Z점수 산출 공식

| 공식 | $Z=\frac{X-\overline{X}}{S}$ | X =원점수, $\overline{X}$=평균, S =표준편차 |
|---|---|---|
| Z=-1 | $Z=\frac{50-60}{10}$ | X =50, $\overline{X}$=60, S =10 |
| Z=0 | $Z=\frac{60-60}{10}$ | X =60, $\overline{X}$=60, S =10 |
| Z=1 | $Z=\frac{70-60}{10}$ | X =70, $\overline{X}$=60, S =10 |

Z점수는 점수단위가 작고, 음수를 갖게 되어 활용하는 데 불편한 점이 있다. 음수와 소수로 표현되는 Z점수의 불편함을 개선하기 위해 Z점수에 상수를 더하거나 곱하여 사용이 보다 용이한 척도체계로 변환해 사용한다. T점수는 Z점수를 평균이 50, 표준편차 10인 점수로 변환한 점수이다. T점수의 공식은 〈표 11-12〉와 같다.

〈표 11-12〉 T점수 산출 공식

| 공식 | T=50+10Z |
|---|---|
| Z=-1 | T=40 |
| Z=0 | T=50 |
| Z=1 | T=60 |

스테나인(stanine) 점수는 〈표 11-13〉과 같이, 원점수를 표준점수로 변환하여 9개의 구간으로 나눈 점수이다. 스테나인 점수는 9개의 범주를 가진 표준점수로 평균을 5, 표준편차를 2로 표준화한 점수이다. 스테나인 점수는 원점수의 분포를 정규분포라고 가정하고 가장 낮은 점수부터 높은 점수로 배열한 후, 일정한 구간마다 점수를 부여한다(박도순 외, 2007: 207). 원점수들을 크기 순서대로 배열한 다음 〈표 11-4〉와 같이 정규분포상의 백분율(%)에 따라 스테나인 점수를 할당한다. 예를 들어, 어떤 시험에 응시한 수험생 수가 100명이라면, 성적 상위자로부터 4명은 1의 등급을, 그 다음 성적순에 따라 7명(누적 11명째)은 2의 등급을 부여하게 된다.

〈표 11-13〉 스테나인 점수 분포표

| 백분율 | 4 | 7 | 12 | 17 | 20 | 17 | 12 | 7 | 4 |
|---|---|---|---|---|---|---|---|---|---|
| 누적 백분율(%) | 4 | 11 | 23 | 40 | 60 | 77 | 89 | 96 | 100 |
| 스테나인 점수 (9등급 점수) | 1 | 2 | 3 | 4 | 5 | 6 | 7 | 8 | 9 |

정규분포와 각 표준점수와의 관계는 [그림 11-3]에 제시한다.

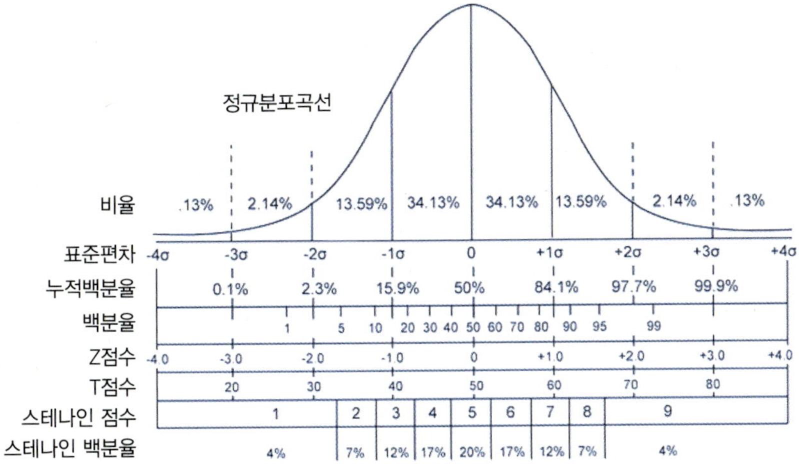


[그림 11-3] 정규분포와 각 표준점수와의 관계

## 3) 준거점수

준거점수는 교육적 가치 판단의 기준을 정해진 준거에 근거하여 해석하는 점수 체계이다. 학생들이 무엇을 알고 할 수 있는지의 구체적인 성취 정보를 제공하는 준거지향평가(criterion-referenced evaluation)는 학생의 성취 결과를 미리 설정한 준거에 근거하여 해석한다. 준거지향평가가 가능하려면 점수척도를 두 부분 이상으로 나누는 분할점수(cut-off score)를 설정해야 한다. Kane(2001)에 의하면 분할점수는 어떤 점수 척도 위에 설정된 특정한 점수를 말하고, 준거는 피험자가 알고 있고 할 수 있는 수행 능력의 기준을 의미한다(김창환, 2011: 143). 예를 들어 학업성취도 평가의 경우, 척도 위에 세 개의 '분할점수'가 설정된다면, 점수 척도는 네 부분으로 구분하고, 각각 기초학력 미달 수준, 기초학력 수준, 보통학력 수준, 우수학력 수준과 같은 '수준'들이 설정될 수 있다. 기준설정 방법은 국외에서 운전면허시험, 대학입학자격시험, 교사자격시험, 의사 자격시험 등등 다양한 분야에서 활용되고 있다(이명숙, 이규민, 강상진, 2018: 438).

### (1) 고정점수방법

고정점수방법은 원점수를 사용하여 정해진 분할점수를 기준으로 학생들의 성취수준을 분류하는 방법이다. 예를 들면, 학생들의 성취수준이 90점 이상이면 A, 80점 이상이면 B, 70점 이상이면 C, 60점 이상이면 D, 60점 미만이면 E를 부여하는 방법이다. 고정점수방법은 성취기준 설정을 위한 패널을 구성하거나 별도의 기준설정 작업 과정이 필요하지 않기 때문에, 현재 대부분 학교에서 광범위하게 적용되고 있다. 그러나 고정점수방법은 학교 유형 및 교과의 평가도구 특성을 고려하지 않으므로 평가 문항의 난이도나 과제 유형에 따라 성취기준의 분류 비율이 결정되는 문제점이 있다(이명숙, 이규민, 강상진, 2018: 439).

### (2) Angoff 방법

Angoff(1971)의 기준설정 방법은 분할점수를 설정하는 패널이 문항을 먼저 분석한 후 최소한의 능력을 보유한 피험자들로 구성된 가상의 집단 중 몇 %가 문항을 맞힐 수 있는지를 판정하도록 하는 방법이다. 이것은 개별 문항이 최소 능력을 소유했다고 생각되는 경계선 집단에 시행했을 때의 문항난이도 기대값이라고 볼 수 있다. 분할점수는 각 문항에 대한 패널의 문항난이도의 기대값의 합(또는 평균)으로 결정된다. Angoff 방법의 핵심은 최소 수용 가능한 사람(minimally acceptable person; MAP)을 개념적으로 규정하는 것이다. MAP란 어떤 일을 수행하는 데 필요한 최소 수준의 기술, 지식, 능력을 경계선 수준에서 갖춘 사람을 의미한다. 이 용어는 최소 능력 보유자 또는 경계선에 있는 사람(borderline test taker)이라는 용어로도 사용되고 있다. Angoff 방법은 다른 기준설정 방법에 비하여 절차가 간단하며 이해하기 쉽다는 장점이 있다. 버크(Berk, 1986)가 제안한 수정된 Angoff 방법은 패널들이 한번 평정한 결과를 기준으로 분할점수를 설정하는 것이 아니라 상호 정보 교환 과정을 포함한 여러 번의 반복 평정을 통해 기준을 설정한다. 예를 들면, 수정된 Angoff 방법에서는 한번의 Angoff 방법을 통하여 설정된 예상 정답 확률 등의 정보를 모든 패널에게 공개하고, 그 결과에 대해 패널들 간의 논의 과정을 거친 후 다시 예상 정답 확률을 추정하는 과정을 두 세 번 정도 반복한 후 최종 분할점수로 결정한다(이명숙, 이규민, 강상진, 2018: 439-440).

### (3) Bookmark 방법

문항반응이론에 기반한 북마크 방법은 문항난이도 순서대로 문항을 배열한 문항집(ordered item booklet, OIB)을 제작하여 준거 설정 패널들이 각 성취수준의 최소 능력 보유자가 정답을 맞힐 수 있을 것으로 기대되는 문항을 표시하는 방법으로, 루미스 등(Loomis et al, 2000)에 의해 시도된 이후 CTB/McGraw-Hill에서 북마크 방법으로 발전시켰다(Lewis, Mitzel, & Green, 1996). 북마크 방법의 기본 질문은 "최소 능력 보유자 혹은 경계선 피험자가 문항을 맞힐 수 있는가(서답형 문항의 부분점수를 받을 수 있는가)?"이다(Cizek & Bunch, 2007). 그러므로 '할 수 있는가?'의 의미에 대해 명확한 정의를 내리는 것이 매우 중요하다. 일반적으로 북마크 방법에서는 최소 능력 보유자의 정답률이 67%이상이 되는 경우, 이를 '숙달(Proficiency)'이라 정의하고, 이 비율이 67%가 되는 값을 응답확률(response probability; RP)이라고 부른다. 응답확률에 대해 정확한 정의가 필요한 이유는 각 패널들이 순서화된 문항집에서 표시한 이전의 문항들에 대해서는 최소 능력 보유 피험자들이 응답확률 이상의 확률로 그 문항을 맞힐 것이라 판단하고, 표시 이후의 문항들에 대해서는 응답확률 이하의 확률로 맞힐 것이라 판단하기 때문이다. 응답확률이 결정되면 이 값을 기준으로 순서화된 문항집을 구성하는 데 필요한 문항난이도와 피험자의 능력 척도를 추정하며, 이 때 적용하는 문항반응이론의 모형과 문항유형에 따라 각기 다른 방법으로 문항의 위치를 결정하게 된다(장윤선, 성태제, 2009: 661-663).

## 3. 학생성적의 통보

학생성적의 통보는 성적통지표를 통하여 이루어진다. 또한, 가정통신문이나 학부모 면담과 같은 보조수단을 활용할 수 있다. 학생의 학습 상황과 생활에 대한 구체적인 정보를 제공하기 위해서는 성적통지표 이외의 다양한 방법이 활용될 수 있다.

### 1) 성적통지표

성적통지표는 학교에서 학부모에게 그들 자녀의 학업수행상태에 관한 정보를 제공하기 위하여 주기적으로 발송하는 문서화된 보고서를 의미한다. 성적통지표의 양식은 학교 수준이나 학교 특성에 따라 학교마다 다를 수 있다. 성적통지표는 대체로 다음과 같은 내용을 포함하고 있다. ①교과학습발달상황, ②행동발달상황, ③출석상황, ④창의적 체험활동상황, ⑤교사와 부모의 통신란 등이 그것이다. 보통 교과학습발달상황과 행동발달상황은 문자평점으로 기록하며, 통신란에는 교사나 학부모가 상대방에게 전달하고자 하는 의견을 간단히 기록하게 된다. 성적통지표는 가정통신문이나 학부모 면담과 같은 성적 통보의 보조수단과 함께 사용할 때 효과적이다(이종승, 2009: 373).

### 2) 가정통신문

학생의 학업 상태에 관해 학부모에게 보다 구체적인 정보를 제공할 목적으로 많은 학교에서 비공식적인 가정통신문을 이용하고 있다. 이러한 가정통신문은 해당 학생의 강점과 약점, 학교생활의 제반 문제, 특별지도계획 등 성적통지표 만으로는 전달하기 어려운 구체적인 정보를 학부모에게 전달해 준다. 또한 학생의 교과별 학업수행 상태에 관한 세세한 정보도 전달해 줄 수가 있다. 그러나 가정통신문을 이용하는 방법은 다음과 같은 문제점이 있다. 첫째, 모든 학생들의 학교생활에 관한 포괄적이고 구체적인 가정통신문을 작성하는 일은 상당한 시간과 노력을 필요로 한다. 둘째, 학생의 학업상의 문제점이나 약점에 대한 기술은 자칫하면 해당 학부모로부터 오해를 살 여지가 있다. 셋째, 가정통신문은 교육목표에 대한 해당 학생의 성취정도를 체계적으로 계속 전달해 주기가 어렵다. 성적통보 수단으로 성적통지표와 함께 가정통신문을 사용한다면, 성적통지표가 제공하기 어려운 구체적인 정보를 전달해준다는 측면에서는 유용하다(이종승, 2009: 373-374).

### 3) 학부모 면담

성적통지표의 기능을 보완하고 교사와 학부모 사이의 협력관계를 유지하기 위하여 상당수의 학교에서 정기적으로 학부모와의 면담을 실시하고 있다. 학부모 면담은 특히 초등학교 저학년의 경우에 유용하다. 학부모 면담은 가정과 학교 사이에 대화의 통로를 마련해 준다는 데 그 의의가 있다. 학부모는 학교에서 파악하지 못하는 학생에 관한 정보를 교사에게 제공하고, 학생에 관한 제반 관심사를 교사와 의논할 수 있는 기회를 갖는다. 따라서 학부모 면담은 교사와 학부모 사이에 긴밀한 협조체제를 가능하게 하고 양측이 필요로 하는 정보를 상호 제공한다는 면에서 중요하다. 그러나 학부모 면담은 교사나 학부모에게 많은 시간과 노력을 요구하게 되므로, 가정통신문의 경우와 마찬가지로 학부모 면담은 성적통지표의 제한된 기능을 보완하는 수단으로 활용되어야 할 것이다(이종승, 2009: 374).

## ❖ 탐구과제

◆ 고전검사이론에 따라 문항난이도, 문항변별도, 문항추측도, 오답지 매력도 등을 산출하고, 〈문항 1〉과 〈문항 2〉의 양호도를 분석하시오.

| 〈문항 1〉 | | 〈문항 2〉 | |
|---|---|---|---|
| 답안 | 반응자 수(100명) | 답안 | 반응자 수(100명) |
| ① | 23 | ① | 16 |
| ② | 17 | ②* | 35 (정답) |
| ③ | 15 | ③ | 33 |
| ④* | 20 (정답) | ④ | 12 |
| ⑤ | 15 | ⑤ | 4 |
| 문항난이도 | | | |
| 문항변별도 | | | |
| 문항추측도 | | | |
| 오답지 매력도 | | | |

◆ 〈국어〉와 〈수학〉의 원점수를 Z점수, T점수, 스테나인 점수로 산출하시오(단, 정규분포곡선을 가정함).

| | 국어 | 수학 |
|---|---|---|
| 원점수 | 80 | 80 |
| 백분위점수 | 62 | 83 |
| 평균점수 | 75 | 65 |
| 표준편차 | 10 | 15 |
| Z점수 | | |
| T점수 | | |
| 스테나인 점수 | | |

◆ 학생평가에 대하여 학부모 면담을 하려고 합니다. 학부모 면담을 할 때의 유의사항에 대하여 토의하시오.

# 제3부

## 프로그램평가

제12장 프로그램평가 모형

제13장 프로그램평가의 실제

# 12 프로그램평가 모형

## 1. 목표중심 평가모형

### 1) 목표중심 평가모형의 개관

목표중심 평가모형은 프로그램의 구체적인 목적과 목표에 초점을 두고, 그것의 달성 여부를 결정하는 데 관심을 둔다. 목표중심 평가모형을 개념화하고 대중화시킨 대표적인 학자는 타일러(R. W. Tyler)이다. 목표중심 평가모형에는 Tyler(1942)의 교육목표달성모형(Goal Attainment Model), Provus(1969)의 불일치 평가모형(Discrepancy Evaluation Model: DEM), Hammond(1967)의 평가과정모형(Model for Evaluation as a Process: MEP) 등이 있다.

목표중심 평가모형은 평가를 검사나 측정으로 분리함으로써, 하나의 독립된 학문영역으로 발전시켰다는 의의가 있다. 또한, 목표중심 평가모형은 목표 측정을 위한 평가절차와 도구 개발 연구를 촉진하고, 이에 대한 방법 및 기술을 발전시킴으로써, 경험적, 실증적 연구를 촉진하는 데 공헌하였다. 목표중심 평가모형의 장점은 다음과 같다. 첫째, 논리적이고 합리적이며 명확한 절차를 제시함으로써 어떤 상황에도 쉽게 적용할 수 있다. 둘째, 교육목표를 구체적으로 제시하고 설정하기 때문에, 명확한 평가기준에 의해 평가를 할 수 있다. 셋째, 계열성 있는 절차를 제시함으로써 교육과정과 평가 간의 논리적 일관성을 유지할 수 있다. 넷째, 목표의 중요성을 강조함으로써, 프로그램 개발자나 교사에게 자신의 교육활동에 대한 책무성을 자극하였다(박일수, 2009: 230).

목표중심 평가모형은 다음과 같은 점에서 비판을 받는다. 첫째, 목표를 사전에 설정할 것을 강조함으로써, 수업 중에 발생할 수 있는 부수적, 확산적 목표의 중요성을 간과하여, 목표로 설정되지 않은 부수적 결과를 평가하기가 어렵다. 둘째, 가시적인 행동만을 강조함으로써 행동 용어로 진술하기 어려운 교육목표에 대한 평가가 어려워서, 학생들의 내면적 인지구조의 변화, 가치와 태도 및 감정의 변화를 파악하는 데 한계가 있다. 셋째, 목표에 근거한 평가를 강조함으로써 수업이 평가에 종속되는 경향이 있다. 넷째, 결과에 대한 평가를 강조하기 때문에 가르치고 배우는 과정 자체에 대한 평가를 간과할 수 있다. 다섯째, 기술적 합리성을 강조함으로써 교육 실제의 복합적이고 복잡한 측면을 평가하기가 어렵다(박일수, 2009: 230).

## 2) Tyler(1942)의 교육목표달성모형

Tyler(1942b)의 교육목표달성모형의 절차는 진보주의 교육의 효과를 검증한 8년 연구에 제시되어 있다. 진보주의 교육협의회 구성원들은 30개 실험학교를 선정하고 이들 학교에 대한 교육과정평가를 실시하였다. 이들은 실험학교에 대한 논란을 진정시키고 새로운 교육과정의 효과를 평가하기 위하여, '8년 연구(The Eight Year Study)'를 기획하였다. '8년 연구'를 담당한 타일러(R. W. Tyler)는 교육효과 면에서 실험학교 졸업생이 기존 고등학교 졸업생과 비교해서 크게 뒤지지 않는다는 것(실험학교 졸업생이 일류대학 진학에 불리하고 학력이 뒤진다는 메스컴의 주장과 일반인의 우려)을 반증하는 데 초점을 두고 평가를 설계하였다. 8년 연구에서는 교육목표를 설정하고, 해당 교육목표 달성도를 측정하는 평가방법을 고안하였다. 이 연구에서는 교육목표 도달도의 관점에서 두 유형의 학교 졸업생의 성취도를 비교하는 데 중점을 두었다. Tyler(1942b)는 교육과정 투입 전의 학생 행동과 투입 후의 행동을 비교하는 합리적이고 체계적인 사전-사후검사(pre-post test) 설계방안을 사용하였다. 8년 연구를 계기로, 교육평가는 교육목표 달성도 여부를 판단하는 것이라는 인식이 인정되기 시작하였다(배호순, 2008: 145).

교육목표달성모형에서는 학생 중심으로 교육목표를 상세하게 진술하고 학생들의 성취도를 측정하는 것을 강조한다. 교육목표달성모형에서는 행동목표로 진술된 교육목표와 학생의 성취 수행 결과를 비교하고 판단하는 과정을 중시한다. 교육목표달성모형에서는 교육목표 달성도를 측정하는 활동이 가장 핵심적인 활동이다. 또한, 목표하는 바와 측정한 바를 비교하는 일이 평가의 핵심활동이다. Tyler(1942b)는 교육목표달성모형의 절차를 다음과 같이 7단계로 제시하였다(배호순, 2008: 146-147).

제1단계: 학교의 광범위한 교육목표를 설정한다.
제2단계: 설정된 교육목표를 분류한다.
제3단계: 분류된 교육목표를 행동적 용어로 정의 및 규정한다.
제4단계: 교육목표의 달성이 측정될 수 있는 평가장면을 선정한다.
제5단계: 측정방법 및 도구를 새롭게 개발하거나 선택한다.
제6단계: 측정방법 및 도구를 사전 탐색적 시행 결과를 바탕으로 개선한다.
제7단계: 행동목표와 학생의 성취 자료를 비교하기 위하여, 학생의 성취도를 측정하여 자료를 수집하고, 처리하여 결과를 해석한다.

## 2. 의사결정중심 평가모형

### 1) 의사결정중심 평가모형의 개관

의사결정중심 평가모형에서는 의사결정자의 정보에 대한 요구를 확인하고 이러한 요구에 만족하는 것을 강조한다. 의사결정중심 평가모형에서는 투입, 과정, 산출이라는 체제적 접근 관점에서 의사결정자의 관심, 정보에 대한 요구 및 효율성을 평가준거로 설정한다. 의사결정중심 평가모형에는 Stufflebeam(1969, 1971)의 CIPP 평가모형, Alkin(1969)의 UCLA 평가모형 등이 있다(박일수, 2009: 230-231).

의사결정중심 평가모형은 프로그램 개선에 초점을 두고, 의사결정자의 의사결정을 도와주는 평가의 기능을 강조한다. 의사결정중심 평가모형의 장점은 다음과 같다. 첫째, 지속적인 평가를 통해 피드백을 제공하고, 의사결정에 유용한 정보를 제공함으로써 프로그램 개선에 직접적으로 기여할 수 있다. 둘째, 평가자에게 평가의 각 단계에서 다루어져야 할 중요한 질문들을 생성할 수 있도록 함으로써, 평가의 초점을 명료화할 수 있다. 셋째, 프로그램 진행 과정의 어느 단계에서도 필요에 따라 평가를 실행할 수 있다(박일수, 2009: 231).

의사결정중심 평가모형은 다음과 같은 점에서 비판을 받는다. 첫째, 평가자와 의사결정자의 역할이 구분됨으로써 평가자는 의사결정자의 관심과 요구에 적합한 정보만을 제공하게 되고 의사결정자는 평가자가 제공하는 정보의 수준과 범위 내에서 판단하게 되는 상호 구속적인 관계를 갖게 된다. 따라서 평가의 중요한 항목임에도 불구하고, 의사결정자의 관심이 아닌 경우 평가대상에서 제외될 수 있다. 둘째, 의사결정자에게 가치 판단을 위임함으로써 평가자의 역할이 경시될 수 있다. 평가자의 정보 제공을 위한 기능만을 강조하므로 평가자라기보다는 방법론자의 역할만을 제한적으로 수행할 가능성이 있다. 셋째, 완벽하게 실천하기에는 경비가 많이 들고 너무 복잡하다(박일수, 2009: 231).

## 2) Stufflebeam(1969)의 CIPP모형

Stufflebeam(1969)은 목표 달성 여부를 통해 프로그램의 결과만을 평가하는 기존의 평가방식을 비판하고, CIPP모형을 제안하였다. CIPP모형은 프로그램의 결과뿐만 아니라 프로그램의 계획, 개발, 운영 과정을 종합적이고 체계적으로 평가함으로써 프로그램 개선을 평가의 핵심적인 목적으로 한다. CIPP모형은 전체 평가과정을 네 가지 평가 유형, 즉, 상황(Context), 투입(Input), 과정(Process), 산출(Product) 평가로 구성한다(이원석, 2019). CIPP모형의 평가내용 및 평가질문은 〈표 12-1〉과 같다.

〈표 12-1〉 CIPP모형의 평가내용 및 평가질문 예시 (김혜숙, 2014)

| 모형의 단계 | 상황단계 | 투입단계 | 과정단계 | 산출단계 |
|---|---|---|---|---|
| 의사결정 | 계획 | 구조화 | 실행 | 순환 |
| 대답해야 하는 질문들 | • 무엇을 해야 하는가?<br>• 프로그램의 목적은 무엇인가? | • 어떻게 해야 하는가?<br>• 프로그램에 투입되는 자원은 적절한가? | • 프로그램을 계획대로 운영하고 있는가?<br>• 만약 아니라면 그 이유는 무엇인가? | • 프로그램은 효과가 있었나?<br>• 프로그램 산출 결과물은 무엇인가? |
| 평가목적 | • 프로그램 상황 확인<br>• 목표확인<br>• 요구확인<br>• 요구제기<br>• 문제점 파악 | • 수단, 절차에 대한 정보 제공<br>• 접근방법, 전략 설계 | • 계획 적용에 대한 계속적인 검토<br>• 실천 과정, 절차의 결점 파악<br>• 효율성 점검<br>• 절차적 사안과 활동기록, 판단 | • 산출결과 측정, 해석<br>• 산출정보를 목표, 상황, 투입, 과정과 관련하여 해석 |
| 평가방법 | • 면담, 설문조사<br>• 기존 기록문서 검토<br>• 의견수렴 기술활용 (델파이 기법 등) | • 문헌, 기사 검토<br>• 방문, 상담, 문의 | • 면담, 관찰<br>• 활동과 비용 확인<br>• 실천과정, 절차분석 | • 사례연구<br>• 결과에 대한 견해를 알아보기 위한 전화, 편지, 면담<br>• 성과 목록들과 비교, 검토 |
| 평가결과 활용 | • 필요, 요구, 문제, 목적 확인 | • 목표 성취를 위한 계획 및 전략 설계<br>• 예산편성 설계 | • 프로그램 계획 및 실행을 위한 정보 제공 | • 프로그램 종결, 지속, 수정, 시작을 위한 지침으로 사용 |

CIPP모형이 프로그램의 개선이라는 평가 목적을 달성하기 위해서는 상황, 투입, 과정, 산출 평가로 구성되는 평가의 유형뿐만 아니라 CIPP모형에 내재하는 철학, 원칙 등이 평가에 반영되어야 한다(Stufflebeam, 2000). Stufflebeam(2000, 2014)는 CIPP모형에 내재하는 원리로서 철학과 윤리 강령(code of ethics)을 제시하였고, 이와 관련하여 7가지 원리를 제시하였다. 원리에는 이해당사자의 참여와 이해당사자에 대한 봉사, 개선 지향, 객관주의자 지향, 기준과 메타평가, 평가-지향 지도자로서의 평가 의뢰인, 사전 합의 협상의 중요성, CIPP모형의 가치요소 등이 있다(Stufflebeam & Zhang, 2017; 이원석, 2009: 231).

첫째, 이해당사자의 참여와 이해당사자들에 대한 봉사는 형평성과 공정성이라는 민주주의적 원칙에 기초를 두고 있다. 이해당사자는 평가결과를 활용하거나 평가에 의해 영향을 받는 모든 사람을 의미한다. 평가자는 평가의 모든 단계에서 평가와 관련된 이해당사자들에게 도움이 될 수 있도록 적극 노력해야 하며, 가능한 이들이 지속적으로 평가과정에 참여하도록 노력해야 한다. 이해당사자들이 평가에 참여할 수 있는 방법으로는 공청회, 면담, 평가 웹사이트 운영, 포커스 그룹 인터뷰 등이 있다.

둘째, 평가 의뢰인이 평가-지향 지도자의 역할을 수행해야 한다. 평가 의뢰인은 프로그램의 최고 의사결정자나 운영 책임자로서, 평가자가 제시한 평가결과에 기초하여 프로그램 개선과 관련한 의사결정을 해야한다.

셋째, 개선 지향이란 CIPP모형의 각 단계에서 이루어지는 다양한 수준의 의사결정의 지원을 최우선하고, 평가의 형성적 기능을 강조하는 것을 의미한다. 평가자는 프로그램개발 과정에서에서 나타나는 다양한 의사결정 상황에서 적합한 정보와 적절한 피드백을 제공함으로써 프로그램의 지속적인 개선과 향상을 도모하는 것을 중시한다.

넷째, 객관주의자 지향의 평가란 평가자나 다른 개인, 집단의 선호, 관점 등에 따라 옳고 그름이 바뀌는 결론이 아니라, 누구에 의해 수행되든지 옳은 결론이 있다고 가정하고, 이를 추구하는 평가를 의미한다. 평가자는 프로그램을 평가하는 데 있어 사회적으로 인정되는 적절한 준거나 전문가 집단이 제공하는 기준 등을 선정하고 타당화하며 이를 적극적으로 활용해야 한다.

다섯째, 기준과 메타평가가 필요하다. 평가는 전문가 집단에 의해 제시된 평가 수행의 기준에 부합하도록 평가를 설계하여 수행하여야 하며, 이것은 형성적, 총괄적 메타평가를 통해 확인된다.

여섯째, 사전 합의 협상의 중요성이란 평자가와 의뢰인이 사전에 평가는 어떻게 수행되고, 어떤 결과물을 제시하며, 평가비용은 어느 정도이며, 평가 보고서를 누가 볼 것인지 등에 대한 계약이나 양해 각서를 협상하고 문서화하는 것을 의미한다. 사전 합의가 없을 경우 평가가 중간에 폐지되거나 왜곡될 수 있다.

일곱째, CIPP모형의 가치요소란 평가자와 의뢰인이 해당 평가를 뒷받침하는 핵심가치를 확인하고 이를 명확히 하는 것을 의미한다. CIPP모형의 가치요소는 평가의 핵심이며, CIPP모형에서 강조하는 평가의 목적, 계획, 활동, 성과는 상황, 투입, 과정, 산출의 평가 유형과 직접적으로 연계된다. 즉, CIPP모형에서 프로그램의 개선-지향의 목적(goals)을 설정하는 기반을 제공하거나 기존 목적의 명확성, 적절성을 평가하는 상황(context) 평가, 프로그램의 설계와 실행의 계획(plans)을 평가하는 투입(input) 평가, 실제 프로그램 운영 직원과 관리자의 활동(activities)을 평가하는 과정(process) 평가, 프로그램의 성과(outcomes)를 측정하고 해석하며 판단하는 것을 목적으로 하는 산출(product) 평가 등은 평가자와 평가 의뢰인에 의해 확인된 핵심 가치에 의해 뒷받침된다. 이러한 가치요소는 평가 준거의 도출과 타당화의 기반을 제공하고, 평가 정보에 대한 요구를 명확히 하며, 평가도구와 절차의 구성 및 설정을 위한 기초 자료를 제공한다. CIPP모형을 적용한 프로그램평가의 사례는 〈표 12-2〉와 같다.

〈표 12-2〉 **CIPP모형을 적용한 프로그램평가의 사례** (신연주, 김선태, 송해덕, 2018: 16-17).

| 평가영역 | 평가준거 | 번호 | 평가지표 |
|---|---|---|---|
| 상황평가 | 요구분석 | 1 | 사회적인(지역사회, 학교특성 등) 요구를 분석하여 프로그램에 반영하고 있다. |
| | | 2 | 프로그램 참가자(학생·학부모·교사)의 요구를 분석하여 프로그램에 반영하고 있다. |
| | | 3 | 학교의 중점적인 발전 계획을 프로그램에 반영하고 있다. |
| | 목표설정 | 4 | 프로그램은 취업역량 강화 목표를 명확하게 제시하고 있다. |
| | | 5 | 프로그램의 취업역량 강화를 위한 목표는 실현가능하다. |
| | | 6 | 프로그램은 취업역량 향상을 위해 필요한 내용으로 구성되어 있다. |
| | | 7 | 프로그램의 목표가 학생, 교사, 학부모, 정부(교육부), 산업계의 요구를 반영하여 타당하게 설정되어 있다. |
| | | 8 | 문제해결(예: 취업률, 취업유지율, 학부모 인식개선 등)의 우선순위를 감안하여 목표를 설정하였다. |

| 평가 영역 | 평가 준거 | 번호 | 평가지표 |
|---|---|---|---|
| 투입 평가 | 실행 계획 (인적 자원, 절차, 지원 체제 등) | 9 | 프로그램의 외부 강사진은 수행 내용 및 목표에 적합하게 지원되었다(전문성, 역량, 섭외). |
| | | 10 | 프로그램의 외부 강사에 대한 만족도가 높았다. |
| | | 11 | 프로그램 운영에 적합한 역량을 갖춘 담당자가 배치되었다.<br>(예: 취업처 발굴, 취업 관련 컨설팅, 관련 자격증 취득 등) |
| | | 12 | 프로그램의 운영 일정은 실시 가능한 적절한 시간대로 계획되었다. |
| | | 13 | 프로그램 운영 과정에서 담당자들에게 적합한 사전 연수나 교육이 제공되었다. |
| | | 14 | 프로그램에 필요한 예산 및 물리적 시설 지원은 충분히 지원되었다.<br>(예: 예산배정, 공간 확보 등) |
| | | 15 | 유관기관(산업계, 교육청, 고용센터 등)과는 협조 체제를 유지하고 있다. |
| | | 16 | 취업지도 부서에 프로그램을 체계적으로 기획·관리할 수 있는 충분한 인력이 있다. |
| | 수행 내용 | 17 | 프로그램은 요구시기와 대상에게 적합한 내용으로 구성되었다.<br>(예: 1학년 경우 취업마인드 함양 등으로 구성) |
| | | 18 | 프로그램 내용은 수행목표와 일치하는 내용으로 구성되었다. |
| | | 19 | 프로그램은 요구 대상자의 수준을 고려하여 체계적인 계획을 수립하고 구성되었다. |
| | | 20 | 프로그램에 적합한 양질의 자료가 사용되었다. |
| | | 21 | 프로그램은 학교의 특성, 여건 등의 환경을 고려하여 기획되고 구성되었다. |
| 과정 평가 | 프로그램 활동 | 22 | 프로그램은 계획한대로 실행된다. |
| | | 23 | 프로그램 제공 일정은 취업을 준비하는 시기에 맞게 적절하게 제공되었다. |
| | | 24 | 지도자는 프로그램 목표와 내용, 특성에 맞는 적절한 내용으로 프로그램을 구성하고 매체를 활용한다. |
| | | 25 | 참가자의 정의적 특성(태도, 학습동기 등)의 변화가 긍정적이다. |
| | | 26 | 참가자의 참여율을 확인하고, 참여율을 높이기 위한 노력을 한다. |
| | | 27 | 프로그램 실행상의 방해요인을 확인하고, 예상하여 적절히 조치한다. |
| | | 28 | 프로그램 학습자의 건의사항을 제때 확인하고 적절한 피드백을 제공한다. |
| | | 29 | 프로그램에 대하여 긍정적, 부정적 측면을 평가하여 적절한 피드백을 제공한다. |

| 평가 영역 | 평가 준거 | 번호 | 평가지표 |
|---|---|---|---|
| | 프로그램 관리·평가 | 30 | 프로그램의 목표에 부합된 예산, 시설, 기자재 등이 활용되었다. |
| | | 31 | 프로그램 내용 및 구성에 대한 참가자의 만족도가 높다. |
| | | 32 | 프로그램의 지도자는 목표에 적합한 전문성을 갖추었다. |
| | | 33 | 프로그램 운영자는 프로그램에 대한 긍정적, 부정적 측면을 모두 평가하여 필요시 피드백을 제공한다. |
| 산출 평가 | 프로그램 성과 (성취도, 만족도, 효과성) | 34 | 참가자는 프로그램을 통해 취업역량이 향상되었다. |
| | | 35 | 참가자가 프로그램을 통해 취업에 대한 인식이 개선되었다. |
| | | 36 | 프로그램 참가자의 결과물을 평가한다.(예: 자격증 취득, 진로설계, 면접역량 등) |
| | | 37 | 프로그램 참가자의 교육성과 만족도가 높다. |
| | | 38 | 프로그램 참가자의 교육지원 만족도가 높다. |
| | | 39 | 프로그램을 통해 취업역량에 영향을 미치는 학습전이가 촉진되었다. |
| | | 40 | 프로그램의 운영 내용에 적합한 결과물(모니터링 포함)로 프로그램 운영성과를 자체 점검한다. |
| | | 41 | 프로그램의 객관적인 운영결과를 평가한다.(예: 시기, 내용, 구성 등 효과성) |

## 3. 소비자중심 평가모형

### 1) 소비자중심 평가모형의 개관

소비자중심 평가모형은 산출, 서비스, 선호 등을 선택할 때 소비자의 활용과 책무성을 강조하는 평가방법이다. Scriven(1967)은 프로그램의 필요성, 시장성, 유용성, 효과성 등을 분석하는 과정에서 소비자중심 평가모형을 제안하였다. 소비자중심 평가모형에서는 교육을 위하여 사용되는 모든 것들을 교육상품으로 보며, 교육행위를 서비스로 간주하여 교육프로그램의 대상인 소비자가 무엇을 원하고 필요로 하는가에 관심을 두는 평가모형이다. 소비자중심 평가모형에는

Scriven(1973)의 탈목표평가모형(Goal free evaluation; GFE), Scriven(1983)의 핵심 평가 검목표(Key Evaluation Checklist), Morrisett과 Stevens(1967)의 교육과정 자료 분석 체제(Curriculum Materials Analysis System; CMAS) 등이 있다(박일수, 2009: 231).

소비자중심 평가모형에서는 분석체제 및 체크리스트 등을 개발하여, 이들 도구를 사용하여 프로그램평가를 진행하는 데 도움을 제공한다는 특징이 있다. 소비자중심 평가모형의 장점은 다음과 같다. 첫째, 정보나 시간이 부족한 이해당사자들에게 프로그램을 포함한 관련 상품에 대한 평가결과를 구체적이고 신속하게 제공해 줄 수 있다. 둘째, 프로그램 설정에서 강조해야 하는 준거가 무엇인지에 대한 구체적인 지침을 제공한다. 셋째, 체크리스트(점검표)는 프로그램에 대한 간편하고 유용한 평가도구로 활용될 수 있다(박일수, 2009: 231-232).

소비자중심 평가모형은 다음과 같은 점에서 비판을 받는다. 첫째, 교육프로그램의 사전 심의 및 평가를 위해 소요된 시간과 비용이 교육상품의 가격을 높이게 되어 결국에는 소비자의 부담을 증가시키는 결과를 초래할 수 있다. 둘째, 엄격한 평가준거를 강조하게 되면 프로그램 개발 및 실행에 있어서 창의성을 저해할 수 있다. 셋째, 표준화된 준거는 학교나 지역 고유의 독창성을 충분하게 반영하지 못한다. 넷째, 소비자의 입장만을 고려한 나머지 교사나 교육과정 개발자들의 의욕이 저하될 수 있다(박일수, 2009: 232).

## 2) Scriven(1967)의 탈목표평가모형

탈목표평가모형(Goal free evaluation; GFE)에서는 사전에 설정된 프로그램의 목적 및 목표에 대한 특별한 지식이나 참고자료가 제공되지 않는다. 목적은 프로그램의 목표 또는 예상되는 결과에 대한 광범위한 진술이며, 단기적 기대보다는 장기적 기대와 관련이 있는 경우가 많다(Weiss & Jacobs, 1988: 528). 탈목표평가모형에서 평가자는 프로그램의 목적을 알지 못하기 때문에, 프로그램의 실제적인 효과와 결과를 찾으려고 노력한다. 탈목표평가모형에서는 양적 자료와 질적 자료를 수집하고, 목표중심 평가모형에 해당되지 않는다면, 어떠한 평가모형도 탈목표평가모형에서 사용될 수 있다.

탈목표평가모형에서는 다음과 같은 두 가지가 고려된다. 첫째, 평가자는 프로그램 및 프로그램 이해당사자(프로그램 기금자, 설계자, 관리자, 직원, 자원봉사자, 벤더 등)와 관련성이 없는 외부적이고 독립적이어야 한다. 평가자는 사전에 설정된 프로그램의 목표를 알지 못하기 때문에, 프로그램의 실제적인 효과를 확인하고, 입증하여, 논리적인 관점에서 긍정, 부정, 중립 가운데 한 가지를 선택하여 프로그램 효과를 판정한다. 둘째, 감독자(goal screener)를 임명한다. 감독자는 행정 보조원, 제3자 또는 평가 클라이언트와 같은 공정한 이해당사자(즉, 탈목표평가 설계 또는 자료수집에 할당되지 않은 사람)이다(Youker, 2005). 감독자는 프로그램 안내자(course instructor)로서, 평가자와 프로그램 담당자 사이를 개입하는 역할을 하며, 목표와 관련된 문서의 내용을 제거하고, 탈목표 평가자에게 제공한다. 감독자는 탈목표평가모형의 목적과 방법론에 대한 기본 지식을 겸비하고, 프로그램 목적과 목표를 구별할 수 있을 만큼 프로그램에 대한 이해도가 높아야 한다.

탈목표평가모형은 목표중심 평가모형과 병행하여 진행되며, 목표중심 평가모형에서 발견하지 못한 부수적인 결과 및 성과를 찾는 데 활용되는 경향이 있다. 탈목표평가모형을 적용한 프로그램평가의 예시는 〈표 12-3〉과 같다.

〈표 12-3〉 탈목표평가모형을 적용한 프로그램평가의 예시 (Youker et al., 2016: 38).

| 프로그램명 | 수유, 옷 입기, 목욕 등과 같은 직업 치료 관련 기술에 대한 하계 캠프 프로그램 | |
|---|---|---|
| 평가방법 | 목표중심평가 | 탈목표평가 |
| 평가설계 | 사례설계 | 사례설계 |
| 평가준거 | 1. 안전성<br>2. 역량<br>3. 효율적인 조직<br>4. 이해<br>5. 회상 및 적용 | 1. 이해도<br>2. 교육성<br>3. 조직성<br>4. 접근가능성<br>5. 융통성<br>6. 적용가능성 |
| 평가기준 | • 5가지 모든 준거에 대한 4단계 루브릭 | • 적용가능성 준거에 대한 5단계 루브릭 |
| 측정/관찰 | • 직접 관찰(현장 방문 4회)<br>• 반구조화된 개별 면접(9명)<br>• 자유응답형 온라인 설문지(프로그램 디렉터 1명)<br>• 학생 대상 설문지: 편안함, 회상, 의견(15명)<br>• 질적 질문지(12명)<br>• 사전검사와 사후검사: 수유, 옷 입기, 이동 기술(38명)<br>• 수유 교육에 대한 사후 설문지(36명) | • 직접 관찰(현장 방문 3회)<br>• 반구조화된 포커스 집단 면접(7명)<br>• 반구조화된 개별 면접(1명)<br>• 관찰 체크리스트<br>• 학생 대상 설문지: 적용(30명)<br>• 사전검사와 사후검사: 수유, 옷 입기, 이동 기술(38명)<br>• 수유 교육에 대한 사후 설문지(36명) |
| 결론 | • 각각의 기준이 작성되었으나, 하나의 평가적 결론을 도출하기 위해서, 이들 기준을 종합하려는 시도는 없었다. | • 각각의 기준이 작성되었으나, 하나의 평가적 결론을 도출하기 위하여, 이들 개별 기준에 대한 가중치를 부여하여 합산하였다. |

# 4. 전문가중심 평가모형

## 1) 전문가중심 평가모형의 개관

전문가중심 평가모형에서는 평가대상의 질을 평가하는 데 있어서 전문가의 직접적인 응용을 강조한다. 전문가중심 평가모형에서는 전문가의 판단에 의해서 교육제도, 프로그램, 교육상품, 교육활동 등을 평가한다. 전문가중심 평가모형에는 공식적 전문 심의 체제(formal professional review system), 비공식적 전문 심의체제(informal professional review system), 특별전담위원회 심의(ad hoc panel review), 특별전담 개인 심의(ad hoc individual review), Eisner(1979)의 감식안과 비평(model of connoisseurship and criticism) 등이 있다(박일수, 2009: 232).

전문가중심 평가모형은 평가과정에서 전문가의 판단과 인간 지혜의 중요성을 강조한다는 특징이 있다. Eisner(1979)의 감식안과 비평의 장점은 다음과 같다. 첫째, 감식안과 비평은 교육적 관찰에 대한 질적 해석을 접목하였다. 둘째, 선행 훈련, 경험, 정련된 지각 능력을 강조함으로써 다양한 교육 실제에 대한 교사의 이해력을 높이고 평가 자료의 해석을 깊이 있게 할 수 있다. 셋째, 평가자의 전문적 판단 능력에 대한 강조는 교사의 평가자로서의 전문성 확보와 관련하여 다양한 시사점을 제공한다(박일수, 2009: 232).

Eisner(1979)의 감식안과 비평은 다음과 같은 비판을 받는다. 첫째, 평가자의 전문성에 대한 지나친 의존은 자칫 평가의 주관성 문제를 초래할 수 있기 때문에, 공평함과 정확함이 요구되는 공적 프로그램에는 적합하지 않다. 둘째, 감식안과 비평의 능력을 소유하고 있는 평가자가 거의 없다. 셋째, 광범위한 대상을 평가하는 데 제약이 있다(박일수, 2009: 232).

## 2) Eisner(1979)의 감식안과 비평

Eisner(1979)는 과학적 패러다임에 근거한 목표중심 평가모형을 비판한다. 교육평가이론은 처방적인 것이라기보다는 진단적이어야 하며, 현상의 질적 속성을 보다 잘 관찰하고 이해할 수 있도록 사고력 통찰력을 함양하는 데 기여해야 한다.

감식안(connoisseurship)은 대상에 대한 해박한 지식과 감정능력을 지닌 것을 의미하는데, 평가자는 이를 통하여 대상의 가치를 인정하게 된다. 교육적 감식안이란 교육적 상황의 복잡성을 파악하는 능력과, 그러한 복잡성을 세련되게 개념화하는 능력을 말한다. 그러나 감식안은 공식적 진술이나 판단을 요구하지 않고, 감식자를 판단의 영역으로 끌어들인다. 평가자가 교실수업에 영향을 미치는 질적 속성에 대한 풍부한 지식과 감상능력을 가져야만 그에 대한 가치를 발견하여 인정할 수 있게 된다. 따라서, 감식안은 가치 인정기능이라고 할 수 있다(배호순, 2008: 197).

비평(criticism)은 일종의 폭로 기법으로서 비판적으로 파헤치고 표현함으로써 대상의 질적 속성을 생생하게 표현해 내기 위하여 활용된다. 비평은 대상의 속성을 얼마나 언어적으로 명료하게 조명해 주느냐가 관건이 된다. 비평이란 감식안이 포착한 사상(事象)이나 사물의 질을 드러내는 예술이다. 비평에 주로 사용하는 도구는 은유(metaphor), 유추(analogy), 시사(suggestion), 암시(implication) 등이다. 비평은 부정적인 면을 평가하는 것이 아니라 평가대상이 지닌 질과 특성을 감지하는 교육적 과정이라고 할 수 있다. 비평이 이루어지기 위해서는 관찰 대상에 대한 기술, 해석, 평가 등이 필요하다. 그러므로 평가자는 하나의 도구이며 자료수집, 분석, 판단은 평가자의 내면에서 이루어진다(배호순, 2008: 197).

감식안이 비평의 대상을 제공한다는 점에서 감식안과 비평 간에는 상호관련성이 있으며 감식안은 사적인 영역인 반면에, 비평은 공적인 영역이라는 점에서 구별된다. 감식가는 대상의 가치를 개인적으로 인정하지만 비평가는 대상의 속성을 대중에게 비평의 방법으로 표현한다. 교육프로그램에 대한 평가를 위해서 비평방법이 허용되어야 한다(배호순, 2008: 197-198).

비평은 기술, 해석, 평가의 세 가지 과정으로 이루어진다(배호순, 2008: 198). 첫째, 비평은 기술적 차원을 고려한다. 비평은 교육현상을 사실 그대로 묘사하고 표현하는 데서 출발한다. 기술은 참여 관찰자에게 보여지는 교육현상의 질적 속성을 사진술과 같이 정확하게 기술하고 묘사하는 데 중점을 두는 단계활동으로서, 비평 대상의 자료수집 과정에 해당한다. 둘째, 비평은 해석적 차원을 고려한다. 해석이란 교육현상에 대하여 기술한 내용을 바탕으로 사회적 환경(맥락) 속에서 수행된 다양한 형태의 행동이 지닌 의미와 중요성을 이해하고 그 가치를 인정하는 활동을 의미한다. 이러한 해석적 노력은 다양한 사회과학적 지식과 교육적 경험을 통한 실제적 지혜를 바탕으로 이루어진다. 셋째, 비평은 평가적 차원을 고려한다. 이것은 교육적 준거에 입각하여 관찰 및 해석한 현상에 대하여 감식 및 감정하는 단계활동으로서, 교육적 가치를 발견 및 판단하는 행위이다. 교실 안의 교육적 현상에 대한 교육적 가치 판단은 평가자가 교육적 가치를 변별하고, 교육적 의미를 해석하며 교육적 기능을 설명하는 능력과 교육적 배경(이론, 철학, 역사 등 포함)을 구비할 때 가능하다. 평가자는 교육현상에 대한 관찰과 해석을 바탕으로 교육실제의 성격과 개선에 관한 결론을 도출한다.

비평의 타당도와 신뢰도를 확보하기 위해서는 구조적 확증(structural corroboration)과 비평대상의 적합성(referential adequacy)을 확보해야 한다(배호순, 2008: 198).

첫째, 구조적 확증이란 도출한 결론을 지지하는 현상 안에서 다양한 조건과 사실을 얼마나 제시할 수 있느냐를 제시함으로써 현상에 관한 결론을 지지하거나 타당화하는 과정을 말한다. 현상에 관한 결론을 그 현상의 맥락에 적합한 조건과 사실들을 이용하여 확인 검증하는 접근 방법으로서 하나의 구성요소로 다른 구성요소를 서로 확인해 가며 그 근거는 설득력이 있고 그들 구성요소들이 통합되어 하나의 구조가 생성된다. 예를 들어, 두 변호사가 한 피고의 유죄 여부를 확인하기 위하여 각기 다른 관점에서 사실을 확인하고 그 둘 간의 일치가 이루어지면 확증된 결론을 얻게 되는 경우가 그 실제적 예가 된다. 또한 다양한 관점에서의 근거 확인을 통하여 확증되는 경우가 있는데, 이는 12명의 배심원들이 각자의 입장에서 제시한 근거가 자신들의 의심 또는 확신을 지지해주고 각자의 확증결과가 모두 일치되면 배가적 확증(multiplicative corroboration)이 실현된 것을 의미한다(배호순, 2008: 199).

둘째, 비평대상의 적합성이란 비평자가 비평대상을 기술, 해석, 가치 판단한 근거(referent)가 실증적으로 그 현상(비평자가 참여한 현상)에서 발견되는가를 검증함으로써, 비평의 대상이 되는 현상에 대한 적합성을 확인하는 것을 의미한다. 이것은 현상을 직접 관찰하고 비평에서 기술한 바를 발견함으로써 이루어지는 특성이 있다. 따라서, 효과적인 비평은 보이지 않는 교수-학습의 질적 속성을 직접 조명할 때에 한하여 달성된다(배호순, 2008: 199).

교사를 포함한 교육행정가 등이 비평을 통하여 교육적 삶을 조명하게 되면 교육에 관한 판단을 할 수 있게 되고 바람직한 교육정책을 제안할 수 있게 되며, 교육적 의사결정을 내릴 수 있는 근거를 제공할 수 있게 된다. 그러므로 감식안과 비평은 교육현상에 대한 이해를 도모하고 교육에 관한 인식의 영역을 확장시킬 뿐만 아니라 평가목적과 평가영역을 확대하는 데 기여할 수 있다. 교육비평에서는 다음과 같은 질문에 관심이 있다(배호순, 2008: 198-199).

* 수업 중 학생들을 어떻게 대화에 참여시킬 것인가?
* 교사의 열성은 과장된 것인가 아니면 진실된 것인가?
* 학생들은 시간과 노력을 기울인 만큼 가치있는 것을 학습하는가?
* 학생들 간의 관계는 경쟁적인가 협동적인가?
* 학생들의 지적 호기심과 자율성의 발달이 어떤 방식으로 이루어지는가?

# 5. 참여자중심 평가모형

## 1) 참여자중심 평가모형의 개관

참여자중심 평가모형에서는 평가의 기준, 요구, 자료, 결론을 결정할 때 참여자의 결정을 강조한다. 참여자중심 평가모형에서는 복잡한 맥락 속에서 인본적인 쟁점에 대한 총체적인 접근을 시도하며, 가치 다원주의를 가정한다. 참여자중심 평가모형에는 Stake(1967)의 종합실상모형(countenance of educational evaluation), Stake(1975)의 반응적 평가모형(responsive evaluation), Rippey(1973)의 교류적 평가모형(transaction evaluation), Parlett와 Hamilton(1972)의 조명적 평가(illuminative evaluation) 등이 있다.

참여자중심 평가모형은 과학적, 실증주의적 패러다임의 대안으로 제시되었다. 이것은 현상학적, 해석학적, 구성주의적 패러다임에 기반하여 새로운 평가방법을 제안함으로써, 평가의 영역을 확장하였다는 의의가 있다. 참여자중심 평가모형의 장점은 다음과 같다. 첫째, 정보 수집을 위해 질적 방법을 도입하였다. 둘째, 평가 과정에서의 가치관 개입, 사회정치적 영향을 숨김없이 드러냄으로써 평가활동의 본질을 정확하게 이해하는 데 도움을 준다. 셋째, 이해당사자의 반응을 중시함으로써, 유연한 평가를 할 수 있다. 넷째, 평가로 인해 불이익을 당할 수 있는 이해당사자들을 고르게 배려함으로써 평가활동의 공정성과 민주성을 중시하는 계기를 마련하였다. 다섯째, 평가 자체가 교육적이고 생산적인 활동이 되어야 함을 강조함으로써 평가활동 자체의 내재적 가치를 고양하는데 기여하였다(박일수, 2009: 233).

참여자중심 평가모형은 다음과 같은 비판을 받는다. 첫째, 평가에 개입하는 주관이나 선입견을 배제할 수 없다. 둘째, 평가에서 개인적인 기준을 강조하기 때문에 전문적인 평가자가 아니라면, 평가활동을 수행하는 데 어려움이 있다. 셋째, 과도한 시간과 비용뿐만 아니라 집중적인 노동력이 요구되며, 이 과정에서 평가대상의 제한을 가져올 가능성이 있다(박일수, 2009: 233).

## 2) Stake(1967)의 종합실상모형

Stake(1967)는 평가전문가들이 기술만 강조한 나머지, 판단을 두려워하는 현상을 비판하고, 교육프로그램이 완전히 기술되고 평가되어야 한다고 주장하였다. Stake(1967)는 평가의 핵심활동을 기술과 판단으로 규정하고, 이것에 기초하여 종합실상모형을 제시하였다. Stake(1967)의 종합실상모형은 [그림 12-1]과 같다.

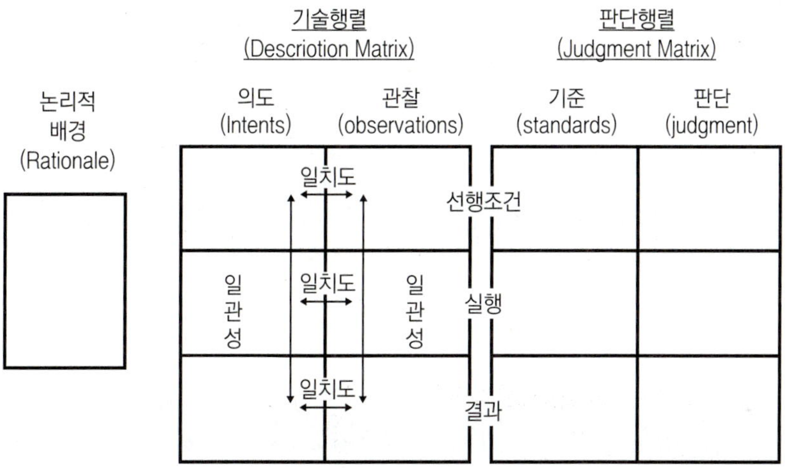


[그림 12-1] Stake의 종합실상모형 (배호순, 2008: 184).

Stake(1967)는 평가활동의 가장 기본적이고 핵심적인 활동을 기술과 판단으로 보았다. 기술은 의도와 관찰, 판단은 기준과 판단으로 구성된다. 기술과 판단 모두에서 선행조건, 실행, 결과가 평가 진술의 요소가 된다. 선행조건은 교수-학습 이전에 존재하는 모든 조건들이며, 실행은 학생과 교사, 학생과 학생, 부모와 상담가 등이 교육의 과정을 논의하는 활동의 연속이고, 결과는 프로그램 영향의 측정을 포함한 정보체를 가리킨다. 선행조건과 결과는 정적이지만, 실행요건은 교사와 학생, 학생과 학생, 부모와 상담가 등의 상호작용이 일어나기 때문에 동적이다. 판단적 진술은 프로그램의 질에 대한 일반적 기준과 특수한 판단으로 분류된다.

기술 자료는 의도와 관찰로 분류되는데, 이러한 형태에 따라 자료수집 계획을 수립할 수 있다. 평가자는 교육자의 의도, 관찰자의 지각, 보호자의 기대, 가치 있는 판단의 기록을 준비하고 그 기록은 의도, 관찰, 기준, 판단이라는 네 가지 분류 안에서 선행조건, 실행, 결과를 각각 다룬다. 의도는 목적, 목표와 동의어이다. 관찰은 평가자가 주변 환경과 사건들, 이어지는 결과들을 기술할 때 일어나는 현상을 의미한다. 관찰시에는 의도하지 않은 결과도 찾아야 하며, 도구를 이용하여 관찰하기도 한다. 기준은 프로그램이 어떻게 진행되는지에 대해 일반적이고 독립적으로 프로그램을 판단하기 위한 질적 수준을 나타낸다. 판단은 현장 방문 관찰자에게 관찰된 평가대상의 질적 수준을 의미한다. 따라서 기준은 프로그램에 대한 판단을 내리는 데 필요한 질적 수준을 의미하고(루브릭), 판단은 평가대상의 질적 수준에 대한 가치 판단이라고 할 수 있다. Stake(1967)의 종합실상모형을 재구성하면 〈표 12-4〉와 같다.

〈표 12-4〉 Stake(1967)의 종합실상모형의 재구성

| 구분 | 의도 | 관찰 | 기준 | 판단 |
|---|---|---|---|---|
| 선행조건 | 의도한 선행조건 | 관찰한 선행조건 | 선행조건의 기준 | 선행조건의 판단 |
| 실행 | 의도한 실행 | 관찰한 실행 | 실행의 기준 | 실행의 판단 |
| 결과 | 의도한 결과물 | 관찰한 결과물 | 결과물의 기준 | 결과물의 판단 |

종합실상모형을 적용한 프로그램평가 사례를 살펴보면 다음과 같다. 먼저, 프로그램의 일치도는 〈표 12-5〉와 같다.

〈표 12-5〉 종합실상모형을 적용한 프로그램평가 사례 (Wood, 2001: 22-25에서 재구성).

| 구분 | 의도 | 관찰 | 기준 | 판단 |
|---|---|---|---|---|
| [선행조건]<br>교육과정 적절성 | 과학 내용은 정확하고 이해하기 쉬워야 한다. 교사들에게 호기심이 있는 내용이어야 하며 고등학생들에게 적용할 수 있어야 한다. | 전문가의 의견을 반영하여 내용에 대한 수정이 약간 있었다. 과학적 정확성과 학문의 적절성은 4.5점 이상이었다. 저널에 대한 긍정은 2.36이었다. 사전검사 결과 실험설계에 대한 기본 지식은 알고 있었으나, 포트폴리오 점수 결과는 90% 미만이었다. | 전문가 검토를 통한 수정이 필요하다. 학업적 정확성과 학문의 적절성 3.0 이상이어야 한다.<br>전문가 검토에 대한 찬성 의견이 더 많아야 한다.<br>교사가 구성요소에 대하여 친숙하지 않아야 한다. | 실험 설계를 제외하고 교육과정은 적절하다. 개념 도입과 관련된 활동은 필요하지 않았다. 교사들에게 필요한 기술을 통합하는 데 적절한 심화목표가 강조되어야 한다. |
| [실행]<br>상호작용 | 교사는 교실 활동에 적극적으로 참여해야 한다. | 교사의 흥미, 주의집중, 집단 관계에 대하여 긍정의견이 부정의견보다 두 배 많았다.<br>부정적인 반응을 보인 교사가 있었으나, 강사와의 상호작용 및 활동에 대하여 관심을 보였다. | 교사의 긍정적 의견이 부정인 의견보다 많아야 한다.<br>강사는 적극적인 참여의 증거를 제시해야 한다. | 교사 및 강사와의 협력 활동은 코스의 장점이었다. 교사들은 연수 과정에 적극적으로 참여하였다. |
| [결과]<br>활용도 | 교사는 이후 수업에서 수업전략과 구성요소를 사용하여 계획할 수 있을 것이다. | 미래 활용에 대한 긍정의견이 4.48점이었다. 미래 사용은 4.38점이었다.<br>교사들은 대다수의 내용에 대하여 긍정적이었다. 현장 학습에 대한 걱정이 발견되었다. 몇몇 활동은 어린 학생이나 특수아동에 대한 조정이 요구되었다. 계산기는 난이도 수준을 포함하지 않았다. | 교사 의견 3.0점 이상이어야 한다. 긍정보다 부정적 의견이 많아야 한다. | 교사는 행정적인 어려움으로 인한 현장학습과 관련된 내용 이외에 모든 내용에 대하여 활용할 것이라고 하였다.<br>수업시간에 교사들을 격려하는 데 좋은 프로그램이었다. |

| 구분 | 의도 | 관찰 | 기준 | 판단 |
|---|---|---|---|---|
| [결과] 예기치 않은 결과 | 교과 목적과 목표를 증가시킬 수 있는 결과들 | 교사는 지식 획득에 대한 자신감을 표출하였다.<br>수업시간이 길면 공부하기에 적절하지 못하고 새로운 학습을 습득하는 데도 어려움이 있다.<br>시험에 대한 교사의 인식이 수업 시간 활용에 대한 의도를 감소시켰다. | 긍정적인 기대효과가 부정적인 기대효과보다 높아야 한다. | 부정적인 기대 효과가 많았다. 문제는 과정이수 시간과 목표와 관련된다. 행정적인 문제가 영향을 주었다. 이러한 문제가 있었으나 전문적인 자신감이 증가하였다는 긍정적인 결과가 있었다. |

종합실상모형을 적용한 프로그램평가 사례의 일관성을 분석한 결과는 다음과 같다. 첫째, 자원 활용 가능성이 중요한 특성이었다. 프로그램 과정이 준비물과 장비에 의해서 이루어졌다. 대부분의 자원이 적절하였으나, 문제가 일부 발생하였다. 둘째, 교육과정 재구성이 중요하다. 교사는 다양한 활동과 의도에 따라 교육과정을 재구성한다. 셋째, 활동의 중요성은 전문성의 요구와 관련된다. 넷째, 학습에서의 유의미한 발견은 교사의 의도의 활용 여부이다. 새로운 과학기술과 방법론이 교사의 전문성 신장에 주는 효과를 살피는 것이다. 다섯째, 전문적이고 정치적인 맥락이 중요한 요소이다. 정책적 요소를 포함할 필요가 있다. 적절성에 실행가능성을 포함시킬 필요가 있었다(Wood, 2001: 25-26). Wood(2001)는 프로그램평가의 결론으로 다음을 제시하였다. 첫째, 실험 설계 구성요소를 줄이고 인터넷 구성요소 시간 등으로 대체해야 한다. 둘째, 하루 수업 시간량 줄이고 일자를 늘리는 것이 필요하였다. 셋째, 자원 및 자료의 수정이 필요하였다. 넷째, 현장 연구를 위한 행정적인 지원을 강화해야 한다(Wood, 2001: 26).

Fitzpatrick, Sanders과 Worthen(2004)은 5가지 프로그램평가 모형을 <표 12-6>과 같이 비교하였다(박일수, 2009: 234-235).

<표 12-6> 프로그램평가 모형의 비교 (박일수, 2009: 234-235)

| 요소 | 목표중심 평가모형 | 의사결정중심 평가모형 | 소비자중심 평가모형 | 전문가중심 평가모형 | 참여자중심 평가모형 |
|---|---|---|---|---|---|
| 대표학자 | Tyler<br>Provus,<br>Metfessel & Michae<br>Hammond<br>Popham<br>Taba<br>Bloom<br>Talmage | Stufflebeam<br>Alkin<br>Provus<br>Wholey | Scriven<br>Komoski | Esiner<br>Accrediatioin Group | Stake<br>Patton<br>McDonald<br>Guba & Lincol<br>Rippey, Parlett & Hamilton<br>Cousins & Earl |
| 평가목적 | 목표 달성도 확인 | 의사결정자에게 유용한 정보 제공 | 구입 또는 채택과 같은 의사결정을 위한 결과에 대한 정보 제공 | 질에 관한 전문가의 판단 제공 | 정보에 관한 청중의 요구에 대한 반응, 프로그램 활동에 대한 복잡성 묘사 및 이해 |
| 특징 | 측정가능한 목표 상세화, 자료수집을 위한 객관적인 도구 활용, 목표와 수행의 간극 관찰 | 합리적 의사결정 제공, 프로그램 개발의 모든 단계 평가 | 결과 분석을 위한 점검표 활용, 산출물 검증, 소비자에게 정보 제공 | 개인적 지식과 전문성에 기초한 판단, 합의된 기준 활용, 팀/장소 방문 | 다양한 실재 반영, 귀납적 추론과 발견 활용, 장소에 관한 직접 경험, 의도된 사용자의 참여, 의도된 사용자 훈련 |
| 활용도 | 프로그램 개발, 참여자 결과 관리, 요구 분석 | 프로그램 개발, 기관 운영 체제, 프로그램 계획, 책무성 | 소비자 보고서, 산출 개발, 보급(dissemination)을 위한 결과물 선정 | 자아연구, 최상(blue-ribbon)의 패널, 위원회 관찰, 비평 | 혁신 또는 잘 알려지지 않은 변화 조사, 운영 프로그램의 문화인류학적 기술 |

| 요소 | 목표중심 평가모형 | 의사결정중심 평가모형 | 소비자중심 평가모형 | 전문가중심 평가모형 | 참여자중심 평가모형 |
|---|---|---|---|---|---|
| 기여도 | 수행의 사전-사후 측정, 목표의 명료화, 객관적인 도구 활용 | 요구와 객관성 확인과 평가, 다양한 프로그램 설계와 평가 고려, 프로그램 실행 관찰, 결과의 문제점 관찰 및 설명, 요구가 감소하거나 제거되는 요소 관찰, 메타평가, 기관평가 지침 제공 | 교육성과 활동 평가 리스트, 완전한 점검을 위한 기록보관서 참고, 형성-총괄 평가의 기능, 편의 통제 | 주관적 비평의 제도화(legitimation), 외부 확인이 있는 자아 연구, 기준들 | 응급(emergent) 평가 설계, 귀납적 추론 활용, 다양한 실재 재인식, 연구 상황의 중요성, 자연주의 탐구에 관한 엄밀성 판단 준거 |
| 판단준거 | 객관성있는 측정 가능성, 측정 도구의 신뢰도와 타당도 | 활용도, 편리성(feasibility), 적절성, 기술적 견고성 | 편의(bias)로 부터의 자유, 기술적 견고성, 결론 도출과 조언에 활용할 수 있는 준거, 요구와 효율성에 대한 증거 요구 | 인식하고 있는 기준 활용, 전문가의 자격 증명서 | 신뢰성, 적합성, 감사능력(auditability), 승인능력(confirmability) |

| 요소 | 목표중심 평가모형 | 의사결정중심 평가모형 | 소비자중심 평가모형 | 전문가중심 평가모형 | 참여자중심 평가모형 |
|---|---|---|---|---|---|
| 장점 | 사용 용이, 단순, 결과 강조, 인증능력, 객관성 강조 | 종합성, 지도자 위치에서 정보 요구에 대한 민감성, 평가에 있어서 체제적 접근, 프로그램 개발 과정을 통한 평가 활용, 실행의 세부지침이 잘 조직화되어 있음, 다양한 정보 활용 | 소비자 정보 강조, 산출 개발자 영향, 비용 효과와 활용 관심, 점검표의 이용 가능성 | 다양한 범위, 효율성(실행 용이, 시간), 인간 판단의 이용 | 기술과 판단 강조, 상황 고려, 평가계획 노출에 대한 개방성, 다원주의, 귀납적 추론 활용, 다양한 정보 활용, 이해 강조 |
| 단점 | 평가에 대한 과소평가, 결과중심 평가, 환원주의, 직선, 결과 강조 | 조직의 효율성 강조와 산출 모형 강조, 의사결정에 대한 위계성과 예측 가능성 가정, 유지와 관리의 고비용, 지도자의 관심을 덜 강조함 | 비용과 후원자 부족, 창의성 또는 혁신 저해, 논쟁 또는 평가에 대한 개방성 없음 | 대체 가능성, 개인차 편의에 약점, 결론을 지지하는 문서화 지원 부족, 흥미 있는 논쟁에 대한 개방성, 상황에 대한 피상성, 직관 남용, '전문가'질에 대한 신뢰성 | 비지시적, 색다르고 독특한 것에 대하여 빠져드는 경향성, 일의 긴장성과 비용이 많이 소요됨. 가설 생성 및 결론 도출에 실패할 가능성 |

❖ 탐구과제

◆ 교육실습 프로그램을 평가하려고 한다. 프로그램평가의 루브릭에 유의하며, 교육실습 프로그램평가 계획을 수립하시오.

### 루브릭

| | 적절성 | 타당성 | 일관성 |
|---|---|---|---|
| 3 | 평가모형의 목적과 특징에 부합하게 평가계획을 구체적으로 설계하였다. | 평가 모형의 절차를 고려하여 평가계획을 구체적이고 합리적으로 설계하였다. | 평가목적, 평가내용, 평가도구, 평가방법이 일관되고 타당하게 평가계획을 수립하였다. |
| 2 | 평가모형의 목적에 부합하게 평가계획을 설계하였다. | 평가 모형의 절차를 고려하여 평가계획을 구체적으로 설계하였다. | 평가목적, 평가내용, 평가도구, 평가방법의 일관성을 고려하여 평가계획을 수립하였다. |
| 1 | 평가계획을 설계하였다. | 평가 모형의 절차를 고려하여 평가계획을 설계하였다. | 평가목적, 평가내용, 평가도구, 평가방법을 고려하여 평가계획을 수립하였다. |

| 평가모형 | |
|---|---|
| 평가의 목적 | |
| 평가의 내용(항목) | |
| 자료수집 방법 | |
| 자료수집 도구 | |
| 자료수집 절차 | |
| 결과 활용 방안 | |

# 13 프로그램평가의 실제

## 1. 프로그램평가 준거체제

### 1) 프로그램평가 준거체제의 개념

프로그램평가는 프로그램의 작동 여부를 평가하는 체계적인 연구이다(Benson, Hinn & Load, 2001). 프로그램평가에서는 프로그램의 개발, 실행, 성과를 체계적으로 사정하고 개선하기 위하여 평가모형, 기법, 지식을 적용하는 행위이다(임지연, 2006: 8). 프로그램평가는 평가준거체제에 의하여 종합적으로 실행되는 경향이 있다. 평가준거체제는 영역, 하위영역, 평가준거, 평가지표의 체제로 구성된다. 평가준거, 평가지표, 평가기준는 〈표 13-1〉과 같다.

〈표 13-1〉 **평가준거, 평가지표, 평가기준의 비교** (임지연, 2006: 115)

| 구분 | 내용 | 예시 |
|---|---|---|
| 평가준거<br>(criteria) | • 평가대상의 무엇을 평가할 것인가?<br>• 평가대상의 성패 여부를 판단하는 내용 또는 기준<br>• 평가대상의 특성 또는 성취 결과로 표현 | 수업의 효과성<br>(수업은 효과적이어야 한다) |
| 평가지표<br>(Indicator) | • 평가의 범위와 수준을 결정하는 근거 자료<br>• 평가대상의 속성이나 특성을 나타내는 증거<br>• 평가준거를 관찰하고 측정할 수 있도록 해주는 지수나 척도<br>• 자료수집을 할 수 있는 측정 도구를 의미<br>• 준거를 상세화 구체화하다보면 지표화되는 경우가 많음<br>• 같은 평가준거에 대한 평가지표는 상황에 따라 바뀔 수 있음 | 성적, 행동빈도,<br>석차 |
| 평가기준<br>(Standard) | • 평가대상의 특성 및 속성을 측정하고 비교할 수 있게 점수, 범위, 수준, 정도를 나타낸 것 | 90점 등 |

〈표 13-1〉의 평가준거체제와 관련된 학교교육과정평가의 평가영역과 평가준거, 평가지표는 [그림 13-1]과 같다.

| 대영역 | 교육과정 개발 과정 | | | 교육과정 문서 | | | | |
|---|---|---|---|---|---|---|---|---|
| 중영역 | 상황분석 | 개발과정 | 심의체제 | 편제 | 목표 | 내용 | 방법 | 평가 |
| 평가준거 | 적절성<br>충실성 | 적절성<br>민주성 | 적절성<br>민주성 | 적절성<br>적법성 | 적절성 | 적절성 | 적절성 | 적절성 |

| 평가준거 | 평가지표 | 평정결과 | 평가방법 | | | |
|---|---|---|---|---|---|---|
| | | | 문서 | 설문 | 면담 | 관찰 |
| 적절성 | 1-1. 학교교육과정 개발을 위하여 학생들의 건강상태, 생활환경, 능력 등을 조사, 분석하였는가? | | ○ | ○ | ○ | |
| | 1-2. 학교교육과정 개발과 관련한 교사의 전문성을 조사, 분석하였는가? | | ○ | ○ | ○ | |
| | 1-3. 학교교육과정 개발을 위하여 학교 풍토 및 학교 주변의 환경, 자원, 풍토를 조사, 분석하였는가? | | ○ | ○ | ○ | |
| | 1-4. 학교교육과정 개발을 위하여 전년도 학교교육과정의 계획, 운영, 성과를 분석하였는가? | | ○ | ○ | ○ | |
| 충실성 | 2-1. 학생들의 관심, 특기, 요구 등을 반영하여 학교교육과정을 개발하였는가? | | ○ | ○ | ○ | |
| | 2-2. 교사의 관심, 특기, 요구 등을 반영하여 학교교육과정을 개발하였는가? | | ○ | ○ | ○ | |
| | 2-3. 지역사회의 관심, 특기, 요구 등을 반영하여 학교교육과정을 개발하였는가? | | ○ | ○ | ○ | |
| | 2-4. 국가수준 교육과정, 시도교육청 교육과정 편성 및 운영 지침, 전년도 학교교육과정을 반영하여 학교교육과정을 개발하였는가? | | ○ | ○ | ○ | |

주) 평정결과는 리커르트 5점 척도에 의하여, 1, 2, 3, 4, 5점으로 평정한다.

**[그림 13-1] 학교교육과정평가의 평가영역과 평가준거, 평가지표** (박일수, 2010: 128, 130)

## 2) 평가영역

평가영역은 평가내용과 방향을 제시한 것으로서, 평가자는 이론적 및 실증적 근거에 기반하여 평가영역을 설정한다. 평가영역의 명칭과 내용은 평가자에 의한 구분이며, 이것은 프로그램의 특성, 평가목적, 평가자의 관점, 평가모형에 따라 달라진다.

### 3) 평가준거

프로그램의 질을 평가할 때에는 무엇에 근거하여 평가하는지가 중요하다. 평가준거(evaluative criteria)란 '평가대상의 무엇을 평가할 것인가'를 의미하는 것으로써, 평가대상의 성패여부를 판단하는 내용 또는 기준을 의미한다. 평가준거는 추상적인 개념으로 표현된다. 프로그램평가에서는 다양한 준거를 사용하여 프로그램을 평가한다. 프로그램평가에서는 효과성, 효율성, 적정성, 형평성, 대응성, 적절성 등과 같은 평가준거를 사용한다. 프로그램평가의 평가준거와 질문은 〈표 13-2〉와 같다.

〈표 13-2〉 평가준거와 질문

| 평가준거 | 질문 | 예시적 준거 |
|---|---|---|
| 효과성 (effectiveness) | 가치로운 산출이 성취되었는가? | 교육효과 평가 |
| 효율성 (efficiency) | 교육을 위해 어느 정도의 노력이 투입되었는가? | 교육비용/수익률 |
| 적정성 (adequacy) | 교육결과에 의해 문제해결이 어느 정도 이루어졌는가? | 문제해결 능력 평가 |
| 형평성 (equity) | 비용과 효율이 개인 혹은 집단 간에 공평하게 배분되었는가? | 배분 준거 평가 |
| 대응성 (responsiveness) | 조직의 목표, 집단의 필요 등을 프로그램을 통해 만족할 수준으로 달성했는가? | 조직체의 교육목표 달성 여부 |
| 적절성 (appropriateness) | 기대된 산출이 실제로 가치로운가? | 적정성을 제외한 모든 준거 검증 |

하나의 평가준거는 어떤 특성한 구성요소 하나만을 통해서 구현되는 것이 아니라 그 이상의 구성요소들을 통해 복합적으로 구현된다. 예를 들어, 프로그램평가의 준거가 편의성일 경우에 이러한 평가준거는 여러 구성요소들로 복합적으로 구현된다. 편의성은 교통수단, 접수과정, 교육미디어 등과 같이 복합적으로 구현된다. 반대로 하나의 구성요소는 여러 가지 평가준거에 동시에 작용하기도 한다.

예를 들어, 강사라는 구성요소는 효과성, 신뢰도, 긴밀성 등의 여러 가지 평가준거의 대상이 될 수 있다. 그러므로 평가준거 구성요소 자체를 평가의 대상으로 모호하게 선정하기보다는 구성요소의 어떤 점을 평가할 것인가를 구체적으로 고려하는 것이 프로그램의 운영을 위한 시사점을 얻는 데 유용하다(임지연, 2006: 116).

## 4) 평가지표

평가준거를 관찰하고 측정하기 위해서는 지수나 척도, 즉 평가지표가 필요하다. 평가지표는 평가준거를 구체적으로 자료수집할 수 있는 항목으로 표현한 것이다. 예를 들어, 평가준거가 수업의 효과성이라면, 수업의 효과성을 나타내는 평가지표는 점수, 석차, 행동빈도 등으로 표현된다. 평가목적과 상황에 따라서, 하나의 평가준거 항목에 대하여 여러 개의 평가지표가 다양하게 도출될 수 있다(오혁진, 2000: 21).

## 5) 평가기준

평가기준은 평가준거의 속성과 내용의 바람직한 달성 정도나 성취수준을 특정 수준 및 점수로 표시한 것이다. 예를 들어, 평가준거는 수업의 효과성, 평가지표는 성적, 평가기준은 90점에 해당된다(오혁진, 2000: 21).

JCSEE(The Joint Committee on Standards for Education, 1994)에서는 교육프로그램의 평가기준으로서 유용성(utility), 실행가능성(feasibility), 적합성(propriety), 정확성(accuracy)을 제시하였다. 이러한 평가기준은 평가의 질과 공정성을 높이는 역할을 한다. 프로그램 평가기준을 살펴보면 다음과 같다(박일수, 2010: 85).

첫째, 유용성(utility) 기준은 평가가 사용자에게 필요한 정보를 제공하는지를 확인하는 것과 관련된 기준이다. 유용성 기준의 하위 기준으로는 이해당사자 확인, 평가자 신뢰성, 정보의 범위와 선정, 가치 확인, 보고서 명확성, 시의적절한 보고와 전달, 평가의 영향 등이 있다. 교육프로그램평가의 유용성 기준은 〈표

13-3〉과 같다(박일수, 2010: 85).

〈표 13-3〉 교육프로그램 평가기준(1): 유용성 (박일수, 2010: 86)

| 기호 | 기준 | 설명 |
|---|---|---|
| $U_1$ | 이해당사자 확인 | 평가에 참여하거나 영향을 주는 개인을 확인해야 한다. 그들의 요구와 관련되어야 한다. |
| $U_2$ | 평가자 신뢰성 | 평가자는 평가수행 능력과 신뢰성을 겸비해야 한다. |
| $U_3$ | 정보의 범위와 선정 | 프로그램과 관련된 정보는 다양하게 수집해야 하고, 평가 의뢰인과 이해당사자의 관심과 요구에 반응해야 한다. |
| $U_4$ | 가치 확인 | 결과를 해석하는 데 사용되는 관점, 절차, 원칙은 주의깊게 기술되어야 한다. |
| $U_5$ | 보고서 명확성 | 평가 보고서는 상황, 목적, 절차, 결과 등이 명확하게 진술되어야 한다. |
| $U_6$ | 시의적절한 보고와 전달 | 평가 보고서가 의뢰인에게 시의 적절하게 전달되어야 한다. |
| $U_7$ | 평가의 영향 | 평가는 이해당사자가 결론을 내릴 수 있도록 계획, 수행, 보고되어야 한다. |

둘째, 실행가능성(feasibility) 기준은 현실성과 경제성을 확인하는 것과 관련된 기준이다. 실행가능성 기준의 하위 기준에는 실제적인 절차, 정치적 다양성, 비용 효과성 등이 있다. 교육프로그램평가의 실행가능성 기준은 〈표 13-4〉와 같다(박일수, 2010: 87).

〈표 13-4〉 교육프로그램 평가기준(2): 실행가능성 (박일수, 2010: 87)

| 기호 | 기준 | 설명 |
|---|---|---|
| $F_1$ | 실제적인 절차 | 평가 절차는 실제적이어야 하고, 요구되는 정보를 얻을 때 혼란을 최소화해야 한다. |
| $F_2$ | 정치적 다양성 | 서로 다른 관심을 갖고 있는 참여자가 평가를 계획, 실행해야 한다. |
| $F_3$ | 비용 효과성 | 평가는 효율적이어야 하고, 가치있는 정보를 산출해야 한다. |

셋째, 적합성(propriety) 기준은 평가에 참여하는 사람이 법적, 윤리적으로 평가를 수행할 수 있는지의 여부를 확인하는 것과 관련된 기준이다. 적합성 기준의 하위기준에는 서비스 지향, 공식적 동의, 인간의 권리, 인간 상호작용, 완전하고 공정한 평가, 발견 공표, 관심의 상충, 재정 책무성 등이 있다. 교육프로그램평가의 적합성 기준은 〈표 13-5〉와 같다.

〈표 13-5〉 **교육프로그램 평가기준(3): 적합성** (박일수, 2010: 88)

| 기호 | 기준 | 설명 |
|---|---|---|
| $P_1$ | 서비스 지향 | 평가는 참여하는 사람들의 요구를 효과적으로 제공하도록 설계되어야 한다. |
| $P_2$ | 공식적 동의 | 평가는 서면으로 동의를 받아야 한다. |
| $P_3$ | 인간의 권리 | 평가는 인간의 권리와 복지를 존경하고 보호하는 방향으로 설계되어야 한다. |
| $P_4$ | 인간 상호작용 | 평가와 관련이 있는 사람들과 상호작용할 때, 인간의 존엄성과 가치를 존중해야 한다. |
| $P_5$ | 완전하고 공정한 평가 | 평가는 공정하고 명확하게 시행되어야 하며, 장점과 단점을 기술해야 한다. |
| $P_6$ | 발견 공표 | 평가결과는 결과를 받을 수 있는 법적인 권리를 표현하고, 평가자에 영향을 받을 수 있는 개인이 접근할 수 있도록 해야한다. |
| $P_7$ | 관심의 상충 | 상반되는 관심은 개방적이고 우호적으로 다루어야 한다. |
| $P_8$ | 재정 책무성 | 평가자 배치와 자원에 관한 비용은 책무성과 윤리적 책임을 고려해야 한다. |

넷째, 정확성(accuracy) 기준은 프로그램의 가치와 판단을 위한 정보의 처리 방법과 관련된 기준이다. 정확성 기준의 하위 기준에는 프로그램 문서화, 상황분석, 목적 및 절차 기술, 정보 자원, 다양한 정보, 신뢰성 있는 정보, 체계적인 정보, 양적 정보 분석, 질적 정보 분석, 정당화된 결론, 보고, 메타평가 등이 있다. 교육프로그램평가의 정확성 기준은 〈표 13-6〉과 같다(박일수, 2010: 89-90).

〈표 13-6〉 교육프로그램 평가기준(4): 정확성 (박일수, 2010: 90)

| 기호 | 기준 | 설명 |
|---|---|---|
| $A_1$ | 프로그램 문서화 | 평가된 프로그램은 정확하고 상세하게 기술하고, 문서화시켜야 한다. |
| $A_2$ | 상황 분석 | 프로그램이 관찰되는 상황을 자세하게 기술해야 한다. |
| $A_3$ | 목적 및 절차 기술 | 평가의 목적과 절차를 관리하고 상세하게 기술해야 한다. |
| $A_4$ | 정보 자원 | 프로그램평가에 사용되는 정보원을 상세하게 기술해야 한다. |
| $A_5$ | 타당한 정보 | 정보의 타당성을 확보하기 위해서는 정보 수집 절차가 선택, 개발, 실행되어야 한다. |
| $A_6$ | 신뢰성 있는 정보 | 정보의 신뢰성을 확보하기 위해서는 정보 수집 절차가 선택, 개발, 실행되어야 한다. |
| $A_7$ | 체계적인 정보 | 수집, 처리, 보고된 정보는 체계적인 검토가 있어야 하며, 오류는 교정해야 한다. |
| $A_8$ | 양적 정보 분석 | 양적 정보는 적절하고 체계적으로 분석되어야 한다. |
| $A_9$ | 질적 정보 분석 | 질적 정보는 적절하고 체계적으로 분석되어야 한다. |
| $A_{10}$ | 정당화된 결론 | 평가에 도달한 결론은 명백하게 정당화할 수 있어야 한다. |
| $A_{11}$ | 보고 | 보고 절차는 개인의 감정과 당파에 의해 좌우되지 않아야 하며, 평가결과를 공정하게 반영해야 한다. |
| $A_{12}$ | 메타평가 | 여러 가지 기준들을 형성적, 총괄적으로 평가해야 한다. |

## 2. 프로그램평가의 목적

프로그램평가는 프로그램의 성과를 판단하고 그 프로그램의 목표, 활동, 산출물, 비용 등에 관한 정보를 제공하는 일련의 행위를 의미한다. 프로그램평가의 목적은 개선평가와 효율성 평가의 두 차원으로 구분할 수 있다(Fink & Jacqueline, 1978, 번역본: 12-13).

## 1) 개선평가

개선평가의 목적은 프로그램을 개선하는 데 있다. 평가자는 프로그램의 강점과 약점의 원인을 평가 의뢰인에게 설명하고, 어느 부분에 수정이 필요한지를 언급한다. 개선평가는 프로그램에서 어떤 일이 발생하고 있는지를 파악하는 데 목적이 있다. 다른 프로그램과의 비교하기 보다는 프로그램이 얼마나 잘 실행되고 있고 프로그램의 목표가 얼마나 달성되고 있는지에 관한 정보가 유용하게 사용될 수 있다(Fink & Jacqueline, 1978, 번역본: 12).

* 단원이 끝나면, 학생들이 수학 문제를 풀 수 있을까?
* 교육평가에 대한 성과가 나타날까?

## 2) 효율성 평가

효율성 평가는 프로그램 전반의 효과를 판단하고 프로그램이 산출하는 결과의 일관성 여부를 결정하기 위하여 실시한다. 효율성 평가에서는 여러 유형의 정보가 수집된다. 프로그램 목표 도달도를 확인하거나 특정 집단을 위한 프로그램 성과를 확인한다. 효율성 평가에서는 프로그램의 상대적 가치에 초점을 두고 프로그램과 비용 효과를 판단한다. 효율성 평가에서는 잠정적인 모든 프로그램 참가자, 프로그램과 비교 가능한 다른 모든 프로그램에 대한 정보를 제공한다(Fink & Jacqueline, 1978, 번역본: 13).

* 수학은 학생 역량이라는 목표를 달성하였는가?
* 협동학습에 대한 인식이 학생간 차이가 있는가?
* 새 프로그램이 기존 프로그램보다 효과적인가?
* 새 프로그램의 재정, 시설, 비용은 얼마나 되는가?

## 3. 프로그램평가 설계

평가자는 프로그램평가 설계를 정교하게 함으로써, 프로그램평가의 효과를 객관적으로 판단할 수 있다. 프로그램 효과는 프로그램 자체 효과뿐만 아니라 프로그램과 관련된 제반 요인에 영향을 받는다. 평가자는 프로그램평가를 확인하기 위하여 프로그램평가를 설계하는데, 이 과정에서 프로그램 효과와 관련된 내적 및 외적 타당도를 확인해야 한다. 내적 타당도(internal validity)란 실험연구에서 실험처치 이외에 영향을 미칠 수 있는 가외변인들의 영향을 통제하고, 실험처치가 실제로 그러한 실험결과를 가져온 정도를 의미한다. 외적 타당도(external validity)는 특정한 연구에서 얻은 연구결과를 그것이 수행된 연구 상황과 다른 조건에서 얼마나 일반화시킬 수 있는가 하는 정도를 의미한다(이종승, 2009: 435).

### 1) 내적타당도와 외적타당도

#### (1) 내적타당도

내적 타당도는 실험처치 이후의 어떤 변화가 프로그램에 의한 것인지 아니면 다른 것에서 기인한 것인지를 구별하는 데 사용된다. 어떠한 변화가 프로그램의 영향이라고 혼동할 수 있는 내적 타당도의 저해 요인을 제시하면 다음과 같다(Fink & Jacqueline, 1978, 번역본: 35-37).

첫째, 역사(history)는 프로그램과 같은 시기에 일어난 환경 또는 사건에 의한 개개인의 변화를 말한다. 예를 들어, 민주주의에 대한 학생들의 태도 변화를 위한 프로그램이 대통령 암살과 같은 주요 사건과 동시에 일어났다면 학생의 태도 변화가 프로그램에 의한 것인지, 암살과 같은 사건에 의한 것인지 판단하는 데 어려움이 발생할 수 있다.

둘째, 성숙은 개개인의 자연적-생물학적 또는 심리학적 발달에 기인해서 프로그램에 참여하는 개개인이 변화한 것을 의미한다. 예를 들어, 성교육 프로그램에서 학기시작과 학기말에 검사를 실시해 관찰한 변화가 프로그램의 영향에 의한 것인지 아니면 연령증가에 따라 증가된 것인지 결정하기는 어렵다.

셋째, 검사란 수업 전후에 같은 검사를 실시한 학생들에게 관찰된 성적향상이 수업의 효과라기보다는 수업 전에 실시한 검사의 효과 때문에 변화한 것을 의미한다. 사전검사는 학생들에게 연습할 기회를 주었고, 수업을 실시하고 동일한 사후검사를 받은 학생들은 수업효과와 상관없이 성적 향상을 보여줄 수 있다. 검사요인은 사후검사에서 사전검사의 효과를 의미한다.

넷째, 도구란 도구의 눈금, 관찰자, 점수, 빈번하게 사용된 측정 도구들의 변화에 기인된 것을 의미한다. 예를 들어, 교사연수 프로그램 실시 전후에 참가자의 지식 정도를 관찰을 통해서 측정되었다. 참가자들의 지식의 향상은 프로그램의 효과인지 관찰이 행해진 방법의 차이에 의한 것일 수도 있다.

다섯째, 통계적 회귀란 사전검사에서 극단적으로 높거나 낮은 점수를 받은 사람들이 프로그램에 참가할 때 처음과 유사한 검사를 받는다면 극단적으로 높은 점수를 받은 사람들은 아무래도 처음보다는 못할 것이고 극단적으로 낮은 점수를 받았던 사람은 처음보다 더 잘할 것이라는 것을 의미한다. 결과적으로 사전검사에서 매우 낮은 검사를 받았다면 어떤 영향을 주었는지 관계없이 사후검사에서는 사전검사에서 보다 높은 점수를 받을 것이다.

여섯째, 피험자 선정은 집단을 배치할 때 피험자들이 내재적으로 갖는 서로 다른 특성 때문에 기인된 결과를 의미한다. 비교하려는 두 집단이 동일하지 않다면 관찰된 어떤 차이점이 참가한 학생과 참가하지 않은 학생 간에 내재한 차이점에 의한 것인지, 프로그램의 영향에 의한 것인지를 판단하기 어렵다.

일곱째, 탈락율 요인은 평가에 참여한 사람들의 중도탈락에 의한 결과를 의미한다. 두 집단에 처음에 60명이 배치되었으나, 한 집단은 58명, 다른 집단은 43명이 완료되었다면, 이러한 건강상태의 변화가 실험처치 결과의 차이인지 중도탈락율의 차이인지 확인하는 데 어려움이 있다.

### (2) 외적타당도

외적타당도는 평가결과가 다른 지역에 있는 다른 사람들에게도 동일한 결과로 일반화할 수 있는지를 결정하는 준거이다. 외적타당도의 저해요인은 다음과 같다(Fink & Jacqueline, 1978, 번역본: 37-38).

첫째, 검사의 반동효과란 프로그램에 참가한 사람들이 사전검사에 민감하게 받아들일 때 발생하는 효과이다. 예를 들어, 다이어트 프로그램 참가자들에게 등록할 때, 매월 체중을 재도록 하였다면 체중감소는 다이어트 그 자체보다는 체중을 재는 것에 대한 반동으로 나타날 수도 있다.

둘째, 피험자 선정 편파에 따른 상호작용 효과란 한 프로그램이 어떤 지역의 특정 참가자들에게는 효율적인 것으로 밝혀졌더라도 이 프로그램이 다른 지역의 사람들에게도 효과적이라고 말할 수는 없다는 것을 의미한다.

셋째, 혁신의 반동효과가 있다. 이것은 호손효과(Hawthorne effect)라고도 한다. 참가자들이 혁신적인 프로그램과 평가연구에 자신들이 참여하고 있다는 것에 흥분되어서 평소보다 과제를 더 잘하는 현상을 의미한다.

넷째, 복수 프로그램의 간섭 효과가 나타날 수 있다. 만약 새로운 영어 프로그램에 참가하고 있는 학생들이 다른 외국어 프로그램에도 참가하고 있다면, 이 때 관찰된 학생들의 어떤 행동변화는 두 프로그램의 종합적인 결과일 가능성이 있다. 만약 두 프로그램이 각각 따로따로 수행되었다면 그러한 결과는 나타나지 않았을 것이다.

## 2) 프로그램평가 설계의 유형

모든 프로그램평가 설계는 내적으로 타당해야 한다. 그렇지 않으면 프로그램평가의 결과를 신뢰할 수 없다. 또한 외적타당도를 확보해야 한다. 외적 타당도는 평가결과가 다른 사람이나 다른 환경에서 적용되거나 현재의 프로그램 참가자로부터의 결과가 미래의 참가자에 영향을 끼치는지 결정을 내리기 위해서 중요하게 사용된다. 평가자는 이러한 내적 및 외적 타당도를 저해하는 요인을 통제할 수 있는 설계전략을 사용해야 한다. 예를 들어 통계적 회귀 요인이 도구 요인보다 특정 프로그램의 내적 타당도를 저해할 수 있는 요인이라고 생각한다면, 평가자는 도구보다는 통계적 회귀 요인을 통제하는 설계를 선택해야 한다. 내적-외적 타당도를 확보하기 위해 사용되는 프로그램평가 설계 방법으로는 사례설계, 시간연속설계, 비교집단설계 등이 있다(Fink & Jacqueline, 1978, 번역본: 38-39).

### (1) 사례설계

사례설계는 단일하고 응집성이 있는 집단을 검사할 때 적용한다. 평가자는 전형적으로 프로그램의 참가자, 목표, 활동, 결과들에 대한 평가질문에 답하기 위하여 사례설계를 사용한다. 사례설계의 내적 타당도를 저해할 수 있는 요인은 역사, 도구, 탈락률 등이다. 외적 타당도 저해요인은 검사의 반동효과와 피험자 선정 편파에 따른 상호작용 효과 등이다(Fink & Jacqueline, 1978, 번역본: 39).

### (2) 시간연속설계

시간연속설계에서는 동일집단에 대한 정보를 여러 기간 반복적으로 수집한다. 시간연속설계는 집단의 현재 수행정도가 과거의 수행정도와 어떻게 비교될 수 있을지에 관심이 있을 때 유용하게 사용될 수 있다. 이것은 프로그램의 효과가 얼마나 지속적일지에 대한 평가 질문에 답할 때 사용할 수 있다. 그러나, 시간이 경과하는 동안 참여자를 계속 추적하기 어렵다는 문제가 있다. 내적 타당도 저해 요인은 역사와 도구 요인이다. 검사와 성숙요인도 발생할 수 있다. 외적 타당도 저해요인은 검사의 반동 효과, 호손효과, 피험자 선정 편파, 복수의 프로그램 간섭 등이다(Fink & Jacqueline, 1978, 번역본: 40-42).

### (3) 비교집단설계

비교집단설계는 사람들을 두 개 이상의 집단으로 편성하고, 한 집단에는 평가되는 프로그램을 제공하고, 다른 집단에는 이와는 다른 프로그램을 제공하거나 어떠한 프로그램에도 참여하지 않도록 하는 설계방식이다. 내적 타당도 저해 요인은 피험자 선정과 탈락율이다. 역사와 성숙요인이 발생할 수도 있다. 외적 타당도는 호손효과, 피험자 선정의 편파의 상호작용 효과, 복수의 프로그램 간섭 등이 나타날 수 있다(Fink & Jacqueline, 1978, 번역본: 42-45).

## 4. 프로그램평가 결과의 분석 및 해석

### 1) 기술통계

프로그램평가 결과를 제시할 때, 기술통계에서는 집중경향치(최빈치, 중앙치, 평균)와 변산도(표준편차, 범위) 등을 제시한다(Fink & Jacqueline, 1978, 번역본: 92). 집중경향치와 변산도의 유형은 〈표 13-7〉과 같다.

〈표 13-7〉 집중경향치와 변산도의 유형

| 가상의 데이터 | 5, 5, 5, 5, 6, 7, 8, 8, 9 | |
|---|---|---|
| 집중경향치 | 자료가 어떤 특정 값을 중심으로 분포를 형성하는 경향 | |
| 최빈치(mode) | 가장 최대의 빈도를 갖는 점수 또는 유목 | 5 |
| 중앙치(median) | 자료를 정렬했을 때 중앙에 위치한 값(50번째 백분위점수) | 6 |
| 평균치(mean) | 분포되어 있는 점수를 다 합하여 점수의 개수로 나누어 계산 | 6.4 |
| 변산도 | 한 집단의 점수 분포가 흩어져 있는 정도 | |
| 표준편차(standard deviation: SD) | 분산(편차의 제곱을 모두 더해 평균낸 값)에 제곱근을 취한 값 | 1.59 |
| 범위(range) | 가장 큰 값과 가장 작은 값의 차이(최대값−최소값+1) | 5 |

기술통계에서는 평균과 표준편차를 중심으로 프로그램을 평가한다. 기술통계를 사용한 프로그램평가 결과의 예시는 〈표 13-8〉과 같다.

〈표 13-8〉 **기술통계를 사용한 프로그램평가 결과의 예시** (Fink & Jacqueline, 1978, 번역본: 93).

<table>
<tr><th>구분</th><th>설명</th></tr>
<tr><td>프로그램 목표</td><td>프로그램의 목표는 대학생들에게 타인과의 대화기술을 가르치는 것이다. 학생들은 두 사람 간의 대화 상황이 담긴 영상을 시청한다. 학생들은 내용, 톤, 문맥, 신체 언어 등이 대화의 내용과 의미에 어떠한 차이가 있는지를 관찰한다. 학생들은 톤, 내용, 문맥, 신체 언어 등이 대화를 이해하는 데 영향을 끼친다는 것을 학습해야 한다.</td></tr>
<tr><td>평가질문</td><td>학생들은 내용, 톤, 문맥, 신체 언어 등을 활용하여 대화의 내용과 의미를 파악할 수 있는가?</td></tr>
<tr><td>설계전략</td><td>이 연구는 3주 동안 사례연구를 적용하였다. 독립변인은 의사소통 기술의 참여이며, 종속변인은 대화를 해석하는 능력이다. 종속변인은 성취도 점수로 산출하였다.</td></tr>
<tr><td>정보수집 계획</td><td>프로그램 종료 후, 참여 학생 모두에게 성취도 검사를 실시하였다. 성취도 검사 점수가 70점 이상이면 효과가 있다고 판단한다.</td></tr>
<tr><td>분석계획</td><td>프로그램 종료 후, 학생들의 학업성취도 점수에 대한 기술통계량을 산출한다.</td></tr>
<tr><td>분석결과</td><td><table><tr><th>사례수</th><th>평균</th><th>표준편차</th><th>범위</th><th>70점 이상 학생 수</th></tr><tr><td>130</td><td>78.8</td><td>13.6</td><td>44-96</td><td>71</td></tr></table></td></tr>
<tr><td>해석</td><td>프로그램에 참여한 학생은 130명이며, 평균은 78.8점이다. 이것은 준거보다 높은 점수이다. 전체 학생 중 71명의 학생들이 대화를 적절하게 해석하는 능력을 보여주었다. 표준편차와 범위가 작은 편인데, 이것은 프로그램에 참여한 학생들의 능력이 서로 비슷하다는 것을 의미한다.</td></tr>
</table>

## 2) 상관분석

상관분석에서는 두 변인, 즉 독립변인과 종속변인 간의 관계를 측정한다. 상관의 범위는 +1에서 −1 사이이다. 한 변인의 값이 증가할 때 동시에 다른 한 변인의 값이 증가할 때 두 변인은 정적 상관관계가 있다고 하고, 이와 반대로 한 변인의 값이 증가할 때 동시에 다른 한 변인의 값이 감소하면 두 변인은 부적 상관관계가 있다고 해석한다(Fink & Jacqueline, 1978, 번역본: 94). 상관분석은 〈표 13-9〉의 기준에 따라서 해석하는 경향이 있다.

〈표 13-9〉 상관분석 해석의 기준 (성태제, 2019: 248).

| 상관계수 | 해석 |
|---|---|
| ±0.2 미만 | 상관관계가 거의 관계 없다 |
| ±0.2~0.4 | 상관관계가 있으나 낮다. |
| ±0.4~0.6 | 상관관계가 있다. |
| ±0.6~0.8 | 상관관계가 높다. |
| ±0.8 이상 | 상관관계가 아주 높다. |

상관분석은 변인 간의 관계를 증명하는 데 사용하지만, 인과관계를 설명하는 데 사용할 수 없다. 상관분석을 사용한 프로그램평가 결과의 예시는 〈표 13-10〉과 같다.

〈표 13-10〉 상관분석을 사용한 프로그램평가 결과의 예시 (문준성, 김성백, 2021)

<table>
<tr><th>구분</th><th>설명</th></tr>
<tr><td>프로그램 목표</td><td>프로그램의 목적은 소프트웨어 인재 양성 과정에 참여한 학생들의 성취도를 향상시키는 데 있다. 이 프로그램은 인공지능 과정 프로그램을 희망하는 고등학교 1-2학년을 대상으로 하였다. 인공지능 과정은 총 90시간으로 진행되었다. 인공지능 과정은 특강 12시간(컴퓨팅 사고와 문제해결, 인공지능 등), 평가 4시간, 이론 및 실습 74시간(파이썬, 인공지능 라이브러리 사용 등)으로 구성되었다. 프로그램 종료 후 학생의 성취도가 높아야 한다. 프로그래밍 경험은 학생의 시험점수와 관계가 있을 가능성이 있다. 프로그래밍 경험과 시험점수와의 상관 관계를 분석한다.</td></tr>
<tr><td>평가질문</td><td>프로그래밍 경험이 학습자의 시험점수와 어떠한 관계가 있는가?</td></tr>
<tr><td>설계전략</td><td>사례설계를 적용하였다. 독립변인은 프로그래밍 경험이고, 종속변인은 성취도 검사이다.</td></tr>
<tr><td>정보수집 계획</td><td>프로그램에 참여한 모든 학생을 대상으로 프로그래밍 경험에 대한 설문조사를 실시하고, 1차 평가와 2차 평가를 실시하였다. 1차 평가의 내용은 파이썬 프로그래밍에 대한 것이며, 2차 평가는 이론 및 실습 강의에 대한 내용이었다.</td></tr>
<tr><td>분석계획</td><td>프로그래밍 경험과 학생들의 시험점수를 피어슨의 적률상관계수를 통하여 산출하였다.</td></tr>
<tr><td>분석결과</td><td><table><tr><th>구분</th><th>사례수</th><th>r</th><th>r<sup>2</sup></th></tr><tr><td>1차 시험</td><td>30</td><td>.426</td><td>.182</td></tr><tr><td>2차 시험</td><td>28</td><td>.649</td><td>.421</td></tr></table></td></tr>
<tr><td>해석</td><td>1차 시험와 2차 점수의 상관계수는 각각 .426, .649이었다. 두 번의 시험 결과, 학습자의 프로그래밍 경험과 학업성취도에는 정적 상관관계가 있었다. 학생의 프로그래밍 경험은 1차 시험점수와 상관관계가 있었으며, 전체 변량 중 18.2%를 설명하였다. 프로그래밍 경험은 2차 시험점수와 상관관계가 높았으며, 전체 변량 중 42.1%를 설명하였다. 인공지능 과정에 참여한 학생들의 성취도는 프로그래밍 경험과 관련이 있었다. 결론적으로, 소프트웨어 양성 프로그램이 학생의 성취도에 효과가 있었다.</td></tr>
</table>

## 3) 회귀분석

회귀분석에서는 종속변인과 둘 또는 그 이상의 독립변인과의 관계를 분석한다. 회귀계수란 종속변인을 설명하는 독립변인의 영향(기여도)을 의미한다. 만약 변인1이 변인2보다 회귀계수가 크면, 변인1이 종속변인에 더 많은 영향을 끼친다고 해석한다(Fink & Jacqueline, 1978, 번역본: 95-96). 회귀분석을 사용한 프로그램평가 결과의 예시는 〈표 13-11〉과 같다.

〈표 13-11〉 회귀분석을 사용한 프로그램평가 결과의 예시 (김명희, 2021)

| 구분 | 설명 |
|---|---|
| 프로그램 목표 | 플립러닝 수업에 참여한 학생의 만족도와 학습효과를 향상시키는 것이다. 플립러닝 강좌 수강학생을 대상으로 하였다. 플립러닝은 사전학습 활동과 면대면 수업 활동의 2가지 형태로 구분한다. 사전학습 활동으로는 동영상 시청, 학습자료 읽기, 실습, 미디어 자료 등이 제공된다. 면대면 수업 활동에서는 사전학습 확인 활동, 미니 강의, 토론, 과제 수행, 연습 문제 풀이, 발표, 질의응답, 팀기반 활동 및 발표, 토의 및 토론 등의 활동 등이 이루어진다. 플립러닝의 프로그램의 효과는 학생 만족도를 고려하여 판단한다. |
| 평가질문 | 사전학습활동(사전학습 참여, 사전학습 콘텐츠, 사전학습 콘텐츠 이용 편의성), 면대면 수업 활동(사전학습 확인 활동, 수업 참여, 상호작용, 학습자 수업 활동, 미니강의), 수업 만족도, 학습효과 인식 사이에는 어떠한 관계가 있는가? |
| 설계전략 | 사례설계가 사용되었다. 종속변인은 수업만족도와 학습효과 인식이다. 독립변인은 1) 사전학습 참여, 2) 사전학습 콘텐츠, 3) 사전학습 콘텐츠 이용 편의성, 5) 사전학습 확인 활동, 6) 수업 참여, 7) 상호작용, 8) 학습자 중심 수업 활동, 9) 미니 강의 이었다. |
| 정보수집 계획 | 플립러닝의 수업만족도와 학습효과의 인식의 영향을 확인하기 위하여, 플립러닝 종료 후 사전학습, 본학습, 수업만족도, 학습효과 인식에 대한 설문조사를 실시하였다. 플립러닝 참여 학생들은 5단계 평정척도에 대한 설문조사에 응답하였다. |
| 분석계획 | 다중 회귀분석을 실행한다. |
| 분석결과 | y1= − .241 − .004a + .686b + .116c + .084d − .104e + .156 + .072g + .36h($R^2$=83.8)<br>y2= .166 + .055a + .032b + .094c + .000d + .078e + .062f + .537g + .1h($R^2$=92.4)<br>(y1: 수업만족도, y2: 수업효과 인식, a: 사전학습 참여, b: 사전학습 콘텐츠, c: 사전학습 콘텐츠 이용 편의성, d: 사전학습 확인 활동, e: 수업 참여, f: 상호작용, g: 학습자 중심 수업 활동, h: 미니 강의) |
| 해석 | 회귀방정식에 의하면, 사전학습 콘텐츠 변인은 수업만족도와 가장 높은 상관이 있으며, 학습자중심수업 변인은 학습효과 인식과 가장 높은 상관이 있었다. 수업만족도와 통계적으로 유의한 영향을 미치는 변인으로는 사전학습 콘텐츠, 사전학습 콘텐츠 이용 편의성, 사전학습 확인활동, 상호작용 등이었으며, 이들 변인이 수업만족도 전체의 83.8%를 설명하였다. 학습효과 인식과 통계적으로 유의한 영향을 미치는 변인으로는 사전학습 콘텐츠 이용 편의성, 학습자 중심 수업 활동, 미니 강의 등이었으며, 이들 변인이 학습효과 인식 전체의 92.4%를 설명하였다. |

## 4) 변량분석(ANOVA)

변량분석은 두 집단 이상의 평균을 비교하거나 시간의 경과에 따라 집단의 평균을 비교하는 데 사용되는 통계적 분석 방법이다. 변량분석에서는 가설을 설정하고, 가설 검증을 위한 유의도 수준을 설정한다. 영가설은 행동의 동등성에 대한 가설이고, 대립가설은 행동의 동등성에 대한 반대 가설이다(Fink & Jacqueline, 1978, 번역본: 98-99). 예를 들어, 다음과 같은 두 개의 가설이 존재한다.

- 가설 1: 실험 프로그램 참가자들의 평생교육에 대한 태도와 전통 프로그램 참가자들의 평생교육에 대한 태도의 평균은 서로 같다(영가설).
- 가설 2: 실험 프로그램 참가자들의 평생교육에 대한 태도와 전통 프로그램 참가자들의 평생교육에 대한 태도의 평균은 서로 다르다(대립가설).

변량분석에 대한 가설은 F통계량으로 검증된다. F통계량은 수학적으로 종속변인의 전체변량을 구성요소로 나누고 그 변량 구성요소의 서로 다른 추정치를 비교함으로써 산출된다. 만약 그 추정치들이 서로 유사하다면 F통계량의 값이 작을 것이며, 둘 이상의 프로그램의 평균수행이 같다라는 영가설은 채택된다. 만약 F통계량의 값이 의미 있게 큰 수라면, 영가설은 기각될 수 있다. 영가설이 기각된다는 것은 프로그램의 평균 수행이 동일하지 않음을 뜻한다. 즉 두 개의 프로그램의 효과 및 영향에 있어서 차이가 있다는 것을 의미한다. 유의도 수준은 평균 수행이 동일하다는 가설을 잘못 기각하는 확률에 관한 것이다. 사회과학자들은 유의도 수준으로 보통 .05 수준이나 .01 수준을 사용하는 데, 이는 가설을 잘못 기각할 확률이 100번 중 5번 또는 100번 중 1번이라는 것을 뜻한다(Fink & Jacqueline, 1978, 번역본: 99-100).

두 집단만을 비교할 때에는 F통계량 대신에 t통계량을 사용해서 두 집단의 평균이 같다는 가설을 검증할 수도 있다. 만약 두 독립적인 집단이 비교된다면 집단의 평균이 동일하다는 가설은 일원변량분석 또는 독립표본 t검증에 의해 검증될 수 있다. 만약 시간에 따른 한 집단의 종속변인의 효과를 비교한다면, 일원 반복 측정 변량분석 또는 종속표본 t검증을 적용할 수 있다(Fink & Jacqueline, 1978, 번역본: 100). 변량분석을 사용한 프로그램평가 결과의 예시는 〈표 13-12〉와 같다.

〈표 13-12〉 **변량분석을 사용한 프로그램평가 결과의 예시** (김윤정, 김민정, 2015)

<table>
<tr><th>구분</th><th>설명</th></tr>
<tr><td>프로그램 목표</td><td>프로그램 목표는 강점 활용 피드백을 제공하여 학생의 학업성취도를 향상시키는 것이다. 강점 활용 피드백의 유형은 동료피드백과 자기피드백의 2가지 유형으로 구분하고, 이들 피드백의 유형이 학생의 학업성취도에 미치는 효과를 검증하여, 동료피드백과 자기피드백의 효과를 평가한다. 동료피드백에서는 프로젝트 과제 수행 과정에서 동료가 보여준 강점을 칭찬해 주는 긍정적인 피드백을 제공한다. 자기피드백에서는 프로젝트 과제 수행 과정에서 자신의 강점을 탐색한 이후에 자신의 장점, 단점, 보완할 사항들을 작성하도록 하였다.</td></tr>
<tr><td>평가질문</td><td>1. 강점 활용 동료 피드백을 적용한 집단이 그렇지 않은 집단에 비하여 학업성취도에 차이가 있는가?<br>2. 강점 활용 자기 피드백을 적용한 집단이 그렇지 않은 집단에 비하여 학업성취도에 차이가 있는가?<br>3. 강점 활용 동료 피드백과 강점 활용 자기 피드백은 학업성취도에 있어서 상호작용 효과가 있는가?</td></tr>
<tr><td>설계전략</td><td>비교집단설계를 사용한다. 독립변인은 강점 활용 동료피드백(유, 무)과 자기피드백(유, 무)이며, 종속변인은 학습자의 학업성취도이다. 교육방법 및 교육공학 수업을 수강하는 4개 반 95명을 대상으로 하였으며, 수업 단위를 바탕으로 4개의 집단으로 구분하여 무선 배정하였다. 실험집단 1은 동료피드백과 자기피드백을 동시에 적용하였으며, 총 29명이었다. 실험집단 2는 동료피드백을 제공하였으며, 총 30명이었다. 실험집단 3은 자기피드백을 제공하였으며, 총 18명이다. 통제집단은 피드백을 제공하지 않았으며, 총 18명이다.
<table>
<tr><th colspan="2" rowspan="2"></th><th colspan="2">강점 활용 동료 피드백</th><th rowspan="2">전체</th></tr>
<tr><th>유</th><th>무</th></tr>
<tr><td rowspan="2">강점 활용 자기 피드백</td><td>유</td><td>29</td><td>18</td><td>32</td></tr>
<tr><td>무</td><td>30</td><td>18</td><td>32</td></tr>
<tr><td>합계</td><td></td><td>59</td><td>36</td><td>64</td></tr>
</table>
</td></tr>
</table>

<table>
<tr><th>구분</th><th>설명</th></tr>
<tr><td>정보수집 계획</td><td>학업성취도는 개인 점수와 조별 점수를 합산하여 측정하였다. 개인점수는 교수설계와 관련된 퀴즈 산출하였고, 조별 점수는 교수 설계에 대한 팀 과제물 평가를 합산하여 학업성취도 점수로 사용되었다. 개인 퀴즈는 10개의 문항에 20점 기준으로 채점되었고, 교수 설계 팀 과제는 평가 루브릭을 사용하였다. 평가 루브릭은 교수설계 과정을 4단계로 나누어 각 단계에 10점씩 부여하여 총 40점 만점으로 산출하였다.</td></tr>
<tr><td>분석계획</td><td>첫 번째, 기술 통계를 계산한다.<br>두 번째, 이원변량분석을 실시하여, 가설을 검증한다.<br>가설1: 강점활용 동료 피드백을 제공한 집단과 그렇지 않은 집단의 학업성취도의 평균은 동일하다($H_1$: $P_1=P_2$).<br>가설 2: 강점활용 자기 피드백을 제공한 집단과 그렇지 않은 집단의 학업성취도의 평균은 동일하다($H_1$: $I_1=I_2$)<br>가설 3: 강점활용 동료 피드백을 제공한 집단과 강점활용 자기 피드백을 제공한 집단에는 상호작용 효과가 없다($H_3$: $P_1I_1=P_1I_2=P_2I_1=P_2I_2$).</td></tr>
<tr><td></td><td>1. 기술통계
<table>
<tr><th colspan="2" rowspan="2"></th><th colspan="4">강점 활용 피드백 유형에 따른 효과</th></tr>
<tr><th colspan="2">동료피드백</th><th colspan="2">자기 피드백</th></tr>
<tr><td>종속변인</td><td>통계량</td><td>유</td><td>무</td><td>유</td><td>무</td></tr>
<tr><td rowspan="2">학업성취</td><td>m</td><td>51.51</td><td>47.61</td><td>50.28</td><td>49.79</td></tr>
<tr><td>SD</td><td>3.39</td><td>4.00</td><td>3.54</td><td>4.57</td></tr>
</table>
2. 변량분석표
<table>
<tr><th>변량원</th><th>자유도</th><th>평균자승</th><th>F값</th><th>유의도(P)</th></tr>
<tr><td>동료피드백(H1)</td><td>1</td><td>338.492</td><td>26.584</td><td>〈 .001</td></tr>
<tr><td>자기피드백(H2)</td><td>1</td><td>18.652</td><td>1.465</td><td>n.s.</td></tr>
<tr><td>동료피드백*자기피드백(H3)</td><td>1</td><td>60.285</td><td>4.735</td><td>〈 .05</td></tr>
<tr><td>오차</td><td>91</td><td>12.733</td><td></td><td></td></tr>
</table>
</td></tr>
</table>

<table>
<tr><th>구분</th><th>설명</th></tr>
<tr><td>분석결과</td><td>3. 상호작용 효과 분석<br>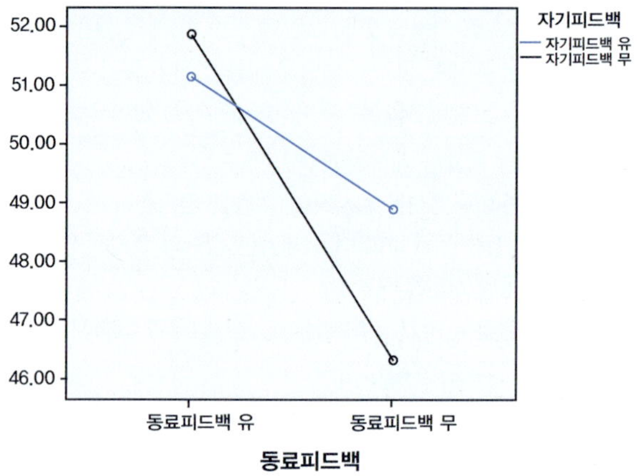</td></tr>
<tr><td>해석</td><td>첫 번째 가설($H_1$)의 F값은 26.5840이었으며, .001 수준에서 통계적으로 유의하였다. 이것은 동료피드백 실시여부(유/무)에 따른 학업성취도에 차이가 있다는 것을 시사한다. 동료피드백 제공은 학업성취도에 영향을 주었다.<br>두 번째 가설($H_2$)의 F값은 1.4650이었고, 통계적으로 유의하지 않았다. 자기피드백 제공 유무는 학업성취도에 차이가 없었다. 자기피드백 제공은 학업성취도에 영향을 주지 않았다.<br>세 번째 가설($H_3$)의 F값이 4.7350이었으며, .05 수준에서 통계적으로 유의하였다. 동료피드백의 유무와 자기피드백의 유무에는 상호작용 효과가 있었다. 동료피드백이 제공된 집단에서는 자기피드백이 제공되지 않을 때, 동료피드백이 제공되지 않은 집단에서는 자기피드백이 제공될 때 학업성취도에 효과적이다.</td></tr>
</table>

## 5) 공변량분석(ANCOVA)

공변량분석은 공변량이라고 불리는 외부 변인의 효과를 조정함으로써 종속변인이 교정되는 변량분석의 한 형태이다. 두 개의 대화 치료 프로그램 중 어느 프로그램이 말더듬증을 교정하는 데 보다 효과적인지를 밝히는 평가질문을 생각해 보자. 만약 한 프로그램의 참가자들이 다른 프로그램 참가자들보다 연령이 높다고 가정하자. 문헌에서 연령과 말더듬증 치료 간에 어떤 관계가 있다고 제시되어 있다면, 프로그램과 말더듬 프로그램의 효과를 변량분석을 사용해서 비교하는 것은 공정하지 못하다. 왜냐하면 한 집단은 아마도 핸디캡을 갖고 시작했을 것이기 때문이다. 이런 경우, 연령의 차이를 고려하여 사후검사 점수를 조정하는 공변량분석을 적용하는 것이 바람직하다. 이 경우, 종속변인은 대화 수행 점수, 공변량은 연령, 독립변인은 프로그램 참여가 될 것이다(Fink & Jacqueline, 1978, 번역본: 104).

공변량분석의 평가질문은 변량분석에 의해서도 대답될 수 있는 것과 유사하다. 또한 공변량분석에서 검증하는 가설과 변량분석에서 검증하는 가설은 유사하다. 그러나, 공변량분석에서의 평균점수의 차이는 공변량의 효과를 교정한 것이다. 앞의 사례에서는 참가자간의 연령 차이를 교정한 대화 수행점수가 동일하다는 가설을 검증하게 된다. 공변량분석을 적용하기 위해서는 다음의 사항을 고려해야 한다. 첫째, 프로그램이 시작되기 전에 공변량이 측정되어야 한다. 둘째, 각 프로그램 집단의 공변량에 종속변인을 연관시키는 회귀방정식은 병렬적이어야 한다. 이러한 요건이 충족되지 않으면 공변량분석을 실행할 수 없다(Fink & Jacqueline, 1978, 번역본: 105). 공변량분석을 사용한 프로그램평가 결과의 예시는 〈표 13-13〉과 같다.

〈표 13-13〉 공변량분석을 사용한 프로그램평가 결과의 예시 (이선숙, 박종효, 2019)

<table>
<tr><th>구분</th><th>설명</th></tr>
<tr><td>프로그램 목표</td><td>프로그램의 목적은 사회정서학습 프로그램이 일반고등학교 여학생의 정신건강에 미치는 효과를 평가하는 것이다. 창의적 체험활동 시간을 활용하여 매주 1회씩 9주 동안 사회정서학습 프로그램을 적용하였다.</td></tr>
<tr><td>평가질문</td><td>사회정서적 프로그램 참여 집단과 보건교육 프로그램 참여 집단간에는 정신건강에 유의한 차이가 있는가?</td></tr>
<tr><td>설계전략</td><td>비교집단설계를 사용하였다. 독립변인은 프로그램(2수준)이다. 실험집단에는 사회정서학습 프로그램을 적용하였고, 비교집단에는 보건교육을 실시하였다. 종속변인은 정신건강 측정 도구(안녕감, 내재화 문제행동, 외현화 문제행동)의 점수이다. 일반고등학교 2개 학교 8개반을 선정하였으며, 실험집단 68명, 통제집단 79명이 참여하였다.</td></tr>
<tr><td>정보수집 계획</td><td>프로그램이 정신건강에 미친 영향을 확인하기 위하여 안녕감, 내재화 문제행동, 외현화 문제행동을 측정하였다. 프로그램 시작 전에 사전검사를 실시하였다. 프로그램 종료 후 사후검사를 실시하였고, 1개월 후에 지연검사를 실시하였다.</td></tr>
<tr><td>분석계획</td><td>첫 번째 단계에서는 집단별로 정신건강 점수에 대한 종속변인별 평균과 표준편차를 산출한다. 두 번째 단계에서는 두 집단에 발생할 수 있는 정신건강의 영향력을 통제하기 위하여, 사전검사 점수를 공변인으로 처리하였다. 세 번째 단계에서는 사전검사 점수를 공변인으로 처리하고, 프로그램 종류 이후에 실시한 사후검사와 지연검사의 결과를 비교하였다. 두 프로그램에 참여한 집단의 사전 정신건강 검사 점수를 조정하고, 두 집단의 정신건강 수준이 서로 동일하다는 가설을 공변량분석을 통하여 검증하였다.</td></tr>
<tr><td>분석결과</td><td>안녕감 변인의 사후검사에 대한 공변량분석표
<table>
<tr><th>변량원</th><th>자유도</th><th>평균자승</th><th>F값</th><th>유의도(P)</th></tr>
<tr><td>공변인</td><td>1</td><td>8786.99</td><td>101.14</td><td>.000</td></tr>
<tr><td>프로그램</td><td>1</td><td>586.45</td><td>8.46</td><td>.004</td></tr>
<tr><td>오차(집단 내)</td><td>144</td><td>69.33</td><td></td><td></td></tr>
</table></td></tr>
<tr><td>해석</td><td>사전점수를 통제한 상태에서 실험집단의 안녕감 사후점수에 대한 공변량분석 결과, 통제집단과 유의한 통계적 차이가 있었다(F=.8.46, p=.004). 사회정서학습 프로그램은 일반고등학교 여학생의 안녕감을 유의하게 증가시켰다.</td></tr>
</table>

### 6) 다변량분석(MANOVA)

다변량분석은 하나 이상의 종속변인을 다룬다는 점에서 변량분석과 차이가 있다. 예를 들어 태도 점수와 학업성취도 점수의 조합으로 실험집단과 비교집단의 프로그램을 비교할 수 있다. 다변량분석의 목적은 둘 이상의 집단 간에 통계적으로 유의한 차이가 있는지를 밝히는 것이다. 이것은 둘 이상의 종속변인들에 있어서 집단 간의 차이에 근거를 둔 것이다. 다변량분석에서는 집단들의 평균이 동일하다는 가설을 검증한다. 그러나 평균들은 각각의 종속변인에 대한 각각의 평균이 짝을 이루고 있다. 수학적으로 다변량평균은 벡터에 의해 나타난다. 그 벡터의 구성요소는 각 종속변인에 대한 집단의 평균점수들이다(Fink & Jacqueline, 1978, 번역본: 106-107).

다변량분석은 서로 관련이 있다고 알려졌거나 그렇게 여겨지는 여러 중요한 행동들이 종속변인이 될 때 사용된다. 두 프로그램 중 어느 프로그램이 학교결석률을 감소시키고 시민수준을 향상시키기에 좋은지 비교한다고 가정해보자. 그리고 수업이론이나 수업경험 사이들의 변인들, 학교결석률과 시민수준은 서로 관련이 있다고 가정한다면 다변량분석이 적절한 분석방법이다(Fink & Jacqueline, 1978, 번역본: 107).

다변량분석의 첫 번째 단계는 다변량 F값을 구해서 평균들의 동일함을 검증한다. 만약 F값이 의미가 있다면 영가설은 기각된다. 또한 종속변인을 각각 고려한다면 어떤 의의 있는 차이가 있는지 밝히기 위해 step-down F검증을 추가적으로 실시하기도 한다. 이것은 다른 종속변인들의 효과를 제거하기 위해 조정된 단일 종속변인에 일원변량분석이다. 예를 들어 다변량 F검증에 의해 실험집단과 통계집단간의 결석률과 시민수준이 동일하다는 가설이 기각되었다면, 집단간에 통계적으로 유의한 시민정신의 차이가 있는지, 그리고 시민정신의 효과를 제거하면 집단간의 결석률에 유의한 차이가 있는지 알기 위해 step-down F검증을 할 수 있다. 만약 다변량 F검증이 유의하지 않다면 추가적인 분석은 필요하지 않다(Fink & Jacqueline, 1978, 번역본: 107-108). 다변량분석을 사용한 프로그램평가 결과의 예시는 〈표 13-14〉와 같다.

〈표 13-14〉 다변량분석을 사용한 프로그램평가 결과의 예시 (Fink & Jacqueline, 1978, 번역본: 108-111)

<table>
<tr><th>구분</th><th>설명</th></tr>
<tr><td>프로그램 목표</td><td>프로그램의 목표는 교사연수에 사용한 교재의 효과성과 새로운 교사연수방법의 효과성을 확인하는 것이다. 교재의 유형 및 교사의 연수유형에 따라 프로그램을 구분한다. 세 가지 유형의 교재가 사용되었다. 1) 기존 교재, 2) 언어발달 강조 교재, 3) 언어사용 경험에 초점을 맞춘 교재의 세 가지 유형이었다. 교사들은 초등교육에 관한 전통적인 연수를 받은 교사와 주정부의 특별연수(이중언어, 이중 문화)에 참여한 교사들로 구분한다.</td></tr>
<tr><td>평가질문</td><td>1. 서로 다른 교재를 사용하는 프로그램 집단 간에는 학생들의 전반적인 학업성취, 부모참여 수준, 학생들의 읽기 능력, 교사의 수행에 있어서 통계적으로 유의한 차이가 있는가?<br>2. 서로 다른 연수를 받아온 교사가 진행하는 프로그램 집단 간에는 학생들의 전반적인 학업성취, 부모참여수준, 학생들의 읽기 능력, 교사의 수행에 있어서 통계적으로 유의한 차이가 있는가?<br>3. 학생들의 전반적인 학업성취, 부모참여수준, 학생들의 읽기 능력, 교사의 수행에 있어서 사용되는 교재의 유형과 교사연수 간에는 상호작용이 있는가?</td></tr>
<tr><td>설계전략</td><td>비교집단설계를 사용하였다. 독립변인은 2개이다. 하나는 교재(3수준)이고, 다른 하나는 교사연수(2수준)이다. 종속변인은 4개이다. 종속변인의 유형은 1) 학생들의 전반적인 학교성적, 2) 부모참여수준, 3) 학생들의 읽기 능력 4) 교사 수행이었다.<br>78개의 학교 중에서 8개의 학교가 참여하였다. 8개 학교에서 초등학교 4학년 12학급이 참여하였고 두 학급씩 여섯 프로그램 집단에 무선적으로 배정되었다.
<table>
<tr><th>교사연수</th><th>전통</th><th>언어발달</th><th>언어경험</th></tr>
<tr><td>전통</td><td>16(a11)</td><td>16(a12)</td><td>16(a13)</td></tr>
<tr><td>특별</td><td>16(a21)</td><td>16(a22)</td><td>16(a23)</td></tr>
</table></td></tr>
<tr><td>정보수집 계획</td><td>학생들의 전반적 학업성적에 관한 정보는 전체 학생들에게 5월에 실시되었던 표준화된 검사결과에서 얻었다. 이 검사의 만점은 100점이다. 학생들의 읽기 능력에 관한 정보는 스페인어와 영어문항을 포함하는 75개 문항의 검사를 프로그램 말 실시하여 얻었다. 부모참여에 관한 정보는 학교 기록을 검토함으로써 수집되었고 그 자료는 100점 만점으로 보고되었다. 각 교사는 세 명의 훈련된 관찰자에 의해 5점 척도로 평가되었고, 세 관찰자의 평균이 교사 수행의 점수로 계산되었다.</td></tr>
</table>

| 구분 | 설명 |
|---|---|
| 분석계획 | 세 가설을 검증하기 위해 다변량분석을 사용하였다.<br>가설 1: 종속변인 4개를 모두 고려할 때, 각 유형의 교재를 사용하는 집단들의 평균 수행은 동일하다(h1: x1=x2=x3).<br>가설 2: 종속변인 4개를 모두 고려할 때, 전통적인 연수를 받은 교사와 특별연수를 받은 교사가 가르친 집단들의 평균 수행은 동일하다(h2: x11=x12).<br>가설3: 종속변인 4개를 모두를 고려할 때, 각 여섯 프로그램 집단의 평균수행은 동일하다(h3: a11=a12=a13=a21=a22=a23). |
| 분석결과 | (아래 표 참조) |

분석결과

| | | 전통적인 연수 | | | 특별연수 | | |
|---|---|---|---|---|---|---|---|
| | | 교재 | 언어발달 교재 | 언어경험 교재 | 교재 | 언어발달 교재 | 언어경험 교재 |
| 학교 성적 | x | 86.5 | 87.51 | 88.51 | 85.49 | 87.52 | 88.46 |
| | sd | 3.17 | 3.17 | 3.22 | 3.16 | 3.18 | 3.07 |
| 부모 참여 수준 | x | 73.75 | 73.75 | 72.91 | 71.98 | 78.8 | 80.00 |
| | sd | 18.26 | 18.01 | 17.45 | 19.11 | 15.99 | 19.01 |
| 학생 읽기 능력 | x | 45.33 | 49.36 | 50.22 | 46.36 | 49.40 | 50.48 |
| | sd | 3.78 | 4.46 | 4.52 | 3.46 | 3.08 | 4.02 |
| 교사 수행 | x | 3.88 | 4.14 | 4.20 | 4.46 | 4.47 | 4.42 |
| | sd | .47 | .38 | .57 | .60 | .58 | .52 |

상관표

| | 학교 성적 | 부모참여수준 | 학생 읽기능력 | 교사 수행 |
|---|---|---|---|---|
| 학교성적 | 1 | | | |
| 부모참여수준 | −.833 | 1 | | |
| 학생 읽기능력 | .294 | −.250 | 1 | |
| 교사 수행 | .173 | −.137 | .373 | 1 |

<table>
<tr><th>구분</th><th>설명</th></tr>
<tr><td></td><td>Step - Down F검증 결과
<table>
<tr><th>종속변인</th><th>F값</th><th>유의도(P)</th></tr>
<tr><td>학교성적</td><td>4.72</td><td>〈 .01</td></tr>
<tr><td>읽기능력</td><td>3.95</td><td>〈 .01</td></tr>
<tr><td>부모참여</td><td>1.01</td><td>n.s</td></tr>
<tr><td>교사수행</td><td>.08</td><td>n.s</td></tr>
</table>
</td></tr>
<tr><td>해석</td><td>첫째, 학업성적, 부모참여수준, 읽기 능력, 교사 수행을 한 단위로 고려한 다변량분석 결과는 전통교재를 사용하거나, 언어발달교재, 언어경험교재를 사용한 학급들 간에 통계적으로 유의한 차이가 없었다.<br>둘째, 다변량분석 결과에 의하면, 특별연수를 받은 교사의 학급과 전통연수를 받은 교사의 학급간에는 통계적으로 유의한 차이가 있었다. 각 종속변인에 대해 유의한 차이를 발견하기 위하여 step-down F 검증을 실시하였다. 결과는 특별 연수를 받은 교사들이 가르친 학급의 전반적 학업성적이 전통적 연수를 받은 교사의 학생들보다 유의하게 높았다. 또한 전반적인 학업성적의 효과가 고려되더라도, 특별연수를 받은 교사 학급의 읽기 능력이 전통적인 연수를 받은 교사의 학생들보다 유의하게 높았다. 특별연수를 받은 교사의 학급과 전통적 연수를 받은 교사의 학급 간에 부모참여수준과 교사 수행에서 유의한 차이가 없었다.<br>셋째, 다변량분석은 사용된 교재 유형과 교사연수 간에는 상호작용 효과가 없었다.</td></tr>
</table>

## 7) 카이스퀘어(교차분석)

범주자료는 유목(class)으로 서로 구분될 수 있으나, 위계로 분류될 수 없는 변인이다. 예를 들어, 남성과 여성으로 분류되는 성별이나, 크거나 작은 것으로 나타내는 프로그램 만족도는 범주자료에 포함된다. 카이스퀘어는 이러한 범주자료를 분석하기 위해 사용된다. 카이스퀘어는 적합도 검증과 2x2 분할표를 활용한다(Fink & Jacqueline, 1978, 번역본: 112).

첫째, 적합도 검정이란 경험적으로 유래된 자료와 이론적으로 기대되는 자료를 비교하는 절차이다. 경험적 자료와 이론적 자료가 같다면 두 자료는 완전하게 적합해서 각 범주에 대한 두 자료의 차이점은 없으며, 카이스퀘어 값이 0이 된다. 결과적으로 카이스퀘어 값이 작으면 작을수록 적합성이 맞고 클수록 떨어질 것이다(Fink & Jacqueline, 1978, 번역본: 112-113).

둘째, 2x2 분할표는 빈도로써 표현된 두 경험적 자료를 비교한다. 분할표는 두 변인 간에 유의한 관계가 존재하는지를 검증할 때 사용한다. 두 관찰된 자료가 같은 모집단의 자료인지를 검증한다(Fink & Jacqueline, 1978, 번역본: 113). 카이스퀘어를 사용한 프로그램평가 결과의 예시는 〈표 13-15〉와 같다.

〈표 13-15〉 카이스퀘어를 사용한 프로그램평가 결과의 예시 (박수미, 오미자, 2021)

<table>
<tr><th>구분</th><th>설명</th></tr>
<tr><td>프로그램 목표</td><td>프로그램의 목표는 대학 신입생의 학사경고를 예방하는 것이다. 학사경고 예방프로그램은 학사경고 가능성이 높은 학습자를 인지하여, 학기가 종료하기 전에 학습자가 주도성과 성실성을 높일 수 있는 프로그램을 수강할 수 있도록 유도하고, 맞춤형 면담 및 전문가 상담연계가 가능하도록 구성되어 있다. 이 프로그램에 참여한 학생이 미참여 학생에 비하여 1학년 1학기 학사경고를 적게 받았다면, 학사경고 예방프로그램은 가치 있는 것으로 평가된다.</td></tr>
<tr><td>평가질문</td><td>학사경고 예방프로그램에 참여한 대학생과 그렇지 않은 대학생 간에는 1학년 1학기 학사경고 여부에서 통계적으로 유의한 차이가 있는가?</td></tr>
<tr><td>설계전략</td><td>비교집단설계를 사용한다. 학사경고 예방프로그램 참여 여부와 1학년 1학기 학사경보 유무에 관한 자료를 2x2 분할표로 구성한다. 학사경고 예방 프로그램에 참여한 327명의 학생과 참여하지 않은 학생 49명의 1학년 1학기 학사경고 여부 자료를 수집하였다.
<table>
<tr><th>참여</th><th>미참여</th></tr>
<tr><td>327</td><td>49</td></tr>
</table>
</td></tr>
<tr><td>정보수집 계획</td><td>프로그램 참여 여부에 대한 자료를 수집하고, 프로그램 참여 학생과 비참여 학생의 1학년 1학기 학사경고 여부를 조사한다.</td></tr>
<tr><td>분석계획</td><td>자료는 2x2분할표로 구성한다. 프로그램 참가자와 비참가들이 1학년 1학기 학사경고를 받는 비율이 서로 비슷하다는 가설을 카이스퀘어 통계량을 사용하여 검증한다.</td></tr>
<tr><td>분석결과</td><td>
<table>
<tr><th rowspan="2"></th><th colspan="2">1학년 1학기 학사경고 여부</th><th rowspan="2">합</th><th rowspan="2">통계량</th></tr>
<tr><th>없음</th><th>있음</th></tr>
<tr><td>참여</td><td>324(99.1%)</td><td>3(0.9%)</td><td>327(100%)</td><td rowspan="3">x2=35.629<br>(df= 1, p〈.001)</td></tr>
<tr><td>미참여</td><td>41(83.7%)</td><td>8(16.3%)</td><td>49(100%)</td></tr>
<tr><td>합계</td><td>365(97.1%)</td><td>11(2.9%)</td><td>376(100%)</td></tr>
</table>
</td></tr>
<tr><td>해석</td><td>카이스퀘어 검정결과는 35.629이다. 이러한 결과는 학사경고 예방프로그램에 참여한 학생과 그렇지 않은 사람 간에는 통계적으로 유의한 차이가 있음을 의미한다. 학사경고 예방프로그램에 참여한 사람들이 1학년 1학기 학사경고를 적게 받았다.</td></tr>
</table>

## ❖ 탐구과제

- 프로그램평가 설계의 내적 타당도의 확보 방안에 대하여 토의하시오.
- 프로그램평가 설계의 외적 타당도의 확보 방안에 대하여 토의하시오.
- 안전교육 프로그램평가를 한다고 가정하고, 안전교육 프로그램평가에 대한 평가목표, 평가영역, 평가지표, 평가준거를 작성하시오.

| 평가 목표 | | |
|---|---|---|
| 평가 영역 | 평가지표 | 평가준거 |
| | | |
| | | |
| | | |
| | | |
| | | |
| | | |
| | | |
| | | |
| | | |
| | | |
| | | |
| | | |
| | | |
| | | |
| | | |
| | | |

◆ 교육프로그램을 한 가지 선정하고, 프로그램평가 계획을 수립하시오.

| 프로그램이름 | |
| --- | --- |
| 프로그램목표 | |
| 평가질문 | |
| 설계전략 | |
| 정보수집계획 | |
| 분석계획 | |
| 결과 활용 계획 | |

# 부록

## 학교생활기록부 관련 규정

1. 학교생활기록부(학교생활기록부 I )
2. 학교생활세부사항기록부(학교생활기록부 II )
3. 학생생활기록부 작성 및 관리 지침
4. 교과학습발달상황의 평가 및 관리

# 부록 1 학교생활기록부(학교생활기록부 Ⅰ)

[별지 제3호 서식]

〈고등학교〉

| 졸업 대장 번호 | | | | |
|---|---|---|---|---|
| 학년 \ 구분 | 학과 | 반 | 번호 | 담임성명 |
| 1 | | | | |
| 2 | | | | |
| 3 | | | | |

| 사 진<br>3.5cm x 4.5cm |
|---|

1. 인적·학적사항

| 학생정보 | 성명 : 성별 : 주민등록번호 :<br>주소 : |
|---|---|
| 학적사항 | 년 월 일 ㅇㅇ중학교 제3학년 졸업<br>년 월 일 ㅁㅁ고등학교 제1학년 입학 |
| 특기사항 | |

2. 출결상황

| 학년 | 수업 일수 | 결석일수 | | | 지각 | | | 조퇴 | | | 결과 | | |
|---|---|---|---|---|---|---|---|---|---|---|---|---|---|
| | | 질병 | 미인정 | 기타 | 질병 | 미인정 | 기타 | 질병 | 미인정 | 기타 | 질병 | 미인정 | 기타 |
| 1 | | | | | | | | | | | | | |
| 2 | | | | | | | | | | | | | |
| 3 | | | | | | | | | | | | | |

3. 수상경력

| 학년(학기) | | 수상명 | 등급(위) | 수상연월일 | 수여기관 | 참가대상(참가인원) |
|---|---|---|---|---|---|---|
| 1 | 1 | | | | | |
| | 2 | | | | | |
| 2 | 1 | | | | | |
| | 2 | | | | | |
| 3 | 1 | | | | | |
| | 2 | | | | | |

4. 자격증 및 인증 취득상황

〈자격증 및 인증 취득상황〉

| 구 분 | 명칭 또는 종류 | 번호 또는 내용 | 취득연월일 | 발급기관 |
|---|---|---|---|---|
| 자격증 | | | | |

〈국가직무능력표준 이수상황〉

| 학년 | 학기 | 세분류 | 능력단위(능력단위코드) | 이수시간 | 원점수 | 성취도 | 비고 |
|---|---|---|---|---|---|---|---|
| | | | | | | | |

5. 창의적 체험활동상황

<table>
<tr><th rowspan="2">학년</th><th colspan="4">창의적 체험활동상황</th></tr>
<tr><th>영역</th><th>시간</th><th colspan="2">특기사항</th></tr>
<tr><td rowspan="7">1</td><td>자율활동</td><td></td><td colspan="2"></td></tr>
<tr><td rowspan="2">동아리활동</td><td rowspan="2"></td><td colspan="2"></td></tr>
<tr><td colspan="2">(자율동아리)</td></tr>
<tr><td rowspan="2">진로활동</td><td rowspan="2"></td><td>희망분야</td><td>※ 상급학교 미제공</td></tr>
<tr><td colspan="2"></td></tr>
<tr><td rowspan="5">2</td><td>자율활동</td><td></td><td colspan="2"></td></tr>
<tr><td rowspan="2">동아리활동</td><td rowspan="2"></td><td colspan="2"></td></tr>
<tr><td colspan="2">(자율동아리)</td></tr>
<tr><td rowspan="2">진로활동</td><td rowspan="2"></td><td>희망분야</td><td>※ 상급학교 미제공</td></tr>
<tr><td colspan="2"></td></tr>
<tr><td rowspan="5">3</td><td>자율활동</td><td></td><td colspan="2"></td></tr>
<tr><td rowspan="2">동아리활동</td><td rowspan="2"></td><td colspan="2"></td></tr>
<tr><td colspan="2">(자율동아리)</td></tr>
<tr><td rowspan="2">진로활동</td><td rowspan="2"></td><td>희망분야</td><td>※ 상급학교 미제공</td></tr>
<tr><td colspan="2"></td></tr>
</table>

| 학년 | 봉 사 활 동 실 적 | | | | |
|---|---|---|---|---|---|
| | 일자 또는 기간 | 장소 또는 주관기관명 | 활동내용 | 시간 | 누계시간 |
| 1 | | | | | |
| 2 | | | | | |
| 3 | | | | | |

## 6. 교과학습발달상황

[1학년]

| 학기 | 교과 | 과목 | 단위수 | 원점수/과목평균 (표준편차) | 성취도 (수강자수) | 석차등급 | 비 고 |
|---|---|---|---|---|---|---|---|
| 1 | | | | | | | |
| 2 | | | | | | | |
| 이수단위 합계 | | | | | | | |

〈진로 선택 과목〉

| 학기 | 교과 | 과목 | 단위수 | 원점수/과목평균 | 성취도 (수강자수) | 성취도별 분포비율 | 비 고 |
|---|---|---|---|---|---|---|---|
| 1 | | | | | | | |
| 2 | | | | | | | |
| 이수단위 합계 | | | | | | | |

〈체육·예술〉

| 학기 | 교과 | 과목 | 단위수 | 성취도 | 비고 |
|---|---|---|---|---|---|
| 1 | | | | | |
| 2 | | | | | |
| 이수단위 합계 | | | | | |

## 7. 독서활동상황

| 학년 | 과목 또는 영역 | 독서 활동 상황 |
|---|---|---|
| 1 | | |
| 2 | | |
| 3 | | |

# 부록 2 학교생활세부사항기록부(학교생활기록부 II)

[별지 제7호 서식]

〈고등학교〉

| 졸업 대장 번호 | | | | |
|---|---|---|---|---|
| 구분 / 학년 | 학과 | 반 | 번호 | 담임성명 |
| 1 | | | | |
| 2 | | | | |
| 3 | | | | |

사 진
3.5cm x 4.5cm

| 전공 · 과정 / 학년 | 1학기 | 2학기 | 비고 |
|---|---|---|---|
| 1 | | | |
| 2 | | | |
| 3 | | | |

1. 인적·학적사항

| | |
|---|---|
| 학생정보 | 성명 : 성별 : 주민등록번호 :<br>주소 : |
| 학적사항 | 년 월 일 ㅇㅇ중학교 제3학년 졸업<br>년 월 일 ㅁㅁ고등학교 제1학년 입학 |
| 특기사항 | |

## 2. 출결상황

| 학년 | 수업일수 | 결석일수 | | | 지 각 | | | 조 퇴 | | | 결 과 | | | 특기사항 |
|---|---|---|---|---|---|---|---|---|---|---|---|---|---|---|
| | | 질병 | 미인정 | 기타 | 질병 | 미인정 | 기타 | 질병 | 미인정 | 기타 | 질병 | 미인정 | 기타 | |
| 1 | | | | | | | | | | | | | | |
| 2 | | | | | | | | | | | | | | |
| 3 | | | | | | | | | | | | | | |

## 3. 수상경력

| 학년(학기) | | 수 상 명 | 등급(위) | 수상연월일 | 수여기관 | 참가대상(참가인원) |
|---|---|---|---|---|---|---|
| 1 | 1 | | | | | |
| | 2 | | | | | |
| 2 | 1 | | | | | |
| | 2 | | | | | |
| 3 | 1 | | | | | |
| | 2 | | | | | |

## 4. 자격증 및 인증 취득상황

〈자격증 및 인증 취득상황〉

| 구 분 | 명칭 또는 종류 | 번호 또는 내용 | 취득연월일 | 발급기관 |
|---|---|---|---|---|
| 자격증 | | | | |

〈국가직무능력표준 이수상황〉

| 학년 | 학기 | 세분류 | 능력단위(능력단위코드) | 이수시간 | 원점수 | 성취도 | 비고 |
|---|---|---|---|---|---|---|---|
| | | | | | | | |

## 5. 창의적 체험활동상황

<table>
<tr><th rowspan="2">학년</th><th colspan="4">창의적 체험활동상황</th></tr>
<tr><th>영역</th><th>시간</th><th colspan="2">특기사항</th></tr>
<tr><td rowspan="5">1</td><td>자율활동</td><td></td><td colspan="2"></td></tr>
<tr><td rowspan="2">동아리활동</td><td rowspan="2"></td><td colspan="2"></td></tr>
<tr><td colspan="2">(자율동아리)</td></tr>
<tr><td rowspan="2">진로활동</td><td rowspan="2"></td><td>희망분야</td><td>※ 상급학교 미제공</td></tr>
<tr><td colspan="2"></td></tr>
<tr><td rowspan="5">2</td><td>자율활동</td><td></td><td colspan="2"></td></tr>
<tr><td rowspan="2">동아리활동</td><td rowspan="2"></td><td colspan="2"></td></tr>
<tr><td colspan="2">(자율동아리)</td></tr>
<tr><td rowspan="2">진로활동</td><td rowspan="2"></td><td>희망분야</td><td>※ 상급학교 미제공</td></tr>
<tr><td colspan="2"></td></tr>
<tr><td rowspan="5">3</td><td>자율활동</td><td></td><td colspan="2"></td></tr>
<tr><td rowspan="2">동아리활동</td><td rowspan="2"></td><td colspan="2"></td></tr>
<tr><td colspan="2">(자율동아리)</td></tr>
<tr><td rowspan="2">진로활동</td><td rowspan="2"></td><td>희망분야</td><td>※ 상급학교 미제공</td></tr>
<tr><td colspan="2"></td></tr>
</table>

| 학년 | 봉 사 활 동 실 적 | | | | |
|---|---|---|---|---|---|
| | 일자 또는 기간 | 장소 또는 주관기관명 | 활동내용 | 시간 | 누계시간 |
| 1 | | | | | |
| 2 | | | | | |
| 3 | | | | | |

## 6. 교과학습발달상황

[1학년]

| 학기 | 교과 | 과목 | 단위수 | 원점수/과목평균<br>(표준편차) | 성취도<br>(수강자수) | 석차등급 | 비 고 |
|---|---|---|---|---|---|---|---|
| 1 | | | | | | | |
| 2 | | | | | | | |
| 이수단위 합계 | | | | | | | |

| 과목 | 세부능력 및 특기사항 |
|---|---|
| | |

〈진로 선택 과목〉

| 학기 | 교과 | 과목 | 단위수 | 원점수/과목평균 | 성취도<br>(수강자수) | 성취도별<br>분포비율 | 비 고 |
|---|---|---|---|---|---|---|---|
| 1 | | | | | | | |
| 2 | | | | | | | |
| 이수단위 합계 | | | | | | | |

| 과목 | 세부능력 및 특기사항 |
|---|---|
| | |

〈체육·예술〉

| 학기 | 교과 | 과목 | 단위수 | 성취도 | 비고 |
|---|---|---|---|---|---|
| 1 | | | | | |
| 2 | | | | | |
| 이수단위 합계 | | | | | |

| 과목 | 세부능력 및 특기사항 |
|---|---|
| | |

7. 독서활동상황

| 학년 | 과목 또는 영역 | 독서 활동 상황 |
|---|---|---|
| 1 | | |
| 2 | | |
| 3 | | |

8. 행동 특성 및 종합의견

| 학년 | 행동 특성 및 종합의견 |
|---|---|
| 1 | |
| 2 | |
| 3 | |

# 부록 3 학생생활기록부 작성 및 관리 지침

제1조(목적) 이 지침은 「초·중등교육법 시행규칙」 제25조에 따라 초등학교·중학교·고등학교에 적용하는 학교생활기록의 작성 및 관리 방법에 필요한 사항을 규정함을 목적으로 한다.

제2조(적용범위) 이 지침은 「초·중등교육법」(이하 "법"이라 한다) 제2조에 따른 학교(이하 "학교"라 한다)의 장이 작성·관리하는 학교생활기록에 적용한다. 다만, 학교 중 고등공민학교·고등기술학교·특수학교 및 각종 학교의 장은 해당 학칙이 정하는 바에 따라 해당 학교의 교육과정에 알맞게 수정하여 적용할 수 있다.

제3조(용어의 정의) 이 지침에서 사용하는 용어의 뜻은 다음과 같다. ① "전산자료"란 학교생활기록부 및 관련 보조부 등을 체계적으로 전산처리한 자료를 말한다.

② "전산매체"란 각종 전산자료가 기억·보관되어 있는 자기테이프, 디스크 등 보조기억매체를 말한다.

③ "사용자"란 교육정보시스템 운영을 위해서 학교장으로부터 정당한 권한을 부여받은 자로서 시스템을 이용하여 관련 업무를 직접 처리하는 자를 말한다.

④ "원적교"란 재취학·재입학(복학 포함)·전입학·편입학 등 학생의 학적이 변동되기 이전에 재학하였던 학교를 말한다.

제4조(처리요령) ① 학교생활기록의 자료 입력 및 정정 업무는 당해 업무를 담당하는 사용자가 수행함을 원칙으로 한다.

② 사용자는 직접 관찰·평가한 내용을 근거로 자료를 입력해야 한다.

③ 문자는 한글로(부득이한 경우 영문으로), 숫자는 아라비아 숫자로 입력한다.

④ 학교생활기록부 작성에 필요한 보조부는 각 학교의 실정에 맞게 계획을 수립하여 전산입력·관리하되, 창의적 체험활동상황, 행동 특성 및 종합의견의 누가기록 방법은 시도교육감이 정한다.

⑤ 학생이 전·편입학, 재취학 할 경우 원적교의 장은 재학 당시까지의 상황을 입력한 학교생활기록부 전산자료를 전·편입학, 재취학하는 학교로 이송한다.

제5조(자료입력항목 및 출력서식) ① 학교생활기록부(학교생활기록부Ⅰ)와 학교생활세부사항기록부(학교생활기록부Ⅱ)의 전산입력은 동일하게 한다.

② 학교생활기록부(학교생활기록부Ⅰ)와 학교생활세부사항기록부(학교생활기록부Ⅱ)의 자료입력항목과 전산처리 기본서식은 같다.

③ 학교생활기록부(학교생활기록부Ⅰ)의 전산 처리된 출력서식(백상지 80g/㎡, 용지규격 A4(210㎜×297㎜)은 별지 제1호 서식, 별지 제2호 서식, 별지 제3호 서식, 별지 제4호 서식과 같다.

④ 학교생활세부사항기록부(학교생활기록부Ⅱ)의 전산 처리된 출력서식(백상지 80g/㎡, 용지규격 A4(210㎜×297㎜))은 별지 제5호 서식, 별지 제6호 서식, 별지 제7호 서식, 별지 제8호 서식과 같다.

⑤ 학교생활기록부(학교생활기록부Ⅰ)와 학교생활세부사항기록부(학교생활기록부Ⅱ)의 출력매수는 학생별 자료 입력의 분량에 따라 달리할 수 있다.

⑥ 상급학교 입학전형을 위한 목적으로 별지 제1호부터 제8호까지의 서식 가운데 하나를 출력하는 경우, 교육부, 시·도교육청 또는 입학전형을 실시하는 상급학교의 방침에 따라 입력된 내용의 일부를 제외하고 출력할 수 있다.

제6조 삭제

제7조(인적·학적사항) ① '학생정보'란에는 성명, 성별, 주민등록번호와 입학 당시의 주소를 입력하되, 재학 중 주소가 변경된 경우 변경된 주소를 누가하여 입력한다.

② 중·고등학교에서는 입학 전 전적학교의 졸업연월일과 학교명을 입력하며, 검정고시 합격자는 합격 연월일과 '졸업학력 검정고시 합격'이라고 입력한다.

③ 재학 중 학적변동이 발생한 경우 전출교와 전입교에서 각각 학적변동이 발생한 일자, 학교와 학년, 학적변동 내용을 입력한다. 학적 처리에 사용하는 용어는 별표 7과 같다.

④ '특기사항'란에는 학적변동의 사유를 입력한다. 특기사항 중 학교폭력과 관련된 사항은 「학교폭력 예방 및 대책에 관한 법률」 제17조에 따른 가해학생에 대한 조치사항을 입력한다.

제8조(출결상황) ① '수업일수' 란에 「초·중등교육법 시행령」 제45조에 따른 수업일수를 입력한다.

② '결석일수', '지각', '조퇴', '결과'는 별표 8에 따라 질병·미인정·기타로 구분하여 연간 총일수 또는 횟수를 각각 입력한다.

③ 재취학 등 학적이 변동된 학생의 동 학년의 수업일수 및 출결상황은 학적변동 전(원적교)의 것과 변동 이후의 것을 합산하여 입력한다.

④ '특기사항'란에 결석사유 또는 개근 등 교육부장관이 별도로 정하는 내용을 학급 담임 교사가 입력한다. 특기사항 중 학교폭력과 관련된 사항은 「학교폭력 예방 및 대책에 관한 법률」 제17조에 따른 가해학생에 대한 조치사항을 입력한다.

제9조(수상경력) ① 재학 중 중·고등학교 학생이 교내에서 수상한 상의 명칭, 등급(위), 수상연월일, 수여기관, 참가대상(참가인원)을 입력한다.

② 〈 삭제 〉

③ 동일한 작품이나 내용으로 수준이 다른 상을 여러 번 수상하였을 경우, 최고 수준의 수상 경력만을 입력한다.

제10조(자격증 및 인증 취득상황) ① 고등학생이 재학중에 취득한 자격증의 명칭 또는 종류, 번호 또는 내용, 취득연월일, 발급기관을 입력하며 원본을 대조한 후에 취득한 순서대로 입력한다.

② 제1항에 따라 기재할 수 있는 자격증은 다음 각 호와 같다.

❶ 「국가기술자격법」에 따른 국가기술자격증

❷ 개별 법령에 따른 국가자격증

❸ 「자격기본법」에 따른 국가공인을 받은 민간자격증 중 기술과 관련 있는 내용

③ 〈 삭제 〉

④ 고등학교의 장은 학교교육계획에 따른 국가직무능력표준의 이수상황을 학교생활기록부에 기재할 경우 별지 제3호 서식, 별지 제4호 서식, 별지 제7호 서식, 별지 제8호의 서식에 따라 입력한다.

제11조 〈 삭제 〉

제12조 〈 삭제 〉

제13조(창의적 체험활동상황) ① 창의적 체험활동의 4개 영역(자율활동, 동아리활동, 봉사활동, 진로활동)별 활동내용, 평가방법 및 기준은 교육과정을 근거로 학교별로 정한다.

② 제1항의 자율활동, 동아리활동, 진로활동은 영역별 이수시간 및 특기사항(개별적 특성이 드러나는 사항 등)을 입력하고, 봉사활동은 실적을 입력한다.

③ 제2항에도 불구하고 초등학교는 창의적 체험활동의 이수시간을 입력하지 않으며, '자율활동', '동아리활동' 2개영역의 특기사항은 통합하여 종합적으로 입력하되, '진로활동' 영역은 별도로 구분하여 기록한다. 또한, 안전한 생활(1~2학년)은 교육과정 성취기준을 근거로 특기사항을 입력한다.

④ 제2항의 봉사활동 영역의 실적은 학교교육계획에 의한 봉사활동과 학생 개인계획에 따른 봉사활동의 구체적인 내용을 별도의 '봉사활동실적'란에 연간 실시한 봉사활동의 일자 또는 기간, 장소 또는 주관기관명, 활동내용, 시간을 실시일자 순으로 모두 입력한다.

⑤ 제2항에 따른 영역별 누가 기록은 공정성, 객관성, 투명성, 신뢰도, 타당도 등이 확보되도록 서식을 개발하여 활용하되, 학생의 구체적 활동 내용이 포함된 자료를 바탕으로 작성하여 관리한다.

⑥ 제2항 및 제3항의 '진로활동'의 특기사항에 진로희망분야와 각종 진로검사 및 진로상담 결과, 관심분야 및 진로희망과 관련된 학생의 활동내용 등 학생의 진로 특성이 드러나는 사항을 담임교사가 입력한다.

⑦ 제6항에도 불구하고 초등학교는 진로희망분야를 입력하지 않을 수 있다.

⑧ 「학교체육진흥법」 제10조에 따른 학교스포츠클럽 활동 내용은 '동아리활동'란에 다음 각호의 사항을 입력 한다. 이 경우 활동 내용은 학교장이 인정한 기간 동안 수행한 것으로 한정한다.

❶ 클럽명

❷ 활동시간

❸ 개별적 특성이 드러나는 특기사항

⑨ 제8항에도 불구하고 정규교육과정에 포함되지 않은 학교스포츠클럽활동은 특기사항을 입력하지 않는다.

⑩ 제8항의 활동시간은 동아리활동 이수시간에 합산한다.

⑪ 제2항에도 불구하고 동아리활동 중 정규교육과정에는 포함되어 있지 않으나 학교교육계획에 따라 구성한 청소년단체 활동은 초등학교와 중학교의 경우 단체명은 입력하되 특기사항은 입력하지 않으며, 고등학교의 경우 단체명 및 특기사항 모두를 입력하지 않는다.

⑫ 제2항 및 제3항에 따른 자율활동의 특기사항은 담임교사가, 동아리활동의 특기사항은 해당 동아리 담당 교사가 입력하고, 제3항에 따른 안전한 생활은 담당 교사가 입력한다.

제14조 〈 삭제 〉

제15조(교과학습발달상황) ① 교과학습발달상황의 평가는 별표 9 '교과학습발달상황 평가 및 관리'에 따라 시행한다.

② 초등학교의 교과학습발달상황은 각 교과별 성취기준에 따른 성취수준의 특성 및 학습활동 참여도 등을 '세부능력 및 특기사항'란에 교과별로 문장으로 입력하되, 1, 2학년 '바른 생활', '슬기로운 생활', '즐거운 생활' 교과는 통합하여 입력한다.

③ 중학교는 제1항의 규정에 의하여 시행한 평가에 따라 '교과', '과목', '원점수/과목평균', '성취도(수강자수)'를 산출하여 각 학기말에 입력한다. 다만, 체육·예술(음악/미술) 교과(군)의 과목은 '교과', '과목', '성취도'를 입력한다.

④ 고등학교는 제1항의 규정에 의하여 시행한 평가에 따라 '교과', '과목', '단위수', '원점수/과목평균(표준편차)', '성취도(수강자수)', '석차등급'을 산출하여 각 학기말에 입력한다. 다만, 다음의 교과(목)는 예외로 하여 각 호의 사항을 입력한다.

❶ 보통 교과 진로 선택 과목(진로 선택으로 편성된 전문 교과 포함): '교과', '과목', '단위수', '원점수/과목평균', '성취도(수강자수)', '성취도별 분포비율'

❷ 보통 교과 공통 과목의 '과학탐구실험' 및 전문 교과 Ⅱ, Ⅲ: '교과', '과목', '단위수', '원점수/과목평균( 표준편차)', '성취도(수강자수)'

❸ 보통 교과의 체육·예술 교과(군)의 일반 선택 과목: '교과', '과목', '단위수', '성취도'

⑤ 중·고등학교의 '비고'란에는 학교간 통합 선택교과 이수, 학적변동으로 인한 이수과목 상이 등 교육과정 운영에 따른 특기사항에 관한 내용을 간략하게 입력한다.

⑥ 중·고등학교의 '세부능력 및 특기사항'란에는 과목별 성취기준에 따른 성취수준의 특성 및 학습활동 참여도 등을 문장으로 입력한다. 다만, 체육·예술 교과(군) 및 전문 교과Ⅱ의 실무과목은 다음 각 호의 사항을 입력한다.

❶ 체육·예술 교과(군) : 성취수준의 특성, 실기능력, 교과적성, 학습활동 참여도 및 태도 등

❷ 전문 교과Ⅱ의 실무과목 : 능력단위별 학습활동 참여도 및 태도 등

❸ 〈 삭 제 〉

❹ 학점제를 적용받는 산업수요 맞춤형 고등학교에 편성된 전문 교과Ⅱ 실무과목: 최소 성취수준에 도달하지 못한 학생을 대상으로 실시한 보충학습의 과목명, 이수기간, 이수시간 등

⑦ 제6항에 따른 중학교의 '세부능력 및 특기사항'란에는 특기할 만한 사항이 있는 과목 및 학생에 대하여 입력하고, 고등학교는 모든 학생에 대해 입력하되 세부사항은 교육부장관이 별도로 정한다.

⑧ 고등학교의 보통 교과 중 교양 교과는 과목명 및 이수단위를 입력하고 '성취도(수강자수)'란과 '석차등급'란에는 'P'를 각각 입력한다. 또한, 중학교에서도 고등학교 교양교과(환경, 보건, 진로와 직업 등) 성격의 과목을 선택하여 이수한 경우 과목명 및 이수시간을 입력하고 이수여부에 'P'를 입력한다.

⑨ 〈 삭 제 〉

⑩ 전문 교과Ⅰ 및 보통 교과[공통 과목 과학탐구실험, 진로 선택 과목(진로 선택으로 편성된 전문 교과 포함), 체육·예술 교과(군)의 일반 선택 과목, 교양 교과(군)의 과목 제외]는 과목 수강자수가 13명 이하인 경우 '교과', '과목', '단위수', '원점수/과목평균(표준편차)', '성취도(수

강자수)'를 입력하고, '석차등급'란에는 '석차등급'이나 '·'을 입력한다. 다만, 수강자 수가 13명 이하인 과목이 2과목 이상인 경우에 '석차등급'란에 '석차등급' 또는 '·' 표기 중 한 가지 방법으로 동일하게 입력한다.

⑪ 〈 삭 제 〉

⑫ 체육·예술계 중학교(예술체육 중점학교 포함)에서 학생이 선택 과목으로 체육계 과목 또는 음악·미술계 과목을 이수한 경우 '교과', '과목', '원점수/과목평균', '성취도(수강자수)'를 입력한다.

⑬ 학생이 자유학기에 이수한 과목의 '원점수/과목평균'란은 '공란'으로 두고, '성취도(수강자수)'란에 'P'를 입력한다. 또한, 체육·예술(음악/미술) 교과(군)의 과목은 '성취도'란에 'P'를 입력한다. '세부능력 및 특기사항'란에는 모든 과목에 대해 각 과목별 성취기준에 따른 성취수준의 특성, 학습활동 참여도 및 태도, 활동 내역(체육·예술 과목은 실기능력, 교과적성 포함) 등을 문장으로 입력한다.

⑭ 교과학습발달상황의 '세부능력 및 특기사항'은 교과담당교사가 입력한다.

⑮ 고등학교에서 학교 간 통합 선택교과로 이수한 과목[진로 선택 과목(진로 선택으로 편성된 전문 교과 포함), 체육·예술 교과(군)의 일반 선택 과목, 교양 교과(군)의 과목 제외]은 '교과', '과목', '단위수', '원점수/과목평균(표준편차)', '성취도(수강자수)'를 입력한다.

⑯ 산업수요 맞춤형 고등학교는 제4항, 제8항, 제10항, 제15항의 '이수단위' 또는 '단위수'를 '학점수'로 본다.

⑰ 중학교에서 국가 재난에 준하는 상황으로 평가를 실시하지 않을 경우 '원점수/과목평균'란은 '공란'으로 두고, '성취도(수강자수)'란에 'P'를 입력한다. 또한, 체육·예술(음악/미술) 교과(군)의 과목은 '성취도'란에 'P'를 입력한다.

제15조의2(자유학기활동상황) ① 중학교에서 자유학기에 학교별로 실시한 자유학기 활동 영역별 이수시간 및 특기사항을 입력한다.

② '특기사항'에 자유학기 활동별 담당 교사가 수시로 관찰한 활동 내용, 참여도, 흥미도 등을 문장으로 입력한다.

제15조의3(독서활동상황) ① 중·고등학교의 개인별·교과별 독서활동상황은 독서활동에 특기할 만한 사항이 있는 학생을 대상으로 학기 단위로 입력한다.

② '독서활동상황'란에 학생이 읽은 책의 제목과 저자를 교과 담당교사 또는 담임교사가 입력한다.

제16조(행동 특성 및 종합의견) ① 행동 특성 및 종합의견은 수시로 관찰하여 누가 기록된 행동 특성을 바탕으로 총체적으로 학생을 이해할 수 있는 종합의견을 담임교사가 문장으로 입력한다.

② 행동 특성 중 학교폭력과 관련된 사항은 「학교폭력 예방 및 대책에 관한 법률」 제17조에 규정된 가해학생에 대한 조치사항을 입력한다.

제17조(기타사항) ① '졸업대장번호'란에 졸업대장의 번호를 입력한다.

② '구분'란에 학생의 학과, 반, 번호 및 담임성명을 입력한다. 다만, 변경사항이 있을 경우 변경 전·후의 내용을 함께 입력한다.

③ '전공·과정'란에 특성화고등학교(특정분야의 인재양성을 목적으로 하는 교육을 실시하는 학교에 한함)의 학기별 전공 과정 및 과목, 산업체 실습과정 또는 일반고등학교, 특수목적고등학교 및 자율고등학교의 개인별 과정선택 등 교육과정 이수에 따른 특기사항을 입력한다. 또한, 학점제를 적용받는 산업수요 맞춤형 고등학교의 학생이 타학과 과목을 일정 학점 이상 이수한 부전공의 과목명을 입력한다.

④ '사진'란에 입학년도에 촬영한 천연색 상반신 사진(3.5㎝×4.5㎝, 전산자료)을 입력하며, 졸업학년도에 촬영한 사진으로 교체 입력한다.

제18조(자료의 보존) ① 학교의 장은 「공공기록물 관리에 관한 법률」 및 같은 법 시행령에 따라 학교생활기록부(학교생활기록부Ⅰ)와 학교생활세부사항기록부(학교생활기록부Ⅱ)를 준영구 보존해야 한다.

② 〈 삭제 〉

③ 학교의 장은 제1항에 따라 준영구 보존하는 학교생활기록부(학교생활기록부Ⅰ)와 학교생활세부사항기록부(학교생활기록부Ⅱ)를 학생 졸업 후 5년 동안 학교에서 보관하고, 이후에는 「공공기록물 관리에 관한 법률 시행령」 제4조, 제31조, 제32조에 따라 보존·관리하여야 한다.

④ 학교의 장은 학교생활세부사항기록부(학교생활기록부Ⅱ)의 학적사항의 '특기사항'란에 입력된 「학교폭력예방 및 대책에 관한 법률」 제17조 제1항 제8호의 조치사항과 출결상황의 '특기사항'란에 입력된 「학교폭력예방 및 대책에 관한 법률」 제17조 제1항 제4호·제5호·제6호의 조치사항을 학생이 졸업일로부터 2년이 지난 후에 삭제하여야 한다. 다만, 해당 학생의 반성 정도와 긍정적 행동변화 정도를 고려하여 졸업하기 직전에 「학교폭력예방 및 대책에 관한 법률」 제14조 제3항에 따른 학교폭력 전담기구의 심의를 거쳐 학생의 졸업과 동시에 삭제할 수 있다.

⑤ 제4항 단서에도 불구하고 다음 각 호의 어느 하나에 해당하는 경우 학교폭력 전담기구의 조치사항 삭제 심의 대상이 될 수 없다.

❶ 재학기간 동안 서로 다른 학교폭력 사안 2건 이상으로 「학교폭력예방 및 대책에 관한 법률」 제17조 제1항 각 호의 조치사항을 각각 받은 경우

❷ 「학교폭력예방 및 대책에 관한 법률」 제17조 제1항 조치사항의 조치 결정일로부터 졸업학년도 2월 말일까지 6개월이 경과되지 않은 경우

⑥ 학교의 장은 학교생활세부사항기록부(학교생활기록부Ⅱ)의 '행동 특성 및 종합의견'란에 입력된 「학교폭력예방 및 대책에 관한 법률」 제17조 제1항 제1호·제2호·제3호·제7호의 조치사항을 학생의 졸업과 동시에 삭제하여야 한다.

제19조(자료의 정정) ① 학교의 학년도는 「초·중등교육법」 제24조에 따라 3월 1일부터 시작하여 다음 해 2월 말일까지로 하며, 학년도 종료 시까지 학교생활기록부 작성을 종료하고, 매 학년이 종료된 이후에는 당해 학년도 이전의 학교생활기록부 입력 자료에 대한 정정은 원칙적으로 금지한다.

② 제1항에도 불구하고, 객관적인 증빙자료가 있는 경우에만 정정이 가능하며, 정정 시에는 반드시 정정내용에 관한 증빙자료를 첨부하여 증빙자료의 객관성 여부, 정정의 사유, 정정내용 등에 대하여 학교 학업성적관리위원회의 심의 절차를 거친 후 학교생활기록부 정정대장(별표 10의 1조)의 결재 절차에 따라 재학생은 정정 사항의 발견 학년도 담임교사, 졸업생은 업무 담

당자가 정정 처리해야 한다. 다만, 제7조의 인적·학적사항의 학생정보는 학업성적관리위원회 심의를 생략할 수 있다.

③ 학교생활기록부 정정대장은 교육정보시스템에서 제공하는 결재 절차를 거쳐 학기 중에는 전자문서로 관리하다가 매 학년도 말 처리가 종료되면 출력하여 증빙서류와 함께 준영구 보관한다.

④ 학교의 장은 「초·중등교육법」 제30조의6 제1항 제1호 및 제2호에 따라 학교생활기록부(별지 제1호 서식부터 제8호까지의 서식 가운데 하나)를 감독·감사 권한을 가진 행정기관 또는 상급학교에 제공하는 경우 교육부, 시·도교육청 또는 입학전형을 실시하는 상급학교의 요청에 따라 해당 학생의 학교생활기록부 정정대장(별표 10의 1조)을 제공할 수 있다.

⑤ 학교의 장은 제4항에 따라 정정대장을 제공할 경우 다음 각 호의 어느 하나에 해당하는 내용 중 학생의 개인정보를 보호할 필요가 있다고 판단되는 사항은 제외하여 제공해야 한다.

❶ 학생 본인 및 가족(보호자 포함)의 질병명 등

❷ '인적·학적사항'항목의 학생 성명, 성별, 주민등록번호, 주소

❸ 제18조 제4항·제6항에 따른 조치사항 삭제와 관련된 내용

제20조(자료의 제공) ① 초등학교 및 중학교의 장은 지속적인 진로교육을 위하여 학교생활기록부의 진로 관련 사항(창의적 체험활동상황 중 진로활동 영역을 말한다. 이하 이 조에서 같다)을 해당 학생(학생이 미성년자인 경우에는 학생과 학생의 부모 등 보호자)의 동의를 받아 상급학교(초등학교의 경우 중학교 및 고등학교, 중학교의 경우 고등학교를 말한다)의 장에게 전산자료의 형태로 진학이 확정된 후에 제공할 수 있다.

② 중학교 및 고등학교의 장은 제1항에 따라 제공받은 전산자료를 해당 학생의 유예 및 재학(휴학) 기간 동안 진로교육을 위한 목적으로만 활용하여야 하며, 해당 학교급의 학교생활기록부와 별도로 관리하여야 한다.

③ 제1항에 따른 개인정보(진로 관련 사항) 활용 동의서는 별표 11의 서식에 따른다.

제21조(준용 등) 학교생활기록 작성과 관련하여 이 지침에 정하지 아니한 사항에 대하여는 다른 관련 법규를 준용한다.

제22조(재검토기한) 교육부장관은 이 훈령에 대해 「훈령·예규 등의 발령 및 관리에 관한 규정」에 따라 2021년 1월 1일 기준으로 매 3년이 되는 시점(매 3년째의 12월 31일까지를 말한다)마다 그 타당성을 검토하여 개선 등의 조치를 하여야 한다.

# 부록 4 교과학습발달상황의 평가 및 관리

## 1) 교과학습 평가의 목표 및 방침

학교생활기록부 작성 및 지침에는 교과학습 평가의 목표 및 방침을 제시하고 있다. 교과학습의 평가 및 방침을 구체적으로 살펴보면 다음과 같다(교육부, 2021a: 83).

첫째, 교과학습의 평가는 학생의 교육목표 도달도를 확인하고 교수-학습의 질을 개선하는데 주안점을 둔다. 또한, 교수-학습과 평가활동이 일관성 있게 이루어지도록 하며, 평소 학교에서 가르친 내용과 기능에 대하여 학생 개개인의 교과별 성취기준·평가기준에 따른 성취도와 학습 수행 과정을 평가하는 방법을 적용한다. 성취기준이란 학생들이 교과를 통해 배워야 할 내용과 이를 통해 수업 후 할 수 있거나 할 수 있기를 기대하는 능력을 결합하여 나타낸 활동의 기준을 의미하며, 학생의 특성·학교 여건 등에 따라 교육과정 및 교과서 내용을 분석하여 교과협의회를 통해 재구조화할 수 있다. 성취기준의 재구조화는 교육과정 성취기준을 실제 평가의 상황에서 준거로 사용하기에 적합하도록 보다 구체적이고 명료화하게 하는 것을 의미한다.

둘째, 각급 학교는 교과학습의 평가 및 관리의 객관성·공정성·투명성과 신뢰도 등을 제고하여, 학교교육의 내실화를 도모한다.

셋째, 교과학습의 평가는 지필평가와 수행평가로 구분하여 실시한다. 다만, 시·도교육청의 학업성적관리 시행지침에 따라 학교별 학업성적관리규정으로 정하여 교과목의 특성상 수업활동과 연계한 수행평가만으로 평가할 수 있다. 훈령에 제시된 지필평가와 수행평가의 의미는 다음과 같다. 첫째, 지필평가는 중간 또는 기말고사 등과 같은 일제식 정기고사를 의미하며, 문항정보표의 구성에 따라 선택형과 서답형으로 구분한다. 학교에서 형성평가 및 수행평가의 일환으로 실시하는 선택형 및 서답형 문항으로 구성된 평가는 지필평가에 해당되지 않는다(교육부, 2021b: 101). 둘째, 수행평가란 교과 담당교사가 교과 수업시간에 학습자들의 학습과제 수행 과정 및 결과를 직접 관찰하고, 그 관찰 결과를 전문적으로 판단하는 평가방법이다. 이들 정의에 제시된 학습과제, 수행, 관찰, 판단의 의미는 다음과 같다. 학습과제란 학습자들이 성취하기를 기대하는 교육과정의 각 교과 교육목표와 관련되는 것으로 실제생활에서 보다 의미 있고, 중요하고, 유용한 과제를 의미한다. 수행이란 학생이 단순히 답을 선택하는 것이 아니라, 학생 스스로 답을 구성하는 것, 산출물이나 작품을 만들어 내는 것, 태도나 가치관을 행동으로 드러내는 것 등을 모두 포함한다. 관찰이란 학습자가 수행하는 과정이나 그 결과를 평가자가 읽거나, 듣거나, 보거나, 느끼거나 하는 활동을 모두 포함한다. 판단이란 평가자가 관찰한 것을 객관성, 합리성, 타당성, 신뢰성 등이 있는 기준을 준거로 점수화하거나, 문장화하는 것을 의미한다.

넷째, 감염병의 전국적 유행 등 국가 재난에 준하는 상황에서는 지필평가 또는 수행평가만으로 평가하거나 초등학교와 중학교는 교육부장관이 정하는 바에 따라 지필 및 수행평가를 실시하지 않을 수 있다.

다섯째, 교과학습의 평가 및 관리의 객관성·공정성·투명성과 신뢰도를 높이기 위하여 학교별 각 교과(학년)협의회와 학업성적관리위원회를 구성하고, 그 기능을 강화한다.

여섯째, 동 교과학습발달상황 평가 및 관리 내용을 준거로 시·도교육청에서는 초·중·고등학교별 학업성적관리 시행지침을 수립하고, 각급 학교에서는 시·도교육청 학업성적관리 시행지침에 따라 학교별 세부적인 학업성적관리규정을 제정하여 활용한다.

일곱째, 「공교육 정상화 촉진 및 선행교육 규제에 관한 특별법」 제8조 제3항에 따라 지필평가, 수행평가 등 학교 내 학교 시험 및 각종 교내대회에서 학생이 배운 학교교육과정의 범위와 수준을 벗어난 내용을 출제하여 평가하지 않도록 유의한다.

여덟째, 자녀가 재학하는 학교에 부모 교직원이 재직하는 경우, 자녀가 재학 중인 학년의 출제, 검토, 인쇄, 채점, 평가 관리 등 자녀와 관련한 '평가 관련 업무'를 담당하지 않도록 유의한다.

아홉째, 부정행위 예방 대책과 부정행위자(협조자 포함) 처리 절차 및 처리 기준을 시·도교육청의 학업성적관리 시행지침에 따라 학업성적관리규정에 마련하여, 학기 초에 학생 및 학부모에 안내한다. 또한,부정행위 적발 시 절차 및 규정에 따라 엄중히 처리한다.

## 2) 초등학교 평가방법

교육부 훈령에 제시되어 있는 초등학교 평가계획, 평가 운영, 평가결과 처리 방법을 살펴보면 다음과 같다(교육부, 2021a: 84-85).

### 가. 평가계획 수립

첫째, 교과학습의 평가계획은 각 교과의 교육과정 및 학교·교과의 특성을 감안하여 교과(학년)협의회에서 수립하고, 이를 학교 학업성적관리위원회의 심의를 거쳐 학교장이 최종 결정한다. 또한, 학교의 여건을 고려하여 필요시에는 시·도교육청의 학업성적관리 시행지침에 따라 학급별로 평가계획을 달리 정할 수 있다.

둘째, 평가계획에는 각 교과(학년)별 평가의 영역·요소·방법·시기·기준 및 결과의 활용 등을 포함한다.

셋째, 확정된 평가계획은 정보공시 등을 통해 학생 및 학부모에게 공개한다. 또한, 변경사항이 있는 경우에는 수정하여 평가 실시 전에 재 공지한다.

### 나. 평가 운영

첫째, 성취기준·평가기준에 따른 성취도와 학생의 성장 및 발달 정도에 중점을 두고 평가가 이루어지도록 한다.

둘째, 정규교육과정 외에 학생이 수행한 결과물에 대해 점수를 부여하는 과제형 수행평가는 실시하지 않는다.

셋째, 시·도교육청의 학업성적관리 시행지침에 따라 학업성적관리규정에 학생의 이의신청 절차를 마련하고, 이의신청이 있을 때에는 절차에 따라 면밀히 검토하여 처리하여야 한다.

#### 다. 평가결과 처리

첫째, 교과별 평가결과를 포함한 일람표는 학급 담임교사 또는 교과 담당교사가 작성한다.

둘째, 학업성적 평가결과는 평가계획에 따른 각 평가에 대한 학생의 성취수준 및 평가 중 관찰한 사실을 바탕으로 작성한다.

셋째, 학생의 평가결과는 학생 및 학부모에게 제공하며, 세부적인 방법 및 횟수 등은 학교에서 정할 수 있다.

넷째, 개인정보 보호를 위해 학생의 평가결과는 학생 본인에게만 공개하여야 하며, 타인에게 노출되지 않도록 유의한다.

다섯째, 학생의 평가결과물은 학생들의 확인·이의신청·성적처리가 완료된 후 학업성적관리위원회의 심의를 거쳐 보관기간을 결정하여 시행한다.

여섯째, 성적처리가 끝난 평가의 중요한 자료는 성적 산출의 증빙자료로 시·도교육청의 지침 및 학교 학업성적관리규정에 따라 보관기간을 정하여 해당 학교에 보관한다.

### 3) 중학교 · 고등학교 평가방법

교육부 훈령에 제시되어 있는 중·고등학교 평가계획, 평가 운영, 평가결과 처리 방법을 살펴보면 다음과 같다(교육부, 2021b: 94-95).

#### 가. 평가계획 수립

첫째, 교과학습의 평가계획은 각 과목의 교육과정 및 학교·교과의 특성을 감안하여 교과(학년)협의회에서 수립하고, 이를 학교 학업성적관리위원회의 심의를 거쳐 학교장이 최종 결정한다. 다만, 중학교 자유학기(학년)에 학교의 여건을 고려하여 필요시에는 시·도교육청의 학업성적 관리시행지침에 따라 해당 교과 담당 교사별로 평가계획을 달리 정할 수 있다.

둘째, 평가계획에는 각 교과(학년)별 지필평가 및 수행평가의 평가 영역·요소·방법·횟수·반영비율·수행평가 세부기준(배점) 등과 성적처리방법 및 결과의 활용 등을 포함한다.

셋째, 확정된 평가계획은 정보공시 등을 통해 학생 및 학부모에게 공개한다. 또한, 변경사항이 있는 경우에는 수정하여 평가 실시 전에 재 공지한다.

넷째, 자유학기의 교과학습발달상황 평가는 학교별로 자유학기의 취지에 맞는 평가 방안을 마련하고, 이를 학교 학업성적관리위원회의 심의를 거쳐 학교장이 최종 결정한다.

#### 나. 평가 운영

첫째, 지필평가 문제는 타당도, 신뢰도를 제고할 수 있도록 출제하고, 평가의 영역, 내용 등을 포함한 문항정보표 등 출제 계획을 작성하여 활용하며, 동일 교과 담당교사 간 공동 출제를 한다.

둘째, 지필평가는 문항별 배점을 표시하여 가급적 100점 만점으로 출제하고 문항의 수준별 난이도의 배열에 유념한다.

셋째, 시·도교육청의 학업성적관리 시행지침에 따라 학업성적관리규정에 지필평가 관련 보안 규정과 시험지 유출시 처리기준을 마련하고, 평가 문제는 출제·인쇄 및 평가의 전 과정에서 보안이 유지되도록 철저히 관리한다.

넷째, 정규교육과정 외에 학생이 수행한 결과물에 대해 점수를 부여하는 과제형 수행평가는 실시하지 않는다.

다섯째, 수행평가의 점수는 점수화가 가능한 영역의 점수만 반영하되, 기본점수의 부여 여부, 부여 점수의 범위 등은 시·도교육청의 학업성적관리 시행지침에 따라 학교의 학업성적관리규정으로 정한다.

여섯째, 시·도교육청의 학업성적관리 시행지침에 따라 학업성적관리규정에 지필평가 및 수행평가의 이의신청 절차를 마련하고, 이의신청이 있을 때에는 절차에 따라 면밀히 검토하여 처리하여야 한다. 또한, 평가 문항의 이의신청에 따른 오류 검증을 위해 필요시 외부 전문가의 자문을 받을 수 있다.

### 다. 중학교 학업성적 평가결과 처리

중학교 학업성적 평가결과 처리는 다음과 같다(교육부, 2021b: 95-96).

첫째, 과목별 성적일람표는 매 학기말 교과 담당교사가 작성하되, 지필평가(명칭, 반영비율 등 명기)와 수행평가(영역, 반영비율 등 명기)의 점수를 합산하고, 원점수/과목평균, 성취도(수강자수)를 산출한다(다만, 체육·음악·미술교과의 과목은 성취도만을 산출). 단, 전산처리할 경우 전산 입력하여 관리함을 원칙으로 한다.

둘째, 원점수는 지필평가 및 수행평가의 반영비율 환산 점수 합계를 소수 첫째 자리에서 반올림하여 정수로 기록하며, 과목평균은 원점수를 사용하여 계산하여 소수 둘째 자리에서 반올림하여 소수 첫째 자리까지 기록한다.

셋째, 성취도는 원점수에 따라 다음과 같이 평정한다. 성취평가제는 학생이 무엇을 어느 정도 성취하였는가라는 평가의 본래적 의미를 강조하는 평가제도이다.

| 성취율(원점수) | 성취도 |
|---|---|
| 90% 이상 | A |
| 80% 이상 ~ 90% 미만 | B |
| 70% 이상 ~ 80% 미만 | C |
| 60% 이상 ~ 70% 미만 | D |
| 60% 미만 | E |

단, 체육·음악·미술교과의 과목의 성취도는 다음과 같이 평정한다.

| 성취율(원점수) | 성취도 |
|---|---|
| 80% 이상 ~ 100% | A |
| 60% 이상 ~ 80% 미만 | B |
| 60% 미만 | C |

넷째, 수강자수는 매 학기말 성적산출 시점을 기준으로 해당 과목을 수강한 학생수로 한다. 다만, 자유학기(학년)에 해당 교과 담당교사별로 해당 과목의 평가계획을 다르게 수립한 경우, 시·도교육청의 학업성적관리 시행지침에 따라 당해 학교의 학업성적 관리규정으로 정하여 해당 교과 담당 교사별로 수강자수를 달리할 수 있다.

다섯째, '재취학, 전·편입학생'과 '명예졸업, 유예, 면제 및 전출 학생 중 모든 평가가 완료되어 당해 학교의 학업성적관리규정에 따라 성적을 처리할 수 있는 학생'은 수강자수에 포함하고, '모든 평가가 완료되기 이전(학기말 최종 성적처리 불가능)의 학생(명예졸업, 유예, 면제 등)'과 '재취학, 전·편입학생 중 원적교에서 성적(성취도, 원점수 등)을 취득해 온 학생'은 수강자수에서 제외한다.

여섯째, 채점 등 평가결과를 전산처리할 경우, 교과 담당교사는 전산처리 결과의 이상 유무를 철저히 대조·확인해야 한다.

일곱째, 개인 정보 보호를 위해 지필 및 수행평가 결과는 학생 본인만 확인하도록 하며, 타인에게 성적 정보가 노출되지 않도록 유의해야 한다.

여덟째, 성적처리 및 학생 확인이 완료된 지필평가의 학생 답안지는 성적산출의 증빙자료로 5년간 보관한다.

아홉째, 수행평가의 결과물은 학업성적관리위원회의 심의를 거쳐 보관기간을 결정하여 시행한다.

열 번째, 성적처리가 끝난 수행평가의 중요한 자료는 성적 산출의 증빙자료로 졸업 후 1년 이상 당해 학교에 보관하며, 상급학교 진학 시 입학전형권자의 요청이 있을 경우 이를 전형자료로 제공할 수 있다.

### 라. 고등학교 학업성적 평가결과 처리

고등학교 학업성적 평가결과 처리는 다음과 같다(교육부, 2021c: 97-100).

첫째, 과목별 성적일람표는 매 학기말 교과 담당교사가 작성하고, 전산처리할 경우 전산 입력하여 관리함을 원칙으로 한다. 과목별 성적 일람표는 지필평가(명칭, 반영비율 등 명기)와 수행평가(영역, 반영비율 등 명기)의 점수를 합산하여 각 호와 같이 성적을 산출한다.

(가) 교양교과(군)의 과목 및 (나)~(마)호를 제외한 모든 과목은 원점수, 과목 평균, 과목 표준편차, 성취도(수강자수), 석차(동석차수), 석차등급을 산출한다.

(나) 보통 교과의 진로 선택 과목은 원점수, 과목평균, 성취도(수강자수), 성취도별 분포비율을 산출한다.

(다) 보통 교과 공통 과목의 '과학탐구실험'과 전문 교과Ⅱ, Ⅲ은 원점수, 과목 평균, 과목 표준편차, 성취도(수강자수)만 산출하고, 이 중 전문 교과Ⅱ의 실무과목은 능력단위로 산출할 수 있으며, 능력단위 평가 시 이수시간, 원점수, 성취도만 산출한다.

(라) 보통 교과 체육·예술 교과(군)의 일반 선택 과목은 성취도만 산출한다.

(마) 고등학교에서 학교 간 통합 선택교과로 이수한 과목[보통 교과 진로 선택 과목, 체육·예술 교과(군)의 일반 선택 과목, 교양 교과(군)의 과목 제외]은 원점수, 과목 평균, 과목 표준편차, 성취도(수강자수)를 산출한다.

둘째, 원점수는 지필평가 및 수행평가의 반영비율 환산 점수 합계를 소수 첫째 자리에서 반올림하여 정수로 기록하며, 과목평균, 과목표준편차는 원점수를 사용하여 계산하여 소수 둘째 자리에서 반올림하여 소수 첫째 자리까지 기록한다.

셋째, 과목별 성취도는 성취율에 따라 다음과 같이 평정하되, 기준 성취율에 따른 분할점수를 과목별로 학교가 설정할 수 있다.

| 성취율 | 성취도 |
|---|---|
| 90% 이상 | A |
| 80% 이상 ~ 90% 미만 | B |
| 70% 이상 ~ 80% 미만 | C |
| 60% 이상 ~ 70% 미만 | D |
| 60% 미만 | E |

단, 보통 교과 공통 과목의 과학탐구 실험, 보통 교과 체육·예술 교과(군)의 일반 선택 과목, 보통 교과 진로 선택 과목(진로 선택으로 편성된 전문 교과 포함), 전문 교과Ⅰ 과학계열 교과(군)의 융합과학 탐구, 과학과제 연구, 물리학 실험, 화학 실험, 생명과학 실험, 지구과학 실험, 전문 교과Ⅰ 국제계열 교과(군)의 사회 탐구 방법, 사회과제 연구의 성취도는 원점수에 따라 다음과 같이 평정한다.

| 성취율(원점수) | 성취도 |
|---|---|
| 80% 이상 ~ 100% | A |
| 60% 이상 ~ 80% 미만 | B |
| 60% 미만 | C |

넷째, 과목별 석차등급은 지필평가 및 수행평가의 반영비율 환산 점수의 합계에 의한 석차 순에 따라 다음과 같이 평정한다. 단, 등급별 누적 학생수는 수강자수와 누적 등급비율을 곱한 값을 반올림하여 계산한다.

| 석차등급 | 석차누적비율 |
|---|---|
| 1등급 | ~4%이하 |
| 2등급 | 4%초과~11%이하 |
| 3등급 | 11%초과~23%이하 |
| 4등급 | 23%초과~40%이하 |
| 5등급 | 40%초과~60%이하 |
| 6등급 | 60%초과~77%이하 |
| 7등급 | 77%초과~89%이하 |
| 8등급 | 89%초과~96%이하 |
| 9등급 | 96%초과~100%이하 |

다섯째, 학교별 학업성적관리규정에 동점자 처리 규정을 둘 수 있으며, 가급적 동점자를 발생시키지 않도록 유의하고, 그럼에도 불구하고 동점자가 발생하여 등급경계에 있는 경우 중간석차를 적용한 중간석차백분율에 의하여 등급을 부여하며, 이때 '라'목의 (4) 표의 비율은 중간석차백분율로 사용한다.

여섯째, 석차는 매 학기별로 과목별 지필평가 및 수행평가의 반영비율 환산점수 합계를 소수 셋째 자리에서 반올림하여 소수 둘째 자리까지 구하여, 다음과 같이 산출한다.

(가) 성적산출을 위한 수강자수는 매 학기말 성적산출 시점을 기준으로 해당 과목을 수강한 학생수(수강하였으나 이수하지 못한 학생수도 포함)로 한다. 다만 필요하다고 인정되는 경우, 「초·중등교육법」 제48조 및 같은 법 시행령 제78조에 따라 교육감의 승인을 얻어 학과별로 학생을 선발한 학교는 교육과정 특성을 고려하여 시·도교육청 학업성적관리 시행지침에 따라 학교별 학업성적관리규정으로 학과별로 수강자수를 정할 수 있다. 산업수요 맞춤형 고등학교(마이스터고)와 특성화고등학교(특정분야의 인재양성을 목적으로 하는 교육을 실시하는 학교에 한함)는 필요하다고 인정되는 경우, 교육과정 특성을 고려하여 시·도교육청 학업성적관리 시행지침에 따라 학교별 학업성적관리규정으로 수강자수를 정할 수 있다.

(나) 직업과정 위탁생의 위탁교과와 특성화고등학교(특정분야의 인재양성을 목적으로 하는 교육을 실시하는 학교에 한함) 및 특수목적고등학교의 개인별 평가가 곤란한 전문(공), 실기(습) 교과는 원점수, 과목평균 등을 기록할 수 있고, 성취도 또는 이수여부를 기록한다.

(다) 과목별로 동점자가 발생할 경우에는 그 동점자 모두에게 해당 순위의 최상의 석차를 부여하고 ( )안에 동점자 수를 병기한다.

(라) 시·도교육청에서 운영하는 공동실습소, 일반고등학교, 특수목적고등학교(산업수요 맞춤형 고등학교 포함) 및 자율고등학교의 직업과정 운영학교, 특성화고등학교(특정분야의 인재양성을 목적으로 하는 교육을 실시하는 학교에 한함) 등에서 개설한 교과(과정)를 계열이 서로 다른 학교의 학생들이 함께 수강한 경우의 수강자수는 계열별로 구분하여 산출할 수 있다.

(마) '재·전·편입학생'과 '명예졸업, 퇴학, 자퇴, 제적, 휴학 및 전출 학생 중 모든 평가가 완료되어 당해 학교의 학업성적관리규정에 따라 성적을 처리할 수 있는 학생'은 수강자수에 포함하고, '모든 평가가 완료되기 이전(학기말 최종 성적처리 불가능)의 명예졸업생 및 퇴학, 자퇴, 제적, 휴학'과 '재·전·편입학생 중 원적교에서 성적을 취득해 온 학생'은 수강자수에서 제외한다.

(바) 학점제를 적용받는 산업수요 맞춤형 고등학교에 편성된 전문 교과Ⅱ 실무과목은 과목별 최소 성취수준을 별도로 설정하되, 최소 성취수준의 성취율은 성취도 E범위 내에서 담당교사가 과목 및 학생의 특성을 고려하여 정하고, 학업성적관리위원회의 심의를 거쳐 학교장이 최종 결정한다.

(아) 채점 등 평가결과를 전산처리할 경우, 교과 담당교사는 전산처리 결과의 이상 유무를 철저히 대조·확인해야 한다.

(자) 개인 정보 보호를 위해 지필 및 수행평가 결과는 학생 본인만 확인하도록 하며, 타인에게 성적 정보가 노출되지 않도록 유의해야 한다.

(차) 성적처리 및 학생 확인이 완료된 지필평가의 학생 답안지는 성적산출의 증빙자료로 5년간 보관한다.

(카) 수행평가의 결과물은 학업성적관리위원회의 심의를 거쳐 보관기간을 결정하여 시행한다.

(타) 성적처리가 끝난 수행평가의 중요한 자료는 성적 산출의 증빙자료로 졸업 후 1년 이상 당해 학교에 보관하며, 상급학교 진학 시 입학전형권자의 요청이 있을 경우 이를 전형자료로 제공할 수 있다.

### 4) 학업성적관리위원회의 설치 및 운영

학업성적 평가 및 관리의 객관성·공정성·투명성과 신뢰도를 높이고, 학교생활기록부의 전산처리 및 관리, 이에 따른 활동을 강화하기 위하여「초·중등교육법 시행규칙」제24조에 따른 학업성적관리위원회(이하 위원회라 한다)를 둔다. 위원회의 위원장은 학교장으로 하며, 학업성적관리위원회의 업무를 총괄한다. 부위원장은 위원 중 학교장이 정한 사람으로 하며, 위원장을 보좌하고 위원장 유고시 위원장을 대행한다. 위원의 수는 학교 규모에 따라 정하며, 교직원 중에서 교무분장 업무를 고려하여 학교장이 임명한다. 학부모의 의견 수렴과 학업성적관리의 투명성 등을 확보하기 위하여 학교장은 약간 명의 학부모 위원을 위촉할 수 있다. 위원의 임기는 학년도를 기준으로 매년 3월부터 차년도 2월까지로 한다. 학업성적관리위원회는 다음의 사항을 심의한다(교육부, 2021c: 100-101).

(1) 학교 학업성적관리규정 제·개정
(2) 각 교과(학년)협의회에서 제출한 지필평가 및 수행평가의 영역·요소·방법·시기·횟수·반영비율 등과 성적처리 방법 및 결과의 활용
(3) 창의적 체험활동상황의 평가기준 및 방법
(4) 학업성적 평가 및 관리의 객관성·공정성·투명성과 신뢰도 제고 방안(평가의 기준·방법·결과의 공개, 홍보, 평가결과 후속조치(이의제기 등))
(5) 학교생활기록부의 기재방법 및 기재내용 등에 관한 사항
(6) 학교생활기록부 정정을 위한 증빙자료의 객관성 여부 등을 포함한 정정에 관한 사항
(7) 고등학교의 교과목별 기준성취율에 따른 분할점수 산출 방식 등에 관한 사항
(8) 기타 학교 학업성적관리 관련 업무

위원회의 회의는 다음과 같이 운영한다. 회의는 학기 초 및 심의사항이 발생했을 때 개의하며, 세부적인 개최 시기 등은 시·도교육청의 학업성적관리 시행지침에 따라 학교장이 결정할 수 있다. 위원회의 회의는 재적인원의 과반수 출석으로 개의한다. 회의가 종료되면 회의 결과를 작성하고, 위원들의 확인을 받아 보관한다.

# 참고문헌

# 참고문헌

강상조(1997). 수행평가의 이론과 실제. 한국 교육평가 연구회 학술 세미나 발표 논문집, 53-70.

강승호, 김명숙, 김정환, 남현우, 허숙(2012). 현대교육평가의 이해. 파주: 교육과학사.

강태훈, 류성창(2017). 2015 개정 교육과정에 따른 교실 수업에서의 교육평가 개선 방향 탐색. 교육연구, 70, 255-277.

강현영(2017). 수학, 평가를 만나다(연구자료 ORM 2017-85). 서울: 한국교육과정평가원.

교육부(2021a). 2012학년도 학교생활기록부 기재요령(초등학교). 세종: 교육부.

교육부(2021b). 2012학년도 학교생활기록부 기재요령(중학교). 세종: 교육부.

교육부(2021c). 2012학년도 학교생활기록부 기재요령(고등학교). 세종: 교육부.

교육부(2021d). 학교생활부 기재요령(2021학년도 중학교). 세종: 교육부.

교육부, 한국교육과정평가원(2017). 과정을 중시하는 수행평가 어떻게 할까요? 중등(연구자료 ORM 2017-19-2). 서울: 국가평생교육진흥원.

국가평생교육진흥원(2016). 2016 글로벌평생교육동향. 서울: 국가평생교육진흥원.

권낙원, 박일수(2008). 교육과정 평가 개념에 관한 고찰. 학습자중심교과교육연구, 8(1), 211-233.

권대훈(2016). 교육평가(제3판). 서울: 학지사.

권준화(2016). 인더스트리 4.0이 가져올 노동시장의 변화와 시사점. 서울: IBK기업은행 경제연구소.

김경숙(2019). 유아리더십 평가를 위한 루브릭 개발과 타당화 연구: 황금원모델 기반. 박사학위논문. 숙명여자대학교 대학원.

김난옥, 손원숙(2019). 우리나라 학생평가 실태 연구: PISA 2015 참여국과의 국제비교를 중심으로. 교육과정평가연구, 22(3), 173-198.

김대현, 김석우(2005). 교육과정 및 교육평가(2판). 서울: 학지사.

김덕년(2017). '교육과정-수업-평가-기록의 일체화'에 대한 고찰(이슈페이퍼 제 1 호 CP 2017-02-01). 서울: 한국교육개발원.

김명희(2021). 대학생의 플립러닝 수업 만족도 및 학습효과 인식에 영향을 미치는 요인. 학습자중심교과교육연구, 21(8), 211-223.

김봄이, 박선규, 이종수(2017). 4차 산업혁명 시대의 스마트 비즈니스 분야 핵심역량 분석 및 인재육성 방안 연구. 세종: 한국직업능력개발원.

김석우(2015). 교육평가의 이해(2판). 서울: 학지사.

김성숙(2017). 2015 개정 교육과정에 따른 '과정중심평가'의 이해와 적용. 교육광장, 12. 서울: 한국교육과정평가원.

김순남(2020). 과정중심평가 개념 분석 및 적용 방안 탐색. 교육문화연구, 26(5), 317-334.

김순남, 강이희, 김병찬, 박삼철, 유진은, 이은송, 전명남, 조훈희(2013). 창의인재 육성을 위한 학생평가 정책연구: 국제 사례를 중심으로(한국교육개발원 현안보고 OR 2013-09). 서울: 한국교육개발원.

김승호, 박일수(2020). 통합교과의 이론과 실제(2판). 파주: 교육과학사.

김윤정, 김민정(2015). 프로젝트 기반 학습에서 강점 활용 피드백 유형이 학업성취도와 학습만족도에 미치는 영향. 교육방법연구, 27(2), 229-252.

김재춘, 설현수, 손종현(2005). 교사별 학생평가 방안 연구. 서울: 교육부.

김정덕(2009). 중학교 쓰기 수업과 평가를 위한 루브릭 사례 연구. 박사학위논문. 한양대학교 대학원.

김정민(2018). 과정중심평가의 개념과 교육적 의의 탐색. 학습자중심교과교육연구, 18(20), 839-859.

김종헌, 이희복(2018). 핵심역량 평가 기반 수업에 대한 과학영재학생들의 정서적 반응. 학습자중심교과교육연구, 18(4), 225-246.

김혜숙(2014). 교육프로그램 평가의 이론과 실제. 서울: 교육과학사.

김호권, 변창진, 김영채, 임인재(1978). 현대 교육평가론. 서울: 교육출판사.

김희규(2004). 교사평가제의 방향 정립에 관한 연구. 한국홀리스틱교육학회지, 8(2), 31-53.

노원경(2009). 루브릭을 활용한 학습전략 교육 프로그램 개발 및 효과 연구. 박사학위논문. 연세대학교 대학원.

남명호(1995). 수행평가의 타당성 연구. 교육평가연구, 8(2), 115-143.

대전수정초등학교(2018). 2018학년도 2차 과정중심평가 결과통지 양식. https://dsjes.djsch.kr/boardCnts/view.do?boardID=93619&boardSeq=6895190&lev=0&searchType=null&statusYN=W&page=5&pSize=10&s=dsjes&m=0603&opType=N

류방란, 김경애, 이상은, 한효정, 이윤미, 이종태, 최항섭, 이지미(2018). 제4차 산업혁명 시대의 교육: 학교의 미래. 진천: 한국교육개발원.

문준성, 김성백(2021). 학습자 특성에 따른 소프트웨어 인재 양성 프로그램 효과 분석: 인공지능 과정 중심으로. 컴퓨터교육학회논문지, 24(2), 53-61.

민춘기(2019). 대학생 창의역량 함양을 위한 수업 사례 및 개선 방향. 교양교육연구, 13(4), 121-142.

박도순(2000). 문항작성방법론. 서울: 교육과학사.

박도순, 권순달, 김명화, 김석우, 김영애, 김옥남, 김종필, 김진규, 김진하, 김형주, 남명호, 남현우, 박완성, 백순근, 성태제, 양길석, 어윤경, 이기종, 이나현, 이원석, 이종승, 이현주 , 장은아, 조지민, 최대호(2007). 교육평가-이해와 적용. 서울: 교육과학사.

박도순, 홍후조(2006). 교육과정과 교육평가(3판). 서울: 문음사.

박수미, 오미자(2021). 신입생 대상 학사경고 예방프로그램 효과성 분석: K 대학 사례를 중심으로. 학습자중심교과교육연구, 21(1), 1505-1529.

박영석(2017). 4차 산업혁명 시대의 사회적 합의와 시민교육의 과제, 시민교육연구, 49(4), 43-62.

박영준(2019). 4차 산업혁명의 본질, 철학과 현실, 3, 185-196.

박완희(1992). 수업총론. 부산: 효성여자대학출판부.

박일수(2009). 교육과정평가와 프로그램 평가 접근방법과의 관계. 초등교육연구, 22(1), 223-248.

박일수(2010). 학교교육과정평가모형 개발. 박사학위논문. 한국교원대학교 대학원.

박일수(2016). 백워드 설계 모형을 활용한 초등학교 문학 단원 설계. 초등교육연구, 29(2), 129-153.

박일수(2019). 백워드 설계 모형에 기반한 과정중심평가에 대한 연구. 공공정책연구, 36(1), 73-96.

박주만(2012), 국악교육의 수행평가를 위한 루브릭 개발 연구-초등학교 3, 4학년 제재곡을 중심으로. 국악교육, 33, 69-100.

박지혜, 진경애, 김수진, 이상아(2018). 과정중심평가 내실화를 위한 교사의 평가 전문성 신장 방안 연구. 진천: 한국교육과정평가원.

박혜영, 이명애, 이명진(2019). 우리나라 미래 초·중등학교 교육평가 방향 탐색. 교육과정평가연구, 22(3), 147-171.

반재천, 김선, 박정, 김희경, 이해선(2018). 2015 개정 교육과정에 따른 교사별 과정중심평가 활성화를 위한 학생평가 모형 개발 연구. 세종: 교육부.

배호순(2008). 교육 프로그램 평가론. 서울: 원미사.

백석중학교(2020). 2020학년도 2학기 평가 계획 안내. http://www.baeksok.ms.kr/board.read?mcode=1915&id=88549(검색일. 2021. 3. 81).

백순근(2000). 수행평가의 원리. 서울: 교육과학사.

백순근(2002). 수행평가의 이론적 측면. 파주: 교육과학사.

백순근, 천경록, 차우규, 박선미, 박경미, 이선경, 이춘식, 황석순, 조미혜, 장기범, 박소영, 진경애(1998). 중학교 각 교과별 수행평가의 이론과 실제. 서울: 원미사.

법제처(2020). 초·중등교육법 [시행 2020. 10. 20.], [법률 제17496호, 2020. 10. 20., 일부개정]

법제처(2021). 초·중등교육법 시행규칙[시행 2021. 3. 1.], [교육부령 제228호, 2021. 2. 8., 일부개정]

법제처(2021). 학교생활기록 작성 및 관리지침[시행 2021. 3. 1.], [교육부훈령 제365호, 2021. 1. 4., 일부개정]

변영계(2010). 교수 · 학습 이론의 이해(개정판). 서울: 학지사.

성재형(2012). 무용공연 자신감척도(DPCS)의 타당도. 우리춤과 과학기술, 8(1), 59-76.

성태제(2004). 문항제작 및 분석의 이론과 실제. 서울: 학지사.

성태제(2005). 현대교육평가(제2판). 서울: 학지사.

성태제(2019). 알기 쉬운 통계분석(제3판). 서울: 학지사.

송기호(2016). 의미 변별법을 활용한 공공도서관 사서의 자아상 분석. 한국문헌정보학회지, 50(3), 53-69.

송윤미(2012). 과학 글쓰기 평가 루브릭 개발. 박사학위논문. 한국교원대학교 대학원.

신사초등학교(2020). 2020학년도 2학기 학년별 수행평가 계획. http://www.sinsa.caees.kr/boardCnts/updateCnt.do?boardID=218527&viewBoardID=218527&boardSeq=30912043&lev=0&action=view&searchType=null&srch2=null&s=sinsa&statusYN=W&page=1(검색일. 2021. 3. 8)

신연주, 김선태, 송해덕(2018). CIPP 평가모형을 적용한 특성화고 취업역량강화 프로그램 평가지표 개발. 직업교육연구, 37(3), 1-23.

신혜진, 안소연, 김유원(2017). 과정중심평가 활용의 정책적 분석. 교육과정평가연구, 20(2), 135-162.

연기영(2019). 4차 산업혁명시대 법학과 법학교육의 과제. 한국교수불자연합학회지, 25(3), 70-90.

오수학(2003). 체육 실기평가에서의 수행평가 의미 탐색. 교육문화연구, 9, 255-267.

오장근(2019). 기술변혁과 노동소외: 제4차 산업혁명 시대 노동소외 문제에 대한 인문학적 제언, 문화교류연구, 8(4), 153-171.

오혁진(2000). 성인교육 프로그램에 대한 학습자의 평가준거 연구. 박사학위논문. 서울대학교 대학원.

윤상균(2020). '사회적인 것'의 변화와 사회과교육의 대응: 물질적 전환과 비근대 시민성, 사회과교육연구, 27(1), 17-41.

윤인경 외(1999). (중학교 가정교과) 수행평가의 이론과 실제. 서울: 교학사.

이경호(2020). 제4차 산업혁명시대 학교교육 혁신방안 탐색: 미국 '미레르바 스쿨' 혁신사례를 중심으로. 교육문화연구, 26(1), 179-199.

이경화, 강현영, 고은성, 이동환, 신보미, 이환철, 김선희(2016). 과정중심평가의 실행을 위한 방향 탐색. 수학교육학연구, 26(4), 819-834.

이광상, 임해미, 박인용, 서민희, 김부미(2016). 국가수준 학업성취도 평가의 수학과 정의적 영역 설문 문항 개발. 교육과정평가연구, 19(14), 45-70.

이명숙, 이규민, 강상진(2018). 논술형 수행평가의 고정 점수, Angoff, BoW 기준 설정 결과의 타당도 연구. 교육평가연구, 31(2), 435-462.

이봉민, 우경봉, 김동우, 우영희, 김상홍(2017). 방송대 학습자의 학습효과 향상을 위한 학습 과정중심평가 방안. 서울: 한국방송통신대학교.

이상하(2020). 핵심역량 교수학습 강화를 위한 교육평가 전략 및 지원 정책 탐색. 학습자중심교과교육연구, 20(2), 69-96.

이선숙, 박종효(2019). 사회정서학습 프로그램이 일반고등학교 여학생의 정신건강에 미치는 효과. 상담학연구, 20(5), 311-332.

이영호(1980). 학습된 무력감에 있어서 비유관적 성공-실패의 경험이 과제 수행과 우울 정서에 미치는 영향. 석사학위논문. 서울대학교 대학원.

이영희, 윤지현, 홍섭근, 임재일, 백병부(2018). 미래교육 관련 연구 메타분석을 통한 미래교육의 방향. 교육문화연구, 24(5), 127-153.

이원석(2019). CIPP 평가 모형의 지향 원칙과 국내 교육 분야 CIPP 평가 모형 활용 연구 고찰. 교육평가연구, 32(4), 603-624.

이재승(2019). 4차 산업혁명시대, 왜 윤리인가? 인문사회21, 10(4), 1385-1394.

이정수, 나승일, 최유현(1998). 초등 실과의 수행 평가도구 개발 연구. 한국실과교육학회지, 11(1), 137-162.

이종승(2009). 현대교육평가. 서울: 교육과학사.

이지연, 전병훈(2020). OECD 학습 나침반 2030에 기초한 청소년 기업가정신 교육 방향 고찰. 학습자중심교과교육연구, 20(15), 415-433.

이차숙(2010). 유아 언어 평가 루브릭 개발 연구(만 5, 6세 유아들의 듣기·말하기를 중심으로). 열린유아교육연구, 15(6), 213-233.

임은영(2017). 과정중심평가의 개념과 의미. 행복한 교육, 2월호. 서울: 교육부

임종헌, 최원석(2018). '과정중심평가'의 특징과 의미에 관한 연구: 자유학기제 '과정중심평가'를 중심으로. 한국교육, 45(3), 31-59.

임지연(2006). 청소년활동 프로그램의 논리주도적 평가준거체제 개발. 박사학위논문. 고려대학교 대학원.

임철일(2019). 미래사회와 교육을 위한 교육공학 연구 및 실천 영역의 재조명. 교육공학연구, 35(2), 253-287.

장윤선, 성태제(2009). 문항반응이론에 기초한 준거설정 방법 비교. 교육평가연구, 22(3), 659-680.

전경희(2016). 과정중심 수행평가의 방향과 과제(이슈페이퍼 CP 2016-02-4). 서울: 한국교육과정평가원.

정미숙(1991). 정의적 특성과 학업성취와의 관계에 관한 이론적 고찰. 교육학논총, 10, 135-147.

정은정(2016). 핵심역량 기반 교육과정에서의 음악과 평가에 관한 연구. 국악교육연구, 10(2), 57-84.

정종진(2002). 교육평가의 원리. 서울: 교육출판사.

정탁준(2019). 미래사회의 변화와 도덕교육의 발전 방향: 4차 산업혁명 기술을 중심으로. 윤리연구, 125, 1-23.

중앙교육평가원(1987). (교사를 위한) 정의적 특성의 평가방법. 서울: 중앙교육평가원.

최경애(2019). 평가 루브릭의 개발과 활용. 파주: 교육과학사.

최수진(2020). OECD 교육 2030에 비춰 본 국내 역량교육 실행 모습과 과제. KEDI BRIEF, 10, 1-8. 진천: 한국교육개발원.

최현섭, 정강정, 송인수, 김영길, 이수일, 오수량, 박도순, 박종희, 김성천(2005). 학교생활기록부 비교과 영역 신뢰 제고 방안 연구 정책연구과제. 서울: 교육부.

한국교육개발원(2019). 'OECD 교육 2030' 프로젝트, 학교교육에서 역량교육의 의미와 방향을 다시 세우다. KEDI BRIEF, 21, 1-8. 진천: 한국교육개발원.

한국교육과정평가원(2005). 체육과 실기 중심의 평가문항 제작 및 활용 연수(연구자료 ORM 2005-48-1). 서울: 한국교육과정평가원.

한지영, 이용환(2005). 기술과 교육평가에서 학습자 중심 루브릭이 학습동기 및 학업성취에 미치는 효과. 한국실과교육학회지, 18(1), 33-49.

허수미(2020). 4차 산업혁명 시대의 사회과 미래교육 현황과 개선 방안-미래사회, 사회변동 단원 교육과정과 교과서 분석을 중심으로. 사회과교육연구, 27(4), 91-115.

황정규(1984). 학교학습과 교육평가. 서울: 교육과학사.

황정규(1998). 학교학습과 교육평가(개정판). 서울: 교육과학사.

Agency for Toxic Substances and Disease Registry. (2011). *Principles of community engagement(2nd ed.)*. Atlanta: Centers for Disease Control and Prevention.

Alkin, M. C. (1969). Evaluation theory development. *Evaluation Comment, 2*, 2-7.

American Educational Research Association, American Psychological Association, National Council on Measurement in Education, Joint Committee on Standards for Educational, & Psychological Testing (US). (2014). *Standards for educational and psychological testing*. Washington, DC: American Educational Research Association.

Anderson, L. W. (1981). *Assessing affective characteristics in schools*. Boston: Ally & Bacon. 변창진, 문수백 역(1987). 정의적 특성의 사정: 정의적 척도의 개발절차와 선발방법. 서울: 교육과학사.

Anderson, L. W., Krathwohl, D. R., Airasian, P. W., Cruikshank, K. A., Mayer, R. E., Pintrich, P. R., Raths, J., & Wittrock, M. C. (2001). *A taxonomy for learning, teaching, and assessing: A revision of bloom's taxonomy of educational objectives*. New York: Pearson, Allyn & Bacon. 강현석, 강이철, 권대훈, 박영무, 이원희, 조영남, 주동범, 최호성 역(2005). 교육과정 수업 평가를 위한 새로운 분류학 : Bloom 교육목표분류학의 개정. 서울: 학지사.

Andrade, H. (2000). Using rubrics to promote thinking and learning. *Educational leadership, 57*(5), 13-18.

Andrade, H. (2008). Putting rubrics to the test: The effect of a model, criteria generation, and rubric-referenced self-assessment on elementary school students' writing. *Educational Measurement Issues and Practice, 27*(2), 3- 13.

Andrade, H., & Boulay, B. (2003). The role of rubric-referenced self-assessment in learning to write. *Journal of Educational Research, 97*(1), 21-34.

Andrade, H., Du, Y., & Wang, X. (2008). Putting rubrics to the test: The effect of a model, criteria generation, and rubric-referenced self-assessment on elementary school students' writing. *Educational Measurement: Issues and Practice, 27*(2), 3-13.

Andrade, H., & Du, Y. (2005). Student perspectives on rubric-referenced assessment. *Practical Assessment, Research and Evaluation, 10*(3), 1-11.

Angoff, W. H. (1971). Scale, norm, and equivalent score, In R. L. Thorndike (Ed.), *Educational measurement (2nd ed.)*(pp. 508-600). Washington, DC: American Council on Education.

Apple, D. K., & Krumsieg. K. (1998). *Process education teaching institute handbook*. Corvalis, OR: Pacific Crest Software.

Armour-Tomas, E., & Gordon, E. W. (2013). Toward an understanding of assessment as a dynamic component of pedagogy, In Gordon Commission on the future (Eds.), *To assess, to teach, to learn: A vision for the future of assessment technical report*. Princeton NJ: Gordon Commission.

Arter, J., & Mctighe, J. (2001). *Scoring rubrics in the classroom*. Califoria: Corwin Press, Inc.

Atkin, J. M., & Coffey, J. E. (Eds.) (2003). *Everyday assessment in the science classroom*. Arlington, VA: NSTA Press.

Banks, J. C. (1997). *Creating and assessing performance-based curriculum projects: A teacher's guide to jproject-based lerning and performance assessment*. Edmonds, WA: CATS Publications.

Benson, A. P., Hinn, D. M., & Lloyd, C. (Eds.) (2001). *Visions of quality: How evaluators define, understand, and represent program quality*(pp. 107 – 120). Oxford: JAI Press.

Berk, R. A. (1986). A consumer's guide to setting performance standards on criterion-referenced tests. *Review of Educational Research*, *56*, 137-172.

Black, P., & Wiliam, D. (1998). Assessment and classroom learning. *Assessment in Education: Principles, Policy and Practice*, *5*(1), 7-74.

Bloom, B. S. (1970). Toward a theory of testing which includes measurement-evaluation-assessment, In M. C. Wittrock, & D. E. Wiley (Eds.), *The evaluation of instruction*. New York: Holt, Rinehart & Winston.

Bloom, B. S., Engelhart, M. D., Furst, E. J., Hill, W. H., & Krathwohl, D. R. (1956). *Taxonomy of educational objectives, Handbook I: The cognitive domain*. New York: David McKay Co Inc. 임의도 역(1972). 교육목표 분류학(1): 지적 영역. 서울: 배영사

Brookhart, S. M. (2013). *How to create and use rubrics for formative assessment and grading*. Alexandria, VA: ASCD.

Brown., H. D. (1987). *Principles of language learning and teaching(2nd ed.)*. New Jersey: Prince-Hall.

Cangelosi, J. (1990). *Designing tests for evaluating student achievement*. NY: Addison-Wesley

Centers for Disease Control and Prevention. (2011). *Principles of community engagement(2nd ed.). NIH Publication No. 11-7782*. Washington, DC. http://www.atsdr.cdc.gov/communityengagement/pdf/PCE_Report_508_FINAL.pdf

Chung, Gregory, K. W. K. (2013). Toward the relational management of educational measurement data, In Gordon Commission on the future (Eds.), *To assess, to teach, to learn: A vision for the future of assessment technical report*. Princeton NJ: Gordon Commission.

Cizek, G. J., & Bunch, M. (2007). *Standard setting*. California: SagePublication, Inc.

Cohen, E., Lotan, R., Scarloss, B., Schultz, S., & Abram, P. (2002). Can groups learn? *Teachers College Record*, *104*(6), 1045-1068.

Crawford, C. M. (2001). *Rubrics: Models of evaulation within a constructivist learning environment*. Paper presented at annual national council of teachers of english spring conference. ERIC Document Reproduction Service No. ED462910.

Cronbach, L. J. (1963), Course improvement through evaluation. *Teachers College Record*, *64*, 672-683.

Dixon-Román, E. J., & Gergen, K. J. (2013). Epistemology in measurement: Paradigms and practices-Part I. A critical perspective on the sciences of measurement. In Gordon Commission on the future (Eds.), *To assess, to teach, to learn: A vision for the future of assessment technical report*. Princeton NJ: Gordon Commission.

Duke, D. L., & Stiggins, R. J. (1986). *Teacher evaluation: Five keys to growth*. Washington, DC: American Association of School Administrators.

Ebel, R. L. (1951). Writing the test item. In E. F. Lindquist (Ed.), *Educational measurement*(pp.185-249). Washington, D. C. : American Council on Education.

Eisner, E. W. (1979). *The educational imagination*. New York: Macmillan.

Ericsson, K, A., & Simon, H. A. (1993). *Protocol analysis*. Cambridge (MA): Massachusetts Institute of Technology.

Erikson, H. L. (1995). *Stirring the head, heart, and soul: Redefining curriculum and instruction*. Thousand Oaks, CA: Wadsworth.

Fadel, C., Bialik, M., & Trilling, B. (2015). *Four-dimensional education: The competencies learners need to succeed*. Boston: Center for Curriculum Redesign. 이미소 역(2017). 4차원 교육, 4차원 미래역량. 서울: 새로온 봄.

Findley, W. G. (1963). Purpose of school testing programs and their efficient development. In W. G. Findley (Ed.), *Sixty second yearbook of the national society for the study of education, Part Ⅱ*. Chicago: University of Chicago Press.

Fink, A., & Jacqueline, K. (1978). *An evaluation primer*. Beverly Hills : Sage. 한숙자 역(2001). 프로그램 평가입문. 서울: 학지사.

Fitzpatrick, J., & Sanders, J., & Worthen, B. (2004). *Program evaluation: Alternative approaches and practical guidelines(3rd ed.)*. Boston: Allyn & Bacon.

Gagné, R. M. (1985). *The conditions of learning(4th ed.)*. New York: Holt, Rinehart, and Winston. 전성연, 김수동 역(2000). 교수-학습 이론. 서울: 학지사.

Garbarino, S., & Holland, J. (2009). *Quantitative and qualitative methods in impact evaluation and measuring results*. Social Development Direct.

Glaser, R. (1962). Psychology and instructional technology. In R. Glaser (Ed.), *Training research and education*(pp. 1-30). Pittsburgh: University of Pittsburgh Press.

Goodrich, H. (1996). Understanding Rubics. *Educational Leadership*, *54* (4), 14-18.

Gredler, M. E. (2005). *Learning and instruction:theory into practice(5th ed)*. Upper Saddle River, NJ: Prentice-Hall. 이경화, 최병연, 김정희 역(2006). 교수-학습의 이론과 실제(제5판). 서울: 아카데미프레스.

Guba, E. G., & Lincoln, Y. S. (1981). *Effective evaluation*. San Francisco: Jossey-Bass.

Hafner, O. C., & Hafner, P. (2003). Quantitative analysis of the rubric as an assessment tool: An empirical study of student peer-group rating. *International Journal of Science Education, 25*(12), 1509–1528. http://dx.doi.org/10.1080/0950069022000038268

Hall, C. S., & Lindzey, G. (1970). *Theories of personality(2nd ed.)*. New York: John Wiley.

Hammond, R. L. (1967). *Evaluation at the local level.* Address to the Miller Committee for the National Study of ESEA Title Ⅲ.

Harrow, A. J. (1972). *A taxonomy of the psychomotor domain*. New York, NY, David McKay Company, Inc. 김종선, 김기웅 역(1978). 교육목표분류학: 심리운동적 영역. 서울: 동화문화사.

Hart, D. (1994). *Authentic assessment: A handbook for educators*. Menlo Park, CA: Addison-Wesley.

Holland, J., & Campbell, J. (Eds.) (2005). *Methods in development research: Combining qualitative and quantitative approaches*. London, United Kingdom: ITDG Publications.

Holmes, L., & Smith, L. (2003). Student evaluations of faculty grading methods. *Journal of Education for Business, 78*(6), 318-323.

House, E. R. (1980). *Evaluating with validity*. Beverly Hills, Calif: Sage.

Istance, D., & Dumont, H. (2010). Future directions for learning environments in the 21st century, In H. Dumont, D. Istance, & F. Benavides (Eds.), *The nature of learning: Using research to inspire practice*(pp. 317-388). OECD Publishing, Paris.

Joint Committee on Standards for Educational Evaluation. (1994). *The program evaluation standards: How to assess evaluations of educational programs*. Thousand Oaks, CA: Sage.

Kane, M. T. (2001). So much remains the same: Conception and status of validation in setting standards, In G. J. Cizek (Ed.), *Setting performance standards: Concepts, methods, and perspectives* (pp.19-51). Mahwah, NJ: Lwarence Erlbaum Associates, Publishers.

Kellaghan, T., Stufflebeam, D. L., & Wingate, L. A. (2003). Introduction, In T. Kellaghan, & D. L. Stufflebeam (Eds.), *International handbook of educational evaluation*(pp. 1-6). Dordrecht, The Netherlands: Kluwer.

Khattri, N., & Sweet, D. (1996). Assessment reform: promises and challenges, In M. B. Kane, & R. Mitchell (Eds.), *Implementing performance assessment: Promises, problems, and challenges.* NJ: Lawrence Erlbaum Associates.

Krathwohl, D. R. (2002). A revision of bloom's taxonomy: An overview. *Theory into Practice, 41*(4), 212-218.

Krathwohl, D. R., Bloom, B. S., & Masia, B. B. (1964). *Taxonomy of educational objectives: The classification of educational goals. Handbook II: Affective domain*. New York: David McKay. 임의도 역(1967). 교육목표 분류학: 교육목표의 분석 및 평가의 실제(2): 정의적 영역. 서울: 배영사.

Krueger, R., & Casey, M. (2000). *Focus groups: A practical guide for applied research (3rd ed)*. Thousand Oaks, CA: Sage.

Lewis, D. M., Mitzel, H. C., & Green, D. R. (1996). Standard setting: A bookmark approach. In D. R. Green (Chair), IRT-based standard setting procedures utilizing behavioral anchoring. *Symposium conducted at the council of chief state school officers national conference on large-scale assessment*. Phoenix, AZ.

Linn, R. I., & Gronlund, N. E. (2000). *Measurement and assessment in teaching (8th ed.)*. Upper Saddle River, NJ: Prentice Hall.

Linn, R. L., & Baker. E. L. (1996). Can performance-based student assessments be psychometrically sound?. In J. B. Babon & D. P. Wolf (Eds.), *Performance-based student assessment: Challenges and possibilities*. Chicago, IL: University of Chicago press.

Loomis, S., Hanick, P., Bay, L., & Crouse, J. (2000). *Setting achievement levels on the 1998 national assessment of educational progress in civics interim report: Field trials*. Iowa City, IA: ACT.

Luft, J. (1998). *Rubrics: Design and use in science teacher education*. ERIC Document Reproduction Service No. ED 417145.

Marsh, H. W. (1990). Causal ordering of academic self-concept and academic achievement: A Multiwave, longitudinal panel analysis. *Journal of Educational Psychology*, *82*(4), 646-656.

McCloskey, W., & O'Sullivan, R. (1993). *How to assess student performance in science: Going beyond multiple choice tests*. Greensboro, NC: Southeastern Regional Vision for Education (SERVE).

McMillan, J. H. (2004). *Classroom assessment: Principles and practice for effective instruction(3rd ed.)*. Boston: Pearson Education, Inc.

Misley, R. J., Steinberg, L. S., & Almond, R. G. (2003). On the structure of educational assessments. *Measurement: Interdisciplinary Research and Perspectives*, *1*(1), 3-62.

Morgan, D. (1997). *Focus groups and qualitative research*. Newbury Park, CA: Sage.

Morrisett, I., & Stevens, W. W. (1967). *Steps in curriculum analysis outline*. Boulder: University of Colorado, Social Science Education Consortium.

Moskal, B. M. (2000). Scoring rubrics: What, when and how? *Practical assessment, research & evaluation*, *7*(3). http://PAREonline.net/getvn.asp?v=7&n=3.

Nevo, D. (1983). The Conceptualization of educational evaluation: An analytical review of the literature. *Review of Educational Research*, *53*(1), 117-128.

Nitko, A. J. (1983). *Educational tests and measurement: An introduction*. New York and London: Harcourt Brace Jovanovich.

Nott, L., Reeve, C., & Reeve, R. (1992). Scoring rubrics: An assessment option. *Science Scope*, *15*(6), 44-45.

Oosterhof, A. (2001). *Classroom application of educational measurement*. Upper Saddle River, NJ: Prentice Hall.

Ormrod, J. E. (1999). *Human learning (3rd ed.)*. Upper Saddle River, NJ: Prentice Hall.

Patton, M. Q. (2002). *Qualitative research and evaluation methods*. Thousand Oaks, CA: Sage.

Pellegrino, J. W., Chudowsky, N., & Glaser, R. (2001). *Knowing what students know: The science and design of educational assessment*. Washington, DC: National Academy Press.

Parlett, M., & Hamilton, D (1972). *Evaluation as illumination: A new approach to the study of innovative programs*. Edinburgh University, Centre for Research in the Educational Sciences, London.

Phye, G. D. (Ed.). (1997). *Handbook of academic learning: Construction of knowledge*. New York: Academic Press.

Plake, B. S., & Wise, L. L. (2014). What is the role and importance of the revised AERA, APA, NCME standards for educational and psychological testing? *Educational Measurement: Issues and Practice*, *33*(4), 4 - 12.

Popham, W. J. (2003). *Test better, teach better: The instructional role of assessment*. Alexandria, Va: Association for Supervision and Curriculum. 김성훈, 이현숙 역(2016). 수업중심 교육평가 : 더 나은 수업을 위한 평가의 역할. 서울: 학지사.

Prakash, S. (2016). Educational evaluation, In T. Manchichader (Ed.), *Evaluation in education*(pp. 1-44). Hillsborough: Lulu publication.

Price, J., Pierson, E., & Light, D. (2011). Using classroom assessment to promote 21st century learning in emerging market countries. In S. Barton, J. Hedberg, & K. Suzuki (Eds.), *Proceedings of global learn Asia pacific 2011–global conference on learning and technology*, 419 - 429.

Provus, M. M. (1969). *The Discrepancy evaluation model: An approach to local program improvement and development*. Pittsburgh: U.S. Department of Health, Education & Welfare Office of Education.

Quinlan, A. (2006). *A complete guide to rubrics: Assessment made easy for teachers from K-college*. MD: Rowman and Littlefield Education.

Ross, J., Rolheiser, C., & Hogaboam-Gray, A. (1999). Effects of self-evaluation training on narrative writing. *Assessing Writing*, *6*(1), 107-132.

Scardamalia, M., Bransford, J., Kozma, B., & Quellmalz, E. (2012). New assessments and environments for knowledge building. Assessment and teaching of 21st century skills, In P. Griffin, B. McGaw, & E. Care (Eds.), *Assessment and teaching of 21st century skills*(pp. 264-292). Dordrecht: Springer.

Schwab, K. (2016). *The fourth industrial revolution*. Boston: Crown Business. 송경진 역(2016). (클라우스 슈밥의) 제4차 산업혁명. 서울: 새로운 현재.

Scriven, M. (1983). Costs in evaluation: Concept and practice, In M. C. Alkin & L. C. Solomon (Eds.), *The costs of evaluation*. Beverly Hills: Sage Publications.

Scriven, M. S. (1967). The methodology of evaluation, In R. Tyler, R. Gagné, & M. Scriven (Eds.), *Perspectives of curriculum evaluation*(pp. 39-83). (AERA Monograph Series on Curriculum Evaluation). Chicago: Rand McNally.

Scriven, M. S. (1973). Goal-free evaluation, In E. House (Ed.), *School evaluation: The politics and process*. Berkeley, CA: McCutchan.

Scriven, M. S. (1991). *Evaluation thesaurus*. SAGE.

Seidel, R. J., Kett, A. L., & Perencevich, K. C. (2007). *From principles of learning to strategies for instruction-with, workbook companion: A needs-based focus on high school adolescents*. London: Springer.

Simpson, J. S. (1972). *The classification of educational objectives in the psychomotor domain*. Washington: Gryphon House.

Singer, R. N. (1980). *Motor learning and human performance: An application to motor skills and movement behaviors(3rd ed.)*. New York: MacMillan.

Soles, D. (2001). *Sharing scoring guides. Paper presented at the annual meeting of the conference on college composition and communication*. ERIC Document Reproduction Service No. ED450379.

Spandel, V. (2006). In defense of rubrics. *Engl J*, *96*(1), 19 – 22.

Stake, R. E. (1967). The countenance of educational evaluation. *Teachers College Record*, *68*, 523 – 540.

Stake, R. E. (1975). *Evaluating the arts in education: A responsive approach*. Columbus, OH: Merrill.

Stevens, S. S. (1946). On the theory of scales of measurement, *Science*, *103*, 677-680.

Stevens, D. D., & Levi, A. J. (2005). *Introduction to rubrics: An assessment tool to save grading time, convey effective feedback and promote student learning*. Sterling, VA: Stylus Publishing, LLC.

Stiggins, R. J. (2001). *Student-involved classroom assessment (3rd ed.)*. Upper Saddle River, NJ: Merrill/ Prentice-Hall.

Stufflebeam, D. L. (1969). Evaluation as enlightenment for decision making, In A. Walcott (Ed.), *Improving educational assessment and an inventory of measures of affective behavior*. Washington, DC: Association for Supervision and Curriculum Development.

Stufflebeam, D. L. (1971). The relevance of the CIPP evaluation model for educational accountability. *Journal of Research and Development in Education*, *5*(1), 19 – 25.

Stufflebeam, D. L. (1973). Evaluation as enlightenment for decision-making, In B. R. Worthen & J. R. Sanders (Eds.), *Educational evaluation: Theory and practice*. Worthington, OH: Charles A. Jones Publishing.

Stufflebeam, D. L. (2000). The CIPP Model for Evaluation, In D. L. Stufflebeam, & G. F. Madaus, & T. Kellaghan (Eds.), *Evaluiation models: Viewpoints on educational and human services evaluation(2nd ed.)*(pp. 279-318). Boston: Kluwer Academic.

Stufflebeam, D. L. (2014). Daniel Stufflebeam's CIPP Model for Evaluation-An Improvement and Acountability-Oriented Aproach, In D. L. Stufflebeam, Coryn, & L. S. Chris (Eds.), *Research methods for social sciences: evaluation theory, Models and applications*(pp. 310-339). Someset: Jossay-Bass.

Stufflebeam, D. L., & Coryn, C. L. S. (2014). *Evaluation theory, models, & applications (2nd ed.)*. San Francisco, CA: Jossey-Bass.

Stufflebeam, D. L., & Zhang, G. (2017). *The CIPP evaluation model: How to evaluate for improvement and accountability*. New York, NY: Guilford.

Tyler, R. W. (1942a). Eight-year study, In E. R. Smith & R. W. Tyler (Eds.), *Appraising and recording student progress*. New York: Harper.

Tyler, R. W. (1942b). General statement on evaluation. *Journal of Educational Research*, *35*, 492 – 501.

Tyler, R. W. (1949). *Basic principles of curriculum and instruction*. Chicago, Ill.: University of Chicago Press.

Wanzer, D, L. (2021). What is evaluation? Perspectives of how evaluation differs (or not) from research. *American Journal of Evaluation*, *42*(1), 28-46.

Weiss, H. B., & Jacobs, F. H. (Eds.). (1988). Modern applications of social work. *Evaluating family programs*. Aldine de Gruyter.

Wiggins, G. (1995). What is Rubrics? A dialogue on design and use, In J. A. Arter, & R. E. Bium, (Eds.), *A handbook for student performance assessment in era of restructuring*. Alexandria. VA: Association for Supervision and Curriculum Development.

Wiggins, G. P., & McTighe, J. (2005). *Understanding by design(2nd ed.)*. Alexandria. VA: Association for Supervision and Curriculum Development.

Wood, B. B. (2001). Stake's Countenance Model: Evaluating an Environmental Education Professional Development Course. *The Journal of Environmental Education*, *32*(2), 18-27.

World Economic Forum (2015). *New visions for education: Unlocking the potential of technology*. Geneva: World Economic Forum.

World Economic Forum (2016). *The future of Jobs: Employment, skills and workforce strategy for the fourth industrial revolution*. Geneva: World Economic Forum.

World Economic Forum (2018). *The future of Jobs Report 2018*. Geneva: World Economic Forum.

World Economic Forum (2020). *The future of Jobs Report 2020*. Geneva: World Economic Forum.

Youker, B. W. (2005). *Goal-free evaluation of the 2005 kalamazoo public school middle school summer enrichment program: Final report*. Kalamazoo, MI: Western Michigan University, The Evaluation Center.

Youker, B. W., & Zielinski, A., & Hunter, O. C., & Bayer, N. (2016). Who Needs Goals? A Case Study of Goal-Free Evaluation. *Journal of MultiDisciplinary Evaluation*, *12*, 27-43.

Zuckerman, M., & Lubin, B. (1965). *Manual for the multiple affect adjective check list*. CA: Educational and Industrial Testing Service.

## 저자소개


### 박 일 수

현) 공주교육대학교 교수

경인교육대학교(학사)

한국교원대학교(석사, 박사)


저서 I

통합교과의 이론과 실제(공저)

교육과정과 수업(공저)

예비 및 현직 교사를 위한

# 교육평가의 이해

초 판 1쇄 인쇄 2022년 5월 24일
초 판 1쇄 발행 2022년 5월 31일

지 은 이 | 박일수
펴 낸 이 | 김기섭
편 집 인 | 이상희
펴 낸 곳 | 창지사 www.changjisa.com
08589 서울시 금천구 가산디지털 1로 83 파트너스타워 1차 9층
전화 (02)719-2211~3
팩스 (02)701-9386
등 록 | 1977년 4월 28일 · 제1-421호

ⓒ 박일수, 2022
• 이 책 내용의 전부 또는 일부를 재사용하려면
반드시 저작권자와 창지사 양측의 동의를 받아야 합니다.
• 저자와 협의하여 인지는 생략합니다.
• 출판물 불법 복사, 불법 북스캔은 저작권 위반으로 처벌받을 수 있습니다.
불법 제본으로 처벌될 경우(전과기록 됨) 취업 불이익이나 해외유학과 이민 등 비자발급이 거부되는 불이익이 발생할 수 있습니다.

ISBN 978-89-426-1493-6 (93370)

값 24,000원